Klees/Friedebach (Hrsg.)
Hilfen für missbrauchte Kinder

Hilfen für missbrauchte Kinder

Interventionsansätze im Überblick

Herausgegeben von Katharina Klees
und Wolfgang Friedebach

Beltz Verlag · Weinheim und Basel

Gesetzt nach den neuen Rechtschreibregeln

Lektorat: Richard Grübling

© 1997 Beltz Verlag . Weinheim und Basel
Herstellung: Erich Rathgeber, Weinheim
Satz: Satz- und Reprotechnik GmbH, Hemsbach
Druck: Druckhaus »Thomas Müntzer«, Bad Langensalza
Umschlaggestaltung: Federico Luci, Köln
Umschlaggrafik: Zembsch' Werkstatt, München
Printed in Germany

ISBN 3-407-62334-8

Inhaltsverzeichnis

Diagnostische und juristische Aspekte der Hilfe

Plädoyer für eine kritische Perspektive

Katharina Klees

Einführung

Im Rahmen der Heidelberger Kinderschutzwochen (1992)
wurden Handlungsansätze bei Misshandlungen, sexuellem
Missbrauch und Vernachlässigung von Kindern vorgestellt
und eine Veröffentlichung der Beiträge der referierenden
Praktikerinnen und Praktiker aus der Kinder- und Jugend-
schutzarbeit geplant. Der Initiator dieser Tagung, Wolfgang
Friedebach, Mitarbeiter des Kinderschutz-Zentrums Heidelberg, setzte sich zu diesem Vorhaben mit dem Beltz Verlag in
Verbindung. Der Lektor für Sozialpädagogik schlug zur Überarbeitung und Erweiterung der Aufsatzsammlung eine Verbindung zwischen Praxis und Theorie vor, wobei er einen Kontakt zwischen Wolfgang Friedebach, dem Fachmann aus der
Praxis, und mir, Katharina Klees, der Fachfrau im wissen-
schaftlichen Bereich, herstellte.

Im Laufe der Zusammenarbeit entwickelte sich eine Neu-
gestaltung des ursprünglichen Konzeptes, da wir weitere Fachkräfte aus der Praxis zur Mitarbeit an diesem Sammelband
gewinnen konnten, die die Breite des kinderschutzspezifischen Berufsfeldes repräsentieren. Ziel der Artikel ist eine
Darstellung der fachbezogenen Diskussion und der in der
Praxis erprobten Hilfeansätze bei Gewalt an Kindern. Diese
Veröffentlichung professioneller Theorie- und Praxisbezüge
soll die derzeitigen Denk- und Handlungsrichtungen aufzeigen sowie zur Weiterentwicklung des fachbezogenen Austaus-
ches beitragen, sodass Berufspraktikerinnen und -praktiker
an diesem Diskurs teilhaben und die verschiedenen Konzepte den unterschiedlichen Interventionsansätzen zuordnen
können.

Die unterschiedlichsten Fachkräfte stellen ihren Berufshintergrund dar, beschreiben ihr Aufgabenfeld und ihre Arbeitsanforderungen, ordnen ihre inhaltlichen Schwerpunkte in die derzeitige Theoriedebatte ein, reflektieren die Sichtweise und Analyse ihres Ansatzes und zeigen Entwicklungsperspektiven auf.

Wir waren bemüht, Beiträge aus den verschiedenen Trägerinitiativen zu bekommen, die entweder den familienorientierten, den feministisch orientierten oder den kindorientierten Hilfeansatz befürworten. So sind in diesem Band Vertreterinnen und Vertreter aus Kinderschutz-Zentren, Kinderschutzbund, Kinderschutzdiensten oder Fraueninitiativen versammelt, die sich auf differierende Erklärungsmodelle beziehen, z.T. fachspezifische Kontroversen austragen, aber ein gemeinsames Ziel verfolgen: den Schutz der Kinder und Jugendlichen vor Gewalt.

Wir haben einen Schwerpunkt auf den sexuellen Missbrauch innerhalb der Familie gelegt, weil dieser Bereich sehr diffizil ist, spezielle Vorgehensweisen erfordert und professionelle HelferInnen in besonderer Weise fordert, zumal die Eltern häufig als verantwortungsbewusste Bezugspersonen für das Kind ausfallen. Dabei ist uns bewusst, dass sexuelle Übergriffe nicht nur innerhalb der Familie stattfinden und dass Eltern auch bei außerfamilialem Missbrauch nicht immer und unbedingt zu ihren verletzten Kindern stehen.

Die Thematik der Misshandlung von Kindern und ganz besonders der Kindesvernachlässigung wurde nur in einigen Ansätzen direkt thematisiert, da die meisten Hilfekonzepte sich auf alle Formen der Gewalt gegen Kinder übertragen lassen.

Viele Professionelle, die einem in Not geratenen Kind oder Jugendlichen helfen wollen, wissen häufig nicht, welcher Fachdienst für die spezielle Krisensituation der geeignete ist. Hilft eine parteilich-feministische Beratungsstelle besser als eine, die die ganze Familie des Kindes einbezieht? Wem soll geholfen werden: dem Kind, das misshandelt oder sexuell missbraucht wird, oder den davon betroffenen und/oder involvier-

ten Eltern? Wie unterscheiden sich die Erklärungs- und Hilfe-
modelle der Kinderschutzeinrichtungen, und was ist ein Kinderschutzbund, ein Kinderschutz-Zentrum oder ein Kinderschutzdienst? Was bedeuten familien-, kind- oder feministisch
orientierte Handlungsstrategien?

Zur Einführung wird deshalb die Entstehung der verschiedenen Einrichtungen skizziert, es werden deren Arbeitskonzepte und Handlungsansätze dargstellt.

Der erste *Deutsche Kinderschutzbund* (DKSB) wurde 1953
von dem Arzt Prof. Dr. Fritz Lejeune in Hamburg zur Ver-
besserung der Lebensbedingungen von Kindern, die von
Obdachlosigkeit, Armut und bedrückenden Familienverhältnissen bedroht waren, gegründet (vgl. Deutscher Kinderschutzbund 1993, S. 2). Zentrale Themen waren die »sittliche
Verwahrlosung« der Jugend, die Verfolgung von Sexualdelikten und -morden an Kindern, Kindesmisshandlung und die
Aufklärung über Erziehungs- und Hygienefragen. Vor allem
aber setzte sich der DKSB für Familien ein, die trotz des Wirt-
schaftswunders in großes Elend geraten waren.

Ein wichtiger Ansatzpunkt waren demnach stets die besondere Situation von wirtschaftlich oder sozial gefährdeten Eltern und deren Kindern neben dem kinderpolitischen Engagement, z. B. die »Charta des Kindes« (1975), die Forderung
eines gesetzlichen Verbotes der Gewalt gegen Kinder und die
Einrichtung von weiteren Beratungsstellen sowie Sorgentele-
fonen.

Das Prinzip »Hilfe statt Strafe« wurde zur Grundlage der
Kinderschutzarbeit, richtete sich an Eltern, die ihre Kinder
misshandelten, was 1983 in der Grundlagenbroschüre »Wenn
Eltern zuschlagen …« ihren Niederschlag fand (vgl. Deutscher
Kinderschutzbund 1993).

Dieser Leitsatz wurde von der Misshandlungsproblematik
auf die Situation des sexuellen Missbrauchs an Kindern bezogen und stieß da an Grenzen, wo im Rahmen der Beratung der
gesamten Familie das betreffende Kind vor weiterem Missbrauch nicht geschützt werden konnte, bzw. der Vater die Tat

bagatellisierte, verleugnete oder rationalisierte. Der DKSB favorisiert einen familienorientierten Hilfeansatz, der davon ausgeht, dass bei (sexueller) Gewalt das gesamte System der Familie gestört ist und von daher an alle Beteiligten in der Familie ein therapeutisches Hilfeangebot erfolgen soll. (vgl. Trepper/Barrett 1991; Hirsch 1990; T. Fürniss 1989).

Die Bundesarbeitsgemeinschaft der *Kinderschutz-Zentren* (BAG, gegründet 1980) richtete 1993 in Köln ein zentrales Büro für Kinderschutzbelange ein und bildet seither die überregionale Vertretung, die sich gegen Kindesmisshandlung, -vernachlässigung und sexuelle Ausbeutung einsetzt sowie gefährdeten Kindern und ihren Eltern Hilfe anbietet. Dabei sehen die bundesweit verbreiteten Kinderschutz-Zentren die Ursache der Gewalt gegen Kinder als ein Zusammenwirken familialer Strukturen und gesellschaftlicher Verhältnisse (z. B. die allgemeine Kinderfeindlichkeit, die Belastungen für die Familien), die Ausschreitungen der Eltern gegen ihre Kinder als Zeichen der Überforderung, wovon prinzipiell jede Familie betroffen sein kann.

Frühe präventive Angebote, Hilfe zur Selbsthilfe und verlässliche Beziehungsangebote für betroffene Familien stehen deswegen im Mittelpunkt der formulierten Prinzipien der Kinderschutz-Zentren.

Auch die Kinderschutz-Zentren vertraten die These, dass der Schutz des Kindes nur »in kritischer Solidarität mit der Familie« (ebd., S. 12) zu erreichen sei. Sie halten sich offen für neue Konzipierungen der Hilfeangebote, wobei die Familienberatung oder -therapie ein Kernangebot der Kinderschutzzentren neben Einzel-, Paar-, Gruppenberatung oder Kindertherapie ist. In Kinderwohngruppen wird durch eine vorübergehende Unterbringung des Kindes – in verbindlichem Einvernehmen mit den Eltern – der Familie eine Entlastung angeboten, wodurch in eskalierten Krisensituationen häufig erst die Grundlage geschaffen wird, Beratung und Therapie für alle Beteiligten anbieten zu können.

Eine andere Entwicklung nahm die *Einrichtung femini-*

stisch, parteilicher Beratungsangebote für sexuell ausgebeutete Frauen und Mädchen. Die Anfang der Siebzigerjahre entstehende Frauenbewegung machte auf die Gewalt gegen und die Vergewaltigung von Frauen durch Männer aufmerksam. Es wurden Notrufzentren eingerichtet, Frauenhäuser gegründet, um geschlagenen und vergewaltigten Frauen Schutz und Beratung anzubieten. Es meldeten sich immer mehr Mädchen und Frauen, die von sexuellem Missbrauch durch den Vater oder vaterähnliche Bezugspersonen berichteten. Die Frauenzeitschrift »Brigitte« nahm das neue Thema auf und wurde von einer Flut von Leserinnenbriefen überschwemmt, die 1983 in einem Buch veröffentlicht wurden (Gardiner-Sirtl). Die Aussagen und weiteren Erfahrungsberichte von betroffenen Frauen brachten das Thema des sexuellen Missbrauchs an die Öffentlichkeit. Es entstand eine erste Selbsthilfegruppe in Berlin, die sich »Wildwasser« nannte und sich bald auch für die Beratung von betroffenen Frauen und Mädchen mit einem parteilichen Konzept einsetzte.

Diese frauenbewegten Frauen sehen die Ursache der (sexuellen) Gewalt gegen Frauen und Mädchen in der patriarchalischen Gesellschaftsstruktur (vgl. Brockhaus/Kolshorn 1993) begründet, lehnen eine Zusammenarbeit mit den Tätern ab und stellen sich ganz auf die Seite des betroffenen Opfers. Die Thematik der sexuellen Gewalt an Jungen und der Täterschaft von Frauen stellten sie sich erst später (vgl. Kavemann 1995).

Einen kindzentrierten Hilfeplanansatz für misshandelte, vernachlässigte und sexuell missbrauchte Kinder vertreten die zwölf *Kinderschutzdienste* (KSD) von Rheinland-Pfalz, die erstmals 1991 gegründet wurden. Eine ausführliche Darstellung des kinderschutzspezifischen Hilfeplanes wird in einer Dokumentation des Ministeriums für Kultur, Jugend, Familie und Frauen des Landes Rheinland-Pfalz veröffentlicht. Das Ziel dieser Kinderschutzarbeit ist die Beendigung der Notsituation des Kindes, sein Schutz vor weiteren Übergriffen sowie die Entwicklung und Vermittlung von Hilfen für die künftige Lebensgestaltung und die Verarbeitung der Erfahrungen und Verletzungen, wobei auf die Gesamtsituation des Kindes eingegangen wird, auf die Umstände der Misshandlungs- oder Missbrauchssituation, den Hilfebedarf des Kindes, auf die Strukturen in der Familie des Kindes und auf das soziale Umfeld.

Die Hilfe richtet sich in erster Linie an das Kind, wird mit ihm gemeinsam entwickelt und in Zusammenarbeit mit den Fachkräften des KSD und dem Jugendamt auf der Grundlage des Kinder- und Jugendhilfegesetzes (KJHG) und des Sozialgesetzbuches (SGB VIII) realisiert. Interventionen, die das Kind betreffen, werden nur mit seinem Wissen bzw. seinem Einverständnis durchgeführt, und es wird ständig mit dem Kind reflektiert, ob z.B. Veränderungen vorgenommen werden müssen. Bei sexuellem Missbrauch innerhalb der Familie kann ein Hilfeplan sogar ganz ohne die Mitwirkung der Familienmitglieder vorbereitet werden, wenn das Kind kein Vertrauen mehr zu seinen Eltern hat. Unbeeinflusst durch die Anwesenheit seiner Bezugspersonen, wird mit dem Kind erarbeitet, welche Hilfe es annehmen kann, was es zu seinem Schutz benötigt und von welcher Person es geschützt werden könnte. Die Kinderschutzdienste arbeiten nach der Devise: »Die Hilfe muss vom Kind als solche empfunden werden.«

Erklärungsmodelle in Bezug auf die Entstehungsbedingungen der Gewalt gegen Kinder sowie die Einstellungen gegenüber gesellschaftlichen Entwicklungen und die Aufgaben der Familie für die Entwicklung von Kindern beeinflussen die Vorstellungen über geeignete Hilfemaßnahmen für misshandelte, vernachlässigte oder sexuell missbrauchte Kinder. Vor diesem Hintergrund sind die vorliegenden Ansätze zu sehen. Kritik ist stets da angebracht, wo Rezepte oder Wahrheiten die Tatsache verdecken sollen, dass die vorgestellten Interventionsangebote nur erste Schritte eines langen Weges überprüfungswürdiger Konzepte bedeuten.

Die Gliederung der Beiträge orientiert sich demnach an der Darstellung verschiedener Interventionskonzepte, geht auf die ergänzende Kooperation mit anderen Institutionen und

Berufsgruppen ein, stellt einige Therapieeinrichtungen mit Kindern nach Misshandlungen oder sexueller Ausbeutung und die Arbeit mit betroffenen Müttern vor. Einen besonderen Schwerpunkt innerhalb dieses Bandes bilden die Beiträge der Therapeuten, die erste Vorgehensweisen in der Arbeit mit Tätern vorstellen und somit einen unmittelbaren Beitrag zur Prävention vor Gewalt gegen Kinder leisten. Diagnostische und juristische Aspekte des Kinderschutzes sowie kritische Stellungnahmen zur Prävention und der neuen Debatte um den »Missbrauch mit dem Missbrauch« bilden den Abschluss dieser Aufsatzsammlung.

Der Einführungsaufsatz zum sexuellen Missbrauch an Kindern in der Familie entstammt den Erfahrungen der Diplomsoziologin *Annelie Dunand* aus ihrer mehrjährigen stationären sozialtherapeutischen Arbeit mit missbrauchten Mädchen im Jugendalter und ihren Familien. Sie zeigt die Strukturen in Missbrauchsfamilien auf, behandelt die Situation der Opfer und befasst sich mit der gesellschaftlichen Dimension dieses Themas, bearbeitet aber auch die Situation der Mütter und der Täter. Ein Beitrag, der die familialen Grundmuster von Isolation, patriarchalischen und autoritären Erziehungsmustern, den Missbrauch der Kinder als Partner- oder Elternersatz und die Unfähigkeit der Eltern zur Konfliktbewältigung aufzeigt.

Der zweite Einführungsbeitrag, von *Ilse Gärtner*, befasst sich mit der Misshandlung von Kindern vor allem innerhalb der Familie. Sie nennt Zahlen und Fakten zum Ausmaß, findet eine Definition und führt Erklärungsmodelle zur Entstehung von Kindesmisshandlung an. Vor dem Hintergrund der Kinderfeindlichkeit in unserer Gesellschaft bespricht sie die besonderen Belastungen von Familien und die Eltern-Kind-Interaktion. Gewalt gegen Kinder geht zu zwei Dritteln von den Vätern aus, obwohl hauptsächlich Mütter die Betreuung, Versorgung und Erziehung des Nachwuchses zugeschrieben wird. Dies mag an den noch immer verinnerlichten autoritären Erziehungsmustern liegen, aber auch an der Blitzableiterfunktion von Frauen und Kindern für nicht bewältigte Konflikte von Männern. Als Leiterin eines Kinderschutzbundes in Deutschland gibt Gärtner aus ihrer langjährigen Praxiserfahrung Anregungen für HelferInnen, wie misshandelten Kindern geholfen werden kann.

Martin Poss, Mitarbeiter des Kinderschutz-Zentrums Berlin, hat ein Kriseninterventionsprogramm für Familien in unvorhersehbaren akuten Krisen entwickelt, das gerade dann, wenn andere Dienste geschlossen haben, Wege aus dem Chaos weisen kann und schnelle Verfügbarkeit garantiert. Dieses Angebot wird häufig von Jugendlichen genutzt, die von den Eltern missbraucht oder misshandelt werden, die weggelaufen oder suizidgefährdet sind. Die eindrücklichen Fallbeispiele zeigen den manchmal lebensrettenden Aspekt dieser Arbeit und verdeutlichen den Charakter von Situationskrisen als Ausdruck von früheren, nicht aufgearbeiteten dramatischen Erfahrungen.

Reinhold Neef beschäftigt sich mit dem Phänomen der Sekundärtraumatisierung, der Schädigung des Kindes durch voreiliges und unüberlegtes interventives Handeln, wobei er davon ausgeht, dass Gegenübertragungsgefühle – unbewusste verletzte Anteile aus der Kindheit – dazu führen können, dass HelferInnen dem hohen emotionalen Druck bei einem Verdacht auf z.B. sexuellen Missbrauch eines Kindes nicht gewachsen sind und dass aufgrund dessen Interventionen eingeleitet werden, die weniger dem Kind als vielmehr der eigenen Entlastung dienen. Um diesen Prozess genauer zu verdeutlichen, führt der Psychotherapeut die typischen Fallen an, in denen Fachkräfte im psychosozialen Bereich sich gefangen fühlen können, und empfiehlt eine intensive Beschäftigung mit der Bedürftigkeit des eigenen inneren Kindes, um Handlungen in und aus der Übertragung heraus über den Kopf des in Not geratenen Kindes hinweg zu vermeiden.

Als eine Vertreterin des Kinderschutz-Zentrums Berlin wendet sich *Elisabeth-Charlotte Knoller* einem schwierigen Thema zu: der Beratung von Misshandlungsfamilien. Häufig ist eine akute Krise der Auslöser dafür, dass Eltern sich an die Einrichtung wenden und Hilfe suchen. Gründe für die Misshandlung sind vor allem zu hohe Erwartungen gegenüber den Kindern, die nur eingeschränkte Wahrnehmung ihrer Bedürfnisse und die Bedeutung des Kindes als Symptomträger für Probleme der gesamten Familie. Wie es zu Abbrüchen der Hilfegewährung kommen kann, soll dieser Beitrag klären.

Der Aufsatz von *Anna-Angelika Dibbern* befasst sich mit der Hilfeplanentwicklung für in Armut geratene Familien und vernachlässigte Kinder. Die Sozialhilfe übernimmt im Rahmen der Hilfeangebote Verantwortung für die häufig defizitären Eltern, will das familiale Bezugssystem stärken, anstatt die Kinder durch Herausnahme vor der Unterversorgung oder manchmal auch Misshandlung zu schützen.

Die Diplomsozialarbeiterin *Lilo Ginciauskas*, die die fachliche Begleitung der rheinland-pfälzischen Kinderschutzdienste übernahm, stellt hier erstmals die kindzentrierte Arbeitsweise der Kinderschutzdienste einer breiteren Öffentlichkeit vor. Hierbei wird auf die Handlungsprinzipien, die kinderschutzspezifische Hilfeplanentwicklung, die Zusammenarbeit mit anderen Institutionen und die exemplarische Darstellung des Handlungsfeldes anhand einer Fallbeschreibung eingegangen.

Als Mitarbeiterin des Vereins »Frauen helfen Frauen« setzt sich *Ingrid Gallé*, Diplompädagogin, mit der speziellen Situation der Mütter sexuell missbrauchter Kinder auseinander. Sie nahm ihr besonderes Interesse an dicsem Arbeitsschwerpunkt, die Schuldzuschreibungen an die Mütter und die Vernachlässigung dieser Problematik zum Anlass, eine Dissertation zu diesem Thema zu verfassen. Sie stellt in ihrem Aufsatz Ergebnisse aus ihrer Promotion vor, in dem die interviewten Mütter in Zitaten zu Wort kommen. Die Lebenssituation der befragten Mütter, der gesellschaftliche Kontext, ihre geschlechtsspezifische Sozialisation als Mädchen, die patriarchalischen Ehestrukturen und die davon beeinflussten Mutter-Kind-Beziehungen prägten die Bewältigungsstrategien dieser

Frauen, die sich auf die Seite ihrer missbrauchten Kinder stellten. Gallé setzt sich für eine parteiliche Unterstützung dieser Mütter ein, damit das tragische Ereignis als Chance zu einer Veränderung einengender Lebensumstände genutzt werden kann.

Die Kinder- und Familientherapeutin *Helga Saller* schildert ihre Erfahrungen mit sexuell ausgebeuteten Kindern und stellt sich die Frage nach einer möglichen Fortsetzung der (Selbst-)Destruktivität ihrer KlientInnen im therapeutischen Setting. Die Auseinandersetzung mit den posttraumatischen Reaktionen der auf Zuwendung angewiesenen Kinder sei für die Behandlung unabdingbar, um die Gegenübertragungsreaktionen richtig einschätzen zu können und die Reinszenierung des Missbrauchsgeschehens im Rahmen der Therapie auszuhalten.

Im Mittelpunkt des Beitrages der Kinder- und Jugendlichentherapeutin *Elke Mrotzek-Päffgen* steht die Schilderung des Behandlungsverlaufes einer analytischen Spieltherapie mit einem viereinhalbjährigen Mädchen, das mit anderen Kindern aus seiner Kindertagesstätte von einem Erzieher über drei Jahre sexuell missbraucht wurde. Die Therapeutin beschreibt einfühlsam und nachvollziehbar die langsame Entstehung einer Vertrauensbasis zwischen ihr und dem Kind, den vehementen Kampf des Mädchens um die Verarbeitung der schrecklichen Erlebnisse und die Heilung der psychosomatischen Symptome sowie die Bewältigung ihrer Angst, Wut und Trauer. Der Aufsatz gewährt tiefe Einblicke in das magische Verstehen und Denken eines noch sehr kleinen Mädchens und gibt Auskunft über den ungeheuren Überlebenswillen und die Stärke von Missbrauchsopfern.

Über langjährige Erfahrungen verfügt der Tätertherapeut *Ruud Bullens*, der in seinen Ausführungen auf die Persönlichkeitsentwicklung von Tätern und auf die unterschiedlichen Formen der Verleugnung, des Geständnisses und des Graugestehens (verzerrtes Teilgeständnis) eingeht. Dieser Autor vertritt die Überzeugung, daß vor allem die psychosoziale Entwicklung des Täters, seine Auffassung von der Rolle des Mannes und der Frau in der Gesellschaft sowie sein Sexualitätsbewußtsein in den Mittelpunkt der Behandlung gestellt werden sollte.

Heinrich Bott arbeitet als Therapeut beim Kinderschutzbund und in eigener Praxis mit betroffenen Kindern, aber auch mit sexuell ausbeutenden männlichen Erwachsenen, an die sich das Motto »Hilfe statt Strafe« in besonderer Weise richtet. Dieser Beitrag will aufzeigen, unter welchen Bedingungen eine Tätertherapie stattfinden kann, welche Tätertypen es gibt, wie sie in der Missbrauchssituation vorgehen, auf welche Motive ihre Handlungen zurückgeführt und welche Behandlungsziele angesteuert werden können. Als Voraussetzung für eine Therapie wird der Schutz des Kindes genannt, wobei der sexuell ausbeutende Erwachsene keinen unbeaufsichtigten Kontakt zum Kind herstellen darf.

Vom schwierigen Umgang mit Sexualstraftätern, die zwischen Therapie und Gefängnisstrafe hin und her lavieren, handelt der Aufsatz von *Wilhelm Hanstein*. Mit vielen Fallbeispielen belegt dieser Tätertherapeut seine anstrengende und nervenaufreibende Tätigkeit. An diesen Erkenntnissen wird deutlich, welch schwierige Aufgabe Therapeuten leisten, die in einem Handlungsfeld arbeiten, in dem sie wenig Unterstützung erhalten und neue Wege beschreiten müssen. Wahre Pionierarbeit!

Der Diplomsoziologe, Therapeut und Mitarbeiter eines Kinderschutzdienstes *Toni Pfirrmann* stellt neben seinen Ausführungen zur Behandlung von Tätern ein ungewöhnliches Thema vor: die Begleitung einer jugendlichen Missbrauchstäterin, die mit ihren furchtbaren Taten auf den jahrelangen Missbrauch durch den Stiefvater aufmerksam machte. Dieses Beispiel verdeutlicht die notwendige vorurteilslose Herangehensweise bei der Therapie mit Tätern und Täterinnen und zeigt die furchtbare Dynamik der Symptome nach sexueller Ausbeutung auf.

Ausgehend von der Arbeit im Kinderschutz-Zentrum Kiel, gründete der Diplompsychologe *Klaus-Peter David* eine therapeutische Gruppe für jugendliche Missbrauchstäter, da bekannt ist, dass 50 Prozent der Täter zu Beginn ihrer »Karriere« jünger als 18 Jahre sind. Somit hat diese Arbeit einen unmittelbaren Einfluss auf den Schutz der Kinder vor sexuellen Übergriffen. David stellt sein Konzept, die Grundlagen der Gruppenarbeit und die Behandlungsziele vor. Ihm ist daran gelegen, der Bagatellisierung, Rationalisierung und Verdrängung der Taten entgegenzuwirken, indem er die Jugendlichen die Opferperspektive einnehmen und Verbindungen zu eigenen Traumatisierungen herstellen lässt.

Annette Burg, die mit ihrer erziehungswissenschaftlichen Diplomarbeit die Möglichkeit der Begleitung von kindlichen Missbrauchsopfern vor Gericht behandelte, fasst in ihrem Aufsatz die Ergebnisse ihrer Recherche zusammen. Sie unterscheidet hierbei zwischen den zivilrechtlichen Maßnahmen zum Schutz des Kindes vor weiterem sexuellen Missbrauch und dem strafrechtlichen Verfahren zur Verfolgung der Täterin/des Täters, wobei das Kind nur als Zeuge fungiert. Ihr geht es um die Begleitung des Kindes bei einem Strafverfahren, die Möglichkeit des Opferschutzes und der -entschädigung. Sie erhellt die Bedeutung der vielen Paragraphen und zeigt auf, wie BeraterInnen, die Kindern Verschwiegenheit zusicherten, in einem Strafverfahren die Aussagepflicht umgehen können.

Häufig wird der medizinische Nachweis, also der körperliche Befund eines sexuellen Missbrauchs, als Beweis der stattgefundenen Taten herangezogen, um die Aussagen eines betroffenen Kindes zu unterstützen. Wie ein Kinderarzt mit der Erhärtung eines genannten Verdachtes in seiner Praxis umgeht, aber auch das Vorgehen bei der »zufälligen Diagnose auf sexuellen Missbrauch«, beschreibt der Kinderarzt *Stephan Veit*, der sich in zahlreichen Fortbildungen auf diesen Bereich spezialisiert hat. Er berichtet von den Möglichkeiten des Gespräches mit dem Kind, der Mutter, den Untersuchungsbedingungen, dem Umgang mit der Schweigepflicht und der Kooperation mit anderen Institutionen.

Der Diplomsozialpädagoge *Stefan Reichelt* entwickelt in seinem Beitrag Kriterien zum diagnostischen Umgang mit Kinderzeichnungen im heilpädagogisch-klinischen Bereich. Dabei geht es weniger um eine tatsächliche Verdachtsabklärung oder Aufdeckungsarbeit als vielmehr um eine prozessorientierte Konfliktverarbeitung in den Bildern der Kinder. Auf welche Weise sexuell ausgebeutete Kinder ihre krisenhaften Erlebnisse zum Gegenstand von bildsprachlicher Kommunikation gestalten, steht im Mittelpunkt dieses Aufsatzes.

Isolde Rauer-Bopp, Mitarbeiterin eines Kreisjugendamtes – zuständig für den Bereich Jugendschutz –, umreißt die Aufgaben des Jugendamtes, reflektiert das neue Kinder- und Jugendhilfegesetz (KJHG) und stellt die wichtigsten Maßnahmen vor, die in der Kinderschutzarbeit besonders relevant sind. Hierzu gehören z.B. der § 8 (nach dem Kinder ohne Kenntnis der Personensorgeberechtigten beraten werden können, wenn diese den Beratungszweck vereiteln würden), die §§ 42 und 43 zur Regelung der Inobhutnahme von Minderjährigen in einer Notsituation, die Position des Jugendamtes in Gerichtsverfahren und die besondere Bedeutung multiprofessioneller Helferkonferenzen.

Die Journalistin und Autorin *Karin Jäckel* wagt sich an eine brisante Debatte über den sogenannten »Missbrauch mit dem Missbrauch« heran, die sogar gestandene Fachpersonen verwirrt, zumal die Vertreter dieser Richtung durch einschlägige Publikationen oder kinderrechtliches Engagement bekannt wurden. Diese Leute setzen sich entweder für die Rechte des Kindes auf eine Sexualität mit Erwachsenen ein oder stellen die mühsam erkämpfte Glaubwürdigkeit der Opfer infrage; sie bagatellisieren die schädlichen Folgen sexueller Übergriffe, unterstellen TherapeutInnen suggestive Vorgehensweisen gegenüber KlientInnen oder Müttern Rachegelüste gegen einen vorgeblich missbrauchenden Ehemann, dem sie im Sorgerechtsverfahren den Zugang zum gemeinsamen Kind verwehren wollen.

Der Wissenschaftler und Fachmann für sexuelle Ausbeutung von Kindern *Michael C. Baurmann* wendet sich der Frage zu, zu wessen Lasten die Prävention geht, wenn sie sich an die leicht verfügbaren und pädagogisierbaren Kinder und nicht an die verantwortlichen Erwachsenen richtet. Er kritisiert die Umsetzung der neueren präventiven Ansätze und spricht für die Rechte von Frauen und Kindern, wendet sich gegen männlichen Chauvinismus und befürwortet eine präventive Täterarbeit im Rahmen antisexistischer Jungenpädagogik.

Literatur

Brockhaus, U./Kolshein, M.: Sexuelle Gewalt gegen Mädchen und Jungen. Mythen, Fakten, Theorien. Frankfurt a. M./New York 1993
Bundesarbeitsgemeinschaft der Kinderschutz-Zentren. (Broschüre) Köln 1994 (erhältlich bei: BAG, Die Kinderschutz-Zentren, Köln)
Charta des Kindes. Broschüre des Deutschen Kinderschutzbundes. Köln 1975 (erhältlich beim DKSB in Köln)
Deutscher Kinderschutzbund (Broschüre) Köln 1993 (erhältlich beim DKSB Köln)
Fürniss, T.: Diagnostik und Folgen sexueller Kindesmisshandlung. In: Retzlaff, I. (Hrsg.): Gewalt gegen Kinder – Misshandlung und sexueller Missbrauch Minderjähriger. Neckarsulm 1989
Gardiner-Sirtl, A.: Als Kind missbraucht. Frauen brechen das Schweigen. Hamburg 1983
Hirsch, M.: Realer Inzest. Psychodynamik des sexuellen Missbrauchs in der Familie. Heidelberg 1990
Kavemann, B.: Frauen als Täterinnen. Ruhnmark 1995
Trepper, S. T./Barrett, M. I.: Inzest und Therapie. Dortmund 1991

Einführung in die Themen

Annelie Dunand

Der sexuelle Missbrauch an Kindern in der Familie[1]

Einleitung

Der sexuelle Missbrauch an Kindern in der Familie ist ein aktuelles, aber kein neues Thema. Und die Tatsache, dass trotz aller Bemühungen der Professionellen um die betroffenen Kinder, Jugendlichen und Familien noch immer die Gefühle von begrenztem Wissen, Überforderung und Hilflosigkeit vorherrschen, lässt die Widerständigkeit erkennen, mit der wir bei dieser Thematik konfrontiert werden. [1]

Die Hoffnung der Professionellen auf schnelle Abhilfe, d.h. darauf den Missbrauch aufzudecken, Opfer und Täter zu trennen und damit das Problem als erledigt zu betrachten, hat sich ebenso wenig bestätigt wie die Hoffnung auf die »freiwillige« Einsicht in eigenes Fehlverhalten der Erwachsenen und damit auf die Chance einer schnellen Veränderung.

Nach den Erfahrungen in den letzten zehn Jahren hat die traditionelle Straforientierung in der Jugendhilfe nicht dazu beigetragen, Opfern den notwendigen Schutz zu bieten, sondern vielmehr dazu, das Problem in der Familie zu konservieren und sozial zu vererben. Die Gefahr, als Modethema ins Abseits gedrängt zu werden, besteht noch immer, kaum auszudenken wären die Folgen für die Betroffenen.

Der Wunsch der Professionellen nach einfachen Erklärungsmustern, einfachen Theorien und einfachen Hilfen muss zugunsten einer genaueren und umfassenderen Bearbeitung auf den

---

1 Zuerst erschienen in Kontext 1/1993, S. 6–19, unter dem Titel »Der sexuelle Missbrauch von Kindern im Kontext von Familie und Gesellschaft«.

24

verschiedenen Ebenen und in den verschiedenen Bereichen aufgegeben werden.[2] Die gesellschaftliche Dimension dieses Problems umfasst nicht nur den Missbrauch an Kindern in der Familie, sondern auch die Haltung und Umgangsweise der Professionellen und der Öffentlichkeit. Wenn wir präventiv wirken wollen, müssen wir uns einer allseitigen Konfrontation mit dem Verleugnen und Vermeiden stellen und eine Parteilichkeit mit dem Opfer und seiner Ambivalenz anstreben.

2 Vgl. die Psychoanalyse von S. Freud, die die Familie als Verursacher ebenso wie die gesellschaftliche Bedingtheit der sexuellen Gewalt an Frauen und Mädchen weit gehend außer Acht lässt und den Blick auf die individuelle Ebene richtet. Seine ursprüngliche Verführungstheorie wird durch äußeren Zwang und Beeinflussung zurückgenommen und umgedeutet, d.h., die Probleme werden individualisiert.
Freud, S. (1952): Gesammelte Werke. London, Bd. 1: Werke aus den Jahren 1892–1899.
Freud, S. (1952): Zur Ätiologie der Hysterie. In: Gesammelte Werke. London, Bd. 1, S. 432–459.
Hirsch, M. (1990): Realer Inzest. Psychodynamik des sexuellen Missbrauchs in der Familie. 2. Aufl., Berlin/Heidelberg 1979, S. 28 ff.
a) Der sozialpsychologische Ansatz stellt die Gewalt in den Kontext von Familie und Gesellschaft, wobei die gestörten Familienbeziehungen multifaktoriell erklärt werden, jedoch unter weit gehender Ausblendung des patriarchalisch/männlichen Macht- und Geschlechterverhältnisses.
 Beiderwieden, J./Windaus, E./Wolff, R. (1990): Jenseits der Gewalt. Hilfen für misshandelte Kinder. Basel/Frankfurt a. M., S. 22 ff.
Fürniss, T. (1986): Diagnostik und Folgen von sexueller Kindesmisshandlung. In: Monatsschrift Kinderheilkunde 134, S. 335 ff.
Faltermeier, J./Sengling, D. (Hrsg.) (1983): Wenn Kinder und Jugendliche an ihren Lebenswelten scheitern. Herausforderung für die Sozialpädagogik. Frankfurt a. M., S. 496 ff.
b) Der feministische Ansatz erklärt die sexuelle Gewalt auf dem Hintergrund patriarchalischer Gesellschaftsstrukturen und männlicher Vormachtstellung, wobei der familiäre Kontext mit seinem Bedingungs- und Beziehungsgefüge zugunsten neuer Lebensformen vernachlässigt wird.
Burghard, R.: Wechselwirkung zwischen frauenfeindlichen, psychologischen Theorien und deren Auswirkungen in der Praxis am Beispiel von Gewalt gegen Frauen. In: Rommelspacher, B. (Hrsg.): Weibliche Beziehungsmuster. Psychologie und Therapie von Frauen. Frankfurt a.M. 1987, S. 120 ff.
Rommelspacher, B. (1990): Sexueller Missbrauch von Mädchen – Feministische Erklärungsansätze. In: Perspektiven zum Kinderschutz in Berlin. Hrsg. v. Senatsverwaltung für Frauen, Jugend und Familie. Berlin, Bd. 2, S. 94 ff.
Kavemann, B. (1989): Die Angst ist immer da. Sexuelle Gewalt gegen Mädchen. In: Thema Jugend 1, S. 4 ff.

Vor diesem Hintergrund stellt dieser Beitrag einen weiteren Versuch dar, Teilaspekte des Gesamtzusammenhanges von sexuellem Missbrauch an Kindern in der Familie zu beleuchten, die im Wesentlichen aus der mehrjährigen stationären sozialtherapeutischen Arbeit mit missbrauchten Mädchen im Jugendalter und ihren Familien sowie aus Fachberatungen und Fortbildungen mit den verschiedensten Berufsgruppen gewonnen werden konnten.[3]

Die Situation der Opfer

Aus den Erfahrungen im Umgang mit den betroffenen Mädchen und ihren Familien bestätigte sich die Erkenntnis, dass das Problem des sexuellen Missbrauchs an Kindern mit einer Trennung von der Familie noch lange nicht gelöst ist. Selbst wenn die Jugendlichen auf eigenen Wunsch die Familie verlassen und das Problem des sexuellen Missbrauchs offen benennen, bleiben sie dennoch emotional derart mit ihrer Familie verstrickt, dass sie selbst von außen bemüht sind, die Liebe und Anerkennung zu finden, die ihnen innerhalb der Familie verwehrt war. Die Ambivalenz von Liebe und Hass, von Nähe und Distanz gegenüber ihren Eltern ist Ausdruck ihrer familiären Situation.

---

3 Vgl. weitere Arbeiten der Autorin:
Dunand, A. (1987): Sexueller Missbrauch in der Familie – neue Handlungskonzepte für die Sozialarbeit. In: Soziale Arbeit 12.
Dunand, A. (1990): Sexueller Missbrauch an Kindern: Kein Mythos, sondern Wirklichkeit – Myrrha, die sozialtherapeutische Wohngruppe für sexuell missbrauchte Mädchen. In: Rundbrief Nr. 2: Perspektiven zum Kinderschutz in Berlin, S. 105 ff.
Dunand, A. (1991): Sexueller Missbrauch bei Kindern und Jugendlichen in Familien (Neue Interventionsstrategien). In: Dokumentation »Missbraucht«. Internationales Symposion 2./3. Mai 1991. Veranstalter: Institut für Heimerziehung der Stadt Wien, Freytaggasse 32, 1210 Wien.
Bingel, E./Borbonus, M./Dunand, A./Richter-Unger, S. (1992): Sexueller Missbrauch an Kindern und Jugendlichen. Informationsbroschüre im Auftrag der Senatsverwaltung für Jugend und Familie. 2., überarb. Aufl., Berlin.

Trotz der Gewalt und der Missachtung, die Kinder über Jahre erleben müssen, wünschen sie sich eine Familie, die ihre Not erkennt, ihre Handlungen versteht und ihnen Glauben über die Geschehnisse schenkt, selbst wenn sie in anderen Lebensbereichen längst das Verleugnungs- und Vermeidungsschema, das mit einem sexuellen Missbrauch einhergeht, übernommen haben und von daher als nicht mehr glaubwürdig gelten.[4]

In der strukturellen Abhängigkeit von den Eltern waren die Kinder über Jahre bemüht, der häufig schwachen Mutter zur Seite zu stehen und auch den Vater bei Laune zu halten, um so für den Erhalt der Familie zu sorgen. Sie haben ihr Selbst geopfert und empfinden sich dennoch als Gescheiterte. Sie nehmen erneut die Verantwortung auf sich, wenn sie die Familie verlassen, ohne dass ihnen hierfür ein Dank zuteil wird, im Gegenteil: Auch in der Familie gilt, dass nicht der, der den Missbrauch verübt hat, zur Verantwortung herangezogen wird, sondern derjenige, der das Tabu des Schweigens bricht und die Familie verlässt, lädt vermeintlich die Schuld für die Zerstörung der Familie auf sich.

Die von der Familie und insbesondere vom Missbraucher verbal oder nonverbal zugewiesene scheinbare Macht der Kinder, über das Wohlbefinden aller Mitglieder mit eigenem Verhalten gemäß den Bedürfnissen der Erwachsenen zu bestimmen, wird von den missbrauchten Kindern als eine reale Macht phantasiert. Vor dem Hintergrund eigener verzerrter Wahrnehmung hoffen die Betroffenen, mit Allmachtsphantasien den eigenen Ohnmachtsgefühlen und der Hilflosigkeit zu entgehen.

Ihre Enttäuschung, als Objekt für fremde Interessen benutzt und ausgebeutet worden zu sein, sitzt so tief, ist so unaushaltbar, dass die Betroffenen nur in einem geschützten Rahmen und nur sehr langsam und vorsichtig sich selbst der Tragweite ihrer Erlebnisse bewusst werden können. »Ich bin lieber schuld an dem Missbrauch, als erkennen zu müssen,

---

4 Vgl. Cabanis, D. (1978): Glaubwürdigkeitsuntersuchungen. In: Neue juristische Wochenschrift 46, S. 2329 ff.

dass ich selbst nichts weiter war als eine Puppe, die man raus-
holt, um zu spielen, und die man in die Ecke wirft, wenn man
sie nicht mehr braucht oder …, der man den Mund stopft,
wenn sie reden will.« – »Und mein Vater hat dann immer gesagt: Wenn ihr das erzählt, dann gibt es ein Blutbad und so. Na,
und dann haben wir Angst gehabt, und weil meine Mutter sich
so oft mit meinem Vater geprügelt hat, haben wir Angst gehabt, dass sie sich wieder prügeln. Und da haben wir das eben
nicht gesagt. Aber sie wusste das, die ganzen Jahre« (Aussage
einer Betroffenen).

Die Kinder und Jugendlichen, die in ihren Familien sexuell
missbraucht werden, begreifen zunächst nicht, warum andere
Familienangehörige den Missbrauch nicht aufdecken und sie
davor schützen. Sie erleben im Gegensatz zu ihren Erwartungen sehr oft, dass ihre Signale missverstanden oder konkrete
Äußerungen als Traum, als Phantasie oder als Lüge abgestem-
pelt werden. Die Flucht ist dann häufig der einzige Ausweg,
der ihnen bleibt.

»Bevor ich weg war, vor einem Jahr, habe ich ihr das erzählt,
und sie meinte: Also, so etwas gibt es nicht. Also sie hat einfach
nicht daran geglaubt. Weil ich vorher auch schon weggelaufen
war, und da haben die mich geschlagen und so mir eingeredet,
dass das nicht wahr wäre. Und irgendwie habe ich auch daran
geglaubt … Also, die haben mir das auch andauernd eingeredet, dass ich mir das eingeredet habe oder irgendwie geträumt
habe« (Aussage einer Betroffenen).

Die Lektionen, die missbrauchte Kinder in ihren Familien
lernen müssen, sind hart, und der Preis ist hoch, zu hoch, als dass
er weiter von ihnen allein getragen werden soll. Die heute bereits bekannten Schädigungen[5] und Langzeitfolgen bei familiä-

5 Vgl. Enders, U. (1990): Zart war ich, bitter war's. Sexueller Missbrauch an Mäd-
   chen und Jungen. Köln, S. 75 ff.
   Kempe, R. S./Kempe, Ch. (1980): Kindesmisshandlung. Stuttgart, S. 78 ff.
   Glöer, N./Schmiedeskamp-Böhler, I. (1990): Verlorene Kindheit. Jungen als
   Opfer sexueller Gewalt. München.

rem sexuellen Missbrauch sind nur ein begrenzter Hinweis auf die Opfer, die diese Kinder und Jugendlichen erbringen mussten, weil sie ihre Existenz in der Familie sichern wollten.

Der immer noch in der Öffentlichkeit wie in der Fachwelt zu hörende Vorwurf »Warum haben sie sich nicht gewehrt, ich hätte mir das nicht gefallen lassen!«, muss als Projektion zurückgewiesen werden. Es ist vielmehr notwendig, dass wir als Professionelle die Widerstandsformen der Kinder im Missbrauchsmilieu erkennen lernen, deren mannigfache Ausprägung hohe Beachtung verdient. Die Beispiele aus der Praxis, wie das Vermummen des Körpers, den Hosenschlitz mit einer Sicherheitsnadel zu verbarrikadieren, die Flucht in physische und psychosomatische Erkrankungen, in Drogen und Alkohol, in ausgedehnte Monatsblutungen, in Wegtauchen und Abspalten oder in Identifikationen mit dem Aggressor, sind nur einige Hinweise, die von Betroffenen häufig selbst nicht mehr als Widerstand gewertet werden, weil sie in aller Regel nicht dazu führten, den Missbrauch zu verhindern.

Die Haltungen und Einschätzungen, die die Betroffenen in ihrer Umwelt zu hören bekommen, »Ihr wolltet es doch selber so« oder »Das hat dir bestimmt Spaß gemacht« oder »Den hätte ich längst schon um die Ecke gebracht«, sind nicht dazu geeignet, dass sich die Betroffenen offenbaren, im Gegenteil, sie verstärken zusätzlich die Schuldgefühle und vermehren die Selbstvorwürfe der Kinder und Jugendlichen: »Hätte ich mich anders verhalten, wäre es nicht dazu gekommen.« Noch Jahre nach dem Missbrauch beschäftigen sie sich mit diesem Selbstvorwurf, ohne dass sie dabei ihre reale Situation als Kind berücksichtigen. Das schwache und hilflose Kind, das sie einmal waren, wird selbst von den Betroffenen missachtet als Opfer, mit dem man lieber nichts zu tun hat und von dessen Stärken es kein Bewusstsein gibt. Immer noch zu selten gelingt es selbst erwachsenen Betroffenen, sich eine adäquate Hilfe zu holen, die ihnen Stütze geben könnte, das verletzte Kind, das sie einmal selbst waren, »bei der Hand« zu nehmen, es zu akzeptieren und mit ihm eine neue Perspektive zu finden. Der

Weg, Hilfe zur Selbsthilfe zu fordern, scheint für die betroffenen Kinder, Jugendlichen und Erwachsenen versperrt. Ihre Selbsteinschätzung »Mir ist nicht mehr zu helfen« verdichtet sich mit jedem neuen Scheitern, und die Hoffnung auf eine bessere Zukunft wird immer verschwommener: »Also, ich habe immer wieder gesagt, ich hau ab, und das reicht nun. Ich will ins Heim. Ich hab mir immer so vorgestellt: Heim – ohne Probleme – und ich hab eben so naiv gedacht, das ist alles besser, wenn man rauskommt.«

Viele der betroffenen Kinder und Jugendlichen versuchen, wenn sie nicht rechtzeitig adäquate Hilfe erhalten, die traumatischen Erfahrungen so abzuspalten und zu verdrängen, dass sie im Übrigen ein »scheinbar« normales Leben führen. In Fällen, in denen die Betroffenen einen besonders schwer wiegenden und langjährigen sexuellen Missbrauch in ihrer Familie erlebt haben, gleicht das Leben dieser Betroffenen eher einem Kartenhaus, das immer wieder zusammenzufallen droht und deshalb die gesamte Aufmerksamkeit braucht, um es aufrechtzuerhalten. Das fast zwanghafte und häufig auch blinde Streben nach einer heilen Welt, einer heilen Familie oder einer heilen Beziehung verstellt den Blick für die eigene Person, die eigenen Bedürfnisse und die eigenen Lebensperspektiven. Das in der Kindheit erlernte Verhalten, nur für die anderen da zu sein und sich selbst nicht mehr wahrzunehmen, ist auch ein Versuch, den eigenen Gefühlen und dem Wiedererleben des traumatischen Geschehens aus Angst vor den zerstörerischen Gefühlen, die für die Betroffenen unüberblickbar sind, aus dem Wege zu gehen.

Eine weitere Folge aus der frühen unangemessenen Verantwortlichkeit ist die Haltung, sich als Betroffene in der Zukunft für alles und jedes verantwortlich zu fühlen. Wenn diese Botschaft auch außerhalb der Familie bestätigt wird, wenn sie zum Beispiel wegen ihres eigenen unangepassten Verhaltens erneut die Schuld zugeschoben bekommen, werden diese Betroffenen abwehrend, zornig, gehemmt, gereizt, manipulativ und/oder depressiv. Selbst bei geringfügigen Anlässen kann es zu panikartigem Verhalten und plötzlichem Aufschießen von Ängsten gegenüber Betreuungspersonen kommen, von denen die Kinder und Jugendlichen andererseits massive Zuwendung und Anerkennung erwarten.

Da missbrauchte Kinder und Jugendliche häufig nicht die Kraft, die Übung oder das Vermögen haben, sich klar und deutlich zu äußern und sich für die eigenen Interessen direkt zur Wehr zu setzen, versuchen sie von klein auf, einen Schutzwall um sich aufzubauen. Dieser schützt sie jedoch nicht nur gegen die feindliche Außenwelt, sondern begrenzt auch ihre Teilnahme an dem gegenseitigen Miteinander. Das Gefühl, anders zu sein als die anderen, verstärkt sich insbesondere, wenn es um Nähe und Sexualität geht.

»Also, bis vor einem halben Jahr habe ich gar nicht gewusst, dass ich darüber reden kann. Ich dachte immer, ich wäre so unnormal, dass die anderen Gefühle haben – dass ich irgendwie nicht normal bin in dem Punkt … Und dann habe ich gemerkt, dass das nicht nur bei mir so ist.«

Während die sexuell missbrauchten Kinder in ihrer Familie erleben müssen, dass nur der Missbraucher (Vater etc.) die Macht besitzt, mit deren Hilfe er sich ihrer bemächtigt, haben sie in der Folge massive Schwierigkeiten, mit der Macht und Kontrolle anderer umzugehen. Unfähig, der Welt und sich zu vertrauen, und unfähig, Schädliches von Gutem zu unterscheiden, versuchen sie zwanghaft, über jeden Aspekt ihres Lebens strikte Kontrolle auszuüben oder ihn manipulativ in ihrem Sinne zu gestalten. Ihre Kontrolle reicht von der äußeren Erscheinung über die Aufnahme von Nahrung, die eigenen Leistungsanforderungen, den Perfektionismus bis hin zur häufig manipulativen Kontrolle über die Menschen ihrer Umgebung.

So wie zum Beispiel die Väter im Missbrauchsgeschehen versuchen, die Gefühle ihres Kindes zu manipulieren, wenn es um die Befriedigung ihrer Bedürfnisse geht – »Das ist doch schön!« oder »Du willst es doch auch!« oder »Du bist die Einzige, die mir hilft!« usw. – versuchen die Opfer, ihre Umwelt ebenfalls auf die verschiedenste Weise unter Kontrolle zu halten, auch wenn sie sich damit erneut schädigen.

So können zum Beispiel Krankheiten einen Versuch darstellen, Menschen und Geschehnisse so hinzukriegen, dass die Betroffenen zumindest eine vorübergehende Befriedigung erwarten können. Auch die Prostitution bedeutet für die Opfer, den Partner, den Verkehr und den Preis zu bestimmen und zu kontrollieren. Dass dieses jedoch nicht Macht, sondern Rückfall in die Opferrolle bedeutet, wird vielen erst zu spät oder gar nicht bewusst. Die Möglichkeit, reale Macht und Kontrolle von der unrealen Macht, dem Größenwahn und den Allmachtsphantasien zu unterscheiden und die eigenen Grenzen zu akzeptieren, muss von den Betroffenen häufig erst erlernt werden.

Ebenso muss die Erkenntnis erst bewusst werden, dass ehemals missbrauchte Kinder in ihren Verhaltensweisen, auch wenn sie dies auf keinen Fall wünschen, Ähnlichkeiten mit denen der Eltern und, was noch schwieriger ist, mit denen des Missbrauchers aufweisen. Die Grundmuster der familiären Beziehungen zueinander, die mit dem Missbrauchsgeschehen einhergehen, werden von dem Kind übernommen und in das nächste Lebensumfeld eingebracht. Hierzu gehören die Wahrnehmungs- und Realitätsverzerrungen ebenso wie das Zurückhalten von Wissen, um dem Gegenüber keinen Einblick zu gewähren.

Wichtig ist auch die Identifikation mit dem Aggressor, die für viele Betroffene zu den schwerwiegendsten Abwehrmechanismen gehört, um die Erfahrung der eigenen Angst vor Zerstörung und Vernichtung durch Omnipotenzgefühle zu kompensieren.

Das aggressive und destruktive Verhalten der missbrauchten Kinder sowohl gegenüber unbelebten als auch gegenüber belebten Objekten erschwert massiv eine soziale Integration. Auch missbrauchte Kinder »lernen am Modell« Erwachsener, sie erklären sich jedoch zusätzlich zum Verursacher, womit eine verheerende Beeinträchtigung ihrer Selbstwahrnehmng verbunden ist.

Ihr Misstrauen gegenüber den Erwachsenen und die starre Wachsamkeit sind notwendige Überlebensstrategien, die fortgesetzt werden: »Wenn ich nur genug aufpasse, wird mir das nicht mehr passieren.«

Leider sieht die Realität anders aus. Gerade missbrauchte Kinder und Jugendliche laufen Gefahr, ihr Schicksal auf allen Ebenen und zu allen Zeiten zu wiederholen. Der neurotische Zwang zur Fortsetzung ihrer eigenen Erfahrung wird nur allzu deutlich. Ohne fachkundige therapeutische Begleitung verbleiben die betroffenen Kinder in ihrem Opferstatus, der weitere Opfer und Schädigungen nach sich zieht.

Missbrauchte Kinder sind in Gefahr, von Gleichaltrigen oder Älteren erneut missbraucht und ausgebeutet zu werden oder diese für ihre Zwecke zu missbrauchen. Bereits heute zeigen die Missbrauchsfälle in den stationären Einrichtungen ein bisher unbekanntes Wiederholungsphänomen. Missbrauchte Kinder können zu Eltern werden, die die eigenen Kinder nicht vor einem Missbrauch schützen können und die der unbewussten Gefahr unterliegen, selbst in Missbrauchssituationen einbezogen zu werden oder diese herzustellen.

Sexuell missbrauchte Kinder zu betreuen bedeutet, die verinnerlichten Familiensysteme, die Macht- und Abhängigkeitsverhältnisse aufzudecken, um den Kreislauf des Wiederholungszwanges zu durchbrechen. Eine einmalige Offenbarung vonseiten der Kinder und Jugendlichen genügt nicht, um den Folgen eines sexuellen Missbrauchs in der Familie zu entgehen. Sie bietet allenfalls eine vorübergehende Entlastung für die Opfer, die jedoch nicht selten mit erneuten Schuldgefühlen und Strafängsten besonders gegenüber dem realen oder verinnerlichten Missbrauch verbunden sind und unbearbeitet stehen bleiben.

Nicht genug, dass der Täter das Kind missbraucht hat, er delegiert, wenn seine Ängste vor Aufdeckung oder wegen familiärer Veränderungen zu groß werden, auch die Offenbarung an das Opfer. Indem das Kind redet, kann er es öffentlich als unglaubwürdig darstellen, denunzieren und zugleich von sich ablenken. Das Kind und nicht er läuft in diesen Fällen Gefahr, als »Sündenbock« in die Wüste geschickt zu werden, auf dem dann alles abgeladen werden kann – auch das Augenmerk der Helfer, die ohne Beschäftigung mit der Familie kaum Klarheit gewinnen können.[6]

Die Familie im Kontext der Gesellschaft

Der sexuelle Missbrauch in der Familie ist kein zufälliges Ereignis, sondern das Ergebnis eines oft über Jahre andauernden Prozesses in der Familie, in den alle Familienmitglieder verwoben sind und aus dem es kein Entrinnen zu geben scheint, da gesellschaftliche Strukturen es mittragen und absichern.

Eine betroffene Jugendliche äußerte auf die Frage, wie alt sie denn gewesen sei, als alles angefangen habe: »Im Prinzip schon immer, seit klein auf, so lange ich denken kann, hat er irgendwo an uns rumgefummelt, sollten wir vor ihm nackt Sport machen, und er hat uns überall angefasst und meinte, man muss kieken, ob sich alles richtig entwickelt. Das macht ein Vater … Wenn meine Mutter nach Hause kam, mussten wir so tun, als ob nichts geschehen wäre. Aber ich weiß genau, dass meine Mutter es auch gemerkt hat, was los war.«

Der sexuelle Missbrauch an Kindern in der Familie ist eine Form sexueller Gewalt, die in unserer patriarchalischen Kultur und Tradition sich hauptsächlich gegen die Frauen und Mädchen richtet, aber keineswegs ausschließlich. Er ist eine Ausbeutung in Abhängigkeitsverhältnissen, die weit über die Familie hinausgeht, aber in dieser besonders deutlich wird.[7] In

---

6 Reinhold, B. (1987): Mädchen und Frauen in der sozialen Arbeit – Verfestigung von Benachteiligung oder Realisierung gleichberechtigter Lebenschancen? In: Maelicke, B. (Hrsg.): Soziale Arbeit als soziale Intervention. Veränderungsbedarf und Innovationsstrategien. Weinheim/München, S. 70 ff.
7 Anders, G. (1987): Gewalt ja oder nein. München.
   Arendt, H. (1987): Macht und Gewalt. München, S. 46 ff.

unserer Kultur muss diese sexuelle Ausbeutung im Kontext männlicher Sozialisation, männlicher Sexualität und männlicher Selbstbehauptung gesehen werden. Ein Kontext, der auch auf die Frauen seinen Einfluss hat und an dem sie ihren Anteil haben. Als Garanten des patriarchalischen Systems eingesetzt, werden sie mitverantwortlich, auch wenn sie es nicht wollen, für die Konsequenzen der gesellschaftlichen Strukturen, der Machtverhältnisse und der Missstände, die nach meiner Einschätzung nur gemeinsam behoben werden können. Auch Männer können zum Opfer gesellschaftlicher Verhältnisse und ihrer Eigendynamik werden, der Unterschied besteht darin, dass Frauen und Kinder Opfer dieser Opfer sind.

Bevor zum Beispiel Männer nicht deutlich ihre Verantwortung für ihre selbst geschaffenen Systeme und Handlungen und vor allem auch für die Schattenseiten unserer gesellschaftlichen Entwicklung übernehmen, zu denen auch die sexuelle Ausbeutung von Kindern gehört, sind die verschiedenen Verantwortlichkeiten von Männern und Frauen, von Vätern und Müttern nur schwer auszumachen. Noch immer versuchen Männer im Zusammenhang mit dem sexuellen Missbrauch an Kindern oder anderen Schutzbefohlenen, ihre eigene Täterschaft, ihre Komplizenschaft oder auch ihre heimliche Faszination und den Neid auf denjenigen, der es wagt, die Grenzen zu verletzen, zu verleugnen und zu vertuschen. Gleichzeitig projizieren sie ihre eigenen Probleme mit ihrem Tun und ihre Verantwortung dafür auf die Frauen und Kinder.

Einerseits werden noch immer Frauen und Kinder als männlicher Besitz betrachtet, mit dem sie zumindest in ihrer Phantasie tun und lassen können, was sie wollen, andererseits

Geyer-Kordesch, J. (1989): Sexualität, Geschlechterbeziehung und das Kind: Fragen aus der Frauengeschichte an die Medizin. In: Retzlaff, I. (Hrsg.): Gewalt gegen Kinder – Misshandlungen und sexueller Missbrauch Minderjähriger. Neckarsulm, S. 36ff.

geben sich viele Männer als das Opfer ihrer eigenen Objekt-
wahl aus, der sie scheinbar ausgeliefert sind. Allein den Frauen
und Müttern die Schuld und die Verantwortung für den man-
gelhaften Schutz und in der Folge auch für die sexuellen Übergriffe zuzuschieben bedeutet nicht nur die Verleugnung der
eigenen Person und der eigenen Handlungen, sondern vor allem eine Wiederholung der Grundstrukturen, die dem sexuellen Missbrauch in der Familie zugrunde liegen.

Auch hier sieht sich das Opfer und nicht der Täter als der
Verursacher für die sexuellen Übergriffe. Auch hier wird
häufig der erste Vorwurf nicht an den Missbraucher, sondern
an die Mutter gerichtet, die die Kinder nicht genügend geschützt hat. »Sie muss es doch gesehen haben«, »Warum hat
sie nicht …« oder »Macht die sowieso nicht« sind nur einzelne
Aussagen von betroffenen Jugendlichen. Die Frage, welche
Möglichkeiten es für die Mütter gibt, wenn sie nicht über die
Macht, die Gesetze, die Gelder und das Selbstbewusstsein verfügen, die Situation zu ändern, wird nicht oder noch nicht gestellt. Ihr Anteil an der Verleugnung und Verdrängung des realen Familiengeschehens und ihrer Mittäterschaft muss auf der
Basis ihrer realen Möglichkeiten diskutiert werden, die ohne
Benennung des eigentlichen Täters verzerrt bleiben muss. Das
eine kann nicht mit dem anderen aufgehoben werden. Die allgemeine Verdrängung eigener Gewaltstrukturen und das
Klammern an eine »Heile-Welt-Phantasie« hat fatale Konsequenzen für die Opfer, die einer Solidarität und nicht erneuter
Stigmatisierung und Ausgrenzung bedürfen, um den krank
machenden Status aufgeben zu können.

Die in einer patriarchalischen Gesellschaft aufgebaute und
verinnerlichte Polarisierung in Männliches und Weibliches, in
Geist und Gefühl, in Ordnung und Chaos, in Gut und Böse, in
Opfer und Täter führt in der Folge zu gegenseitigen Schuldzuweisungen und eigenen Projektionen, die den Erkenntnispro-
zess in der Ursachenforschung zu diesem Problem massiv behindern und damit auch eine adäquate Hilfe für die
Betroffenen nicht zulassen oder zumindest stark begrenzen.

Die Suche nach dem jeweils anderen, dem Alleinschuldigen, das Wegsehen von dem tatsächlichen Verursacher, ist ein projektiver Versuch, von den eigenen Schattenseiten abzulenken, sie beim anderen wahrzunehmen, zu bearbeiten und gegebenenfalls zu bestrafen. Ein Phänomen, das auch für viele andere Lebensbereiche gilt: »Man kann Verbotenes tun, nur erwischen lassen darf man sich nicht.« Und wenn es dann doch auffällig wird, gilt es die Wahrheit mit aller Macht zu unterdrücken und sich die Komplizen zu sichern.[8] Sollte dies nicht gelingen, wird auch der Mann aus der »Männerwelt« ausgeschlossen und bestraft.

Auch in den Familien wird nach einem ähnlichen Muster verfahren, wenn der Missbraucher das Kind in das »süße, kleine Geheimnis« einbindet, von dem es niemandem erzählen darf und das es auch vor der Mutter verleugnen muss. Das Projizieren des Missbrauchers bezüglich seiner eigenen Handlungen und Verantwortung auf das Kind, es für schuldig erklären, weil es sich den erwachsenen Anforderungen widersetzt, dient der zusätzlichen Absicherung und Verleugnung. Hier gilt es, den alten Teufelskreis der Projektion zu erkennen und die Gefahren von Verschleierung und Verzerrung der Realität zu sehen und ihnen entgegenzuwirken. Besonders im Umgang mit den Betroffenen und ihrem Umfeld gilt es, die Realität vom Kopf auf die Füße zu stellen.

So wurden zum Beispiel zu Beginn der Diskussion um dieses Thema die anderen, die Asozialen, die Randgruppen oder die Minderheiten allein der sexuellen Übergriffe verdächtigt, was jedoch nicht aufrechterhalten werden konnte. Mit zunehmendem Bewusstsein steigen die Missbrauchsraten in allen Ländern, sowohl in ländlichen wie auch in städtischen Gegenden, bei Armen und Reichen, bei Schwarzen und Weißen, bei Religiösen und Nichtreligiösen; eine »Insel« ohne Inzest scheint es nicht zu geben. Die Adressaten von Missbrauch, die

---

8 Thürmer-Rohr, C. (1987): Frauen in Gewaltverhältnissen – Opfer und Mittäterinnen. In: Die Tageszeitung vom 28. 3. 1987, S. 10.

Ursachen und die Folgen können jedoch in den verschiedenen Kulturen und Gesellschaften unterschiedlich sein.

Für unsere Gesellschaft gilt, dass, je intensiver wir uns mit der Problematik des sexuellen Missbrauchs beschäftigen, die Mädchen umso jünger werden, die uns als Betroffene bekannt werden, und Jungen umso mehr auffällig werden, die Opfer von sexuellen Übergriffen waren. Auf der Seite der Missbraucher sind es in der weit überwiegenden Zahl die Männer, die die Kinder missbrauchen, aber auch Frauen können zu Täterinnen werden.

Um dem sexuellen Missbrauch an Kindern und Jugendlichen vorzubeugen, ist es notwendig, die individuelle und kollektive Verdrängung, die mit dem Inzestabbau einhergeht, aufzuheben und öffentlich über das Problem zu sprechen. Schweigen begünstigt den Missbrauch und verletzt die Opfer zusätzlich. Der heimliche Pakt mit den Mächtigen, »diskret wegzuschauen«, die Täter von ihrer Verantwortung zu entlasten und sie vor den Konsequenzen ihres Tuns zu schützen, beinhaltet die Gefahr einer unbewussten Täterkumpanei und in der Folge die Ausblendung der Opfer aus unserer Wahrnehmung. Die gesellschaftliche Dimension des Themas kommt erst langsam ins Bewusstsein, und es bleibt zu hoffen, dass wir Wege finden, unsere tradierten Normen und Werte neu zu überdenken, um den betroffenen Kindern und Jugendlichen und ihren Familien zu helfen und präventiv für die Zukunft zu wirken.

Die Situation der Familie

Der sexuelle Missbrauch an Kindern in der Familie ist ein gesellschaftliches, ein familiäres[9] und ein individuelles Problem. In der Familie betrifft es alle Mitglieder, wenn auch auf

9 Saller, H. (1990): Sexueller Missbrauch an Kindern. Hilfsangebote und mögliche Prävention. In: Baurmann, C.M. (Hrsg.) Gewalt an Frauen – Gewalt in der Familie. Justiz und Recht – Schriften der deutschen Richterakademie 6. Heidelberg, S. 131 ff.

unterschiedliche Art und Weise. So ist zum Beispiel nicht nur das missbrauchte Mädchen in Gefahr, auch die Geschwister können missbraucht werden. Hierzu gehören auch die Brüder, die nicht nur Opfer, sondern in ihrer Identifikation mit dem Vater oder einer Vaterfigur selbst zum Missbraucher der eigenen Schwester werden können.

Nach außen zeigen Familien, in denen sexueller Missbrauch an Kindern geschieht, keine besonderen Merkmale, im Gegensatz zu ihrer inneren Struktur und Beziehungsdynamik. Hier sind viele Familien völlig widersprüchlich und ambivalent. Der sexuelle Missbrauch an Kindern in der Familie ist ein deutliches Anzeichen für eine strukturelle Familienkrise, in der die Generationsschranken übertreten und die persönlichen und sexuellen Grenzen der Kinder und Jugendlichen massiv verletzt werden – »Nicht einmal in meinem Bett bin ich sicher«.

Wenn überhaupt Grenzen vorhanden sind, dann ist es die Grenze gegenüber der feindlichen Außenwelt, gegen die sich alle Familienmitglieder schützen müssen. So ist es nicht verwunderlich, dass auch die professionellen Helfer der Familie als Feinde erscheinen, die das scheinbar funktionierende System ins Wanken bringen können, wenn sie die sexuelle Ausbeutung von Kindern aufdecken. Die Missbraucher täuschen hier die Professionellen ebenso wie ihre Familien. Eine Realität des sexuellen Missbrauchs darf es nicht geben, also gibt es sie nicht; wer sie dennoch erkennt und beim Namen nennt, muss mit Widerstand und Verleugnung rechnen.

Die Missbrauchsfamilie gleicht einer Festung, deren Mauern von keiner Seite überwindbar erscheinen, da die Angst vor Verlust und Schädigung ohne fachkundige Hilfe nicht überprüft und abgebaut werden kann. Es sind Familien, die durch hohe Loyalitätsverpflichtungen und rigide Moral- und Kontrollsysteme ihren Bestand sichern und nicht selten in völliger Isolation leben. Als Gefangene ihres eigenen Systems, das außerhalb der offiziellen gesellschaftlichen Ordnung steht und deshalb geheim gehalten werden muss, entwickeln die erwachsenen Familienmitglieder und in der Folge auch die Kinder eine Pseudorealität. Sie ist geprägt von traditionell patriarchalischen Vorstellungen von und Erwartungen an Familie als Ort der Harmonie und Gleichheit: »Alle Familienmitglieder sind gleich, alle haben die väterliche Meinung.« Ein anderes Denken und Sein wird nicht zugelassen, wird sanktioniert oder ausgegrenzt. Unter dem Motto »Einer für alle, alle für einen« wird notfalls jeder geopfert für das scheinbare Wohlergehen der gesamten Familie. Nur wenn diese sich im Sinne des Vaters gut fühlt, kann sich auch der Einzelne wohl fühlen. Konflikte und Auseinandersetzungen stören die Harmonie und müssen unterbunden werden. »Das machen die anderen Familien, die laufen ständig auseinander und lieben sich nicht genügend. Eine gute Familie weiß, was jeder möchte und was jeder jedem schuldig ist.« Die Abhängigkeit wird glorifiziert. Das noch heute gültige Prinzip, die Familie nur nach väterlichen Regeln und Prinzipien zu definieren und zu gestalten und alles Schlechte und Schädigende auf die anderen zu projizieren, hat fatale Konsequenzen für die betroffenen Kinder, die als Abhängige die väterliche Weltsicht und Vorstellungen von Gut und Böse übernehmen und sich mit dem Einsatz ihrer ganzen Möglichkeiten um die Befriedigung der väterlichen familiären Bedürfnisse und Erwartungen bemühen.

Sexuell missbrauchte Kinder übernehmen in ihren Familien nicht nur die Funktion einer Ersatz- und Sexualpartnerin für den Mann, sondern häufig auch die Haushaltsführung und die Sorge für das Wohlergehen aller Familienmitglieder. Viel zu früh werden sie so zu »Produktivkräften« unserer Familien.

Hierzu ein Auszug aus dem Bericht einer Betroffenen an den Vater. »Nachdem du arbeitslos wurdest, sollten wir Kinder dich unterhalten. Viele Karten- und auch Brettspiele haben wir gerne gemacht, zumindest am Anfang, später haben wir es als Zwang empfunden, mussten wir mit dir spielen, damit du keine Langeweile hattest. Ein weiteres Problem in unserer Familie war für dich unsere Sprachlosigkeit, die häufig eine unerträgliche Spannung im Raume aufkommen ließ, wonach es Ärger zwischen dir und uns gab. Wir haben dich kaputtgemacht, weil wir nicht redeten. Du wurdest nervlich krank und bist wegen jeder Kleinigkeit ausgerastet und hast herumgeschrien, und dann hatten wir erst recht Angst und haben geschwiegen. Noch heute ist mir nicht erklärlich, warum es wichtig war, mit dir zu reden. Nur wenn wir dich in Anspruch nahmen, hast du dich wohl gefühlt. Du hast dich hinter uns versteckt und uns gleichzeitig verpflichtet, dass wir nur für dich da sind, dass wir uns ganz nach dir ausrichten, obwohl wir Kinder waren und solche bleiben wollten.«

Die Verantwortung, die diese Väter ihren Kindern aufbürden, verpflichtet sie nicht nur zum Aushalten und Schweigen, weil sonst die Auflösung der Familie droht; die Kinder sollen auch die emotionalen Defizite der Erwachsenen ausgleichen, sie versorgen, ihnen dienen, d.h. sie im umfassenderen Sinne »bemuttern«. Dieser Rollentausch ist in vielen Missbrauchsfamilien offensichtlich, er ist zugleich eine wenn auch problematische Bestätigung für die betroffenen Kinder – »wenigstens zu etwas kann ich nütze sein, wenn ich die Alten so besänftige, dass sie sich nicht mehr schlagen müssen«.

Der sexuelle Missbrauch an Kindern in der Familie ist also nicht das Zentrum der familiären Störungen, sondern der Ausdruck von bereits vorhandenen konflikthaften Familienverhältnissen und individuellen Störungen, die nicht kurzsichtig vom Gesamtproblem der Gewalt gegen Kinder abgekoppelt werden dürfen. Die Familie ist das Spiegelbild unserer gesellschaftlichen Beziehungs- und Verhaltensmuster, die es als solche zu erkennen und zu verändern gilt, ohne die individuellen und lebensgeschichtlichen Ursachen für den sexuellen Missbrauch an Kindern zu verdrängen.

Nach meinen Beobachtungen sind an den Generationskonflikten in der Familie beide Elternteile beteiligt. Auffallend ist, dass diese Eltern weder ihre Ehepartner- noch ihre Elternrolle adäquat ausfüllen können und in der Folge erheblichen Belastungen und Überforderungen ausgesetzt sind, wenn sie dem selbst gesetzten Familienideal entsprechen wollen. Mit emotional nur begrenzten Handlungskompetenzen ausgestattet, verhalten sie sich häufig wie »unreife« Erwachsene, die außerstande sind, Verantwortung für sich und die Kinder zu übernehmen. Unfähig zur Selbstkritik und zur Überprüfung ihrer eigenen Elternrolle, projizieren sie ihre Erwartungen auf ihre Kinder, von denen sie quasi stellvertretend elterliche Versorgung und Betreuung verlangen, die sie notfalls mit Gewalt und Zwang durchzusetzen versuchen. »Wir wurden immer mehr geprügelt wegen jeder Kleinigkeit, wirklich wegen jeder Kleinigkeit: Was wir früher freiwillig machten, wurde nun zur Pflicht, sonst würde es Prügel bedeuten.«

Das nicht erwachsene Verhalten der Eltern ist ein wichtiger Faktor für die Entstehung von sexueller Ausbeutung in Abhängigkeitsverhältnissen, für eine Erklärung des vielschichtigen Problems reicht er jedoch bei weitem nicht aus. Hierzu gehören auch die individuellen Störungen und Probleme, die diese Eltern aus ihren Herkunftsfamilien mitbringen.

Der sexuelle Missbrauch an Kindern geschieht häufig über Generationen hinweg, d. h., Erwachsene, die ihre Kinder missbrauchen oder den Missbrauch bewusst oder unbewusst zulassen, sind selbst häufig als Kinder misshandelt und/oder missbraucht worden. Sowohl die Mutter als auch der Vater haben in ihren Herkunftsfamilien frühe emotionale Vernachlässigungen, massive Zurückweisungen oder Stigmatisierungen als »Sündenbock der Familie« und/oder dramatische Trennungen erlebt, die in der Folge zu Trennungsängsten, Minderwertigkeitsgefühlen und dem idealisierten Wunschdenken, alles anders zu machen, führten. Aufgrund ihrer Erfahrungen sind diese Eltern nicht in der Lage, sich den Konflikten zu stellen und problematische Beziehungen zu beenden. Einem drohenden Auseinanderbrechen der Familie versuchen sie mit allen Mitteln entgegenzuwirken. In diesem Zusammenhang hat der sexuelle Missbrauch an Kindern die

Funktion, die anstehenden Familienkonflikte zu vermeiden oder zu regulieren und den Ausbruch eines Familienmitgliedes zu verhindern.

Nicht selten beginnt der Missbrauch, wenn die Mutter vorübergehend oder ganz abwesend ist oder die Mutter sich mit Trennungsgedanken beschäftigt. In diesen Fällen versuchen die Väter, die Kinder so an sich zu binden, dass sie sich nicht von ihm trennen können. Die scheinbar gemeinsame Angst von Vater und Kind, von der Mutter verlassen zu werden oder nicht genügend Beachtung zu finden, ist ein möglicher Grundstein für die spätere Komplizenschaft gegen die Mutter, der nun alleine die Schuld für die familiäre Misere zugeschrieben wird. Die Verantwortung des Vaters, für eine adäquate Versorgung des Kindes zu sorgen, bleibt völlig im Dunkeln.

Dabei bestimmen die lebensgeschichtlichen Erfahrungen beider Eltern ihre Partnerwahl, die ausgerichtet ist auf eine Kompensation der frühkindlichen Erfahrungen. Hier wird nicht ein Partner, sondern eine »gute Mutter« oder ein »guter Vater« gesucht, der alles das geben soll, was sie in ihrer Kindheit vermisst haben. Diese kindlichen Erwartungen an den Partner führen in aller Regel zu massiven Enttäuschungen, die schlussendlich in gegenseitigen Aggressionen, Gewalt und persönlichem Rückzug enden und in deren Folge es zur rücksichtslosen Inanspruchnahme der Kinder kommt. »Fast jeden Morgen sind wir aufgewacht, weil meine Eltern sich geprügelt hatten, d.h. mein Vater mehr als meine Mutter. Meine Mutter kam dann weinend an unsere Bettchen und streichelte uns. Daran kann ich mich noch genau erinnern, obwohl ich noch sehr jung war.«

Die Bedürftigkeit der Eltern und die Unfähigkeit zur Konfliktklärung sind Grundlagen für die bewusste oder unbewusste Übereinkunft der Eltern, die notwendig ist, um einen jahrelangen Missbrauch in der Familie zuzulassen. Erst wenn die Mutter stark genug ist, die existenzielle Bedrohung und potenzielle Stigmatisierung auf sich zu nehmen, wenn sie den Mann verlässt, kann sie öffentlich über den Missbrauch vonseiten des Mannes und ihre eigenen Schwächen reden. In der Regel sind es die Kinder, die als Heranwachsende die Möglichkeit zur Flucht aus der Familie ergreifen, um dem weiteren Missbrauch zu entgehen.

Die Väter

Haben die Männer, die Väter oder Stiefväter oder Partner der Mutter erst einmal die Grenze zum sexuellen Missbrauch überschritten, können sie ohne fremde Hilfe nur selten von dem sexuellen Missbrauch lassen. Ein Vater äußerte in der Beratung: »Als ich es tat, war es wie ein Rausch.« Der sexuelle Missbrauch war und ist eine Sucht, in der das Kind zur Droge wird. Ständig an der narzisstischen Befriedigung eigener Bedürfnisse orientiert, sind diese Männer nicht fähig oder willens, die berechtigten oder schutzwürdigen Bedürfnisse anderer Menschen wahrzunehmen und die Folgen für das »Objekt« Kind zu bedenken. Das autoritäre Verhaltensmuster vieler Missbraucher schließt zumeist die ganze Familie, d. h. die Frauen und die Jungen, mit ein.[10] »Der macht ja auch nichts, er lässt sich bedienen und so … Ja, eben wie so ein Pascha. Er pfeift oder ruft, und alle Frauen machen dann eben etwas.«

Nicht selten sind bei diesen Männern Omnipotenzbedürfnisse festzustellen und wenig Skrupel oder Leidensdruck. Obwohl sie genau wissen, dass sie mit ihrem missbräuchlichen und ausbeuterischen Verhalten soziale Tabus verletzen, fühlen sie sich selbst als Opfer der Umstände und nicht als Handelnde. Gängige Argumente wie »Meine Frau hat mich zurückgewiesen« oder »Meine Tochter ist so verführerisch gewesen« sind auch in der Öffentlichkeit zu finden. Verdeckt bleibt in

---

10 Vgl. Müller-Luckmann, E. (1989): Die sexuelle Vater-Tochter-Beziehung. In: Retzlaff, I. (Hrsg.): Gewalt gegen Kinder. Misshandlung und sexueller Missbrauch Minderjähriger. Neckarsulm, S. 58 ff.

44

diesem Zusammenhang auch die Selbstentwertung des Mannes durch sein eigenes Handeln.

Für Männer bietet der sexuelle Missbrauch an Kindern die scheinbare Möglichkeit, ihr eigenes Selbstwertgefühl aufzubessern. Hier sind Kinder der Ersatz für eine gleichberechtigte Partnerbeziehung, und als Ersatz können sie niemals genügen. Die Angst dieser Männer vor eigenem Versagen und sexueller Abhängigkeit begünstigt die Suche eines schwachen und abhängigen Kindes, das so lange beeinflusst und manipuliert wird, bis es bereit ist, den Wünschen des Missbrauchers zu entsprechen und zusätzlich die »Klappe« zu halten.

Kinder erscheinen diesen Vätern als eigenes Produkt, als Besitz, über den man frei verfügen kann: »Wir haben die intimsten Dinge besprochen … sie hat mir zugehört, und ich habe Dinge ausgesprochen, die ich bisher nicht zu einer anderen Frau sagen konnte. Ich weiß nicht einmal mehr, wie es angefangen hat und wie es so weit kam … Es war einfach wie ein Rausch, etwas haben zu wollen und zu können, was mich glücklich macht in diesem Moment. Ich habe dabei alles um mich vergessen, ich war nicht mehr fähig, Herr meines Handelns und Tuns zu sein« sind Aussagen eines Missbrauchers über die Beziehung zu seiner Tochter.

Während Männer/Väter nach außen keine besonderen Merkmale, die von der übrigen Durchschnittsbevölkerung abweichen, aufzeigen, geben sie bei näherer Betrachtung ein Bild der Schwäche, der Selbstunsicherheit, der fassadenhaften Bedürftigkeit. Gegenüber ihren Töchtern erscheinen sie als hilflose und/oder geknechtete Wesen, denen diese Kinder mit Rat und Tat zur Seite stehen müssen und mit denen sie unter häufig totaler Ausblendung ihrer eigenen Situation immer wieder Mitleid empfinden.

Männer/Väter verleugnen den sexuellen Missbrauch und setzen alle verfügbaren Mittel ein, bis hin zur körperlichen Gewalt und psychischem Zwang, um einer persönlichen Verantwortung zu entgehen. Dennoch gibt es nach meinen Erfah-

rungen Wege und Möglichkeiten, sie zu einem offenen Einge-
ständnis ihrer sexuellen Handlungen zu bewegen und neue
Handlungs- und Umgangsweisen in Bezug auf ihr Kind, ihre
Familie und sich selbst zu entwickeln.

Die Mütter

Auch die Mütter sexuell missbrauchter Kinder sind unter heu-
tigen gesellschaftlichen und familiären Bedingungen nur selten in der Lage, ihren Kindern adäquat zu helfen. Noch viel zu
wenig gelingt es den Müttern, ein Motiv zu entwickeln, sich
mit der Tochter bzw. den Kindern zu solidarisieren und sich
gegebenenfalls vom Ehemann zu trennen. Auch wenn es einige Mütter gibt, die das Risiko auf sich nehmen, finden sie nur
selten eine adäquate und ausreichende Hilfe, und noch immer
häufig genug werden sie nicht verständnisvoll gestützt, sondern behindert, bemitleidet oder sanktioniert.[11]

In einer Gesellschaft, in der die Wahrheit und das Recht
aufseiten der Macht zu liegen scheinen und asymmetrische
Machtverhältnisse zwischen den Geschlechtern bestehen, haben Frauen real nur begrenzte Chancen, ihre soziale und psychische Abhängigkeit vom Ehemann zu beenden und selbst-
bestimmt für ihre Kinder zu sorgen bzw. den notwendigen
Schutz vor den sexuellen Übergriffen des Partners zu leisten.
Die hier erwartete Stärke hat wenig mit den realen Gegebenheiten zu tun, sie gleicht eher einem allgemeinen omnipotenten Mutterideal, das nie erreicht werden kann. Hiernach hat
die Mutter einerseits die Aufgabe, ganz im Sinne der Tochter
zu handeln, andererseits soll sie treu dem Vater und Mann zur

---

11 Enders, U./Stumpf, J. (1991): Mütter melden sich zu Wort. Sexueller Miss-
brauch an Mädchen und Jungen. Köln.
Kickbusch, I. (1984): Familie als Beruf – Beruf als Familie: Der segredierte
Arbeitsmarkt und die Familialisierung der weiblichen Arbeit. In: Kickbusch,
I./Riedmüller, B.: Die armen Frauen. Frauen und Sozialpolitik. Frankfurt a. M.
1984, S. 165 ff.

Seite stehen und seine Bedürfnisse befriedigen, ohne den Anspruch an eigene Interessen zu stellen.

Wenn die Mutter und Ehefrau diesen Anforderungen, die sie selbst verinnerlicht und zum eigenen Lebensziel erklärt hat, nicht erfüllt, treten auf ihrer Seite Versagensängste, Ohnmacht und Hilflosigkeit auf, die mit männlicher Enttäuschung, Hass, Wut und Frauenverachtung beantwortet werden können. In diesen Fällen sind beide Seiten unfähig, die Wünsche nach einer »allseits omnipotenten Mutter« kritisch zu beleuchten und nach alternativen Beziehungsformen zu suchen.

Ein Teufelskreis beginnt, in dem die Realität des familiären Beziehungsgefüges zunehmend verdrängt wird und Brüche nicht sichtbar werden dürfen. Im Bemühen um die eigene Existenzsicherung müssen auch die Mütter die Realität in solchen Familien verdrängen und die Möglichkeit einer psychischen und sexuellen Ausbeutung der Kinder für den Erhalt der Familie verleugnen. Anstelle einer kritischen Betrachtung der überforderten und überfrachteten Beziehungsansprüche an die Familie, die gesellschaftliche Defizite ausgleichen soll, sucht auch sie getreu dem gesellschaftlichen Projektmodell nach der schuldigen Person, die sie nicht selten in ihrer Tochter zu erkennen glaubt. »Meine Mutter hat mich und meinen Vater im Wohnzimmer auf dem Sofa erwischt, sie ging wieder raus und heulte in der Küche. Sie war richtig hilflos. Sie meinte: ›Von vorne wieder anfangen, was sollen wir denn machen.‹ Ich habe die Hoffnung gehabt, dass meine Mutter mit mir abhaut, mit der Zeit habe ich mir aber gedacht, das macht die sowieso nicht.«

Nach fachlichen Erfahrungen sind Mütter von sexuell missbrauchten Kindern in aller Regel eher schwache und wenig handlungsfähige Frauen, vor dem bekannten Hintergrund, dass diese Mütter häufig selbst Opfer von sexuellen Übergriffen in ihrer Kindheit waren und keine Gelegenheit hatten, ihre Erlebnisse psychisch zu verarbeiten und ein notwendiges Selbstbewusstsein aufzubauen. Es besteht die hohe Gefahr, dass sie selbst auf ihre neurotischen Reaktionsmuster aus ihrer Kindheit fixiert bleiben. Ihr eigenes Verdrängungs-, Vermeidungs- oder Fluchtverhalten gefährdet unbewusst die Kinder. Ihr Schicksal scheint sich im Schicksal der Tochter zu wiederholen: »So sind die Männer halt, da musst du durch«, könnte eine nonverbale Botschaft an die Tochter sein. Sexuell ausgebeutet und misshandelt zu werden wird vor diesem Hintergrund zur scheinbaren Normalität stilisiert. Besonders dann, wenn die Mutter im Verlaufe ihres Lebens immer wieder gewalttätige Männer erlebt hat und diese Erfahrungen dazu benutzte, ihrem ursprünglichen traumatischen Erlebnis auszuweichen. So kann sie die Idealisierung ihres Vaters, der ursprünglich ihr Missbraucher war, aufrechterhalten. Der Preis, den diese Frauen für ihr Schweigen bezahlen, ist hoch. Nicht selten bezahlen sie mit der Zerstörung ihres Selbstwertgefühls, mit permanenten schlechten Lebenserfahrungen und -erwartungen und vor allem mit einer Missachtung ihres eigenen Frauenbildes, das sie auf ihre Tochter übertragen.

Auffallend ist, dass viele Töchter ihre Mütter, von denen sie Schutz und Hilfe bekommen sollten, selbst bemuttern, versorgen und beschützen, wenn der Mann sie misshandeln will. »Wenn er mit mir geschlafen hat, hat er wenigstens meine Mutter in Ruhe gelassen.« Die Sorge für die Mutter überdeckt aber auch die eigene Ambivalenz, die Liebe zur Mutter, wie auch den Hass, die Wut und die Enttäuschung, von der Mutter alleine gelassen zu werden.

Auch im Rückblick ist es für diese Mütter schwierig, mit der Realität des Missbrauchs umzugehen. Sie haben Schuldgefühle, wenn sie sich plötzlich an Situationen erinnern, die sie zwar aufgenommen, aber ungeklärt verdrängt haben. Sie hätten ihre Verantwortung für den Schutz des Kindes übernehmen müssen und haben es nicht getan. Andererseits wird eine Ehefrau aber auch geächtet, wenn sie ihren Ehemann der Öffentlichkeit oder der Gerichtsbarkeit ausliefert. Was soll sie tun?[12] In den meisten

12 Die Statistiken von Frauenhäusern, die große Zahl der von Frauen eingereichten Scheidungen und die der allein erziehenden Mütter in unserem Land zei-

Fällen, in denen keine Trennung ansteht, entscheiden sich die Mütter gegen die Töchter, was fatale Konsequenzen hat: Diese Kinder fühlen sich ausgestoßen, schuldig, nichts wert. Sie zweifeln an dem Sinn ihres Lebens – selbst die Mutter konnten sie nicht erreichen bzw. selbst ihr konnten sie nicht helfen.

Die missbrauchten Kinder schämen sich für sich selbst, für die Familie und den Missbraucher. Die Frage nach der Verantwortung bleibt im Dunkeln.

Zusammenfassung

Für sexuell missbrauchte Kinder gilt, dass sie ihre Gefühle von Scham, Wut, Verzweiflung, Misstrauen und Enttäuschung mitnehmen in die nächste Beziehung, in das weitere Lebensfeld. Sie wollen nicht mehr verantwortlich sein, für nichts und niemanden. Als Opfer des Missbrauchers, der Familie, der Umstände übergeben sie sich selbst nicht selten ihrem scheinbar unverrückbaren Schicksal und hoffen, dass andere endlich dafür die Verantwortung übernehmen und aktiv werden. Gleichzeitig misstrauen sie allen Erwachsenen, blockieren sie diese im Handeln und geben ihnen projektiv die Schuld für ihr späteres Versagen. Eine erfolgreiche Klärung kann nur selten zugelassen werden.

Allein der Wille dieser Kinder zu überleben, der Wunsch, anerkannt und gemocht zu werden und die Hoffnung auf ein besseres Leben in der Zukunft bieten eine Voraussetzung für Heilungs- und Selbstheilungsprozesse, an die wir anknüpfen

gen eine Gegenwehr gegen die patriarchalische und männliche Gewalt in Familie und die Suche nach Alternativen.
Vgl. Baurmann, C. M. (1990): Sexualität und die Folgen für das Opfer. Ergebnisse einer Befragung von deklarierten Sexualopfern im Rahmen einer Längsschnittuntersuchung. In: Baumann, C. M. (Hrsg.): Gewalt an Frauen. Gewalt in der Familie. A.a.O., S. 23ff.
Frauen gegen Männergewalt. Berliner Frauenhaus für misshandelte Frauen. Erster Erfahrungsbericht. Frauenselbstverlag. Berlin (West) 1978.

können. Missbrauchte Kinder verdienen trotz all ihrer Reaktionsweisen unseren Respekt und unsere Achtung als Menschen. Schließlich sind sie die Opfer nicht nur der Missbraucher und der Familie, sondern auch der gesellschaftlichen Strukturen und Gegebenheiten, für die wir alle die Verantwortung tragen und die es zu verändern gilt.

Missbrauchte Kinder brauchen unsere Bereitschaft, uns auf sie einzulassen und mit ihnen zu lernen, ihre reale Situation, ihr System, ihre Möglichkeiten und Grenzen genauer zu erkennen. Sie brauchen unseren Mut, das Schweigegebot aufzuheben, damit sie beginnen können, das Unfassbare auszusprechen und begreifen zu lernen.

Sie brauchen unser Verständnis für ihre Ambivalenz gegenüber den Eltern und den anderen Erwachsenen und unsere Hilfe für die Klärung mit ihren Eltern und mit sich selbst, damit sie eine Chance zum Überleben erhalten und selbst präventiv für die nächste Generation wirken können.

Was sie nicht brauchen, ist eine Professionalisierung auf ihre Kosten, ist eine erneute Tabuisierung ihrer Realität oder die Verfestigung vorhandener gesellschaftlicher Strukturen und ihrer Abhängigkeitsverhältnisse sowie die Ab- und Aufspaltungstendenzen unserer Persönlichkeit und unserer Umwelt. Allein die menschliche Integration aller möglichen Gefühle und Verhaltensweisen wie auch ganzheitliche Unterstützungsangebote können diesen schwer geschädigten Kindern helfen, ihr Lebenspuzzle wieder zusammenzufügen, in das sie einstmals zerrissen wurden.

Ilse Gärtner

Körperliche Misshandlung an Kindern in Familien

Einführung

Die Beschäftigung mit Kindesmisshandlung steht derzeit nicht im Brennpunkt des öffentlichen Interesses. Auch gibt es auf diesem Gebiet im deutschsprachigen Raum wenig neue Forschungsergebnisse. Während man sich vor etwa 15 Jahren noch stark über Fälle von körperlicher Misshandlung empörte und der Drang sehr groß war, den betroffenen Kindern zu helfen, haben sich die Emotionen in der neueren Vergangenheit auf den sexuellen Missbrauch verlagert. Parallel dazu ist eine Verschiebung der Forschungsschwerpunkte und der Mittelvergabe z. B. seitens der Ministerien festzustellen. Neue Veröffentlichungen im Gewaltbereich beziehen sich vor allem auf sexuellen Missbrauch oder aber Gewalttätigkeiten, die von Kindern und Jugendlichen ausgehen (Gewalt an Schulen, rechtsextreme und/oder fremdenfeindliche Gewalttaten).

Ich halte es aus mehreren Gründen für dringend notwendig, dem Bereich der körperlichen Misshandlung wieder mehr Aufmerksamkeit zukommen zu lassen (und ebenso die psychische Misshandlung und die Vernachlässigung stärker einzubeziehen):

1. Die Verantwortung für die jeweils betroffenen Kinder erfordert, alle Formen der Gewalt gegen Kinder als ernst zu nehmendes Problem zu behandeln, denn sie schädigen und beeinträchtigen die Kinder auch in ihrer Persönlichkeitsentwicklung.

2. Im Hinblick auf unsere gesellschaftliche Zukunft sollten wir alles unternehmen, um einem weiteren Anwachsen des Gewaltpotentials entgegenzusteuern. Hierzu gehört auch die Verminderung innerfamiliärer Gewalthandlungen bzw. -erfahrungen. Denn Untersuchungen belegen, dass gewalttätige Jugendliche häufig in ihrem Elternhaus selbst körperliche Gewalt erfahren haben oder emotional vernachlässigt bzw. gedemütigt wurden (vgl. z.B. Bründel/Hurrelmann 1994).
3. Auf der theoretischen Ebene sind viele Fragen noch nicht systematisch geklärt. Außerdem wäre es an der Zeit, die empirischen Erkenntnisse und Praxiserfahrungen der verschiedenen Arbeitsfelder unvoreingenommen auf Parallelen und Unterschiede hin zu überprüfen. Von einer solchen interdisziplinären Gewalttheorie ließen sich fundierte Vorschläge zur Intervention und Prävention erwarten.

Dass sich die körperliche Misshandlung nicht losgelöst von der Gewaltthematik als ganzer betrachten lässt, wird in den folgenden Ausführungen deutlich, die neben Grundinformationen und allgemeineren Überlegungen auch praxisbezogene Hinweise für Helfer/innen enthalten.

Begriffsklärung

Unter »Kindesmisshandlung« oder auch »Gewalt gegen Kinder« fasst man genau genommen vier Bereiche:

- die körperliche Misshandlung,
- die Vernachlässigung,
- die psychische Misshandlung,
- den sexuellen Missbrauch.

In der Literatur findet sich eine Vielzahl an Definitionen und darauf aufbauenden Handlungsansätzen. Diejenige, die auch von den Kinderschutz-Zentren übernommen wurde, prägte die Kinderschutzarbeit am meisten: »Kindesmisshandlung ist eine nicht zufällige, bewusste oder unbewusste gewaltsame psychische oder physische Schädigung, die in Familien oder Institutionen (z. B. Kindergärten, Schulen, Heimen) geschieht und die zu Verletzungen, Entwicklungshemmungen oder sogar zum Tode führt und die das Wohl und die Rechte eines Kindes beeinträchtigt oder bedroht« (Bundesministerium 1992, S. 15).

1983 prägte der Deutsche Kinderschutzbund den Begriff »Gewalt gegen Kinder« statt des Begriffs »Kindesmisshandlung«. »Er verlässt damit die Fixierung auf den Täter und bezieht die von gesellschaftlichen Strukturen ausgehenden Gewaltakte (strukturelle Gewalt) als wesentliche Voraussetzungen für persönliche Gewaltanwendung mit ein und betrachtet die in einer belasteten Situation entstehende Krise als den eigentlichen Auslöser für Gewaltakte« (Bärsch 1983, S. 12). Diese Begrifflichkeit und die darin ausgedrückte Sichtweise wurden in der Folgezeit Grundlage des »neuen Kinderschutzes«.

Ich halte jedoch auch die Verwendung des Begriffs »Kindesmisshandlung«, wenn er sich auf dem Hintergrund obigen Konzepts versteht, für legitim, da er Fälle personaler Gewalt gegen Kinder von situationaler/struktureller Gewalt abgrenzt. Außerdem wird er auch in Abgrenzung zum »sexuellen Missbrauch« benutzt.

Bei Gewaltanwendung sind immer zwei Problembereiche wesentlich: das Thema Macht (bzw. Ohnmacht) und das Thema Grenzen (z. B. Grenzverletzung, Grenzüberschreitung). Bei Kindesmisshandlung besteht oft auch der offene oder indirekte Zwang zur Geheimhaltung, der für das Kind weitere Schwierigkeiten beinhaltet.

Es wurde schon angedeutet, dass Gewalt gegen Kinder nicht nur in Familien, sondern auch in Institutionen vorkommt und sich auf dem Hintergrund gesamtgesellschaftlicher Gewaltförmigkeit abspielt (z. B. Gewalt in den Medien, nicht kindgerechte Wohn- und Verkehrsverhältnisse, allgemeine

kinderfeindliche Atmosphäre, legitimierte Staatsgewalt usw.).
Es lässt sich aber feststellen, dass Kindesmisshandlungen in
Institutionen (Schulen, Heimen usw.) im Allgemeinen sehr
viel leichter aufgedeckt und entsprechend sanktioniert werden, als wenn es sich um den Privatbereich »Familie« handelt.
Deshalb sind die folgenden Überlegungen vor allem auf Kindesmisshandlungen innerhalb von Familien und den Umgang
damit gerichtet.

Einige Zahlen

Verlässliche Zahlen über die Häufigkeit von Gewalt an Kindern, die sich aus obiger Definition ableiten ließen, liegen
nicht vor. Sie wären sicher immens hoch. Hingegen gibt es die
jährliche polizeiliche Kriminalstatistik, in der allerdings nur
strafrechtlich relevante Tatbestände registriert werden, sofern
sie eben bei der Polizei angezeigt werden. Für 1994 weist diese
für die alten Bundesländer plus Gesamtberlin unter »Körper-
verletzung/Misshandlung von Schutzbefohlenen« 1915 erfass-
te Fälle (1993: 1741 Fälle; Zunahme: 10%) von »Misshandlung
von Kindern« (bis 14 Jahre) nach (Bundeskriminalamt 1995,
S. 157–159). 63,2% der Tatverdächtigen waren dabei männ-
lich, 36,8% weiblich. Der Anteil der Kinder unter sechs Jahren
belief sich auf 41,4%, der der Sechs- bis 14-Jährigen auf
58,6%; 56% waren Jungen, 44% Mädchen.
    Bei diesen Zahlen handelt es sich jedoch nur um schwerste
Misshandlungsfälle. Leichtere Formen körperlicher Misshandlung oder Fälle von psychischer Misshandlung werden in
diesen Statistiken nicht berücksichtigt, außerdem werden sexueller Missbrauch und Vernachlässigung gesondert erfasst.
Für Schätzungen ist man auf Dunkelfelduntersuchungen angewiesen, die zum Teil von bis zu 1,5 Millionen körperlichen
Misshandlungsfällen ausgehen (vgl. Bründel/Hurrelmann
1994, S. 55). »Die Sachverständigen sind unsicher und uneins
darüber, mit welchen Forschungsinstrumenten und -strategien

man den Eisberg der Gewalt aus dem Meer des Alltäglichen und Normalen herausheben und Schicht für Schicht erforschen könnte« (Brinkmann 1983, S. 38).

Eine Hauptschwierigkeit liegt darin begründet, dass es unterschiedliche Einschätzungen dessen gibt, was als »normales Erziehungsmittel« gilt. Immer noch weit verbreitet ist die Vorstellung, dass ein gewisses Maß an Gewalt (»der Klaps hinter die Ohren« oder »eine Tracht Prügel zum rechten Zeitpunkt«) in der Erziehung nötig und für die Entwicklung des Kindes sogar eher förderlich ist. Die Grenze zwischen »normalem Schlagen« und brutaler Gewaltanwendung ist dann allerdings tatsächlich sehr schwer zu ziehen.

Schläge sind aber immer ein Ausdruck von Macht einer Person über eine andere (und/oder ein Versuch, Ohnmachtsgefühle zu kompensieren) und verletzen auf jeden Fall die körperliche Integrität des Kindes. Deshalb teile ich die Ansicht, dass Schläge immer ein Kind entwürdigen und körperlich bzw. psychisch schädigen und dass sie deshalb zu vermeiden sind. Nicht zuletzt deshalb, weil häufig eine Eskalierung der Gewaltanwendung stattfindet, wenn nämlich das Kind »abstumpft« oder provoziert und die Eltern meinen, sie müssten zu immer stärkeren Sanktionen greifen.

Körperliche Gewalt an Kindern – ein Problem mit vielen Ursachen

a) Theoretische Erklärungsmodelle

Für die Entstehung von Kindesmisshandlung gibt es verschiedene Erklärungsmodelle:

1. Der historisch älteste Ansatz in der Kinderschutzarbeit ist der psychopathologische Ansatz, der beinhaltet, dass Eltern in ihrer Kindheit selbst unter Gewalt zu leiden hatten und Persönlichkeitsstörungen davongetragen haben. So setzt

sich die Gewalt gemäß diesem Erklärungsmodell fast unausweichlich von Generation zu Generation fort und wird ausschließlich auf die Persönlichkeitsstruktur eines Elternteils (oder beider) zurückgeführt.

2. Dem soziologischen Ansatz liegt hingegen folgender Hauptgedankengang zugrunde: »Die Eltern sind durch vielfältige Lebensbedingungen überfordert und nehmen deshalb Rückgriff auf Erziehungsmethoden aus der eigenen Herkunftsfamilie, sie geben ihre Aggressionen in Form von Misshandlungen an ihre Kinder weiter« (Beck 1993, S. 13). Familiale Gewalt wird hierbei in einen psychodynamischen und zugleich gesellschaftlichen Zusammenhang gestellt.

3. Der sozial-situationale Ansatz erklärt Misshandlungen aus den Interaktionen zwischen Eltern und Kind, ohne allerdings die sozialen und gesellschaftlichen Bedingungen genügend zu berücksichtigen. Bestimmte elterliche Verhaltensweisen und Einstellungen dem Kind gegenüber sowie Hilflosigkeit und Überforderung durch die Bedürfnisse des Kindes auf Elternseite prägen das Verhalten des Kindes (z.B. Widerstand, Ungehorsam). Dies kann zu immer neuen Konfliktsituationen führen, die ihrerseits massive Bestrafungen durch die Eltern zur Folge haben können. Dieser Ansatz erklärt auch, warum zum Teil nur ein bestimmtes Kind in der Familie misshandelt wird.

Diese Erklärungsmodelle zeigen auf, dass es nicht eine alleinige Ursache gibt, die für Gewalttätigkeiten von Eltern gegen ihre Kinder verantwortlich zu machen wäre. In die moderne Kinderschutzarbeit fließen deshalb Elemente aus allen drei Erklärungsmodellen ein. »Kindesmisshandlung kann nur multifaktoriell aus dem Zusammenhang gesellschaftlicher, familienstruktureller und beziehungsdynamischer Faktoren erklärt werden, die in der Interaktion zwischen Eltern und bestimmten Kindern zu ausufernden Gewaltanwendungen führen können« (Beck 1993, S. 17).

Hinzu kommt, dass die Familie (als Institution) in unserer Gesellschaft verschiedenen grundsätzlichen Belastungen ausgesetzt ist. Diese sind: die hohe wechselseitige psychisch-emotionale Abhängigkeit zwischen Eltern und Kindern in unserer Zeit (Kinder hat man nicht mehr aus ökonomischen, sondern aus eher emotionalen Bedürfnissen), die zunehmende Schwierigkeit der Familie generell, ihren Erziehungsauftrag zu erfüllen (Verunsicherung in der Erziehung, Medien- und sonstige Einflüsse) und die Idealisierug der Familie (Schonraum, heile Welt). »Eine so belastete Familie ist im Zusammenhang mit weiteren Einflüssen und persönlichen Schwächen der Eltern ein ergiebiger Nährboden für Krisen. Nicht immer können sie angemessen gelöst werden … Psychologisch gesehen ist der Gewaltakt ein Versuch, die Krise zu bewältigen« (Bärsch 1983, S. 19; Hervorhebung: I. G.).

b) Erklärungen, die aus empirischen Befunden und der praktischen Arbeit abgeleitet sind

Vorab soll betont werden, dass die im Folgenden beschriebenen Lebensbedingungen und Merkmale das Misshandlungsrisiko erhöhen, aber nicht zwangsläufig Gewalt gegen Kinder nach sich ziehen. Unter Umständen können sie als diagnostische Hinweise hilfreich sein, wenn man vermutet, dass ein Kind zu Hause misshandelt wird.

Zahlenmaterial von Polizei und Behörden weist auf eine gewisse soziale Randständigkeit bei Misshandlungsfamilien hin. Aus der Praxis der Kinderschutzarbeit lässt sich dieser Zusammenhang nicht so klar bestätigen, allerdings zeigt sich, dass das Risiko für Kinder, misshandelt zu werden, sich erhöht, je mehr Druck auf der Familie lastet und je größer die Isolation ist, in der die Familie lebt. Eine schwierige innerfamiliäre Situation kann schon ausreichend sein, dass Eltern ihre Ohnmacht oder Aggressivität am Kind auslassen, aber das Risiko steigt noch deutlich, wenn zusätzlich die sozioökonomischen Bedingungen schlecht sind und/oder die Familie keinen sozialen Rückhalt hat.

Ob eher Väter oder eher Mütter ihre Kinder misshandeln, geht aus der Literatur nicht eindeutig hervor. Die oben zitierten Zahlen der polizeilichen Kriminalstatistik 1993 zeigen, dass zumindest bei den schweren Misshandlungsfällen sich der Anteil Männer : Frauen etwa zwei Drittel : ein Drittel verhält. Dieser relativ hohe Frauenanteil (gegenüber etwa 10% bei sonstigen Gewalttaten) erklärt sich daraus, dass Frauen häufig die Erziehung der Kinder praktisch allein übernehmen, entsprechend häufiger mit den Kindern zusammen sind und bei hoher Stressbelastung psychischen oder sozialen Druck – insbesondere in Konfliktsituationen – eher an den Kindern abreagieren als die (nicht anwesenden) Väter.

Auf der psychologischen Ebene weisen verschiedene Untersuchungen z. B. folgende Merkmale misshandelnder Eltern nach: rigider oder inkonsequenter Erziehungsstil, fehlende sprachliche und soziale Kompetenzen, selbst Opfer von Misshandlungen in der Herkunftsfamilie, machtorientiertes Verhalten, Perfektionismus gepaart mit dem Gefühl der Überforderung oder auch Versagensangst (vgl. Engfer 1986).

In der langjährigen Arbeit des Deutschen Kinderschutzbundes in Landau gewannen wir – zum Teil ergänzend zu obigen Ausführungen – folgende Erkenntnisse (die allerdings nicht den Anspruch erheben, repräsentativ zu sein):

1. In Misshandlungsfamilien ist häufig ein sehr inkonsequentes Erziehungsverhalten zu beobachten: Ein Verwöhnen der Kinder bzw. ein Sichverausgaben der Eltern (Mütter) wechselt – oft völlig unvorhersehbar für die Kinder – ab mit drastischen Strafen, Ausrasten der Eltern usw., die dann ihr Handeln wieder gutmachen wollen und die Kinder wiederum verwöhnen usw. … In diesen Familien sind persönliche Grenzen und Regeln des Umgangs nicht klar, bzw. sie werden immer wieder willkürlich verändert. Dies versetzt alle

Beteiligten in einen Dauerstress und erhöht das Risiko von Gewalthandlungen.

2. Bei einigen Familien ist auch zu beobachten, dass Kindern Verantwortlichkeiten übertragen werden, die nicht ihrem Alter entsprechen, dass Eltern andererseits sich ihrer Verantwortung nicht im erforderlichen Maß bzw. durchgängig stellen wollen oder können. Somit passiert es leicht, dass die Kinder die Erwartungen der Eltern nicht erfüllen, was Anlass zu Schlägen sein kann.

3. Viele Eltern fühlen sich unfähig, andere Konfliktlösungs- und Durchsetzungsstrategien als gewaltförmige anzuwenden. Oft würden sie ihre Kinder gern anders behandeln, doch sie wissen nicht, wie. Besonders in Krisensituationen greifen sie ungewollt auf tief sitzende eigene Erfahrungen bzw. Vorbilder aus ihrer Kindheit zurück.

4. Eltern, die misshandeln, leiden häufig unter Gefühlen der Ohnmacht, Hilflosigkeit und Versagensangst. Wenn das Kind die Erwartungen der Eltern (und/oder der Umwelt) nicht erfüllt, interpretieren Eltern dies unter Umständen als ein Zeichen für weiteres eigenes Versagen (oder auch nicht erwiderte Liebe durch das Kind). Die Misshandlung ist dann ein Versuch, wieder Macht und ein Gefühl des Selbstwerts zu erlangen.

5. In einer Reihe von Fällen spielt Alkohol eine Rolle, sei es, dass der misshandelnde Elternteil zum Zeitpunkt der Gewalttätigkeit angetrunken war (Herabsetzung der Hemmschwelle, erhöhte Reizbarkeit, Kontrollverlust), sei es, dass die Familie aufgrund des Alkoholproblems eine soziale Randstellung einnimmt und entsprechend unter Druck von außen steht.

6. Besonders belastend für die Kinder ist es, wenn von ihnen Geheimhaltung dessen, was geschieht, gefordert wird bzw. sie von sich aus das Gefühl haben, dass nichts nach außen dringen dürfe, »damit nicht alles noch schlimmer wird«. Damit sind Kinder bei körperlicher Misshandlung ähnlich wie beim sexuellen Missbrauch mit ihren Gedanken, Gefühlen

und körperlichen Schädigungen sich selbst überlassen, schreiben sich nicht selten selbst die Schuld zu und geraten durch Vertuschen und Lügen unter Umständen selbst immer mehr in einen Teufelskreis der Isolation.

Misshandelte Kinder sind, allgemein gesagt, häufig Kinder, die nicht so sind, wie es die Eltern gern hätten. Das kann Verhaltensweisen betreffen (je nach Alter z. B. Trotz, Einnässen, Stehlen, Schulprobleme usw.), aber auch bestimmte Eigenschaften wie »ungewolltes Kind«, Behinderung, »falsches Geschlecht«, Ähnlichkeit mit dem problematischen (Ex-)Lebenspartner, Stiefkind usw. (vgl. Bundesministerium 1992, S. 45–47).

Die Erfahrung zeigt, dass geschlagene Kinder häufig weitere Prügel und Strafen geradezu herausfordern. Eine mögliche Erklärung wäre, dass sie sich dieser negativen Zuwendung – im Gegensatz zu positiver – sicher sein können. Eine andere Erklärung, die mir eine Studentin gab, die als Kind körperlich und psychisch schwer misshandelt wurde, ist, dass man mit der Zeit unempfindsam wird für gewaltfreie Berührungen, ja dass Zärtlichkeit sogar Angst und körperliche Schmerzen verursachen kann. Dies hatte bei der Studentin zur Folge, dass sie Gewalterfahrungen geradezu suchte, weil sie nur dann ihren Körper »wirklich spüren« konnte.

Wie kann man Misshandlungen erkennen?

Absolut eindeutige Hinweise, dass eine Misshandlung vorliegt, gibt es nur in besonders krassen Fällen. So sind wir, wenn nicht das Kind oder ein Elternteil (»Selbstmelder«) von sich aus Hilfe sucht, meist auf Vermutungen angewiesen. Allerdings lassen sich aus körperlichen Symptomen oder auch aus dem Verhalten der Kinder bzw. Eltern, insbesondere wenn man die Beobachtungen zusammen nimmt, häufig hinreichend klare Anhaltspunkte gewinnen.

Die im Folgenden kurz skizzierten »Erkennungszeichen« sollen dazu beitragen, dass Helfer eine Sensibilität für misshandelte Kinder entwickeln und mehr Mut bekommen einzugreifen. Da aber gerade die Verhaltenssymptome keine eindeutigen Hinweise liefern, welche Form und welches Ausmaß der Misshandlung vorliegt (oder ob es sich nur um »Erziehungsfehler« der Eltern handelt), plädiere ich dafür, nicht abzuwarten, ob sich der Verdacht der Kindesmisshandlung erhärtet oder nicht. Vielmehr sollten Helfer/innen immer dann das Gespräch mit den Eltern (oder den Kindern/Jugendlichen) suchen, wenn sie das Gefühl haben, »irgendwas ist nicht in Ordnung« … Ein solches Gespräch über die Sorgen, die sich ein Helfer um Kind macht, verbaut nicht den Zugang zu den Eltern, lässt aber auch zu, dass man auf Verantwortlichkeiten und notwendige kleine Schritte im Interesse des Kindes hinweist.

Körperliche Anzeichen können reichen von blauen Flecken bis hin zu Knochenbrüchen oder inneren Verletzungen (die sich z. B. in Erbrechen äußern können). Besonders wenn unglaubhafte oder sehr widersprüchliche Erklärungen dafür geliefert werden oder sich solche Verletzungen häufen, kann dies ein Indikator für Misshandlungen sein. Für die ärztliche Diagnostik können wichtige Hinweise daraus gewonnen werden, ob die Eltern nach einem »Unfall« direkt mit dem Kind die Praxis/das Krankenhaus aufsuchen oder erst mit einiger zeitlicher Verzögerung, ob ihre Berichte stimmig sind oder ob ihre Darstellungen mit dem Pflegezustand und Verhalten des Kindes übereinstimmen.

Auch aus dem Verhalten der Kinder lässt sich unter Umständen auf Misshandlungserfahrungen schließen. Misshandelte Kinder reagieren häufig

- außergewöhnlich ängstlich, misstrauisch und nervös, wirken zum Teil übermäßig gehorsam und angepasst sowie unempfindlich gegenüber Schmerzen, oder aber sie sind
- besonders provozierend, überaggressiv und abweisend.

»Bei der Untersuchung misshandelter Kinder (die stationär behandelt werden mussten, Anm.: I. G.) fällt neben den körperlichen Entwicklungsverzögerungen (vor allem bei Vernachlässigung) *eine deutliche Verzögerung der psychosozialen Entwicklung* auf. Dabei können alle Bereiche der normalen Persönlichkeitsentwicklung betroffen sein« (Bundesministerium 1992, S. 35).

Warum tun wir uns als Nachbarn, ErzieherInnen, LehrerInnen so schwer zu intervenieren?

Anzeichen für die Misshandlung von Kindern werden von der Umgebung häufig lange nicht wahrgenommen, obwohl man im Nachhinein oft feststellt, dass eigentlich schon seit geraumer Zeit klar war, dass »irgendetwas nicht stimmt«. Aber auch wenn es eindeutig ist, dass ein Kind zu Hause geprügelt wird, zögern Laien und Fachkräfte häufig einzugreifen. Welche Argumente werden dafür genannt, und welche Konsequenzen bieten sich jeweils für die Helfer an?

1. Argument: »Ich fühle mich so hilflos«, »Es wühlt bei mir zu viel auf« (starke Betroffenheit, besonders bei eigenen Gewalterfahrungen). Die Erfahrung von Gewalt macht häufig hilflos und schränkt in der (rationalen) Handlungsfähigkeit ein. Je mehr Gewalterfahrungen man selbst gemacht und je weniger man sie verarbeitet hat, desto größer sind die persönliche Betroffenheit und der unbewusste Einfluss auf das Verhalten als Helfer. Dies kann sich dann in übermäßiger Wut dem Täter gegenüber äußern oder darin, dass man Anzeichen der Gewalt einfach nicht wahrnimmt. Wie das kleine Kind, das sich die Augen zuhält und meint, es sei nicht mehr zu sehen, verschließen wir die Augen und glauben, die Gewalt könne uns so nichts anhaben.

Anregungen für Helfer/innen: Um nicht Gefahr zu laufen, »blind« oder zu spät bzw. gar nicht zu reagieren, ist es unerlässlich, die eigene Beziehung zu Gewaltsituationen zu reflektieren, und zwar

a) indem man sich mit eventuellen früheren Gewalterfahrungen auseinander setzt (allein, in Selbsterfahrungsgruppen oder im Rahmen einer Therapie) und

b) indem man regelmäßig das eigene Helferverhalten gemeinsam mit (anderen) Fachleuten bespricht und überdenkt (Supervision, Berufsgruppen).

2. Argument: »Ein Klaps auf den Po kann nicht schaden (auch wenn's manchmal ein bisschen fester ist).« In unserer Gesellschaft ist eine allgemeine Erziehungsunsicherheit festzustellen. Viele Eltern wissen nicht, welche Erziehungsmittel sie guten Gewissens einsetzen können. Soll man strafen oder nicht, und wenn ja, wie? Der neu gefasste § 1631 BGB verbietet verletzende und entwürdigende Strafen – aber es fehlt an verlässlichen Handreichungen und Anleitungen für Eltern, wie sie ihrer Pflicht zur Erziehung angemessen nachkommen können. Auch Fachleute sind von dieser Unsicherheit betroffen und haben oft ihr eigenes Verhältnis zu körperlichen (und psychischen) Strafen nicht genügend geklärt. Entsprechend schwer fällt es ihnen, von Eltern konsequent gewaltfreie Erziehungsmethoden zu fordern bzw. Hilfestellungen anzubieten.

Anregungen für Helfer/innen: Notwendig ist die Klärung eigener Erziehungsvorstellungen (z.B.: »Was sind ›partnerschaftliche‹ (gewaltfreie) Methoden, und wie stehe ich dazu?«). Allgemein gültige Vorschläge lassen sich natürlich nur schwer machen. Generell finde ich es jedoch wichtiger, die Eltern eher in den für sie und ihre Kinder angemessenen (»stimmigen«) Verhaltensweisen zu stärken, als sie mit immer neuen »Sollvorschriften« weiter zu verunsichern. Eine wichtige Voraussetzung für das Gelingen von Erziehungsbeziehungen ist meines Erachtens, dass Eltern sich ihrer Bedürfnisse, Rechte, Verantwortlichkeiten und persönlichen Grenzen bewusst werden und auf dieser Grundlage auch eine verantwortungsvolle Beziehung zu ihren Kindern eingehen können. Regeln sollten altersentsprechend mit den Kindern unter Berücksichtigung der beiderseitigen Bedürfnisse vereinbart und regelmäßig überprüft werden (vgl. hierzu z. B. Rogge 1993).

3. Argument: »Wer geschlagen wird, hat es verdient.« Wenn es ein besonders »schwieriges« Kind ist, von dem man vermutet, dass es misshandelt wird, greift man unter Umständen nicht ein, weil man selber nicht wüsste, wie man mit ihm anders umgehen sollte und weil einem die Eltern Leid tun. Vielleicht spielt dabei auch eine Rolle, dass wir als Erwachsene uns eher mit den Erwachsenen identifizieren als mit dem Kind.

Anregungen für Helfer/innen: Der entscheidende Punkt ist, sich klarzumachen, dass die Verantwortung beim Erwachsenen und nicht beim Kind liegt. (Anmerkung: Es geht hier um Verantwortung, nicht um »Schuld«!) Selbst bei Teufelskreisen der Gewalt, bei denen nicht klar erscheint, wer der Verursacher ist, liegt es doch allein in der Macht und in der Verantwortung der Erwachsenen, diesen Kreislauf zu durchbrechen (Verhaltens- änderung, Hilfe für sich und/oder das Kind suchen …). Auch wenn man als Helfer/in den misshandelnden Erwachsenen gefühlsmäßig gut versteht, sollte man sich und ihm vor Augen halten, wie sehr körperliche Gewalt ein Kind schädigt, und mit ihm Wege der Hilfe und Entlastung suchen (vgl. auch die unter 2. genannten Überlegungen).

4. Argument: »Ich will mich nicht in die Intimsphäre der Familie einmischen.« In unserer Gesellschaft ist die Kindererziehung weitgehend Privatsache der Familie, zumindest solange die Kinder nicht auffällig werden. In diese Privatangelegenheit mischt man sich nur ungern ein. Besonders schwierig erscheint eine Einmischung angesichts der kultur-, schicht- bzw. glaubensabhängigen Normenunterschiede in unserer Gesellschaft. Denn: Welche Maßstäbe sind an die Erziehung anzulegen? Haben wir das Recht, über die Erziehung von z. B. islamischen Familien oder Zeugen Jehovas zu befinden und ihnen unser Rechtsempfinden aufzuzwingen? Man könnte argumentieren: Wer in diesem Staat lebt, sollte sich den hier gültigen Normen anpassen. Aber: Wären die Folgen für die einzelnen Kinder nicht vielleicht schlimmer als die Gewalttätigkeiten?

Anregungen für Helfer/innen: Unabhängig vom kulturellen oder Glaubenshintergrund der Familie sollte man als Helfer/in seine Sorge um das Kind zum Ausdruck bringen. Wenn es notwendig ist, kann auf die hiesige Rechtslage hingewiesen werden. Außerdem sollte man in dem Selbstverständnis handeln, dass ein frühzeitiges Eingreifen nicht Strafe, sondern Hilfe für das betroffene Kind wie auch für die gesamte Familie beinhaltet. Die Intervention hat zum Ziel, die Krise bearbeiten zu helfen, Belastungsfaktoren abzubauen und die Erwachsenen bei der Wahrnehmung ihrer Verantwortung zu unterstützen. Selbstverständlich sollten Helfer/innen ihr Handeln daraufhin immer wieder kritisch überprüfen (siehe 1. Argument).

5. Argument: »Ich weiß nicht, wie ich mich konkret verhalten soll.« Helfern fehlt gerade in der Anfangszeit oft das Wissen und die Sicherheit im Umgang mit Fragen wie z.B.: Wie geht man mit einem Verdacht um? Wie soll man die Eltern ansprechen? Wann ist es angezeigt, ein Kind oder eine Jugendliche bei sich zu Hause aufzunehmen oder die Polizei einzuschalten? usw. Zudem besteht gemeinhin zu wenig Wissen über die Hilfeangebote in der Umgebung und deren (z.T. unterschiedliche) Vorgehensweisen.

Anregungen für Helfer/innen: Es gibt eine breite Palette von Möglichkeiten, Wissen zu erwerben und sein Verhaltensrepertoire zu erweitern (Fortbildungen verschiedener Träger, Informationen und Unterstützung durch die Ortsverbände oder Beratungsstellen des Deutschen Kinderschutzbundes e.V. – die Bundesgeschäftsstelle ist in Hannover –, Kinderschutz-Zentren oder auch Jugendämter). Es ist wichtig, sich im jeweiligen Fall Kooperationspartner zu suchen, um mit dem Problem nicht allein dazustehen; z.B. bieten viele Ortsverbän-

de des Deutschen Kinderschutzbundes Gruppen für Ehrenamtliche an und beraten Fachkräfte und Laienhelfer im Umgang mit der Gewaltproblematik).

*6. Argument: »Ich weiß nicht, ob ich den Schilderungen der Ju-
gendlichen trauen kann.«* Je älter die Kinder sind, umso eher
suchen sie von sich aus Hilfe von außen. Nicht immer lässt sich
klären, ob tatsächlich eine Misshandlung vorliegt. Zumindest
liegt aber eine Krise in der Familie vor, bzw. es lässt sich auf
eine starke Beziehungsstörung schließen, wenn Kinder oder
Jugendliche Außenstehende einbeziehen. Dies ist Grund genug, helfend einzugreifen und zu prüfen, welche Lösung zum
Wohle des Kindes oder Jugendlichen die sinnvollste ist.

Zusammenfassung

Es ist die Verantwortung der Helfer/innen, sich mit eigenen
Ängsten, Einstellungen und Verhaltensunsicherheiten offen
und intensiv auseinander zu setzen, damit sie den betroffenen
Kindern gerecht werden und sie vor weiterer Schädigungen
(in ihrer Familie, aber auch durch das Hilfesystem) bestmög-
lich schützen können. Aber nicht nur die Bedürfnisse der betroffenen Kinder erfordern ein qualifiziertes Eingreifen, sondern auch die Notwendigkeit, die »Teufelskreise der Gewalt«
in unserer Gesellschaft mit Blick auf die Zukunft zu durchbrechen. Denn Untersuchungen belegen z.B., dass geschlagene
Kinder häufig in Kindergarten und Schule durch besondere
Aggressivität auffallen und dass rechtsextreme oder fremdenfeindliche Gewalttäter oft aus Familien stammen, wo sie geschlagen, gedemütigt oder vernachlässigt wurden.

Literatur

Bärsch, W. (1983): Gewalt gegen Kinder – ein zentrales Arbeitsfeld des Deutschen Kinderschutzbundes. In: Deutscher Kinderschutzbund 1983, S. 11–24.

Beck, M. (1993): im Schulalter auf kasuistischer Grundlage. Universität Koblenz-Landau, Abt. Landau, Wissenschaftliche Prüfungsarbeit.

Brinkmann, W. (1983): Gewalt gegen Kinder oder: Vom dicken Ende unter der Spitze des Eisbergs. In: Deutscher Kinderschutzbund 1983, S. 37–55.

Bründel, H./Hurrelmann, K. (1994): Gewalt macht Schule. Wie gehen wir mit aggressiven Kindern um? München.

Bundeskriminalamt (BKA) (1995): Polizeiliche Kriminalstatistik 1994. Wiesbaden.

Bundesministerium für Familie und Senioren (BMFS) (1992): Kindesmisshandlung – Erkennen und Helfen. 6. Auflage, Bonn.

Deutscher Kinderschutzbund e. V. (DKSB) (Hrsg.) (1983): Schützt Kinder vor Gewalt – Vom reaktiven zum aktiven Kinderschutz. Weinheim/Basel.

Engfer, A. (1986): Kindesmisshandlung – Ursachen, Auswirkungen, Hilfen. Stuttgart.

Rogge, J.-U. (1993): Kinder brauchen Grenzen. Reinbek.

Sölle, D. (1994): Gewalt – Ich soll mich nicht gewöhnen. Düsseldorf.

Allgemeine Interventionskonzepte bei Gewalt an Kindern

Martin Poss

Krisenintervention – Ein Bericht aus der Praxis

Im Kinderschutz-Zentrum Berlin wurde 1990 das Projekt entwickelt, einen eigenständigen Krisendienst für die Zeiten einzurichten, in denen die meisten anderen Hilfeinstitutionen nicht mehr zu erreichen sind. Leitgedanke hierzu war, dass Krisen in Familien prinzipiell außerhalb normaler Bürozeiten und am Wochenende entstehen und für akute Krisensituationen auch eine Hilfe angeboten werden sollte. Aus diesem ersten Ansatz entwickelte sich bald bedarfsorientiert ein eigenständiger Krisendienst mit einem Mitarbeiter für die »ungünstigen« Zeiten und einem Krisendienstler, der zu den normalen Bürozeiten neben den hauptamtlichen Familienberatern für mobil zu erledigende und dringliche Probleme zuständig war.

Die Abgrenzung des Arbeitsfeldes gestaltete sich von Beginn an als nicht unproblematisch: die Familienberater des Kinderschutzzentrums wünschten sich Überweisungsmöglichkeiten an den Krisendienst für die Fälle, welche ihnen selbst zuviel oder zeitlich zu eng wurden. Für die Krisendienstler bedeutete es einen besonderen Anreiz und Herausforderung, dort anzusetzen, wo andere Helfer wie auch immer an ihre Grenzen gekommen waren. Dies führte verständlicherweise bei den Kolleginnen und Kollegen der Familienberatung zu einer Unzufriedenheit über die gelegentliche Nicht-Verfügbarkeit der Krisendienstler. Bei den Krisendienstlern wiederum entstand eine Unzufriedenheit über die unklare Arbeitsplatzbeschreibung und über ein Aufgabenfeld, das auszufransen drohte. Daneben gab es unterschiedliche Auffassungen über die Arbeitsweise des Krisendienstes, insbesondere über die Frage, wie häufig er die Familie aufzusuchen und wie intensiv er sie »versorgen« sollte. Befragt man zu dieser Situation die Theorie, so lassen sich einige Anmerkungen zu den theoretischen Grundlagen unserer Arbeit machen.

Theorie und Definition des Begriffes Krise

Eine bekannte Berliner Therapeutin behauptete in einem Streitgespräch, dass wenn eine Familie nicht damit klar kommt, dass deren Dackel mit dem Schwanz wedele und dieser Umstand die Familie durcheinander bringe, dann sei es eben eine Krise und müsse dementsprechend ernst genommen werden. Ich kann ihr insofern zustimmen, dass Krisen bei jedem Menschen an einem anderen Punkt anfangen und ansetzen. Aguilera und Messick beschreiben das Entstehen oder das Nichtentstehen von Krisen beim Menschen folgendermaßen: (siehe folgende Seite)

Ausgehend von dieser Grundlage will ich nun versuchen, den Begriff Krise etwas systematischer in den Griff zu bekommen, um am Ende einen Arbeitsansatz zu entwickeln. Einige Merkmale von Krise, wie sie der allgemeinen Krisenliteratur zu entnehmen sind, möchte ich hier aufzeigen, und anschließend unsere eigene Definition von Krise darstellen. Es gibt im Wesentlichen zwei Arten von Krisen: das sind einmal Krisen, die nicht vorraussagbar sind, die plötzlich und unerwartet zuschlagen, die sogenannten Situationskrisen. Also: stellen Sie sich vor, es ist

Sommerschlussverkauf und keiner kauft ein. Die akuten Krisen sind diejenigen, von denen die Betroffenen überrumpelt werden. Mit denen sie konfrontiert werden und die sich zu akuten persönlichen Krisen entwickeln können.

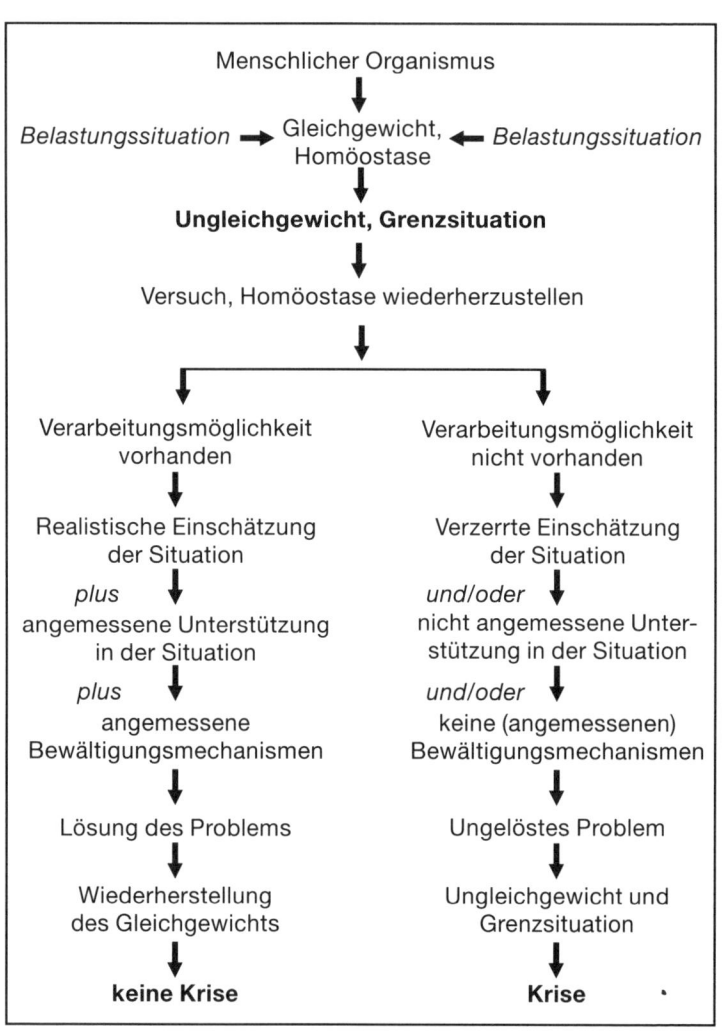

Abbildung 1: Krise nach Aguilera/Messick 1978

I. Situationskrisen

Natur- und von Menschen verursachte Katastrophen
Erdbeben, Sturm, Überschwemmung, Nuklearunfall, Flugzeugunglück, kriegerische Handlungen

Verbrechen
Vergewaltigung, Raub, Geiselnahme

Krankheit
Chirurgischer Eingriff, Verlust von Gliedmaßen, lebensbedrohliche Krankheit, tödliche Krankheit, Aids, Krebs, Brandverletzungen, Unfall, Geburtsdefekte, Unfruchtbarkeit, Alkohol- und Drogenmissbrauch

Unerwarteter Todesfall
Tödlicher Unfall, Mord, Selbstmord, Tod eines/einer guten Freundes/Freundin, lieben Verwandten, plötzlicher Kindstod

Familiäre Krisen
Trennung, Scheidung, häusliche Gewaltanwendung, sexuelle, physische und/oder psychische Misshandlung, ungewollte Schwangerschaft, Schwangerschaftsabbruch

Ökonomische Krisen
Arbeitslosigkeit, Obdachlosigkeit, Migration

II. Entwicklungskrisen

Die zweite Art von Krisen sind solche, die sehr wohl vorraussehbar sind, die man sozusagen erwarten kann. Die Entwicklungskrisen in familialen Systemen sind vorhersehbar, weil sie mit den lebensgeschichtlichen Entwicklungen zusammenhängen. Ich verweise auf den Lebenszyklus nach Hennig/Knödler (1995), welche die verschiedenen Veränderungen, die wir Menschen im Leben durchlaufen müssen, sehr anschaulich dargestellt haben. Ich möchte sie hier der besseren Übersicht halber erwähnen, ohne in extensio darauf einzugehen.

Wir wir wissen, bringen nicht alle diese kritischen Übergänge in neue Lebensabschnitte für alle Menschen auch akute Krisen mit sich, obwohl es immer wieder zu krisenhaft zugespitzten Situationen bei der Neueinstellung der Homöostasis kommen kann, mit denen dann die Betroffenen nicht mehr fertig werden.

Spezifität von Krisen

Es gibt einige Kriterien, durch die sich alle Arten der Krisen auszeichnen, bzw. die alle spezifisch gemeinsam haben:

● Eine Krise hat immer ein auslösendes Moment.
● Eine Krise hat eine eingrenzbare Dauer.
● Eine Krise bringt Symptome mit sich, die meist etwas mit Verlust zu tun haben.
● Eine Krise führt immer zu einem Ergebnis.

Als Grundlage unserer Arbeit im Kinderschutz-Zentrum Berlin wurde die folgende Definition auf S. 75 für den Begriff Krise entwickelt.

Krisenintervention als eigener Arbeitsansatz zwichen Sozialarbeit und Therapie

Es handelt sich hier unserer Auffassung nach zwar um einen eigenen Arbeitsansatz, der sich aber aus bekannten Elementen von therapeutischen Vorgehen und sozialarbeiterischem Handeln zusammensetzt und insofern nichts revolutionär Neues ins Feld bringt. Krisenintervention für uns heißt, dass wir ein Angebot dann machen, wenn das Problem akut vorhanden ist, denn wir gehen davon aus, dass eine frühzeitige Hilfestellung mit ganzheitlichem Charakter ein präventives Angebot zur Deeskalierung von schweren Familienkrisen darstellt.

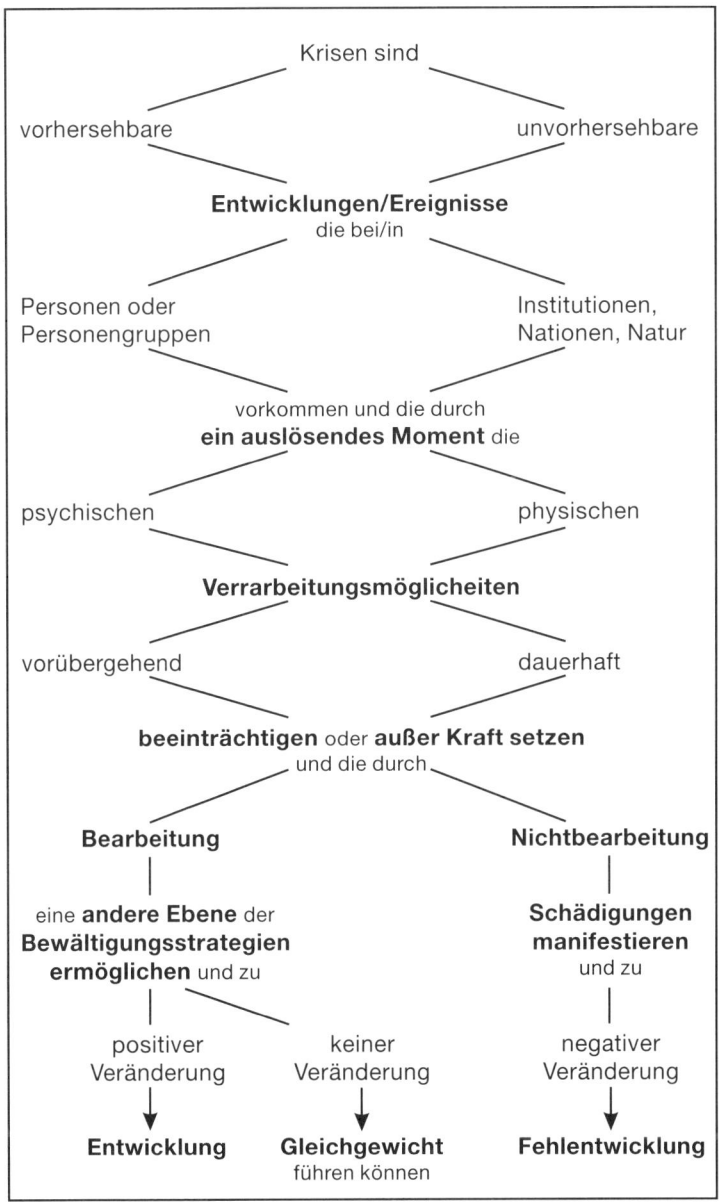

Krisen sind

vorhersehbare   unvorhersehbare

Entwicklungen/Ereignisse
die bei/in

Personen oder   Institutionen,
Personengruppen   Nationen, Natur

vorkommen und die durch
ein auslösendes Moment die

psychischen   physischen

Verrarbeitungsmöglicheiten

vorübergehend   dauerhaft

beeinträchtigen oder **außer Kraft setzen**
und die durch

Bearbeitung   **Nichtbearbeitung**

eine **andere Ebene** der   **Schädigungen**
Bewältigungsstrategien   **manifestieren**
ermöglichen und zu   und zu

positiver   keiner   negativer
Veränderung   Veränderung   Veränderung

Entwicklung   **Gleichgewicht**   **Fehlentwicklung**
                  führen können

Abbildung 2: Definition des Begriffes Krise nach Martin Poss

75

Übung zur Reanimation einer Krisensituation

Jeder hat sicherlich schon irgendwelche größeren oder kleineren Krisen zu bewältigen gehabt. Und da man immer aus den eigenen Erfahren am besten profitieren kann, möchte ich mit Ihnen eine kurze Übung in Form einer kleinen Reise in die Vergangenheit machen. Wenn Sie sich bitte einmal kurz innerlich darauf einstellen möchten, sich selbst an eine solche Situation zu erinnern, in der sie in Ihrem persönlichen Bereich einfach nicht mehr weiter wussten, so unangenehm oder gar banal diese Situation, in der Sie sich damals befanden im Nachhinein jetzt auch sein mag. Wenn Sie sich daran erinnern, wie Sie in dieser Situation einerseits besonders empfindlich waren, wie verletzlich Sie waren, wie Sie vielleicht kurz davor waren, an der Situation zu verzweifeln, weil es keinen sichtbaren Ausweg gab. Alles, was Sie vorher versucht hatten, um die Situation in den Griff zu bekommen, stimmte irgendwie nicht mehr. Vielleicht hatten Sie das Gefühl, dass Sie von einem Strudel erfasst worden sind, der Sie nicht mehr losläßt, der Sie unweigerlich mit hinabzieht. An dieser Stelle können Sie sich dann wahrscheinlich erinnern, dass Ihnen zu diesem Zeitpunkt alles recht war, was irgendwie helfen könnte, Sie da heraus zu holen – egal wie irrational die Gedanken auch erscheinen mochten. Nichts half, auch kein Beten. Sich in einer solchen Situation einem Ihnen nahen Menschen anzuvertrauen, mag Ihnen schon schwer gefallen sein, weil Sie diese Person vielleicht nicht belasten oder erschrecken wollten, weil Sie vielleicht trotz der Nähe zu dieser Person deren Reaktion auf das Problem nicht abschätzen konnten. Vielleicht haben Sie es dann trotz aller Bedenken in Ihrer Verzweiflung doch geschafft, sich in Ihrer persönlichen Umgebung eine Unterstützung zu holen. Möglicherweise können Sie sich jetzt daran erinnern, wie es damals war, als sie jemanden nach langem Bedenken und Zögern um Hilfe baten, wie sie wahrscheinlich wirklich und ehrlich bereit waren, alles zu tun und/oder alles zu versprechen, damit dieser Mensch Ihnen einen Weg aus der auswegslosen Situation zeigt. Vielleicht können Sie sich daran erinnern, wie klein und persönlich gescheitert Sie sich in diesem Moment gefühlt haben mögen und um wie viel größer und wichtiger dieser andere sonst einfach nur nahe Mensch plötzlich für Sie wurde, der eventuell in der Lage war, Ihnen hinaus zu helfen. Möglicherweise können Sie sich auch daran erinnern, wie hoch – trotz aller Bedenken, jemanden um Hilfe zu bitten – doch auf der anderen Seite Ihre Erwartungen an den Menschen war, Ihnen daraus zu helfen. Es kann sein, dass Sie dem Menschen viele Dinge von sich preisgegeben haben, um Ihm Ihre Auswegslosigkeit zu illustrieren, die Sie ihm sonst nicht erzählt hätten. Wenn Sie dann die Erfahrung machen konntcn, dass Sie gemeinsam einen Ausweg finden konnten, dann ist Ihnen eventuell auch noch in Erinnerung, wie einerseits dankbar Sie der nahen Person waren, Sie unterstützt zu haben, wie andererseits Sie auch verletztlich ihr gegenüber waren, da Sie ihr sehr persönliche Dinge anvertraut haben, die Sie sonst wahrscheinlich nicht mit ihr geteilt hätten.

Es kann aber auch sein, dass Sie niemanden hatten oder fanden, dass es niemanden gab, der Ihnen weiterhelfen konnte, dass Sie allein mit großer Mühe, mit vielen Durchhängern und einigen Verlusten den Weg aus dem Strudel gefunden haben. Vielleicht ist Ihnen auch in Erinnerung geblieben, wie sehr Sie mit dieser Erkenntnis persönlich wachsen konnten, dass Sie alleine einen Weg aus einer erst auswegslosen Situation heraus gefunden haben.

Entwicklung des eigenständigen Arbeitsansatzes

Sie können vielleicht mit Hilfe des jetzt gerade Erinnerten noch besser unseren Ansatz von Krisenintervention nachvollziehen. Wir haben großen Respekt davor, dass Klienten es in Krisen schaffen, uns anzurufen und herbeizuholen, ohne uns vorher genau gekannt zu haben, ohne vorher zu wissen, ob wir auf ihre Bedürfnisse eingehen und wie wir mit ihnen umgehen werden. Klienten in Krise haben an uns eine andere Erwartungshaltung als es bei Anrufern einer normalen therapeutisch ausgerichteten Beratungsstelle der Fall ist. Das zwischen Krisenbetroffenen und dem Krisenarbeiter entstehende Beziehungsgeflecht hat eine andere Dimension, als die Beziehung zwischen dem reinen Therapeuten und dessen Klienten. Man könnte die sehr grobe Abgrenzung von Krisenhilfe zu therapeutischen Verfahren ungefähr folgendermaßen beschreiben:

Krisenhilfe als Intervention

Fokus: Gegenwart/Wiederherstellung der Fähigkeit, kritische Situationen selbstständig zu meistern

Rolle des Helfers: direkt und aktiv beteiligt

Ziel: Bewältigung von krisenhaft zugespitzten Situationen

Indikation: plötzlicher Verlust der Fähigkeit, eine Lebenssituation in gewohnter Weise zu bewältigen

Zur Person des Krisenmitarbeiters

Bei der Krisenintervention entsteht im Unterschied zu dem »normalen therapeutischen« Beziehungsgeflecht eines sich an eine Beratungsstelle wendenden Ratsuchenden mit dem abgegrenzten Therapeuten eine andere Situation. Da wir mit Krisen im Familienkontext zu tun haben, werden wir in erster Linie nicht als Therapeuten gesehen, sondern uns wird auch die Rolle eines fehlenden oder schwachen Familienmitgliedes

zugeschrieben, in der Regel eine Elternfunktion. Das Kind/
der Jugendliche sieht in uns den versorgenden, schützenden
und vor allem gewährenden Elternteil, der die Trennungsangst
mildert und als Ersatzvater/-mutter Verbündeter gegen die
richtigen Eltern ist. Auch die Eltern schreiben uns Elternauf-
gaben zu, wir sollen sie vor der Übermacht des Kindes schützen und ihre Ohnmacht verstehen, aber auch dem Kind gegenüber indem wir die Aufgaben übernehmen, an denen sie
gescheitert sind. Viele haben schon schwierige Beziehungser-
fahrungen mit anderen Helfern gesammelt. Sie gehen ebenso
in unser Verhältnis zum Klienten ein: Konkurrenz, Auflehn-
nung, Enttäuschung und Mutlosigkeit spielen eine wichtige
Rolle. Eine große Herausforderung für unsere Arbeit liegt im
Wunsche des Klienten, durch eine neue, ganz andere Beziehung zum Helfer das Scheitern in Beziehungen zu heilen; für
den Klienten besteht das Risiko sich aus notwendiger »stell-
vertretender Hoffnung« falsche Hoffnungen zu machen. Auf
der anderen Seite droht für uns als Helfer die Gefahr des Ver-
sinkens im Strudel eigener narzistischer und Omnipotenzwün-
sche. Der einerseits in Krisensituationen oft erforderliche so-
zialarbeiterische ganz pragmatische Umgang mit dem
äußeren Chaos und dem damit verbundenen direktiven Handeln sollte also andererseits auch von dem Respekt gegenüber
dem Klienten geprägt sein, eigene Wege aus dem genauso vorhandenen inneren Chaos finden zu können. Die Omnipotenz-
phantasien und -wünsche des Helfers müssen andererseits zu
Gunsten einer eher fast therapeutischen Haltung zurückgestellt werden, die dem Helfer ermöglicht, den Klienten trotz
der größeren Nähe nicht zu entmündigen. Der Krisendienst-
mitarbeiter steht somit vor der Schwierigkeit, große Nähe zu
den Klienten zu haben, manchmal auch direktiv vorzugehen,
andererseits aber auch mit der dementsprechenden Distanz
therapeutisch reagieren zu müssen. Bevor ich jedoch noch
weiter auf den Prozess von Krisenintervention zu sprechen
komme, möchte ich auf einige notwendige Rahmenbedingungen für eine effektivere Krisenarbeit eingehen, von denen wir

im Kinderschutz-Zentrum in Berlin gemerkt haben, wie sehr wir sie bräuchten und deren nur teilweises oder gar Nichtvorhandensein uns doch häufig in der Arbeit blockiert.

Voraussetzungen für Krisenarbeit mit den momentanen Grenzen und ein vorsichtiger Ausblick auf Besserung durch die Ehrenamtlichen

Jemand, der sich bei einer Kriseninstitution meldet, ist einerseits sowohl verzweifelt, voller Angst, Befürchtungen und Schmerz und häufig übergriffig, aber andererseits auch an einem Punkt äußerster Verletzlichkeit und damit auch größter Offenheit für Hilfe durch einen Außenstehenden. Um einer solchen Person oder einer ganzen Familie zu helfen, kann es notwendig werden und in einigen Fällen sehr sinnvoll sein, über das erste telefonische Gespräch hinaus ein schnelles Krisenhilfeangebot zu machen. Es gibt dabei unabwendbare Voraussetzungen und Rahmenbedingungen, die notwendig sind, um einen Kriseneinsatz übernehmen zu können:

Schnelle Verfügbarkeit

In dieser Phase kann ein zeitliches Verschieben von Krisenhilfe etwa auf den nächsten Tag als ein nicht Ernstgenommen verstanden werden und sich so weiterhin negativ auf den Verlauf der Krise auswirken.

Vorübergehende Aussetzung der sonstigen Verantwortlichkeiten, also zeitlicher Spiel- und Freiraum für längere Krisenintervention:

Es muss einen abgesprochenen und mit den Kolleginnen und Kollegen vereinbarten Mechanismus geben, der es demjenigen, der sich zu einem Kriseneinsatz begeben will, auch möglich macht, dieses zu tun. Das heißt, es muss sowohl das Verständnis geben, dass angefangene und vom Kollegen übernommene alltägliche Arbeiten liegenbleiben können oder sogar einen Mechanismus, wie die Arbeit vom anderen übernommen werden kann. Das heißt aber auch, dass Krisenarbeit ein engeres Zusammenarbeiten zwischen den Krisendienstlern bedeutet, als es sonst zwischen Teammitgliedern etwa im therapeutischen Setting üblich ist. Weil wir zu jedem dieser Kriseneinsätze und für jedes dieser Gespräche neben unserer Telefonpflichtanwesenheit nicht mehr genügend Zeit finden und die Kolleginnen und Kollegen von der Familienberatung, nicht für uns einspringen konnten, haben wir begonnen, ehrenamtliche Kräfte für die Arbeit am Krisentelefon auszubilden, die durch ihre Mitarbeit die Mobilität der Krisendienstler aufrechterhalten sollen. Es handelt sich hierbei um eine Gruppe von knapp 20 sorgfältig ausgesuchter Frauen und Männer, die meist aus dem psychosozialen Arbeitsfeld kommen und die sich zu einer 3-jährigen kostenlosen Mitarbeit verpflichten und als Ausgleich durch uns eine qualifizierte Schulung von etwa 100 Stunden Umfang plus Hospitationen am Krisentelefon bei den hauptamtlichen Kräften sowie zusätzlich laufende Supervision erhalten. Dieses als Versuch gestartete Modell hat sich zwischenzeitlich bewährt.

Rückendeckung und Unterstützung

Da man ja nicht immer genau weiß, was auf einen mobilen, also nach außen gehenden Krisenarbeiter zukommt, ist es sowohl für die eigene Sicherheit sinnvoll, eine Vereinbarung mit anderen zu haben, die einem selbst bei eskalierenden oder nicht einfach zu kontrollierenden Situationen beistehen können. Noch wichtiger jedoch ist es für den Krisenarbeiter, der mitten im Geschehen steckt, zumindest das Gefühl und auch die Sicherheit zu haben, jemanden im Hintergrund zu haben, den man in dieser oder jener Situation konsultieren kann. Die backup-Person kann ebenfalls von unschätzbarem Wert sein, Überweisungen vorzubereiten, die notwendigen Telefongespräche zu führen oder dritte Beteiligte zu informieren. Darüber hinaus kann der backup eine wertvolle Unterstützung bei der Diagnose und den daraus folgenden Interventionen darstellen, weil er aus der Distanz agieren kann. Da wir dieses System mit unserem 2-Mann-Krisendienst nicht immer gewährleisten konnten, haben wir implizite und explizite Kooperationsvereinbarungen mit anderen Krisendiensten in der Stadt, mit anderen Worten, wenn es brennt, hilft uns die Konkurrenz und umgekehrt. Diese guten persönlichen Beziehungen zu den anderen Krisendiensten pflegen wir unter anderem mit Hilfe einer von uns als Kinderschutz-Zentrum initiierten und gut besuchten Krisen-AG in Berlin. Wir tauschen in dieser Krisen-AG vor allem inhaltliche Probleme unserer Arbeit aus und haben festgestellt, dass wir gar nicht so konkurrent sind, sondern uns sowohl in der Klientel als auch in der Arbeitsweise sinnvoll ergänzen. So haben wir zum Beispiel gemeinsam herausgearbeitet, dass einige Ausreißer, oft misshandelte und missbrauchte Jugendliche mit einer hochambivalenten Haltung ihrem Elternhaus gegenüber, gut das Hilfeangebot im Kinderschutz-Zentrum annehmen können, während sie in in den anderen Notdiensten sonst eher wieder untergehen, bzw. deren Hilfeangebot nicht wahrnehmen.

(Keine) zeitliche Begrenzung für Kriseninterviews

Dauer des Gesprächs: Anders als in »normalen« Erstgesprächen oder therapeutischen Settings, kann ein Krisenerstgespräch keine festgelegte Zeitbeschränkung haben. Der zeitliche Umfang hängt von vielen Faktoren ab, z.B. der unmittelbaren Gefährdung, der Notwendigkeit bestimmte Informationen zu sammeln, der Verfügbarkeit externer Ressourcen (etwa bei notwendigen Unterbringungen), des Erreichens von einvernehmlichen Vereinbarungen usw.. Das Krisengespräch kann zwischen 30 Minuten und 7 Stunden, (sicherlich mit Unterbrechungen) liegen.

Die zeitliche Freistellung für umfassende Krisenhilfe

Eine Krisensituation ist gewöhnlicherweise beschränkt auf vier bis sechs Wochen Dauer. Die Gespräche werden deshalb meist in diesem Zeitraum geführt. Davon werden naturgemäß die meisten Gespräche in den ersten zwei Wochen zu führen sein. Die Häufigkeit der Gespräche ist einfach einzuschätzen: So oft, wie es notwendig erscheint, die Situation zu stabilisieren, zerstörerische Momente zu eliminieren und letztendlich die Beteiligten zu einem Level des Funktionierens zu bringen. Das kann eine bis vier Sitzungen in der ersten Zeit benötigen. Im Gegensatz zur üblichen therapeutischen Vereinbarung handelt es sich hier um Krisenhilfe, die analog einer medizinischen Krise gesehen werden kann. Bei einer medizinischen Krise scheint es uns ja auch völlig selbstverständlich, dass man alles tut, bis man sie los ist. Handlungsleitendes Motto muss hier lauten: So oft wir nötig und so wenig wie möglich!

Vorbereitung, Professionalität

Wir sind alle Menschen und haben unsere eigene Geschichte in unseren Beruf mit eingebracht. Das heißt auch, dass wir eigene Ängste und Schwierigkeiten haben, die ohne weiteres in die Arbeit einfließen können. Über diese Gebiete muss ein Krisenarbeiter sich ziemlich im Klaren sein, die eigenen Black-boxes, die eigenen Verletzlichkeiten muss er kennen und mit ihnen umgehen können. Es ist ziemlich wahrscheinlich, ja fast sicher, dass die auftretenden Krisen diese Ängste und Verletzlichkeiten an die Oberfläche bringen werden und der Krisenarbeiter sie so kontrollieren sollte, dass er trotzdem hilfreich für die Betroffenen bleiben kann. Hier erweist sich ein Team-Ansatz wiederum von großem Wert. Da wir alle nur Menschen sind, ist es deshalb völlig legitim, dass wir uns in manchen Situationen eingestehen können, dass wir nicht alle Situationen mit der gleichen Effektivität meistern können. Es ist also angemessen und durchaus professionell, wenn man merkt, dass die Situation einem selbst über den Kopf wächst, den Betroffenen mitzuteilen, das ein Kollege, eine Kollegin etwas mehr Erfahrung mit dieser Krisensituation hat und die Krisenarbeit mit diesem Kollegen fortgeführt wird, bis die Betroffenen sich an den neuen Krisenarbeiter gewöhnt haben.

Ressourcensammlung für mögliche Überweisungen

Ein *guter* Krisenarbeiter muss nicht alles können und muss nicht überall selbst helfen können. Er sollte aber wissen, wo es die jeweils benötigte Spezialhilfe gibt. Er sollte darüber hinaus diese Überweisungs- und Unterstützungsmöglichkeiten hegen und pflegen, denn ohne sie kann er sich manchmal sehr verlassen vorkommen und ziemlich baden gehen. Für uns gehören daher Kontaktpflege und Akquisition von Überweisungsmöglichkeiten unbedingt zur Arbeitsplatzbeschreibung von Krisenarbeitern. Neben der Kontaktpflege zu anderen Institutionen haben wir eine durch unsere Krisendienstpraktikanten aufgebaute und fortlaufend aktualisierte Computer-Krisenüberweisungkartei entwickelt, die vor allem auch für die ehrenamtlichen Kräfte von großem Nutzen ist.

Der Krisenkatalog des Kinderschutz-Zentrums Berlin

Trotz manch eingeschränkter Rahmenbedingungen haben wir nach dem Studium der Krisenanrufe des ersten Jahres einen Katalog zusammengestellt, der es den Familientherapeuten in unserem Projekt erleichtern sollte, den Krisendienst als solchen zu nutzen.

Der mobile Krisendienst des Kinderschutz-Zentrums Berlin wird bei folgenden Notfällen und situativen Krisen sofort eingeschaltet:

1. Ernsthafte und akute Misshandlungsankündigung
2. Akute Misshandlung mit Verletzungen und/oder deutlicher Wiederholungsgefahr
3. Akuter oder akut aufgedeckter inner- oder außerfamilialer sexueller Missbrauch
4. Kinder, die sich gegenüber Dritten (Nicht- oder semiprofessionellen Personen) über Misshandlung oder Missbrauch äußern oder selbst im Zentrum anrufen.
5. Runaways (Wegläufer)
6. Suizidgefahr bei Kindern und Jugendlichen.

Wir gehen dann in eine Krisensituation vor Ort, wenn es entweder den Betroffenen unmöglich ist herzukommen, oder wenn wir vermuten, dass die Betroffenen nicht bei uns ankommen würden und/oder wenn es zur Vermeidung erneuter bzw. weiterer Schädigung von Kindern und Jugendlichen unverzichtbar erscheint.

Der Prozess von Kriseninterventionsarbeit:

Kriseninterventionsarbeit ist ein Prozess, der sich nicht linear beschreiben, sondern eher in einem Kreisdiagramm wiedergeben läßt, weil die einzelnen Elemente in dem laufenden Prozess nicht nacheinander, sondern häufig nebeneinander und dennoch gut analysier- und getrennt beschreibbar verlaufen. (siehe Abb. 3 Seite 86)

Alle Elemente sind unerlässlich für professionelle Krisenarbeit. Ein Krisenarbeiter kann zu keiner angemessenen Diagnostik gelangen, wenn es ihm nicht gelingt, eine zumindest vorübergehend tragfähige Beziehung zum Klienten aufzubauen und selbst einschätzen zu können, wie viel an Lösungsverhalten er ihm abnehmen muss, ohne ihn zu entmündigen. Ein entmündigter Klient wird sich nicht an eine getroffene Vereinbarung halten können und eventuelle Überweisungen gehen dann schief.

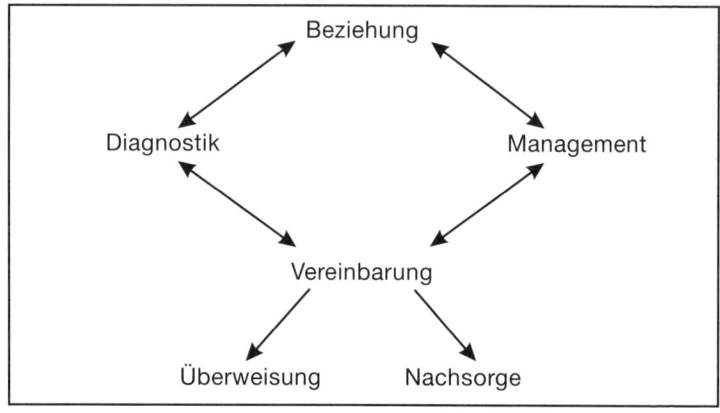

Abbildung 3: Prozess der Kriseninterventionsarbeit

Fallbeispiele

Ich möchte Ihnen diesen Prozess am besten anhand von zwei Fallbeispielen illustrieren: in unserem ersten Fall geht es vorrangig um den wichtigen Prozess der Beziehungsaufnahme und der Vereinbarungen. Stellen Sie sich bitte folgendes Szenario vor:

Ein großgewachsener, breitschultriger etwa 25-jähriger Punker mit festen Militärstiefeln, feldgrüner ziemlich verschliessener Jacke und löchrigen Jeanshosen mit grimmigen und zugleich auch hilflos anmutenden Blick kommt zur Tür herein und mit ihm ein etwa 11-jährig aussehender Junge. Der Punker möchte gerne anonym bleiben und lässt sich Gerhard nennen. Er erklärt, dass der Junge Hardy heißt, 14 Jahre alt sei und sich schon seit einigen Tagen in seiner Wohngemeinschaft aufhalte. Gerhard ist sich unsicher, wie er damit weiter verfahren soll und er vermutet, dass er ziemlichen Stress mit der Polizei und möglichen anderen Behörden bekommt, wenn Hardy weiter bei ihnen bleibt. Diesen zusätzlichen Stress könne er aber im Moment wirklich nicht verkraften. Hardy weigere sich aber, das

Jugendamt aufzusuchen, das ihm weiterhelfen könnte, aber nach Hause gehe er auch nicht. Hardy sieht nicht altersentsprechend entwickelt aus. Er ist kleinwüchsig, sehr dünn und schaut mit einem ernsten und kritisch abschätzenden Blick, in dem man auch ein wenig Angst vermuten könnte. Seine Kleidung ist sehr verdreckt, seine Schuhe haben die halbe Sohle verloren. Hardy riecht sehr unangenehm ungewaschen.

Bevor er überhaupt bereit ist, mit mir zu sprechen, lässt er durch Gerhard klären, ob das Jugendamt eingeschaltet oder seine Eltern benachrichtigt würden, dann würde er nämlich gleich wieder verschwinden. Ansonsten möchte er mit diesen Vorgaben sofort untergebracht werden und will jetzt wissen, wo er hingehen soll. Zu einem Gespräch hat Hardy keine Lust.

Hardy musste aufgrund seiner Weigerung zum Jugendamt zu gehen, schon einige schlechte Erfahrungen mit den Kollegen dort gemacht haben. Da er aber vorerst nicht bereit war, auch nur irgendetwas darüber zu erzählen, musste man an einer anderen Stelle ansetzen. Nach der üblichen Vorstellung des Kinderschutz-Zentrums und den damit verbundenen Versprechen, dass Hardy jederzeit ohne irgendwelche Konsequenzen den Raum verlassen könne, dass kein weiterer Schritt ohne seine Zustimmung unternommen werde und dass, um ihm auch in der Hilfe gerecht werden zu können, wir doch einige Informationen benötigten, willigte Hardy erst einmal ein, mir per Kopfschütteln oder Nicken einige Fragen zu beantworten. Hardy war erst dann bereit, mit mir einige Worte zu wechseln, als ich ihm glaubhaft versichern konnte, wie gut ich ihn verstehen könne, wenn ihn manchmal dieses ganze Sozialarbeitergequatsche nerven würde, und wenn er eine Frage von mir total blöd fände, er mir das ruhig sagen könne. Hardy machte ausgiebigst Gebrauch davon, war aber nach einer Erklärung, warum ich ihm diese Frage stellen würde, bald in der Lage, sie zu beantworten. In einem mühselig langsamen und seitens des Jungen von großem Misstrauen geprägten Prozess gelang es mir, einige Schlüsselinformationen zu bekommen, die mich Hardys Dilemma gut nachvollziehen lassen konnten. Keine der Informationen hat der Junge mir aktiv gegeben. Es war wie in einem schwierigen Quiz, bei dem Hardy einerseits meine Fähigkeiten zu überprüfen schien, inwieweit ich Zusammenhänge erfassen konnte, ohne dass er dabei jemanden verraten musste, andererseits konnte er immer bereitwilliger und offener Fragen beantworten, ja es schien mir sogar, als sei er froh, dass jemand das Dilemma mit ihm teilen konnte, ohne gleich für eine Seite Partei zu ergreifen. Die Schwierigkeit war folgende: Hardy lebte mit seiner Mutter, seinem trinkenden, rechtsradikalem Vater und seiner 5-jährigen Schwester in einer 1,5-Zimmer-Wohnung. Die Eltern hatten ständig Differenzen und lebten eigentlich nebeneinander her. Die Mutter selbst hatte eine schwierige Kindheit und bemühte sich, ihre zwei Kinder tolerant zu erziehen. Die harten Forderungen ihres Mannes, der ständige Streit über das Aufbegehren des Sohnes, der oftmals türkische Freunde nach Hause brachte, um den Vater zu provozieren, die sie ständig fordernde Tochter und die enorme Geschwisterrivalität zwischen Hardy und seiner Schwester hatten die Frau zur Verzweiflung gebracht. Hardys Mutter hatte Hardy schwer misshandelt, was vom Jugendamt mit einer Anzeige geahndet wurde. Das Ergebnis der Gerichtsverhandlung war, dass die Mutter eine Strafe zur Bewährung ausgesetzt bekam. Sehr viel später erfuhr ich dann, dass ein Familienhelfer in der Familie Kontrollfunktionen übernehmen und sich mit den Kindern beschäftigen sollte, zumal Hardy häufiger die Schule geschwänzt hatte. Der Familienhelfer wurde von allen abgelehnt und gab bald seinen Auftrag an das Amt zurück, welches sich erst einmal nicht dazu verhielt. Als Hardy zu uns kam, war er schon 5 Tage von zu Hause weggelaufen, nachdem seine Mutter ihn wieder sehr hart verdroschen hatte. Der Junge war innerlich zerrissen. Einerseits war er sehr an seine Mutter gebunden, liebte sie und wollte nicht dafür verantwortlich sein, dass sie im Gefängnis landete, eine zu erwartende Konsequenz, wenn er eine Fremdunterbringung beim Jugendamt beantragen würde. Andererseits war er sehr enttäuscht von seiner Mutter, die ihn wieder geschlagen hatte, an der er sich durch seine Weigerung, wieder zurück nach Hause zu gehen, rächen wollte. Auch für ein Gespräch mit der Mutter war der Junge noch zu verletzt. Alle diese Informationen hätte Hardy mir nicht weiter vermitteln können, wenn er nicht den Eindruck hätte gewinnen können, dass solche Informationen nicht gleich zu hektischen Strafreaktionen meinerseits führen würden. Durch meine sachliche Erklärung, eine Fremdunterbringung könne bei einem Jungen in seinem Alter nur per Zustimmung durch Eltern und Jugendamt bzw. Gericht erreicht werden und dass Punker Gerhard in Teufels Küche kommen könnte, wenn er oder andere ihn illegal beherbergen würden, trug ich dazu bei, dass Hardy bei mir den Eindruck gewinnen konnte, dass ich ihn nicht durch falsche Versprechungen ködern wollte. Nachdem wir beide festgestellt hatten, dass die Kiste ziemlich verfahren sei (inzwischen konnte Hardy bereits mit mir sprechen), suchten wir gemeinsam nach einer Lösung. Die einzige Idee, die wir gemeinsam entwickelten, war, dass wenn er wirklich nicht mehr nach Hause gehen wollte, seine Mutter die Heimeinweisung beantragen musste, um einer weiteren Anzeige zu entgehen. Dieses würde aber ein Gespräch mit ihr voraussetzen, wozu Hardy heute noch nicht bereit war. Ich bot ihm an, ihn in diesem Gespräch zu unterstützen. Hardy wollte sich das noch einmal überlegen und ich bat ihn, mich am Abend noch einmal anzurufen, damit wir morgen einen weiteren Termin mit den entsprechenden Aktivitäten vereinbaren könnten. Ich empfahl ihm darüberhinaus, sich noch einmal gut mit Gerhard und vielleicht anderen Freunden zu besprechen, um zu überprüfen, ob wir beide etwas übersehen hätten(!). Diese Möglichkeit des kompletten Rückzuges war für Hardy ein wichtiges Zeichen, dass er ein entscheidendes Wort und damit auch Verantwortung bei der Klärung seiner Dinge hatte. Ich war mir nach der gelungenen Kontakt- und Beziehungsaufnahme auch ziemlich sicher, dass er sich melden würde und verstärkte auf Gerhard den Druck, in dem ich ihm noch einmal kurz und sachlich seine rechtliche Situation erläuterte. Zwei Stunden später rief Hardy an, um sich für den nächsten Tag mit mir zu verabreden. In einer zweiten Gesprächsrunde und einer erneuerten Beziehungsvertiefung wurde es möglich, Hardy nach hause zu begleiten und mit seiner Mutter Kontakt aufzunehmen. Nachdem Hardy an diesem Tag beschloss, zu Hause zu bleiben, kamen wir in weiteren Gesprächen gemeinsam zu dem Schluss, dass für Hardy eine Fremdunterbringung die bessere aller schlechten Lösungen sei, worauf die Mutter dieser Lösung zustimmte, nachdem sie eine Heimeinweisung vorher kategorisch abgelehnt hatte. Hardy hatte durch eine neue und andere Beziehungserfahrung mit einem Helfer die Möglichkeit, Verantwortung für sich selbst zu behalten und konnte sich so auf eine weitere Hilfestellung einlassen.

Wichtig war in diesem Falle wie auch in vielen anderen Wegläuferfällen, dass wir den Jugendlichen durch ein neues Beziehungsangebot dabei behilflich sein konnten, das Elternhaus in einer Form zu verlassen oder dorthin zurückzukehren, die für alle Beteiligten ein weiteres Bearbeiten der Schwierigkeiten miteinander ermöglichte und damit die gerade in Misshandlungs- und Vernachlässigungsfamilien elende Kette von Beziehungsabbrüchen unterbrechen konnten.

In meinem zweiten Beispiel möchte ich noch auf das Management zu sprechen kommen. An einem Mittwochabend meldete sich eine Mutter am Krisentelefon, die voller Verzweiflung und Tränen androhte, ihre 6-jährige Tochter noch heute abend aus dem Fenster zu werfen, wenn sie nicht bald Ruhe geben würde, oder jemand ihr das Kind wenigstens für einen Tag abnehmen würde. Als andere Alternative fiel ihr ein, sich selbst aus dem Fenster zu stürzen. Durch das verweinte und von Schluckauf gestörte Gespräch konnte eine irgendwie normale Kommunikation mit der Frau nicht entstehen. Sehr schnell einigten wir uns, dass ich in einer gewissen Zeit bei ihr sein könne, was bei ihr eine spürbare Erleichterung auslöste. Diese Erleichterung konnten wir dazu nutzen, eine klare Vereinbarung für die Zeit bis zu meinem Kommen zu treffen: wo würde die Tochter sein? Wie und mit welcher Unterstützung könnte die Mutter es noch aushalten, dem Quengeln der Tochter zu begegnen, ohne tatsächlich auszurasten und eine unüberlegte Tat zu begehen? Ich beschrieb ihr mein Aussehen, die wahrscheinliche Fahrzeit, die ich benötigen würde und vergewisserte mich, wer denn noch anwesend sein würde, wenn ich ankommen würde, um mit ihr zu sprechen. – Letztere Information war eine Absicherung für mich, weil ich in dieser Beziehung schon einige Überraschungen erlebt habe.

Bei der Familie angekommen, erlebte ich folgendes Szenario: Während die Mutter immer noch oder schon wieder weinend versuchen wollte, mir zu berichten, warum sie so am Boden zerstört war, lief die sehr verstört wirkende Tochter immer wieder dazwischen, widersprach den Anordnungen der Mutter, sich bettfertig zu machen und blockierte jeden Ansatz eines Gespräches. Da die Situation zu eskalieren drohte, fragte ich die Mutter, was sie jetzt im Moment von ihrer Tochter wolle und wie sie gedenke, ihre Forderung dem überdrehten Kind klar zu machen. Die Mutter wollte, dass sich das Kind ein Butterbrot machen und dann ins Bett gehen sollte. Als die Tochter wiederholt mit einer banalen Frage aus der Küche kam und es klar wurde, dass kein Gespräch zustande kommen würde, fragte ich die Mutter, ob es ihr den recht wäre, wenn ich jetzt dem Mädchen etwas Abendbrot reichen und sie ins Bett stecken würde, damit wir endlich in Ruhe sprechen könnten. In der Zwischenzeit könne sie sich etwas sammeln und jederzeit übernehmen, wenn sie sich in der Lage fühle. Die Mutter war wieder sehr erleichtert und stimmte diesem Vorschlag zu. Dem Mädchen erklärte ich, dass ich jetzt gekommen sei, weil es der Mutter so schlecht gehe, damit ich der Mutter helfen könne. Ich bedankte mich bei der Tochter, dass sie sich so große Sorgen machte und wollte ihr ab sofort die Sorge um Mutti abnehmen, wenn sie damit einverstanden sei. Und weil die Mutti jetzt so durcheinander sei, würde ich sie bitten, mir zu zeigen, wo die Dinge stehen, die man für ein gutes Abendbrot benötigt. Wie ausgewechselt wurde das Mädchen kooperativ, ja schien geradezu erleichtert, dass sie jetzt aus Sorge um die Mutter und Furcht vor nicht mehr einzuschätzenden Reaktionen nicht mehr ausagieren musste, sondern half mir Abendbrot zubereiten und ging brav ins Bett, sodass ich anschließend noch zwei Stunden mit der Mutter arbeiten konnte. Der Frau war an diesem Tag von ihrem Partner, mit dem sie sich gerade eine gemeinsame Wohnung besorgen wollte, mitgeteilt worden, dass er erstens schon verheiratet sei und dass er zweitens sie jetzt verlassen würde. Die darauf entstandenen suizidalen Gefühle der Frau muss das Mädchen erspürt haben und durch ihr Ausagieren wollte sie ihre Mutter schützen. Im Verlaufe des Gespräches vereinbarte ich mit der Mutter, sie an eine Kollegin zwecks weiterer therapeutischer Gespräche zu überweisen. Diese Gespräche fanden auch statt.

Die Schilderung dieses Falles ist mir aus zwei Gründen wichtig:

Erstens kann der praktische Ansatz von Management in der Krisenintervention manchmal ganz banale aber trotzdem wichtige, sagen wir einmal menschliche Tätigkeiten, wie Essen zubereiten und schlichte Pflege beinhalten. Dabei ermöglicht die gleichzeitige, aber ausdrücklich nur vorübergehende und einverständliche Abnahme von elterlicher Verantwortung auch eine neue Beziehungserfahrung und somit ein weiteres Arbeiten an der Krise.

Der zweite Grund ist hier sehr offen einfach zu erkennen. Das präsentierte Problem der Situationskrise war die Überforderungssituation der Mutter mit ihrer Tochter und der Wunsch einer vorübergehenden Trennung. Die darunter liegende Krise war die Trennungserfahrung der Mutter von ihrem Partner. Für die Frau war diese Form von Trennung eine sich stetig wiederholende Erfahrung, die – wie sich in der späteren Therapie erwies – auf frühe erlittene Traumata in nicht bearbeiteten Entwicklungskrisen zurückzuführen war.

Situationskrisen können also auch immer der Ausdruck von darunter verdeckten und nicht aufgearbeiteten Entwicklungskrisen sein. Jedes Wirken an der Oberfläche, also der Versuch, allein die Situationskrise mit ihren offen liegenden Symptomen zu bewältigen und nicht die tiefer darunter liegenden unbewältigten Traumata anzugehen, wird immer zu kurz greifen. Das Durcharbeiten der gesamten Krise muss also auch die Wahrnehmung der verdeckten Konflikte beinhalten, um den Familien gerecht zu werden.

Vielleicht wird gerade an diesen zwei Fallbeispielen noch einmal eine Besonderheit unseres Krisendienstes deutlich, der im Unterschied zu anderen, eher nur auf die Bearbeitung der akuten Symptomatik ausgerichteten Krisendienste in unserer Stadt, aus einem therapeutischen Kontext entstanden ist. In unseren beiden Fällen formulieren die Hilfesuchenden einen Wunsch als Lösung für ihre Krise, beide Lösungswünsche wären im Prinzip auch erfüllbar. Im ersten Fall sieht Hardy durchaus einen richtigen Ausweg in einer Unterbringung, wird aber aus Verantwortungsgefühl für seine Mutter an dieser Lösung gehindert und gerät damit in eine für ihn ausweglose Krisensituation. Erst als dieser Basiskonflikt in die zu lösende Aufgabe einbezogen wird, wird auch die bereits vorhandene Lösung gangbar. Auch im zweiten geschilderten Fall sieht die Mutter eine Lösung, nämlich ihre Tochter wegzugeben, sie übersieht aber in ihrer schwierigen Situation, dass sie damit zugleich ihre nächste Krise programmieren würde. Erst das Sehen des dahinterliegenden Konflikts eröffnet den Weg zu einer anderen, sinnvolleren Lösung. Im Unterschied zu reinem therapeutischem Vorgehen konzentrieren wir uns zwar auf das Symptom, weil unmittelbare Hilfe erforderlich ist. In die Entscheidung über unsere Reaktion und unser Angebot versuchen wir aber auch die Konflikte einzubeziehen, die wir hinter der Krise sehen oder vermuten. Wir arbeiten deshalb in Berlin zur Zeit daran, ein detailliertes 11-Schritte Kriseninterventionsprogramm zu entwickeln, in dem sich der hier beschriebene Prozess der Krisenarbeit widerspiegelt und das mit Hilfe einer praxisorientierten Arbeitsanleitung ein Durcharbeiten der Krise über die Notfallhilfe hinaus beinhalten soll.

Literatur:

Aguilera u. Messick: Crisis intervention. The C.V.Mosby Company, St. Louis 1978.

Brendler, Silver: u.a. Madness, Chaos and Violence. Basic Books, New York, 1991.

Everstine, D.S., Everstine L.: Krisentherapie. Klett-Cotta, Stuttgart 1988.

Golan, N.: Krisenintervention, Lambertus Verlag, Freiburg i. Br. 1983.

Greenstone, J.L. u. Leviton, S.C.: Crisis Intervention – A Handbook For Interveners. Kendall/Hunt Publication Dubuque, Iowa 1982.

Hennig, C./Knödler, U.: Problemschüler – Problemfamilien. Ein praktisches Lehrbuch zum systemischen Arbeiten mit schulschwierigen Kindern. Weinheim 1995.

Hoff, Lee Ann: People In Crisis. Addison-Wesley, Menlo Park, California 1978.

Kast, Verena: Der schöpferische Sprung. dtv, München 1989.

Meueler, Erhard: Wie aus Schwäche Stärke wird. Rowohlt, Reinbek 1989.

Parad, H.J./Parad, L.G.: Crisis Intervention
1. Selected Readings: Family Service America, New York 1983.
2. Family Service America. Milwaukee, Wisconsin 1990.

Pittman, F.S., III: Turning Points – Treating Families In Transition And Crisis. Penguin Books, Markham, Ontario, Canada 1987.

Slaikeu, K.A.: Crisis Intervention. Allyn and Bacon, Needham Heights, MA 1990.

Sonneck, G., (Hrsg.): Krisenintervention und Suizidverhütung. Facultas, Wien 1991.

Reinhold Neef

Interventionsmaßnahmen –
Hilfen mit aller Gewalt?

Dieser Artikel ist aus dem Bedürfnis entstanden, ein Phänomen genauer zu fassen, dem ich in jahrelanger Forschungs-
arbeit, bei Fallbesprechungen und Supervision bei bestimmten Berufsgruppen immer wieder begegnet bin. Die Berufsgruppen, die ich meine, sind solche, die den engsten und
dichtesten Kontakt mit möglicherweise missbrauchten Kindern haben: Lehrerinnen und Lehrer, Erzieherinnen und Erzieher in Kindertagesstätten und in Heimen und ähnliche
Berufsgruppen.

Das typischerweise auftretende Phänomen bei diesen Berufsgruppen ist folgendes: Sobald Lehrerinnen oder Erzieher[1]
sich aufgrund von Verhaltensauffälligkeiten eines Kindes oder
aufgrund anderer Umstände mit der Vermutung konfrontiert
sehen, dass dieses Kind im Familienkreis missbraucht sein
könnte, oder durch Schilderungen eines Kindes Wissen über
einen Missbrauch erhalten, geraten sie häufig und – wie es
scheint – mit einer gewissen Gesetzmäßigkeit unter Druck,
»irgendetwas« tun zu müssen. Dieses »irgendetwas« sind in
der Regel Interventionen, die den vermuteten oder gewussten
Missbrauch sofort beenden würden: Einschaltung von Polizei
oder Strafbehörden, einstweilige Verfügungen zur Herausnahme des Kindes aus der Familie bis hin zu der Vorstellung »Ich
nehme das Kind mit nach Hause« etc. Die Stimmung, in der
solche Interventionen geplant werden, ist gekennzeichnet von

---

1 Ich werde im Folgenden immer mal wieder die Geschlechtsbezeichnungen
   wechseln, meine jedoch immer Männer *und* Frauen, Mädchen *und* Jungen,
   Mütter *und* Väter usw.

Äußerungen wie z.B.: »Da muss sofort etwas unternommen werden«, »Das Kind muss sofort und unter allen Umständen geschützt werden«, »Das Kind muss sofort vom Erwachsenen getrennt werden«, »Das Kind muss aus der Familie heraus«, »Wie lange wollen wir eigentlich noch zuschauen« etc. In einer solchen durch einen hohen Handlungsdruck gekennzeichneten Atmosphäre kommt es dann in der Regel auch zu Polarisierungen unter den beteiligten Professionellen – nur der, der bereit ist, schnell etwas zu tun, ist ein »guter Helfer«, der, der noch warten, genauer schauen, gezielter überlegen will, schützt den »Täter«.

Die recht provokante Überschrift, die ich meiner Kollegin Helga Saller verdanke (H. Saller: Gewalt statt Hilfe – Zum straforientierten Umgang mit dem Problem sexueller Ausbeutung von Kindern. In: Sozialmagazin, Heft 5, 16. Jg. Mai 1991, S. 32) kennzeichnet dieses Phänomen, das beim Thema »sexueller Missbrauch« gehäuft bei diesen Berufsgruppen auftritt. Provokant deswegen, weil jeder Helfer sich als »gut meinender« Helfer versteht, die Hilfe für das Kind aber oft grenzüberschreitend ist und von ihm sogar gewalttätig erlebt wird, weil sie fundamentale Bedürfnisse und Wünsche des Kindes außer Acht lässt.

Für diese Tatsache wurde der Begriff der »sekundären Traumatisierung« geprägt. Gemeint ist damit, dass alle Maßnahmen und Hilfen nach Offenkundigwerden des Missbrauches von den Kindern schädigender als der Missbrauch selbst erlebt werden. Ich möchte deshalb versuchen herauszufinden, welche Mechanismen bei diesem Prozess wirken, wie man sie verstehen kann und wie man die Sekundärtraumatisierung vermeiden oder doch zumindest verringern kann. Auf zwei Modelle therapeutischer und supervisorischer Arbeit möchte ich dabei zurückgreifen, weil ich denke, dass sie hilfreich sein können. Es sind dies das sogenannte Spiegelphänomen und die Gegenübertragung bzw. Übertragung des Helfers.

»... mit ... Spiegelphänomen (ist) immer die Spiegelung der unbewussten Psychodynamik des zu untersuchenden Gegen-

standes im Untersucher gemeint« (P. Kutter: Das direkte und
das indirekte Spiegelphänomen. In: H. Pühl (Hrsg.): Handbuch der Supervision. Berlin 1992, S. 292). Wenn man die meines Erachtens etwas unglückliche Wortwahl beiseite lässt –
immerhin haben wir es mit Subjekten zu tun –, so wird in diesem Zitat deutlich, dass Gefühle und Atmosphären, Stimmun-
gen, Bilder und Szenen, mit denen die Kinder konfrontiert
sind, sich im Professionellen spiegeln und »dass das auf ihn
treffende ›Material‹ (freie Assoziationen, Träume, Berichte,
Fehlleistungen usw.) mehr oder weniger auch in ihn eindringt,
ihn berührt und ihn zu Reaktionen veranlassen kann« (ebd.,
S. 292).

Gegenübertragung meint »die Gesamtheit der unbewussten Reaktionen des Analytikers auf die Person des Analysan-
den und ganz besonders auf dessen Übertragung« (Laplanche/
Pontalis (Hrsg.): Das Vokabular der Psychoanalyse. Frankfurt
a. M. 1973, S. 164). So weit die psychoanalytische Definition.
Die Integrative Therapie kennt ein Konzept der Übertragung
des Therapeuten auf den Klienten, das ich für meine Betrach-
tungen angemessener finde. »Es handelt sich hierbei um eine
unbewusste, in der Eigenproblematik des Therapeuten grün-
dende, notorische Übertragungsdynamik, die in der Beziehung zum Kinde ausagiert wird« (H.G. Petzold: Integrative
Therapie. Band II/3: Klinische Praxeologie. Paderborn 1993,
S. 1130). Diese Übertragung wird zwar auch durch die Übertragung des Klienten auf den Therapeuten ausgelöst, führt
aber eigenes Material des Helfers in den Kontakt, die Begegnung oder die Beziehung ein. Die Übertragung des Helfers
wird zwar durch das Kind sozusagen angestoßen, angeregt
oder ausgelöst, führt dann aber ein Eigenleben, das sich nur
aus sich selbst, d.h. aus dem inneren Erleben des Helfers
speist. »Überträgt ein Therapeut in der Behandlung auf ein
Kind, indem z.B. überprotektive … Impulse durchschlagen,
(er will das Kind ›um jeden Preis‹ vor Leid bewahren, das ihm
selbst als Kind widerfahren ist, ohne zu bemerken, dass die
Problemkonstellation des Kindes doch deutlich anders gela-

gert ist …) – wird nun also Übertragung agiert, kommt es für das Kind zu einer höchst unglücklichen Verschärfung seiner Problematik. Die ambivalenten Emotionsströme des Erwachsenen sind für die ›Sinnerfassungskapazität‹ des Kindes nicht einzuordnen oder zu klären« (ebd.).

Auch wenn in beiden Zitaten vom analytischen oder therapeutischen Kontext die Rede ist, so gehe ich doch davon aus, dass, obwohl die von mir bezeichneten Berufsgruppen nicht gezielt mit dem Unbewussten arbeiten, sie aber dennoch mit den Phänomenen der Spiegelung und Übertragung zu tun haben.

> Ein Beispiel: An einem Freitagvormittag vermutet die Erzieherin R. aufgrund einer Äußerung des fünfjährigen M., dass dieser von seinem Vater missbraucht wird. Sie spricht sofort mit ihren Kolleginnen über ihre Vermutung, ist völlig aufgebracht von der Vorstellung, dass, wenn sie jetzt nicht sofort etwas unternimmt, sie dafür verantwortlich ist, dass M. am Wochenende erneut von seinem Vater missbraucht wird. Sie diskutiert mit den Kolleginnen und der Leiterin verschiedene Vorgehensweisen und veranlasst schließlich eine einstweilige Verfügung. M. wird noch am Nachmittag im Heim untergebracht.

Dieses Beispiel ist sowohl konstruiert als auch typisch. Unter dem für diese Situation kennzeichnenden hohen emotionalen Druck werden Interventionen gedacht und geplant, die den Missbrauch hier und jetzt und sofort beenden würden. Sehr häufig werden sie nicht nur geplant, sondern auch – wie im Beispiel – in die Tat umgesetzt.

Anhand dieses und weiterer Beispiele werden ich versuchen aufzuzeigen, dass die geplanten Hilfen in der Regel nicht dem Kind helfen, sondern dem Professionellen zur Entlastung dienen und weitere Bedürfnisse befriedigen, die nur mittelbar mit dem betroffenen Kind in Verbindung stehen.

An dieser Stelle möchte ich kurz eine Prämisse meiner weiteren Überlegungen erläutern: Ich gehe davon aus, dass in unserer Gesellschaft jeder Erwachsene als Kind Erfahrungen mit Demütigung, Ohnmacht, »Im-Stich-gelassen-Werden«,

Vertrauensmissbrauch, Einsamkeit, Misshandlung, emotionalem/sexuellem Missbrauch und Gewalt gemacht hat. Sicherlich in unterschiedlichem Maße und unterschiedlicher Ausprägung, aber keiner ist frei von solchen Erfahrungen. Dieser Teil an Erfahrung ist Teil unserer Identität, Teil unseres Selbst und uns mehr oder weniger bewusst und zugänglich.

Im Kontakt, in der Begegnung mit einem (vermutlich) missbrauchten Kind wird dieser Teil von uns – wie ich meine – unvermeidbar angerührt und zur Resonanz gebracht. Diese Dynamik ist das, was häufig als die »Krise des Professionellen« bezeichnet wird.

Die Begegnung mit einem (möglicherweise) missbrauchten Kind läuft typischerweise in vier Stufen ab.

Auf der ersten Stufe wird das Kind vom Helfer als »normales« oder leicht auffälliges Kind gesehen.

Stufe 1: Der Alltagsblick

Taucht nun die Vermutung auf, dass das Kind missbraucht sein könnte, liegt die Veränderung zunächst in einer Differenzierung der Wahrnehmung, der verletzte Teil des Kindes gerät in den Blick.

Stufe 2: Differenzierung der Wahrnehmung

An diesem Punkt gibt es drei grundlegende Situationen, in die ein Helfer geraten kann:

1. Der Missbrauch ist bislang nur eine Vermutung – dies bedeutet aber auch gleichzeitig, dass es sich um einen intrapsychischen Vorgang im Helfer handelt, es geht hier lediglich um eine Hypothese.
2. Der Missbrauch wurde von dem Kind explizit benannt, der Helfer ist sich jedoch unsicher, ob er dem Kind glauben soll.
3. Der Missbrauch wurde von dem Kind explizit benannt, und der Helfer glaubt dem Kind.

Die Reihenfolge dieser Aufzählung ist nicht zufällig, sie kennzeichnet eine Zunahme an emotionalem und an Handlungsdruck. Je nach Situation wird der Helfer andere Dinge tun, um seine Gefühle wieder loszuwerden. Bei einer Vermutung wird er/sie versuchen, Gewissheit zu erlangen. Bei Nichtglauben wird er/sie versuchen, seine Ambivalenz in Gewissheit oder Nicht-wissen-Wollen umzuwandeln, und bei Gewissheit wird er sofort handeln wollen.

An dieser Stelle verändert sich jedoch sehr häufig die Wahrnehmung: Aus dem Kind mit einem verletzten Anteil wird das verletzte, sprich missbrauchte Kind schlechthin.

Stufe 3: Generalisierung der Wahrnehmung des verletzten Anteils

So wird aus der Differenzierung eine Einengung der Wahrnehmung: Der Junge, der gestern noch so elegant Ball spielte, das Mädchen, das heute Morgen noch so fröhlich vor sich hinträllerte, beide werden zu Kindern, in denen der Professionelle nichts anderes mehr erkennt als Missbrauch, und ihr vordem »unbefangenes« Spiel gerät beispielsweise zu einer Verschleierungsstrategie hinsichtlich ihrer Situation.

Missbrauchte Kinder auf diese Weise anzuschauen, d.h., nur noch den verletzten Anteil zu sehen, reduziert die Kinder ausschließlich auf die Rolle, Opfer eines Missbrauches zu sein. Aber Kinder erleben sich durchaus auch aktiv im Missbrauchsgeschehen, wenn sie z. B. meinen, dass sie es versäumt haben, wegzulaufen oder schon früher davon erzählt zu haben. Oder wenn sie sich »aktiv« missbrauchen lassen, um für den Rest des Tages Ruhe vor dem Missbraucher zu haben. Oder wenn sie sich erregt fühlen.

Neben dem Missbrauch haben Kinder natürlich auch noch ihren Alltag, ihre Freunde und Freundinnen, die Schule, den Kindergarten, ihren Sportverein, ihre Geschwister etc. Dies aus dem Blick zu verlieren bedeutet, Kinder möglicherweise zu stigmatisieren und auf ihre Opferrolle festzuschreiben.

Und es bedeutet, nicht zu sehen, dass Kinder aus existenzieller Notwendigkeit Bewältigungsmechanismen entwickeln mussten, um mit dem Missbrauchsgeschehen leben und es in irgendeiner Weise verarbeiten zu können. Diese geben den Kindern auch Kraft, Stärke und Energie.

Ich stelle nun die These auf, je weniger ein Helfer Kontakt zu dem verletzten Teil in sich selbst hat, desto stärker wird die Einengung des Blickes und damit die Wahrnehmungsverzerrung sein. Damit ist die Überleitung zur nächsten Stufe gegeben; der Blick und der emotionale Kontakt löst sich vollständig vom Kind und ist nur noch auf den eigenen verletzten Anteil gerichtet.

Stufe 4: Rückbezüglichkeit der Wahrnehmung auf sich selbst

Im Sinne meiner vorigen These ist diese Gefahr umso größer, je weniger der verletzte Anteil bewusst ist oder gewusst wird. Im ungünstigen Falle droht dann der Helfer mit dem auf sich bezogenen Blick von dem überschwemmt zu werden, was ihm dort begegnet. Und er tut dann das, was jeder bei einer Überschwemmung tun würde: Er oder sie versucht, sich in Sicherheit zu bringen.

Dieser Rettungsversuch bezieht sich auf die Abwehr bzw. Bewältigung heftigster Gefühlsregungen wie z. B. Wut, Scham, Ekel, absoluter Hilflosigkeit und Ohnmacht, Einsamkeit, Bodenlosigkeit, tiefer Resignation u. ä.

Auf dieser Stufe kommt die Krise des Helfers massiv zum Ausbruch. Ich spreche an dieser Stelle bewusst von einer Krise, und zwar Krise in dem Sinne, dass der Helfer zum einen von heftigen Gefühlen überschwemmt wird und dass zum anderen alle Bewältigungsstrategien, die bisher bei Krisen hilfreich waren, nun nicht mehr greifen. Dies entspricht ziemlich genau der kindlichen Situation, mithin spiegeln sich die Gefühle des Kindes im Helfer: Er droht beim Missbrauch von seinen Gefühlen überschwemmt zu werden; manche Gefühle sind neu – wie z. B. Erregung –, manche vertraut – wie z. B.

Wut, Trauer –, aber in ihrer Heftigkeit unbekannt. Die Krise des Helfers drückt sich u. a. in solchen Empfindungen aus wie »Ich fühle mich wie ein/e Anfänger/in, ich fühle mich absolut inkompetent, ich habe total versagt«. Auch diese Äußerungen sind Spiegelungen von psychischen Vorgängen im Kind, z. B. »Ich habe total versagt, ... weil ich mich nicht gewehrt habe, weil ich nichts gesagt habe« u. ä.

Alles, was nun zur Bewältigung der Krise geplant wird, kann gleichwohl als dem Kindeswohl dienend angesehen werden. In der Regel bewegt man sich dabei sogar noch im Rahmen anerkannter Hilfemöglichkeiten (Einschaltung von Jugendamt und Strafbehörden).

Gleichzeitig taucht an dieser Stelle ein anderes Dilemma auf. Alle zuvor beschriebenen Gefühle können Spiegelungen der Gefühle des Kindes sein (s. o.) und zugleich eigene Anteile an die Oberfläche spülen. Eine Trennung zwischen eigenem und fremdem Erleben ist häufig nur schwer leistbar, man könnte dies den Punkt der höchsten emotionalen Verdichtung nennen.

Auch wenn man den Begriff »Krise« übertrieben finden mag, so halte ich ihn doch für eine angemessene Bezeichnung. Oft habe ich bei Fortbildungen gehört oder erlebt, dass die Krise begleitenden Gefühle und Gedanken von z. B. Inkompetenz, Ekel oder Wut von den Helfern eher als »hinderlich« oder »unprofessionell« eingeschätzt wurden. Ich denke, dass eine Um- oder Neubewertung vorzunehmen ist: Die Wahrnehmung und die Akzeptanz dieser Krise ist ein Zeichen von Professionalität. Und: Sich dafür Hilfe zu holen ist ebenfalls ein Zeichen von Professionalität. Die Aussage eines Referenten auf dem Hamburger Kongress der ISPCAN (International Society for the Prevention of Child Abuse and Neglect) von 1990 charakterisiert diesen Sachverhalt und pos- tuliert ihn sogar als Notwendigkeit: »How can I help survivors without knowing how I do survive?«

Im Rahmen meiner Fortbildungstätigkeit sind mir immer wieder typische Situationen begegnet, aus denen heraus Helfer handeln wollen. Ich habe sie bislang immer »Fallen« genannt, weil man fast zwangsläufig in sie hineingerät und sich dort gefangen fühlt. Fallen auch deswegen, weil das Handeln aus diesen Fallen heraus (d.h. in der Regel administrative Maßnahmen) unter Kollegen und Kolleginnen höher bewertet wird als die Reflexion und der Austausch oder die Entwicklung eines fundierten Interventionsplanes.

Ich will versuchen, diese Fallen mit einem Blick auf die Spiegelungen zu systematisieren (alle zitierten Aussagen sind sinngemäß und typisiert wiedergegeben):

Impuls(richtung), Verrhalten des Helfers	Begleitendes Gefühl, begleitende Aussagen	Aussagen des Kindes, Gefühle im Kind
Nicht-wahrhaben-wollen des Missbrauchs, Leugnung seiner Realität	Entsetzen Ekel, »Das kann doch nicht wahr sein.«	»Das passiert mir nicht, das ist nicht wirklich«, Gefühl von Unwirklich-keit
Dem Kind nicht glauben	Empörung (über das Kind), »Ich weiß gar nicht, ob das stimmt.«, Misstrauen	Misstrauen der eigenen Wahrnehmung gegenüber
Alte (unerledigte) Fälle machen Druck	»Dieses Mal will ich besser handeln als beim letzten Mal.«	»Heute laufe ich endlich weg.«, »Heute sage ich es wirklich der Mama.«
Nicht-ernst-nehmen, Entwertung der anderen Helfer	Konkurrenz, »Ich bin der bessere Helfer.«	»Ich habe eine bessere, exklusivere Beziehung zum Papa bzw. zur Mama als alle anderen.«

Delegation/Überweisung an Experten, Kontaktabbruch	»Da muss jemand ran, der etwas davon versteht.«	»Niemand will mich haben.«, »Die wollen mich los sein.«
Verwirrung unter den Profis	Unterschiedliche, z.T. widersprechende Gefühle, »Ich weiß gar nicht, woran ich bin.«	(Hoch) ambivalente Gefühle dem Missbraucher/der Missbraucherin gegenüber, Verwirrung
Eigener Missbrauch, Einschränkung/Abbruch des Kontakts zum Kind	»Ich will nicht (mehr) spüren, was mit mir passiert ist.«	Gefühle der Anästhesierung, Entpersönlichung, Entkörperlichung
Sich sexualisiert fühlen	»Mit mir stimmt etwas nicht, ich fühle mich erregt bei den Schilderungen eines missbrauchten Kindes.«	Sexualität als (einzige) gelernte Möglichkeit der Kontaktaufnahme
Das Kind wechselt die Schule, den Hort, den Kindergarten, die Familie wechselt den Wohnort	»Jetzt ist die letzte Möglichkeit zu handeln.«	»Es muss jetzt und sofort unbedingt etwas geschehen, ich habe ja schon lange genug gewartet.«
Helfer will von den Kolleginnen und Kollegen alles über den Missbrauch wissen	»Was das Kind mir selbst sagen könnte, ist zu belastend für mich.«	»Niemand will etwas mit mir zu tun haben.«, »Niemand kann ertragen, was ich zu sagen habe.«
Vermeidung des Kontaktes mit dem Kind	»Ich ertrage nicht, was passiert ist.«	»Niemand erträgt, was mit mir passiert ist.«, »Niemand will etwas mit mir zu tun haben.«

Helfer will definitiv nichts vom Missbrauch wissen	»Ich weiß nicht, welche Gefühle in mir auftreten werden.«	»Niemand erträgt mich.«
Abwehr gegen zu starke Gefühle	Konfrontation mit Ohnmacht und Hilflosigkeit, »Ich weiß nicht mehr weiter.«	»Ich bin hilflos, ohnmächtig.«
Sofortiges Handeln unter hohem emotionalen Druck	»Es muss unbedingt jetzt und sofort etwas geschehen.«	»Helft mir doch sofort, ich kann nicht mehr.«
Sofortiges Handeln, um sehr unangenehme eigene Gefühle loszuwerden	Kränkung des Selbstbildes des Erwachsenen, »Obwohl ich erwachsen bin, fühle ich mich doch so klein.«	»Ich bin so klein und existenziell abhängig.«
Sich als Richter, Detektiv, Staatsanwalt fühlen	»Das muss doch rauszubringen sein, was da los war.«	»Mein Vater, meine Mutter dringt in mich ein.«
Überall nur noch den Missbrauch sehen	»Ich habe das Gefühl, nur noch von Missbrauch umgeben zu sein.«	Unsicherheit, wann der nächste Missbrauch stattfindet

Zu dem Punkt »Alte (unerledigte) Fälle machen Druck« ein Beispiel: Als Mitarbeiter der Beratungsstelle des Kinderschutzbundes Frankfurt bin ich zum zweiten Mal in die Stimmabteilung einer pädiatrischen Klinik eingeladen. Die Kinder, die dort behandelt werden, halten sich etwa drei Monate in der Klinik auf. Bei den beiden Kindern, zu deren Fallbesprechungen ich eingeladen wurde, besteht seit einiger Zeit die Vermutung, dass sie im häuslichen Rahmen missbraucht worden sind. Beide Fallbesprechungen finden kurz vor der Entlassung der Kinder aus der Klinik statt, im konkreten Falle zwei Tage. Die Mitarbeiter und Mitarbeiterinnen wollen besprechen, was sie (noch) tun können bzw. tun müssen. Während der Besprechung wird deutlich, dass alle Anwesenden das Gefühl haben, bei der Entlassung des ersten Kindes aus der Klinik den Fehler begangen zu haben, den Missbrauch nicht zu benennen. Diesen Fehler wollen sie dieses Mal auf jeden Fall vermeiden.

Die obige Liste ist weder vollständig noch ausgereift, sie soll lediglich einen noch vorläufigen Eindruck davon vermitteln, wie Spiegelungsprozesse z. T. in einer 1:1-Entsprechung entstehen können. Sie ist keinesfalls als Checkliste gedacht, die man abhaken kann.

Mein Interesse gilt vielmehr den Phänomenen an sich, den ihnen zugrunde liegenden Strukturen und der Tatsache, dass sie fast immer wieder und z. T. auch gehäuft in einem Fall auftreten. Es ist demnach »normal« und nicht »pervers« oder »dumm« oder »unprofessionell«, wenn man die oben genannten Gefühle in sich verspürt. Es ist wichtig, sich dieser Gefühle bewusst zu werden und zu sein, damit der eigene Standpunkt und die eigene Befindlichkeit angemessener und detaillierter wahrgenommen werden kann. Und damit ist dann auch eine Möglichkeit bereitgestellt, an dem von mir beschriebenen Punkt der Verdichtung eigenes und fremdes Erleben zu trennen.

So weit zum Phänomen der Spiegelung. Ich hoffe, dass aus meinen bisherigen Ausführungen deutlich geworden ist, dass Handeln in bzw. aus der Spiegelung immer auch ein Handeln aus der Identifikation mit dem Kind, genauer gesagt: mit dem verletzten Anteil im Kind ist und nicht eine Identifikation mit sich selbst als kompetentem, erwachsenen Professionellen.

Spiegelungen treten auf der Stufe 2 und 3 auf, Übertragungen auf der Stufe 4. Das Tückische an dieser Stufe ist, dass Handlungen im subjektiven Erleben des Helfers von Gefühlen des »richtigen« Handelns begleitet werden. Helfer fühlen sich hier u. a. als »gute«, »einfühlsame« Helfer. Aber – und dies ist das Tückische – es geht um ein Übertragungsgeschehen, da alle Handlungen im Sinne der Rückbezüglichkeit der Wahrnehmung (und der Befindlichkeit) dem eigenen verletzten Anteil des Helfers gelten. Er oder sie tut das, was er/sie als

Kind gebraucht hätte, er will dem Kind genau das an Hilfe, Unterstützung und Zuwendung geben, was er als Kind von anderen Erwachsenen gebraucht hätte.

Je ausgeprägter das Gespür für die eigenen kindlichen, ungestillten Bedürfnisse nach Schutz ist, umso sicherer und unverrückbarer glaubt man als Helfer zu handeln, der genau weiß und spürt, was das Kind braucht. Gelegentlich ist diese Gewissheit so stark, dass man glaubt, der Einzige zu sein, der wirklich weiß, was das Kind braucht. Bezogen auf das eigene »innere Kind« stimmt dies ja auch. Bezogen auf das missbrauchte Kind erweist sich diese Gewissheit als oft unangemessen. Genau dieser Punkt offenbart, mit der Brille der Übertragung gesehen, die innerpsychische Verwandlung von Ohnmacht in Allmacht, die jedoch nur phantasiert, nicht real ist. Auch missbrauchte Kinder versuchen diese Verwandlung immer wieder vergeblch, sie gelingt ihnen – wenn überhaupt – nur in der Phantasie. Handeln in/aus der Übertragung des Helfers schafft Verwirrung und Misstrauen in der Beziehung zwischen dem Helfer und dem Kind; es findet kein wirklicher Austausch mehr statt.

> Beispiel: Der Kindergarten, in den der fünfjährige A. geht, bittet um eine Fallberatung, da die Mitarbeiter vermuten, dass der Junge vom Vater missbraucht wird. Auslöser für diese Vermutung sind Zeichnungen des Jungen, die von einer Erzieherin als Ausdruck der Missbrauchssituation interpretiert werden. Bislang gibt es jedoch keinerlei Äußerung des Jungen zum Missbrauch. Auffällig an der Beratungssituation ist vor allem der hohe emotionale Druck, unter dem die Erzieherin und ihre Kolleginnen stehen. Sie alle wollen, dass A. heute nicht mehr nach Hause gehen soll. Eine tiefe Verzweiflung breitet sich immer mehr im Raum aus. Sie scheint jedoch nicht von dem Jungen auszugehen. Nach Abschluss der Besprechung kommt die Erzieherin zum Berater und eröffnet ihm unter vier Augen, dass sie als Kind vom Vater missbraucht wurde.

Handeln in/aus der Übertragung orientiert sich nicht mehr an den Bedürfnissen des Kindes, sondern an denen des »Kindes« im Helfer. »… der verstrickte Therapeut (kann) dann als

›Vierjähriger mit dem Vierjährigen‹ in ein malignes Agieren archaischer Übertragungsgefühle geraten und verletzend und sadistisch handeln, wobei ihm das Kind aufgrund seiner körperlichen und intellektuellen Unterlegenheit nichts entgegenzusetzen hat« (H.G. Petzold: Integrative Therapie, Band II/3: Klinische Praxeologie. Paderborn 1993, S. 1130 f.).

Strukturell bildet sich genau darin die Missbrauchssituation ab: Es geschieht etwas über den Kopf des Kindes hinweg – es ist wiederum weder informiert noch gefragt worden, noch wurden Interventionen mit ihm besprochen, noch hatte es Zeit und Raum, seinem Erleben (und seinem möglichen Widerstand gegen die Intervention) Ausdruck zu geben.

Spiegelungen und Übertragung sind demnach wichtige Prozesse, mit denen jeder Professionelle bei der Planung und Durchführung von Interventionen bei missbrauchten Kindern vertraut sein sollte. Die beschriebene Dynamik ist so hochkomplex, dass natürlich zwangsläufig die Frage entsteht, wie man dann überhaupt noch handlungsfähig bleibt.

Ich möchte zum Schluss kurz einige Schlussfolgerungen beschreiben, die sich aus dem bislang Gesagten ergeben.

Vor jeder Intervention auf der Handlungsebene scheinen mir die folgenden drei Fragen und natürlich deren Beantwortung am wichtigsten zu sein.

1. Weiß ich als Helfer etwas von einem Missbrauch, oder vermute ich nur etwas? Interpretiere ich Äußerungen des Kindes z.B. so, dass *ich* meine, es sei missbraucht?

2. Was löst die Vermutung bzw. das Wissen in mir aus? Was brauche ich, damit aus der Vermutung Gewissheit wird? Hilfreich ist an dieser Stelle, wenn der Helfer sich die Zeit und den Raum nimmt, sich zu vergewissern, an welchem Punkt innerer Wahrnehmung er sich befindet und wieweit er zwischen eigenem und fremdem Erleben unterscheiden kann.

3. Wem helfen meine Planungen und Interventionen, dienen sie meiner Entlastung, oder helfen sie wirklich dem Kind?

Ein Prüfstein für diese letzte Frage ist der Blick auf die Art und Weise, wie ich als Helfer mein Vorgehen mit dem Kind bespreche oder wieweit das Kind darüber informiert ist. Finden keine Gespräche statt, kann der/die Professionelle sicher sein, sich auf der Stufe der »Rückbezüglichkeit« zu befinden, d.h., er/sie sieht nur sich selbst und seine/ihre eigene Befindlichkeit und hat somit den Kontakt zu dem Kind verloren. Zugespitzt könnte man sagen, dass, wenn ein Kind z.B. nicht über eine Heimunterbringung informiert ist, die Intervention mit Sicherheit nicht dem Kind dient.

Grundsätzlich bleibt zu sagen, dass der Blick auf die eigene Involviertheit und die eigene Beunruhigung angesichts eines vermuteten oder gewussten Missbrauchs nötig und unumgänglich ist, um angemessen und an den Bedürfnissen und Wünschen der Kinder orientiert Interventionen zu planen und durchzuführen. Denn nur wenn ich mich in der Lage fühle, meine eigene Befindlichkeit wahrzunehmen und anzuerkennen, ist es mir auch möglich, in wirklichen Austausch mit dem Kind zu treten und dessen Gefühlswelt und Bedürfnisse zu erfahren.

Spezielle Interventionsansätze in der Kinderschutzarbeit

Elisabeth-Charlotte Knoller

Typische Beratungsverläufe bei Eltern, die ihre Kinder misshandeln[1]

Einleitung

Über Beratungsverläufe ist bisher nur wenig und wenn, dann meist in Einzelfallschilderungen geschrieben worden. Meine Motivation zur Analyse der Verläufe liegt in meiner täglichen Arbeit. Während meiner gut zweijährigen Tätigkeit im Kinderschutz-Zentrum Berlin musste ich immer wieder die Erfahrung machen, dass die Beratung einer Familie am »seidenen Faden« hing, ab- oder längerfristig unterbrochen wurde. In diesem Beitrag geht es mir darum, die Aktionen der Familien zu verstehen und damit auch eigene Versagensgefühle zu bewältigen.[1]

Ich möchte zunächst auf die spezifischen Merkmale dieser Familien eingehen. Charakteristisch für Familien, die ihre Kinder misshandeln oder vernachlässigen, ist eine hohe Erwartungshaltung den Kindern gegenüber. Gleichzeitig werden die Bedürfnisse der Kinder nur eingeschränkt wahrgenommen. Das Kind ist dazu da, die emotionalen Defizite der Eltern zu befriedigen, soll sich aber dezent zurückziehen, wenn es nicht gefragt ist. Es soll sich den Wünschen der Eltern anpassen und in gewisser Weise Elternfunktionen übernehmen. Das Elternpaar hat aneinander ebenfalls den Wunsch nach vollkommenem Verständnis, der jedoch aufgrund der Absolutheit des Anspruches nicht erfüllt werden kann, sondern in Auseinandersetzungen und Verletzungen endet.

---

1 Vortrag, gehalten auf dem Internationalen Kongress gegen Kindesmisshandlung und -vernachlässigung im September 1990 in Hamburg.

Dieser intensive Wunsch der Eltern nach Liebe und Anerkennung wird bei der Einführung einer Mehrgenerationenperspektive verständlich. Alle Elternpaare, die ich in meiner Beratungspraxis sah, waren selbst in irgendeiner Art misshandelte oder vernachlässigte Kinder, deren Wunsch nach Anerkennung bisher nicht erfüllt werden konnte.

Zugang

Die Beratung einer solchen Familie kommt im KinderschutzZentrum auf folgendem Wege zustande: Die Familien melden sich bei der Familienberatungsstelle von sich aus oder werden von Institutionen wie Klinik und Jugendamt überwiesen. Ausgangspunkt ist eine akute Krise in der Familie oder die Befürchtung einer solchen. Oft ist die Beratungsanfrage gekoppelt mit dem Wunsch oder der Tatsache, dass das betroffene Kind außerhalb der Familie untergebracht ist oder untergebracht werden soll.

Die Vereinbarung in der Familie besteht darin, in regelmäßig stattfindenden Gesprächen das Familienproblem zu verstehen und eine neue Weise der Handhabung des Problems zu finden.

Die in dieser formellen Beratungsvereinbarung implizit enthaltenen Ziele und Wünsche unterscheiden sich allerdings je nach Standort. Die Familie wünscht sich ein harmonisches Zusammenleben. Vor allem soll das betroffene Kind geändert werden, bzw. es soll den misshandelnden Elternteil entlasten, indem es wieder Kontakt zu ihm aufnimmt. Die Familie hat die Hoffnung auf eine schnelle und schmerzlose Änderung. Am besten soll das Problem in einer Sitzung geklärt werden.

Auf der Seite des Therapeuten ist das Ziel eher die Durcharbeitung des Konflikts. Die Gefühle der eigenen Deprivation sollen zugelassen werden, eine Mehrgenerationenperspektive eingenommen werden und die Funktion des Kindes für die Familie begreifbar gemacht werden. Im Gegensatz zur Familie ist der Therapeut auf eine eher langfristige und schmerzhafte Arbeit ausgerichtet.

Hier manifestiert sich ein grundsätzlicher Widerspruch, der den Beratungsverlauf begleitet und die Gefühle der Unzulänglichkeit aufseiten des Therapeuten wie auch der Familie entscheidend bestimmt.

Verlauf

Ich möchte mich im Folgenden mit den Krisen beschäftigen, die im Verlauf der Beratung aus dem Geschehen auftreten und von den Familien mit Abbruch oder Unterbrechung der Beratung bewältigt werden. Dabei möchte ich mich mit drei Punkten beschäftigen, die nicht unbedingt zeitlich nacheinander stattfinden:

- der Umkehrung der Sündenbockposition,
- der Durcharbeitung der eigenen Erfahrungen der Eltern,
- der Konstituierung von neuen Beziehungen in der Familie.

Ausgangspunkt jeder Beratung ist, wie schon erwähnt, bei der Misshandlungsfamilie eine akute Krise. Die Familienkonflikte sind so eskaliert, dass eine Misshandlung stattgefunden hat oder unmittelbar droht. In dieser Situation schwankt die Familie zwischen Hoffnung und Hoffnungslosigkeit. Es gibt den Wunsch, als gute Eltern angesehen zu werden, und gleichzeitig das Gefühl, gänzlich versagt zu haben. Die Hilfe des Beraters wird gewünscht, und dennoch existiert ein Misstrauen gegen ihn, er könne das Problem sowieso nicht verstehen. Die Familie präsentiert einen Symptomträger, meist das Kind, in seltenen Fällen auch den misshandelnden Elternteil.

Der Berater gerät in die Zwickmühle, die Eltern zu entlasten und damit die Sündenbockrolle des Kindes zu bestärken oder die Eltern als Verantwortliche zu benennen und deren Schuldgefühle zu verstärken. Demgemäß besteht die Aufgabe des Beraters in den ersten Gesprächen darin, diese Pole von Entlastung und Belastung miteinander zu verbinden. Der Druck, der durch das Misshandlungsgeschehen auf der Familie lastet, bringt die Eltern dazu, sich weiter als üblich mitzuteilen. Wünsche und wunde Punkte in der Familie werden schon im ersten Gespräch präsentiert. Der Berater, von der Fülle des Materials angeregt, ermutigt zu weiterer Öffnung, stellt Dinge in neue Zusammenhänge und freut sich, dass die Familie so kooperativ ist.

Die Freude währt allerdings nur kurze Zeit, denn nach einigen Gesprächen, manchmal schon nach dem ersten, ist die Familie verschwunden. Wie ist dies zu verstehen? Ich möchte das an einem Beispiel erläutern:

Familie B. kommt nach telefonischer Anmeldung durch Herrn B. Im ersten Gespräch zeigen die Eltern zum einen ihre große Enttäuschung und Wut über die siebenjährige Tochter, zum anderen zählen sie auf, was sie schon alles unternommen haben und versichern, dass sie alles tun wollen, um eine Veränderung zu erreichen. Die Tochter, die die Rolle des Sündenbocks schon seit Jahre innehat, möchte gerne ein liebes Kind sein.

Die nächsten drei Gespräche laufen immer nach dem gleichen Schema ab: Die Eltern berichten, was ihre Tochter alles angestellt hat, versichern, dass sie sich bemüht haben und rechtfertigen ihre Wut und die Schläge mit der Sturheit der Tochter. In der Art der Darstellung wird deutlich, dass sie sich den Berater als Verbündeten gegen die Tochter wünschen. Im Laufe der Gespräche gelingt es immer, eine Annäherung zwischen Kind und Eltern zu finden, meist können die Eltern sogar eigene Seiten im Kind entdecken und die Wünsche der Tochter nach Zuwendung und Versorgung annehmen. Am Ende der Stunde geht die Familie jedes Mal zuversichtlich von dannen.

Das Ritualhafte der Sitzungen macht deutlich, dass die Eltern immer wieder die Bestätigung suchen, dass sie doch gute Eltern sind, obwohl sie innerlich auch die Befürchtung hegen, sie könnten gar nicht gut sein und die Tochter liebe sie nicht.

In der vierten Sitzung habe ich das Ritual durchbrochen. Statt die Beschwerden der Eltern zu hören, erteilte ich der Tochter als Erster das Wort mit dem Auftrag, sie solle erzählen, was ihr in der Familie gefällt. Die Tochter lobt Papas Kochkunst und Mamas Versorgungsleistungen. Ich weise auf die Leistungen des Kindes hin, das jeden Morgen alleine aufsteht und sich für die Schule fertig macht. Den Eltern fällt noch einiges Positive ein; in der zweiten Hälfte der Sitzung fallen sie jedoch wieder ins Ritual zurück. Am Schluss äußert die Tochter, sie möchte gern allein zur nächsten Sitzung kommen.

Die nächste Sitzung wird wegen Kreislaufstörungen der Mutter abgesagt. Im Weiteren unterbricht die Familie die Beratung ein halbes Jahr bis zur erneuten Eskalation des Familienkonflikts.

Was war geschehen? Weil ich der Tochter als Erster Raum gegeben hatte, fühlten sich die Eltern zurückgesetzt. Eine weitere Ablehnung beinhaltete die Vorgabe, nur Positives zu erzählen. Die Eltern mussten den Eindruck haben, ihre Beschwerden sind nicht erwünscht, im Gegenteil, der Sündenbock zahlt ihnen nicht mit gleicher Münze heim, sondern lobt sie, dass sie gute Versorger sind. Die Familie ist verwirrt, sie kann sich aber nicht positiv aufeinander beziehen. Die Veränderung erweckt die Befürchtung, dass bisherige Positionen vielleicht nicht stimmen. Vielleicht sind die Eltern doch schlecht und das Kind gut. Da der Wechsel der Perspektive nicht integriert werden kann, kann die Familie damit nicht umgehen und bleibt lieber im alten Schema verhaftet. Der Wunsch und die Hoffnung auf Veränderung ist durch die Angst vor Veränderung verdrängt worden. Welche Anteile ich als Beraterin dabei hatte, bleibt vorläufig dahingestellt.

Eine andere kritische Phase beginnt, wenn sich die Eltern mit ihren Herkunftsfamilien auseinander setzen. Für einige ist die eigene Entwicklungsgeschichte so bedrohlich, dass sie nur bruchstückhaft erinnert wird. Andere erzählen über ihre Kindheit so tonlos und distanziert, als berichteten sie über einen Zeitungsartikel. Beide Phänomene machen deutlich, dass die gefühlsbezogene Qualität der eigenen Erlebnisse ausgeklammert wird. Theoretisch ist das leicht erklärbar: Um das eigene Misshandlungsleid auszuhalten, war eine Unterdrückung der Gefühle von Wut und Schmerz überlebenswichtig. Meist wenden die Betroffenen dies so, dass sie selbst an der Misshandlung schuld waren und die Eltern Recht hatten mit den Maßnahmen.

Wird nun die eigene Lebensgeschichte in der Beratung bearbeitet, geschieht dies ja mit dem Ziel, die Eltern sensibel zu machen für die Position ihrer Kinder, indem sie selbst noch einmal ihre eigene Kindheit durchleben und spüren, woran es ihnen gemangelt hat und auch heute noch mangelt. Da sich die Eltern ihren eigenen Kindern gegenüber in eine Kindposition auf der unbewussten Ebene begeben haben, weil sie sich von ihnen erhoffen, was sie selbst als Kinder vermisst haben, sollen sie diese (Kind-)Position in der Beratung noch einmal bewusst nacherleben. Der Berater bietet sich, wie in jeder Therapie, als Übertragungsobjekt an. Da Schmerz und Wut bisher nicht zugelassen wurden, entwickeln die Eltern Ängste, sie könnten von diesen Gefühlen überwältigt werden. Sie spüren einen ungeheueren Druck, und gerade auf der Grundlage ihres geringen Vertrauens haben sie Angst, der Berater könne sie nicht halten, sondern werde sich im Gegenteil so benehmen, wie es ihre Kindheitserfahrung bestätigt; er werde sie nämlich fallen lassen. Ein Abbruch oder eine Unterbrechung in dieser Phase der Therapie bedeutet, dass die Eltern sich selbst schützen müssen. Dieser Schutz muss ihnen zugestanden werden, da sich in der Bearbeitung der Herkunftsgeschichte oft herausgestellt hat, inwieweit sie von ihren Eltern wirklich gewollt wurden, und nicht in jedem Fall sicher waren, ob der Berater die Trauer und Wut darüber wirklich aushält.

Ich möchte die Dynamik wieder an einem Beispiel deutlich machen: Herr K. und Frau L. baten um eine Beratung, da Herr K. den sechsmonatigen Sohn beim Füttern misshandelt hatte. Bei der Arbeit mit dem Paar zeigte sich, dass Herr K. große

Wünsche nach Zuwendung und Versorgung hat, Frau L. sich ebenfalls Unterstützung und Anerkennung wünscht – also beide eine Kindposition einnehmen wollen.

Die Familiengeschichten machen die Wünsche verständlich: Herr K. ist der Älteste von vier Geschwistern. Sein jüngerer Bruder Fritz verstarb im Alter von neun Monaten an Lungenentzündung. Damals war Herr K. drei Jahre alt und vorwiegend von der Großmutter aufgezogen worden. Er fühlte sich dem nach Fritz geborenen Bruder Rudi gegenüber zurückgesetzt, reagierte damit, dass er verstärkt die Nähe der Mutter suchte, von der er aber eher zurückgewiesen wurde. Eine Sonderschulkarriere, mehrere abgebrochene Berufsausbildungen, Suizidversuche, Spielsucht und mehrere Therapieversuche skizzieren den weiteren Lebensweg. Auch jetzt hat Herr K. noch eine enge Bindung zu den Eltern, die von dem Wunsch nach Anerkennung geprägt wird, der allerdings immer unbefriedigt bleibt.

Frau L. ist das zweitjüngste Kind einer achtköpfigen Geschwisterreihe, das jüngste Geschwister ist der einzige Junge. Die unmittelbar ältere Schwester von Frau L. starb wenige Monate nach der Geburt. Frau L. ist körperbehindert, was in der Familie zu massiver Ablehnung und Misshandlung geführt hat. Frau L. steht ihren Eltern ambivalent gegenüber. Sie versucht sich abzugrenzen, hegt aber immer noch den Wunsch, endlich anerkannt zu werden. Diese Anerkennung erhoffte sie sich nicht zuletzt durch die Präsentation eines gesunden Sohnes.

Die Geschichte dieser Eltern zeigt viel Verlassenheit und Ablehnung, gleichzeitig aber auch das Verlangen, endlich von den eigenen Eltern akzeptiert zu werden. Bei der Durcharbeitung der Geschichte kam es immer wieder zu Punkten, an denen beide von ihren Gefühlen überwältigt wurden. Sie befürchteten, den Boden unter den Füßen zu verlieren, und wollten daher nicht weiter an der Biographie arbeiten. Vor allem die Gefühle von Wut machten beiden Angst, denn sie bedeuteten auch eine Abgrenzung gegen das Wunschziel ihrer Liebe, nämlich die Eltern. Trotzdem war die Familiengeschichte immer wieder Thema, wobei das Paar auch testete, wieweit ich ihre aufsteigende Wut und die Verlassenheitsgefühle tragen und mit ihnen ihre positiven Kräfte stärken konnte.

Ein drittes wichtiges Element im Beratungsverlauf ist das Halten der Ambivalenzspannung.

Was schon im ersten Punkt angedeutet wurde, gewinnt in der Verbindung mit der Geschichte der eigenen Herkunftsfamilie einen neuen Stellenwert. Die generelle Frage nämlich, ob ein Zusammenleben der Familie unter neuen Bedingungen möglich ist oder ob mit dem Verabschieden von alten Wünschen eine Trennung von Eltern und Kind notwendig ist. Diese Frage schwingt von Beginn an im Beratungsprozess mit und aktualisiert sich in jeder Phase neu. Sie konstruktiv zu wenden würde für die Familie bedeuten, die Ambivalenz zwischen Trennung und Zusammenleben, Nähe und Distanz, Wünschen nach kindlicher Versorgung und Übernahme der elterlichen Verantwortung aushalten zu können. Ähnlich spiegelt sich die Ambivalenz auch in der therapeutischen Beziehung wider. Will die Familie sich in die vertrauensvolle Abhängigkeit begeben und geduldig einen langsamen Emanzipationsprozess beginnen oder durch eine schnelle Trennung vom Therapeuten und/oder Kind weiteres Leid verdrängen?

Der Anspruch, alle Probleme vollständig durchzuarbeiten, ist für die Misshandlungsfamilie kaum einzulösen. Sind die Ressourcen so weit mobilisiert, dass eine Entscheidung für oder gegen die Familie gefallen ist, ist die Beratung meist beendet. Aus der Angst heraus, ihre Ambivalenz könne sich wieder in die andere Richtung bewegen, verabschieden sich die Familien, um erst einmal alleine klarzukommen. Die schnelle Trennung ist auch ein Versuch, eine »kindliche« Abhängigkeit vom Therapeuten zu vermeiden und mit ihm nicht wieder einen schmerzvollen Prozess, ähnlich wie mit den Eltern, durchleben zu müssen.

Es bleibt die Frage, ob diese kritischen Stellen durch mehr Einfühlungsvermögen des Beraters oder durch ein besseres

Durchschauen des Familiensystems vermieden werden können. Ich glaube nicht, dass dies möglich ist. Realistischer erscheint mir eher, die Krisen im Beratungsverlauf zu erkennen
und sie mit Geduld zu meistern, ohne sich und die Familie zu
überfordern. Auch wenn sich die Familie vor der Bearbeitung
von Themen, die für den Berater wichtig sind, scheut, profitiert
sie doch von der Beziehung zum Berater in dem Sinne, dass sie
gehalten und verstanden wird.

Für den Berater muss immer wieder gelten, die Fortschritte
der Familie auch an deren Ressourcen zu messen. Man muss
davon ausgehen, dass in den meisten Misshandlungsfamilien
aufgrund der langen Tradition der Misshandlung wenig Ressourcen vorhanden sind und auch kleine Entwicklungsschritte
für die Familie ein großer Fortschritt sind.

Zum Schluss möchte ich die These wagen, dass in jeder kritischen Phase der Beratung der Widerstand der Familie auch
eine Schutzfunktion hat: Er schützt die Familie und den Berater davor, von unkontrollierten Emotionen überwältigt zu
werden.

Literatur

Buchholz, M.: Die unbewußte Familie. Berlin 1990.
Helfer, R.E./Kempe, C.H.: Das geschlagene Kind. Frankfurt 1978.
Levold, T., u.a.: Gewalt in Familien – Systemdynamik und therapeutische
    Perspektiven. In: Familiendynamik 3/1993.
Petermann, F.:/Hehl, F.-J.: Einzelfallanalyse. München 1979.

Anna-Angelika Dibbern

Strukturierung eines Hilfeplanes bei Kindesvernachlässigung[1]

Im Zuge der Verarmung immer breiterer Bevölkerungsschichten in der BRD verschärft sich die Situation von Kindern und ihren Familien derzeit dramatisch. [1]

Flankierende Hilfeangebote, die das Gefährdungspotential für Kinder und deren Eltern einigermaßen abfedern und eingrenzen könnten, fallen durch die Finanzknappheit der öffentlichen Haushalte und die damit verbundenen drastischen Mittelkürzungen weg oder erfahren eine Reduzierung auf ein solches Minimum, dass dies einer Streichung gleichkommt.

Ein hohes Quantum der vorhandenen Energien vieler Fachleute scheint sich zur Zeit darauf zu reduzieren, den Sozialabbau zu beklagen.

Bislang entwickelte Hilfeangebote als Antwort auf die Armutsproblematik und auf die große Zahl davon betroffener Kinder greifen zu kurz oder gehen an der Problematik vorbei. Familien, die in Armut leben, sind zu einem hohen Prozentsatz »Multiproblemfamilien«. Solche Familien sind über zentral organisierte Hilfe, über eine »Komm-Struktur«, nicht oder nicht ausreichend zu erreichen.

Aus diesem Grund verfehlt die so angebotene Hilfe ihr Ziel und treibt die Armen noch stärker in die Isolation. Deklassierte Familien geraten so aus dem Blickfeld der staatlichen Fürsorge, werden gesellschaftspolitisch vernachlässigt, ihr Elend nur mehr verwaltet.

---

1 Zuerst erschienen in: Kürner P./Nafroth R. (Hrsg.): Die vergessenen Kinder. Köln 1994.

Mit der gleichen Dynamik, mit der Familien gesellschaftlich vernachlässigt werden, unterliegen die in ihnen lebenden Kinder der Vernachlässigung. In dem Maße, wie den Eltern die flankierenden Hilfen verweigert werden, stehen diese Hilfen den Kindern nicht mehr zur Verfügung. Die Gestaltung eines adäquaten Sozialisationsraumes für von Armut betroffene Kinder ist damit unmöglich zu gewährleisten.

In den zurückliegenden Jahren sind diese Folgen für die Kinder immer deutlicher geworden. Verstärkt sind die psychosozialen Dienste der kommunalen Träger und der freien Wohlfahrtsverbände mit den Phänomenen von Kindesvernachlässigung und Kindesmisshandlung konfrontiert.

Kinder werden von ihren Eltern misshandelt und vernachlässigt, besonders dann, wenn die Eltern eine eigene von Defiziten gekennzeichnete Sozialisationshistorie haben und dazu der Stressfaktor Armut kommt – oder umgekehrt.

Beispiele aus den Armutsgebieten der Großstädte aus jüngster Zeit liegen vor[2]. An ihnen wird eindrucksvoll deutlich, dass neue, wirkungsvollere Interventions- und Hilfemöglichkeiten entwickelt werden müssen, soll auf diese Herausforderung im Sinne des Kindeswohls angemessen reagiert werden.

Bei hochgradigen Vernachlässigungsfamilien handelt es sich in der Regel um Familien, in denen sich das Kindeswohl und das Elternrecht scheinbar unvereinbar gegenüberstehen. Die zuständigen Fachleute müssen im Grenzfall entscheiden, ob Elternrecht vor Kindeswohl geht oder Kindeswohl vor Elternrecht. In jedem Fall ist ein eindeutiges Votum zumeist schwer zu fällen.

Aus der Fachliteratur[3] und den Erfahrungen der Praxis wissen wir, dass Kindeswohl ohne verantwortliche Elternschaft

---

2   Hauser, R./Hübiner, W.: Arme unter uns – Ergebnisse und Konsequenzen der Caritas-Armutsuntersuchung. Hrsg. v. Deutscher Caritasverband. Freiburg 1993.
3   Freud, A.: Diesseits des Kindeswohls. Frankfurt a. M. 1982.

kaum denkbar ist, aber auch Elternschaft ohne Kindeswohl in die Sinnlosigkeit führt.

Interventionen, die dazu angetan sind, die lebenswichtigen Bindungen eines Kindes an seine Eltern aufzulösen, sind ethisch nur dann zu rechtfertigen, wenn dem gefährdeten Kind eine weniger schädliche Alternative angeboten werden kann.

Jeder professionelle Helfer, der in die Situation kommt, in Vernachlässigungsfamilien intervenieren zu müssen, sollte *in jedem Fall* zunächst versuchen, eine Lösung herbeizuführen, die das familiäre Bezugssystem des Kindes in seiner Ganzheit erfasst und berücksichtigt. Damit werden die Loyalitäten des Kindes gegenüber seinen Eltern anerkannt, und die Familienintegrität bleibt gewahrt.

Gegenüber einer seit langem geübten, mechanistisch-kausalen Betrachtungsweise, die den Einzelnen im Mittelpunkt sieht, bedeutet der Paradigmenwecsel hin zur Systemsicht, dass fortan das familiäre System in seiner Ganzheit im Fokus der Betrachtungsweise liegt und Ziel der Veränderung sein soll. Daraus resultiert, dass die Idee, das mangelhaft versorgte Kind vor seinen Eltern zu schützen, aufgegeben werden muss zugunsten einer neuen Perspektive. Professionelle Helfer sehen ihre fachliche Verantwortung nun darin, eine strukturelle Veränderung des Familiensystems (in dem das Kind lebt) zu erreichen, ohne dass in jedem Fall eine Fremdplatzierung erfolgen muss.[4]

Eine Möglichkeit, dies unter Umständen erfolgreich zu leisten, ist die *Übernahme parentaler Funktionen.*

Das beinhaltet: Der professionelle Helfer wird die Schwerpunkte seiner Arbeit zukünftig erstens auf das Erkennen und Nutzbarmachen von das Familiensystem beeinflussenden Variablen und zweitens auf die Übernahme parentaler Funktionen ausrichten.

---

4 Imber-Black, E.: Familien und größere Systeme. Heidelberg 1992.

Die das familiäre System beeinflussenden Variablen sind z. B. mehrgenerationale Aspekte im Hinblick auf die Herkunftsfamilien beider Eltern, die Interaktionsfähigkeit intrafamilial, der soziale Kontext im realen Erleben der Familie, Familienstruktur und der familiäre Krisenzyklus. Wir wissen, dass Eltern, die ihre Kinder vernachlässigen, in aller Regel eine eigene defizitäre Sozialisationsgeschichte durchlaufen haben. Um eine möglichst genaue fachliche Einschätzung der vorhandenen elterlichen Ressourcen zu gewinnen und daraus den notwendigen Hilfeplan für Kind und Eltern entwickeln zu können, muss der Helfer sich der Familie *wohlwollend* nähern. Das bedeutet, alle Energien und fachlichen Kompetenzen werden in die Ressourcenförderung und Unterstützung der Eltern investiert, damit *diese in die Lage versetzt werden, elterliche Verantwortung für ihr Kind selbst zu übernehmen.*

Eine mögliche Unterstützung kann es dabei sein, den Eltern durch Übernahme parentaler Funktionen Orientierungshilfen anzubieten. Das heißt, im Zuge der Intervention sozialer Dienste werden den Eltern Vorschläge, Vorgaben und Vorschriften gemacht, wie sie die Erziehung, die Versorgung, den Umgang und das Zusammenleben mit ihrem Kind zu gestalten haben. Diese Maßgaben werden konsequent auf Einhaltung und Fortentwicklung hin kontrolliert. Die Kontrolle gewährleistet den größtmöglichen Schutz des Kindes und signalisiert den »adoleszenten Eltern«, dass der Helfer an positiven Entwicklungsschritten ihrerseits interessiert ist.

Damit erleben vernachlässigende Elern, diametral entgegengesetzt zur eigenen biographischen Erfahrung, eine die Eigenkräfte und Autonomie fördernde Hilfestellung.

Dass es sich bei den »adoleszenten Eltern« um sorgeberechtigte Erwachsene handelt, dokumentiert sich darin, dass die Klienten frei entscheiden können, ob sie diese Form der Hilfe annehmen wollen oder nicht. Mehr Entscheidungsspielraum haben die Eltern zum Zeitpunkt der Intervention in aller Regel nicht. Das ist ihnen von den verantwortlichen Kontrollinstanzen deutlich zu machen. Bei der Übernahme parentaler Funktionen handelt es sich niemals um einen *basisdemokratischen Vorgang*, sondern der Helfer bestimmt zunächst einseitig die Erfordernisse, die eine Zusammenarbeit mit sich bringt, und er legt auch die Kriterien fest, an denen Erfolg oder Misserfolg gemessen werden. Oberster Maßstab ist dabei das Kindeswohl.

Klienten und Helfer »verkehren« über Verträge miteinander. Alle Vorgaben und Vorschriften werden mit beiderseitigem Einverständnis *schriftlich* festgelegt, von den am Entwicklungsprozess Beteiligten unterschrieben und kontrolliert.

Gibt es in der verantwortlichen Haltung der Erwachsenen Fortschritte, so werden die Kontrollzeiträume umgehend erweitert und die schriftlichen Vereinbarungen dem veränderten Elternverhalten angepasst. Konsequenzen, die bei Nichteinhaltung oder Boykott der vereinbarten Verträge geplant sind, müssen den Klienten zu Beginn der Arbeit bekannt sein und im Bedarfsfall auch eintreten. Parallel dazu gehört eine Risikobereitschaft, die die möglichst schnelle Rückgabe der Verantwortung an die Eltern eines betroffenen Kindes beinhaltet. Seriöserweise darf dieses Angebot den Eltern nur dann gemacht werden, wenn der Helfer die Einschätzung gewonnen hat, dass die Eltern eine realistische Chance haben, zukünftig allein die Verantwortung für ihr Kind übernehmen zu können. Ist dies nicht der Fall, sollte von vornherein mit den Eltern daran gearbeitet werden, dass verantwortliche Elternschaft auch heißen kann, die Verantwortung für das eigene Kind anderen Menschen zu übergeben. Es ist in jedem Fall alle Energie darauf zu verwenden, dass die Eltern im Verlauf des Hilfeprozesses die für ihr Kind notwendige Entscheidung selber fällen.

Fremdplatzierung eines Kindes kann also die drohende Konsequenz für Eltern sein, sollte aber in der Realität eher die Ausnahme bleiben.

Fallbeispiel

Frau X., Hausfrau, 26 Jahre alt, und Herr Y., zur Zeit arbeitslo-
ser Maurer, 30 Jahre alt, leben seit ca. zwei Jahren in »eheähn-
licher Lebensgemeinschaft« in der Wohnung von Frau X. Das
Sozialamt darf davon keine Kenntnis haben.

Beide Partner haben neben mehreren gescheiterten Beziehungen auch je eine Ehe hinter sich. Während die drei Kinder von Herrn Y. jeweils bei ihren Müttern leben, wohnen die
drei Söhne von Frau X. mit im gemeinsamen Haushalt. Gemeinsam haben Herr Y. und Frau X. eine eineinhalbjährige
Tochter.

Der geschiedene Mann von Frau X. (ein ehemaliger Ar-
beitskollege von Herrn Y.) hält losen Kontakt zu seinen Söh-
nen, wobei er den jüngsten Sohn, Bruno (sechs Jahre alt), explizit benachteiligt, ja sogar ablehnt. Er bestreitet offen, der
Vater dieses Jungen zu sein. Die Vaterschaft von Bruno bleibt
auch im Weiteren ungeklärt, da die Aussagen von Vater und
Mutter sich widersprechen.

Bruno ist ein kleiner, sehr schmächtiger Junge. Sein Gewicht liegt stets an der Grenze zum Untergewicht. Er sieht
sehr schlecht, was eine Routineuntersuchung im Kindergarten
belegte. Nur sehr selten trägt Bruno die notwendige Brille. In
seiner Gesamtentwicklung wirkt Bruno stark retardiert. In
den Kindergarten kommt er unregelmäßig. Ab und an hat er
blaue Flecken und geschwollene Wangen, was auf Schläge hin-
deutet. Der Junge ist häufig nicht den Jahreszeiten entsprechend angezogen, und er hat niemals etwas zu essen bei sich.

Trotz der wiederholten Bitte des Kindergartens kommt
Frau X. nicht zu den angebotenen Gesprächsterminen.

Als die Gruppenerzieherin Bruno einmal Kleidung aus einer Spende mit nach Hause gibt, taucht Herr Y. im Kindergarten auf und weist die Unterstützung aggressiv zurück. Dabei
beschimpft er die Erzieherin und droht ihr Prügel an.

Zu der Sorge um Bruno kommt nun die Angst der Erzieherinnen vor diesem gewalttätigen Mann. Daher entschließen

sich die Kindergärtnerinnen, der Familie kein erneutes Hilfeangebot zu machen, sondern informieren die zuständige Be-
zirkssozialarbeiterin darüber, dass Bruno von seiner Mutter
nicht ausreichend versorgt, ja sogar vernachlässigt wird.

Das Jugendamt (JA) nimmt den Kontakt zur Familie auf.
Das Paar zeigt sich zunächst abweisend und misstrauisch. Frau
X. lässt Herrn Y. für sich sprechen und entzieht sich nach Möglichkeit der Sozialarbeiterin. Beharrlich hält die Sozialarbeiterin den Kontakt aufrecht und versucht immer wieder, vor
allem Frau X. zu erreichen und zur Zusammenarbeit zu bewegen. Dabei wird deutlich, dass sich Frau X. selber durchaus als
gute Mutter sieht, die alles für ihre Kinder tut, was in ihrer
Macht steht.

Herr Y. unterstützt sie dabei nach Kräften. Bruno gilt als
der schlimme Junge in der Familie. Mit ihm gibt es die meisten
Schwierigkeiten, er muss am strengsten »angefasst« werden.
Frau X. hat Angst, dass Herr Y. sie verlassen könnte, wenn
Bruno sich weiterhin so aufsässig verhält.

Im Moment ist Frau X. Herrn Y. dankbar, dass er sie nicht
allein lässt, und diese Dankbarkeit erwartet sie auch von ihren
Kindern.

Beide Partner halten die Meldung des Kindergartens für
eine Verschwörung gegen sich. Frau X. glaubt zudem noch, die
Gruppenerzieherin habe ein starkes persönliches Interesse an
Bruno. Sie behandele ihn, als habe er keine Mutter.

Auf diese Kränkung von Frau X. und die daraus resultie-
rende Angst vor Sorgerechtsverlust wurde in den folgenden
Gesprächen eingegangen. Es wurde versichert, dass es im Folgenden nicht darum gehen solle, ihr das Sorgerecht für Bruno
zu entziehen, sondern im Gegenteil sie zur Wahrnehmung ihrer elterlichen Sorgfaltspflicht stärker zu befähigen, damit die
Vernachlässigung des Jungen keine weiteren nachhaltigen
Entwicklungsstörungen hervorrufe. Voraussetzung war: Frau
X. musste anerkennen, dass ihre Einschätzung der Situation
von Bruno in seiner Familie zu diesem Zeitpunkt nicht der
Maßstab für die folgenden Handlungsschritte sein würde.

Danach erst wurde in einer konzertierten Aktion unter Federführung des Jugendamtes gemeinsam mit der Sozialpädagogischen Familienhilfe (SPFH), einem Sozialpädiatrischen Zentrum und der Familie ein Hilfe- und Unterstützungsplan für Bruno und seine Familie entwickelt.

Auf einer Helferkonferenz, zu der alle professionellen Helfer zusammentrafen, wurden die Aufgaben und Verantwortlichkeiten verteilt und ebenso die Konsequenzen für Nichteinhaltung festgelegt.

Das Jugendamt übernahm die Gesamtverantwortung. Das bedeutete, bei Nichteinhaltung oder Boykott des Hilfeplanes durch die Familie würde eine Rückmeldung an die Sozialarbeiterin erfolgen. Die Konsequenz wäre eine Einleitung des Sorgerechtsentzuges in Bezug auf Bruno. Das Sozialpädiatrische Zentrum übernahm die Verantwortung für die medizinische und psychologische Untersuchung von Bruno und dafür, der Mutter die Ergebnisse verständlich mitzuteilen.

Die sozialpädagogische Familienhelferin übernahm die Verantwortlichkeit für die Begleitung der Mutter und des Kindes zu allen anstehenden Terminen (Arzt, Klinik, Kindergarten, Jugendamt) und für die Anleitung in allen lebenspraktischen Bereichen des Alltags. Frau X. selber hatte unter anderem die Verantwortung dafür, dass Termine eingeholt und diese auch eingehalten wurden. Sie musste die Fahrten zu den Untersuchungen und Gesprächen planen und durchführen, Gesprächsangebote der Ärzte, Psychologen und Kindergärtnerin wahrnehmen und die Ergebnisse mit der SPFH besprechen und versuchen im Alltag umzusetzen.

In der direkten Arbeit mit Frau X. (nur in größeren Abständen mit Herrn Y.) ging es um konkrete Handlungsanweisungen, deren Durchführung und Kontrolle vertraglich festgeschrieben wurde. Alle diese Anweisungen dienten unmittelbar der Förderung des elterlichen Kompetenzerwerbs und sollten in Zusammenarbeit mit der SPFH eingeübt werden.

Es ging hier neben dem lebenspraktischen Bereich auch um die erzieherischen Aufgaben. So musste Frau X. z. B.

dafür Sorge tragen, dass Bruno regelmäßig zur Gewichts-kontrolle dem zuständigen Kinderarzt vorgestellt wurde. In einem Gewichtskontrollheft wurden das Wiegedatum und das Gewicht eingetragen und von der Kinderarztpraxis bestätigt.

Frau X. hatte die Aufgabe, Bruno jeden Morgen ein Frühstücksbrot mit in den Kindergarten zu geben und entweder dafür zu sorgen, dass er in der Einrichtung aß, oder zu Hause zu kochen, was auch den anderen Kindern zugute kam.

Ebenfalls hatte Frau X. dafür Sorge zu tragen, dass Bruno eine neue Brille bekam. Damit das gelingen konnte, lernte sie zunächst, dem Sachbearbeiter der Krankenkasse gegenüber Argumente zu formulieren.

Herr Y. lernte es, seine Partnerin zu unterstützen, die notwendigen Handlungsschritte aber nicht stellvertretend für sie durchzuführen.

Im eineinhalbjährigen Hilfeprozess konnten die hochfrequenten Kontrolltermine von zunächst wöchentlich drei Kontrollen innerhalb der ersten acht Wochen auf wöchentlich eine Kontrolle reduziert werden. Es gelang der Pädagogin, Frau X. zu motivieren, an einem Kochkurs für Sozialhilfeempfänger teilzunehmen.

Bruno hatte in der Zwischenzeit seine Entwicklungsverzögerungen so weit aufgeholt, dass er in einen Schulkindergarten eingeschult werden konnte. Sein körperlicher Zustand hatte sich stabilisiert, wenngleich er ein zarter Junge blieb.

Die bei der medizinischen Untersuchung festgestellte Schwerhörigkeit war durch einen operativen Eingriff behoben worden, und er trug jetzt seine Brille (fast) regelmäßig. Frau X. hatte gelernt, dass »Brillenentzug« keine angemessene Sanktion auf unerwünschtes Verhalten des Knaben ist.

Als der Hilfeplan abgeschlossen und die Unterstützung beendet werden musste, lag dem Paar X./Y. viel an einer weiteren Begleitung. Aus fachlichen Überlegungen wurde diesem Ansinnen nicht Rechnung getragen.

Lilo Ginciauskas

Die kindzentrierte Arbeitsweise der Kinderschutzdienste in Rheinland-Pfalz

Einleitung

Die Kinderschutzdienste in Rheinland-Pfalz sind Einrichtungen der Jugendhilfe in freier Trägerschaft. In der Zeit von November 1990 bis Dezember 1995 sind nacheinander insgesamt zwölf Kinderschutzdienste (KSD) entstanden. Die Kinderschutzdienste als neuer Fachdienst der Jugendhilfe unterstützen und begleiten Kinder und Jugendliche, die wegen körperlicher und seelischer Misshandlung und/oder sexuellem Missbrauch einen besonderen Schutz- und Hilfebedarf haben.

Die Entwicklung der Grundkonzeption der Kinderschutzdienste und ihrer kindzentrierten Arbeitsweise war eng mit der Entstehungsgeschichte der Kinderschutzdienste verbunden. Im Rahmen der Tätigkeit der Zentralen Beratungsstelle für Kindesschutz im Landesamt für Jugend und Soziales und des Fachreferats des Jugendministeriums wurde im Austausch mit verschiedenen Fachkräften, Institutionen und Betroffenen sowie während einer Reihe von Fortbildungen die Grundkonzeption der Kinderschutzdienste entwickelt. Aktenanalysen und die Auswertung von Fachliteratur waren dabei hilfreiche Ergänzungen.

Im Verlauf dieser intensiven Auseinandersetzung mit der Problematik von Misshandlung und sexuellem Missbrauch schälten sich einige immer wiederkehrende Grundmuster für die Reaktionen des betroffenen Kindes, seiner Familie und des Hilfesystems heraus:

- Betroffene Kinder/Jugendliche zeigten Verhaltensauffälligkeiten und wiesen mit Signalen auf ihre Probleme hin, die wiederum in ihren Familien Krisen auslösten.
- Das Muster des Grundkonflikts in den Familien spiegelte sich oft im Helfersystem wider. Beispiel: In einer Familie gab es mehrere Misshandlungsfälle, davon einer mit Todesfolge. Die Institutionen, die mit diesem Fall befasst waren, belasteten sich gegenseitig mit Vorwürfen und Dienstaufsichtsbeschwerden. Die jüngeren Kinder blieben ohne besondere Betreuung und ohne die Entwicklung eines Hilfeplans in der Familie.
- Verleugnung, Abwehr, Ausgrenzung, Grenzüberschreitung und Sprachlosigkeit in den vom sexuellen Missbrauch/der Misshandlung betroffenen Familien setzten sich häufig im Helfersystem fort.
- Auch wenn der sexuelle Missbrauch z. T. eindeutig festzustellen war, gab es eine Scheu, das Problem zuzulassen. So wurden eindeutige Aussagen oder Hinweise als Verdacht behandelt. Es bestand ein Handlungsbedarf, aber es wurde vermieden, etwas zu tun. In anderen Fällen löste der Verdacht auf sexuellen Missbrauch bereits großen Handlungsdruck und damit überstürztes Handeln aus und machte es hierdurch oft unmöglich, dem betroffenen Kind wirksam zu helfen. Beispiel: Im Kindergarten tritt der Verdacht auf sexuellen Missbrauch durch den Vater des Kindes auf. Die Mutter wird damit konfrontiert und gerät in Panik. Der Vater weist jeden Verdacht von sich. Die Eltern melden das Kind vom Kindergarten ab.
- Ebenso geraten die HelferInnen ihrerseits bei Verdacht auf sexuellen Missbrauch oft in Krisen. Diese häufig unvermeidbare Folge wird von den HelferInnen u. U. als Versagen empfunden.
- Erwachsene, die als Kinder sexuell missbraucht oder misshandelt wurden, berichteten übereinstimmend, dass das Schlimmste für sie die Einsamkeit war und dass sie sich eine verlässliche Begleitung gewünscht hätten.

- In der Regel ist zwar die Familie bzw. sind die Eltern die Personen, die das Kind/den Jugendlichen schützen, und die Fachdienste handeln im Einverständnis mit den Eltern für das Kind. Doch wenn die Familie selbst in den sexuellen Missbrauch und/oder die Misshandlung des Kindes/Jugendlichen verstrickt war, gelang es oft nicht, den direkten Zugang zum Kind zu finden. Wirkliche Hilfe war somit nur unzureichend möglich.
- Immer wieder wurden sehr viele Institutionen eingeschaltet, die sich veranlasst sahen zu handeln, ohne dass jedoch mit dem Kind/Jugendlichen selbst gesprochen worden wäre. Häufig waren die Kinder noch nicht einmal darüber informiert, was mit ihnen geschehen sollte.

Solche Erfahrungen also waren die Ausgangspunkte für die Entwicklung der kindzentrierten Arbeitsweise der Kinderschutzdienste, die in ihren Grundzügen nachfolgend vorgestellt wird. Dabei ist zu berücksichtigen, dass die Konzeption des »kindzentrierten Ansatzes« nicht als eine statische Vorgabe betrachtet werden darf, sondern vielmehr als eine dynamische Arbeitsweise zu verstehen ist, die sich in der Anwendung weiterentwickeln wird. Die fortwährenden Erfahrungen der Kinderschutzdienste in der Arbeit mit Kindern/Jugendlichen und ihren Familien, der Austausch unter den Fachkräften, die Auseinandersetzung mit und Abgrenzung von unterschiedlichen Ansätzen sowie die Reflexion der eigenen Handlungsschritte fördern diesen Prozess. Mit der Vorstellung ihrer kindzentrierten Arbeitsweise möchten die Kinderschutzdienste zur fachlichen Diskussion in der Kinderschutzarbeit anregen.

Die kindzentrierte Arbeitsweise der Kinderschutzdienste

Auf den nachfolgenden Seiten wird häufig vom Kind bzw. der/dem Jugendlichen und manchmal von Mädchen und Jungen gesprochen. Wenn auch der sprachlichen Einfachheit wegen häufig nur der Begriff Kind verwendet wird, sollte sich die LeserIn dennoch vergegenwärtigen, dass es natürlich nicht das Kind gibt, sondern dass sich Kinder und Jugendliche nach Geschlecht, Alter, Entwicklungsstand (physisch, psychisch, intellektuell), in ihren Fähigkeiten und Ressourcen und durch die Art ihrer Einbindung in ihr familiales und soziales Umfeld voneinander unterscheiden.

Die Gesamtsituation des Kindes

Die Situationen, in denen sich Kinder und Jugendliche befinden und aus denen heraus sie in Kontakt mit dem Kinderschutzbund treten, können sehr unterschiedlicher Art sein.

Abgesehen davon, dass Kinder in sehr unterschiedlichen Lebenssituationen aufwachsen, die ihre Entwicklung und Identität prägen (z. B. ländliche oder städtische Umgebung, Aufwachsen als Einzelkind oder mit Geschwistern, Bindungen und Kontakte der Kernfamilie zu den Großeltern und zu anderen Familien oder eine eher isolierte Familiensituation u. v. m.), bestimmt auch die Art der Misshandlungen, die die Kinder erleiden, ihre jeweilige Situation. So ist es zunächst von Bedeutung, ob das Kind körperlich misshandelt und/oder sexuell missbraucht wird. Es spielt eine Rolle, ob der sexuelle Missbrauch oder die körperliche Misshandlung durch vertraute Personen, von denen das Kind abhängig ist oder die es vielleicht liebt, passiert oder durch eine fremde Person. Das Alter des Kindes und sein Entwicklungsstand beeinflussen seine Reaktionen auf den sexuellen Missbrauch oder die Misshandlung ebenso wie deren Intensität, Häufigkeit, Dauer und die Formen der Gewalt (Drohungen, Schläge, Schuldzuweisungen, Verführung etc.). Entscheidend wirkt sich auch das Beziehungsgefüge zwischen Kind und missbrauchender/misshandelnder Person sowie zwischen Kind und nicht schützenden Familienangehörigen aus.

In Abhängigkeit von alldem lässt der sexuelle Missbrauch und/oder die körperliche oder seelische Misshandlung/Vernachlässigung das Kind ganz unterschiedliche Verhaltensweisen (Überlebensstrategien) entwickeln, die von der Außenwelt häufig als Verhaltensauffälligkeiten wahrgenommen werden und worauf sie immer wieder mit wenig Verständnis reagiert.

Wenn wir also herausfinden und verstehen wollen, wie der Zugang zum Kind erschlossen werden kann, wie die Kontakte gestaltet werden müssen, wie und zu welchem Zeitpunkt seine Familie einbezogen wird und welche Angebote und Hilfen das Kind in seiner Situation braucht, wünscht und zulässt, bedarf es einer Vorstellung davon, auf welches Kind der Kinderschutzdienst (oder andere Fachkräfte) trifft.

Hierzu ist es erforderlich, langsam aufbauend, die Gesamtsituation des Kindes zu erfassen. Dazu gehört, das Kind vor dem Hintergrund seiner familiären, sozialen und soziokulturellen Prägungen als eine individuelle Persönlichkeit mit bestimmten Interessen, Vorlieben, Abneigungen, Fähigkeiten, Stärken, Schwächen usw. zu sehen und es nicht auf seine Misshandlungs- und Missbrauchsproblematik zu reduzieren. Dieser »Überblick« oder Gesamtblick sollte während des gesamten Kontaktes mit dem Kind berücksichtigt werden. Er respektiert die Gesamtpersönlichkeit des Kindes, woraus die Chance erwächst, dem Kind zu helfen, seine Ressourcen und Stärken weiterzuentwickeln.

Gleichzeitig muss die Fachkraft beachten, wie Misshandlungen und sexueller Missbrauch die Lebenssituation eines Kindes beeinflussen und sich auf sein Erleben und sein Verhalten auswirken.

Handlungsprinzipien

Ausgehend von diesem Grundverständnis für das Kind und seine Situation, haben die rheinland-pfälzischen Kinderschutzdienste eine Arbeitsweise entwickelt, die von Prinzipien geleitet wird, die den »kindzentrierten Ansatz« beinhalten. Das Wesentliche des kindzentrierten Ansatzes verdichtet sich

134

in dem zunächst einfach und selbstverständlich anmutenden Postulat, die Wünsche und Bedürfnisse des Kindes sowie seinen Hilfebedarf in alle seine Person betreffende Angelegenheiten und Entscheidungen einzubeziehen. Beide Elemente, die vom Kind geäußerten Wünsche und Bedürfnisse einerseits, den von der Fachkraft erkannten Hilfebedarf andererseits, in der Praxis schrittweise und kontinuierlich in Einklang miteinander zu bringen, verstehen die Kinderschutzdienste sowohl als zentrale Prämisse als auch Zielsetzung ihres Auftrags. Diese unabdingbare Haltung, das Kind in seinen Wünschen und Bedürfnissen ernst zu nehmen, ihm zunächst auch bei seiner Willensbildung und -äußerung behilflich zu sein, ohne, vor allem das noch junge Kind, zu überfordern oder sogar suggestiv zu beeinflussen, erfordert ein Höchstmaß an Einfühlung, Geduld und Rückversicherung beim Kind und verlangt eine ständig praktizierte Transparenz der Entscheidungen und Hilfeschritte.

Deshalb werden alle Aktivitäten innerhalb dieser fachlichen Arbeit, angefangen von Anfragen durch Fachkräfte und Institutionen bis hin zu den Kontakten mit Müttern, Vätern, Familienangehörigen, Bezugspersonen etc. auf die Situation des Kindes bzw. Jugendlichen hin betrachtet bzw. entwickelt. Auf die konkreten Hilfen und Entscheidungen bezogen, bedeutet dies, dass die KSD-Mitarbeiterin diese mit dem Kind bespricht, entwickelt und abstimmt. Daher bemüht sich der Kinderschutzdienst möglichst frühzeitig um einen direkten Zugang zum Kind. In diesem gemeinsamen Hilfeprozess vermittelt das Kind bzw. die/der Jugendliche durch seine verbalen und nonverbalen Äußerungen und Mitteilungen, was es sich bzw. er/sie wünscht, braucht bzw. annehmen kann. Die Fachkraft ihrerseits bezieht das Kind situativ in ihre Einschätzungen und Überlegungen ein und lässt es daran teilhaben. Die Verantwortung für die Entscheidungen und Durchführungen in der Hilfeplanung obliegt jedoch immer der Fachkraft.

Mit dieser Sichtweise sehen sich die Kinderschutzdienste in Übereinstimmung mit den rechtlichen Grundlagen der Kin-

derschutzarbeit, denn die Einbeziehung, Beteiligung und Mitwirkung von Kindern wird sowohl in der UN-Kinderkonven-
tion, dem Bürgerlichen Gesetzbuch (§ 1626) als auch im Sozialgesetzbuch VIII (KJHG) postuliert.

Daraus lassen sich für die Kinderschutzdienstarbeit folgende Handlungsprinzipien entwickeln:

- Der Kinderschutzdienst wird auch schon bei Verdacht auf
  Misshandlung oder sexuellen Missbrauch aktiv und wartet
  das Vorliegen von Beweisen nicht ab. Er begrenzt also sei-
  nen Blickwinkel nicht auf die Misshandlungs- oder sexuelle
  Missbrauchsvermutung, sondern beachtet die Gesamtsituation des Kindes und bietet darauf abgestimmte Hilfen an.
- Der Kinderschutzdienst nimmt selbst Kontakt mit dem
  Kind auf, wenn das Kind hierzu bereit ist. Dazu klärt der
  Kinderschutzdienst die vorliegenden Informationen und
  berät gegebenenfalls zunächst die Vertrauensperson des
  Kindes. Er bezieht diese in die Hilfeplanung mit ein, sofern
  sie und das Kind es wünschen. In der Anfangsphase des Hilfeprozesses kann er betroffene Mädchen und Jungen auch
  ohne Wissen der Eltern beraten, wenn möglicherweise von
  ihnen die Gefährdung ausgeht oder sie in das Geschehen
  involviert sind.
- Der Kinderschutzdienst stimmt sein Handeln mit dem Kind
  bzw. der/dem Jugendlichen ab. Dabei berücksichtigt er, dass
  das kleine Kind – insbesondere bei sexuellen Missbrauchserfahrungen – erst zur Mitwirkung und Mitentscheidung
  befähigt werden muss.
- Der Kinderschutzdienst bezieht die Familie des Kindes bzw.
  seine wichtigen Bezugspersonen so früh wie möglich in die
  Begleitung mit ein, wenn hierdurch keine Gefährdung für
  das Kind entsteht.
- Der Kinderschutzdienst versucht, das Kind/den Jugendlichen schon vor der Aufdeckung des sexuellen Miss-
  brauchs/der Misshandlung zu schützen. Dies kann durch
  schrittweise Veränderungen im Alltag (außerhäusliche Frei-

zeit- und Betreuungsangebote, Ferienmaßnahmen, Kinderkur) und Einbeziehung von vertrauensvollen Bezugspersonen des Kindes geschehen (z. B. Entlastung und Unterstützung des nicht sexuell missbrauchenden/misshandelnden Elternteils oder einer Vertrauensperson des Kindes). Bei all diesen möglichen Maßnahmen geht es darum, dem Kind Entlastung und Schutz zu gewähren und ihm zu helfen, in vertrauensvoller Umgebung über seine Gewalt- und sexuellen Missbrauchserfahrungen zu sprechen und somit die Voraussetzung dafür zu schaffen, dass es weitere Hilfen annehmen kann.

Kommt es schließlich zur Aufdeckung des sexuellen Missbrauchs gegenüber der sexuell missbrauchenden Person und dem nicht schützenden Elternteil, muss sich das Kind in geschützter Umgebung befinden, und sein weiterer Schutz muss gewährleistet sein.

● Die kindzentrierte Arbeitsweise ist praxisorientiert. Indem die Gesamtsituation des Kindes/Jugendlichen Ausgangspunkt der Hilfen und Förderungen ist, können diese alle Lebensbereiche, Familie, Freundeskreis, Freizeitbereich, Schule, Gesundheit etc., betreffen. Die Begleitung des Kindes/Jugendlichen kann über einen langen Zeitraum hinweg bestehen. Die Begleitungsphasen können dabei unterschiedlich zeitintensiv sein, je nach den Wünschen des Kindes und Absprachen mit anderen Fachdiensten. Auch wenn andere Fachdienste zeitweise mit dem Kind arbeiten (z. B. Sozialpädiatrisches Zentrum, Kinderkur, Therapie etc.), liegt die Verantwortung für das Kind und seine Hilfeplanung vorrangig beim Kinderschutzdienst. Der Kinderschutzdienst bleibt ganz konkret Ansprechpartner für das Kind, vorausgesetzt, dass dies sein Wunsch ist. Innerhalb der Begleitung durch den Kinderschutzdienst können zwischen Kind/Jugendlichem und dem Kinderschutzdienst Begleitungspausen vereinbart werden.

Kinderschutzspezifische Hilfeplanentwicklung

Kernstück der kindzentrierten Arbeitsweise der Kinderschutzdienste ist die kinderschutzspezifische Hilfeplanentwicklung.[1] Der kinderschutzspezifische Hilfeplan ist das zentrale Instrument, mit dem die Situation des Kindes und seiner Familie, seine darin verwurzelten Bedürfnisse, seine Wünsche, Fähigkeiten und Ressourcen wahrgenommen und in die Entwicklung der Hilfen einbezogen werden. Bei der Hilfeplanung für das Kind sind häufig mehrere Personen/Institutionen zu beteiligen. Damit ihre Hilfen wirksam werden, ist zu klären, wer welche Aufgaben durchführt und die Verantwortung dafür übernimmt. Hierzu können regelmäßige Gespräche, Helferkonferenzen, Absprachen und Überprüfungsregeln vereinbart werden.

Bei der Hilfeplanentwicklung mit dem Kind und seiner Familie muss die unterschiedliche Dynamik des sexuellen Missbrauchs und der körperlichen Misshandlung/schweren Vernachlässigung beachtet werden. Beim sexuellen Missbrauch lassen sich Schutzmöglichkeiten für das Kind häufig nur mit eingeschränkter Mitwirkung der Eltern oder manchmal sogar nur ohne sie entwickeln, wenn die missbrauchende Person dem engeren Kreis der Familie angehört. Bei der körperlichen Misshandlung kann der Hilfeansatz häufiger gemeinsam mit den Eltern erarbeitet werden.

Unabhängig davon liegt ein erster Hilfeschritt für das sexuell missbrauchte und/oder körperlich misshandelte Kind darin, dass ihm und seiner Situation behutsam und emphatisch begegnet wird. Das Kind, das in seinem privaten und intimsten Bereich schutzlos Gewalt und sexuellem Missbrauch ausgesetzt war/ist, dessen Vertrauen missbraucht wurde, das seine Welt nicht mehr versteht und verwirrt ist, braucht Zeit und Geduld, um neue, hilfreiche Beziehungen eingehen zu kön-

---

1 Eine ausführliche Darstellung des kinderschutzspezifischen Hilfeplans ist in einer Veröffentlichung durch das Ministerium für Kultur, Jugend, Familie und Frauen in Rheinland-Pfalz vorgesehen.

nen, die positive Entwicklungen ermöglichen. Ein Kind gibt in der Regel erst eine Bindung auf, und sei es eine noch so schädigende, wenn es erlebt, dass neue Bindungen wachsen können. Hierzu wird das Kind seinem Alter, seinem Entwicklungsstand und seinen Fähigkeiten entsprechend in die einzelnen Hilfeüberlegungen und -schritte einbezogen. Gleichzeitig wird hierdurch vermieden, dass das Kind von Hilfen »überrascht« wird und erneut erlebt, dass über seine Person entschieden wird. Außerdem kann das Kind allmählich Sicherheit und Selbstvertrauen entwickeln.

Auch wenn die Arbeitsweise der Kinderschutzdienste das Mädchen/den Jungen in den Mittelpunkt ihrer Überlegungen und Hilfeentwicklung stellt, wird seine Familie und sein soziales Umfeld mit gesehen. Demnach besteht ein Ziel des kindzentrierten Ansatzes darin, für das Kind oder den Jugendlichen die in seinem Interesse liegenden Familienbeziehungen zu erhalten. Wenn hierdurch für das Kind keine Gefährdung entsteht, wird deshalb die Familie möglichst früh in die Hilfeplanung einbezogen. Hierbei ist es die Aufgabe des Kinderschutzdienstes, auf mögliche Grenzverletzungen durch die Familie zu achten und alle erforderlichen Grenzen zu ziehen, um das Kind zu schützen.

Die Erfahrungen der Kinderschutzdienste zeigen, dass die Kinder selbst Grenzen setzen wollen oder auf sie hinweisen. Auch wenn das Kind aufgrund eines innerfamiliären sexuellen Missbrauchs und der starken Verunsicherung oder gar Verleugnung seitens der nicht missbrauchenden Person (z.B. der Mutter) nicht in seiner Familie verbleiben kann, bleiben die Kontakte zur Familie bestehen oder werden wiederhergestellt, wenn dies vom Kind/Jugendlichen gewünscht wird. Die Form dieser Kontakte kann in jedem einzelnen Fall unterschiedlich aussehen und wird fallbezogen entwickelt.

Die genaue und schrittweise Hilfeplanentwicklung soll dazu verhelfen, den Hilfeprozess im guten Sinne zu verlangsamen, damit die Fachkräfte nicht in einen Aktionismus verfallen, der vor allem das Kind, aber auch die Beteiligten überfordert bzw. die Gefahr einer sekundären Traumatisierung für das Kind entstehen lässt. Wie die Praxis zeigt, kann es zu Situationen kommen, in denen die schrittweise Abklärung des Schutzes und der Hilfen mit dem Jungen oder Mädchen nicht in idealer Weise entwickelt werden können. Bedrohliche Entwicklungen zwingen u. U. zu sofortigem Handeln und zu Entscheidungen, die von den Wünschen und Vorstellungen des Kindes abweichen können. Auch in solchen Situationen teilt der Kinderschutzdienst dem Kind mit, was es zu seinem Schutz unternommen hat und warum.

Zusammenarbeit mit anderen Fachdiensten

Vom Zeitpunkt der Kontaktaufnahme des Mädchens oder Jungen mit dem Kinderschutzdienst an, sei es durch Eigeninitiative des Kindes/Jugendlichen, Vermittlung durch eine Vertrauensperson und/oder ein Familienmitglied oder durch einen anderen Fachdienst, liegt es in der Verantwortung des Kinderschutzdienstes, für und mit dem Kind den kinderschutzspezifischen Hilfeplan zu entwickeln. Werden innerhalb dieses Hilfeprozesses Kontakte, Hilfen etc. seitens anderer Fachkräfte/ Institutionen benötigt, werden diese unter Mitwirkung bzw. mit Wissen des Kindes beteiligt.

Lässt sich während der Begleitung des Kindes erkennen, dass die Durchführung des kinderschutzspezifischen Hilfeplans das Einschalten des öffentlichen Trägers der Jugendhilfe erforderlich macht, setzt sich der Kinderschutzdienst mit Wissen des Kindes mit diesem in Verbindung. Es ist die Aufgabe des Kinderschutzdienstes, den kinderschutzspezifischen Hilfeplan in den anschließend vom öffentlichen Träger der Jugendhilfe zu entwickelnden Hilfeplan nach § 36 SGB VIII einfließen zu lassen. Hierzu informiert der Kinderschutzdienst das Jugendamt über seine bisherige Arbeit mit dem Kind und seiner Familie und benennt seine Überlegungen zum Hilfeplan nach § 36 SGB VIII.

Der Kinderschutzdienst überprüft und ändert bei fachlichem Bedarf unter Beteiligung des Kindes den kinderschutzspezifischen Hilfeplan ab und begleitet das Kind bei den jugendhilferechtlichen Festlegungen nach § 36 SGB VIII in Abstimmung mit dem Jugendamt. Ebenso überlegt der Kinderschutzdienst gemeinsam mit dem Jugendamt, wer künftig von den Bezugspersonen des Kindes Beratung und Unterstützung braucht und durch wen.

Schlussbemerkung

Die konsequente Einbeziehung des Kindes zieht erst langsam in das Selbstverständnis der Jugendhilfe ein. Insbesondere im Bereich des sexuellen Missbrauchs und schwerer körperlicher und psychischer Misshandlung sowie bei kleinen Kindern scheuen sich viele professionelle HelferInnen, das Kind ganz selbstverständlich in den Entscheidungsprozess einzubeziehen. Dies geschieht aus der durchaus verständlichen Befürchtung heraus, das Kind zu überfordern oder ihm gar zu schaden. Doch durch vielfältige Erfahrungen mit der Einbeziehung und Beteiligung von Kindern in die Hilfeplanung werden sich das Vertrauen darauf und die Gewissheit dahingehend verstärken, dass Kinder fähig sind, das zu benennen und zu vermitteln, was ihnen wichtig ist und was sie brauchen.

Die Kinderschutzdienste gehen mit ihrem kindzentrierten Ansatz einen neuen Weg in der Jugendhilfe, der kontinuierlich auf seine Durchführbarkeit und Wirksamkeit hin überprüft und weiterentwickelt werden muss.

Fallbeispiel

Das folgende Fallbeispiel will den kindzentrierten Ansatz der Kinderschutzdienste auf der praktischen Ebene ausschnitthaft veranschaulichen. Natürlich hat sich die im Folgenden beschriebene Vorgehensweise aus der spezifischen Gesamtsituation dieses Kindes und seiner Familie entwickelt. Was diese besondere Vorgehensweise jedoch so exemplarisch macht, sind die in ihr verwirklichten kindzentrierten Handlungsprinzipien und nicht zuletzt die Prämisse, dass die Überlegungen, Entscheidungen und Hilfen gemeinsam mit dem Kind/Jugendlichen und, wenn möglich, mit seiner Familie entwickelt und durchgeführt wurden.

Zum Schutz der Kinder/Jugendlichen und ihrer Familien wurden die Daten anonymisiert. Namen, Alter, Verwandtschaftsbeziehungen wurden verändert, Orte nicht benannt.

Doris und ihre Familie

Doris ist zwölf Jahre alt und Schülerin. Sie lebt mit ihren Eltern und ihren Geschwistern in einem Wohngebiet mit einer unzureichenden Infrastruktur. Die Wohnungen befinden sich in einem Stadtteil, der wenig Anbindung an die Innenstadt hat und inzwischen als sozialer Brennpunkt gilt.

Der Vater ist berufstätig, die Mutter Hausfrau.

Kennzeichen dieser Familie ist ihre Einbindung in die Großfamilie väterlicherseits. Es bestehen enge Beziehungen zu den Großeltern, unter den Geschwistern und Cousins. Mehrere Familien verbringen die Wochenenden auf einem gemeinsamen Wochenendgrundstück. Sie tauschen sich rege über alles, was in den Familien passiert, aus. Eine angeheiratete, inzwischen geschiedene Tante genießt in der Familie großes Vertrauen. Sie ist als einzige Frau berufstätig und wird von allen Familienmitgliedern geschätzt und gerne um Rat gefragt.

Doris wurde allein und gemeinsam mit ihrem um zwei Jahre älteren Bruder und ihrer Cousine von einem Onkel sexuell missbraucht. Der Bruder offenbarte sich einer Freundin der Mutter; die Mutter wurde von der Freundin informiert, und sie selber informierte ihre Schwägerin. Beide Frauen glaubten ihren Kindern, wandten sich an den Kinderschutzdienst und baten um Hilfe. Zuvor hatten die beiden Frauen bzw. die Familie den Onkel mit ihrem Wissen konfrontiert und ihm unter Androhung von Schlägen jeglichen Umgang mit den Kindern verboten.

Die gesamte Großfamilie, außer der Großmutter, erfuhr von dem sexuellen Missbrauch. Krisen entstanden. So wurden den beiden Müttern durch die Aufdeckung des Missbrauchs an ihren Kindern ihre eigenen sexuellen Missbrauchserfahrungen aus ihrer Kindheit schmerzlich bewusst. Die Frau des Onkels (Schwester des Vaters) hielt zu ihrem Mann. Die Großfamilie brach daraufhin den Kontakt zu ihr ab.

Vorgehensweise des Kinderschutzdienstes

Erstkontakt und Zugang zum Kind

Im Erstkontakt ging die Mitarbeiterin auf die Fragen der Mütter ein, vermittelte Informationen über sexuellen Missbrauch, sprach Schutzmöglichkeiten für die Kinder an etc. Die Mütter sollten ihre Kinder fragen, ob diese selbst den Kinderschutzdienst aufsuchen wollten und ob die Mütter oder andere Vertrauenspersonen dabei sein sollten oder ob die KSD-Mitarbeiterin sie zu Hause oder an einem anderen Ort treffen sollte.

Zum Erstgespräch schließlich konnte die Mitarbeiterin alle drei Kinder mit beiden Müttern im Kinderschutzdienst empfangen. Nachdem dann die Kinder das Gespräch auch im Beisein der Mütter führen wollten, erklärte die Mitarbeiterin ihnen in kindgemäßer Weise zunächst Arbeit und Vorgehensweise des Kinderschutzdienstes, dass er keine Polizei ist und keine Anzeige erstattet. Sie »erfand« aber auch Geschichten über Kinder, in die sie mögliche Situationen und Fragestellungen einbaute, um ihnen so das Erzählen über ihre eigenen Erlebnisse zu ermöglichen.

Am Ende des Gespräches fragte die Mitarbeiterin die Kinder, ob sie wiederkommen möchten; ob sie wieder zum Kinderschutzdienst kommen wollen, alleine oder gemeinsam, oder ob die Mitarbeiterin sie an einem anderen Ort besuchen soll. Die Kinder wollten zunächst zusammen kommen. Später erschienen sie auch zu Einzelgesprächen.

Begleitung und Betreuung

Die nun folgende ausschnitthafte Beleuchtung der Begleitung von Doris soll einen weiteren Einblick in das kindzentrierte Arbeiten der Kinderschutzdienste vermitteln. Doris' Situation stellte sich zunächst wie folgt dar: Sie erbrachte schlechte Schulleistungen, war in der Klassengemeinschaft isoliert, hatte keine Freundin; sie galt in der Schule als Petzerin; obwohl sie ein hübsches Mädchen war, wirkte sie schmuddelig, roch schlecht; ihre Haare fielen ihr tief ins Gesicht, sie trug weite Pullover; phasenweise litt sie an Suizidgedanken.

Auf der Basis der vorangegangenen vertrauensbildenden Kontakte zwischen Doris und der KSD-Mitarbeiterin entwickelte sich zwischen beiden eine intensive Beziehung, die es ermöglichte, mit Doris eine Hilfestrategie zu erarbeiten, mit der sie wieder auftretenden Suizidgedanken begegnen konnte:

1. Doris sollte jemanden in ihrem direkten Umfeld benennen, der über ihre Suizidgedanken Bescheid wissen sollte. Doris benannte ihre Mutter. Im Beisein von Doris sprach die Mitarbeiterin mit der Mutter über die Suizidgefährdung.
2. Doris ruft den Kinderschutzdienst an. Wenn sie niemanden erreicht, schickt sie dem Kinderschutzdienst einen vorbereiteten Briefumschlag zu, ob mit oder ohne Inhalt. Die Mitarbeiterin versteht dies als Zeichen, dass sie mit Doris Kontakt aufnehmen muss. Die Mitarbeiterin bot Doris auch ihre private Telefonnummer an. Doris machte jedoch von diesem Angebot keinen Gebrauch. Nach jedem Gespräch wur-

de erneut abgeklärt, ob Doris jetzt die Nummer braucht. Sie hat sie nie in Anspruch genommen.

Bald darauf kam Doris auf diese Vereinbarung zurück. Sie rief beim Kinderschutzdienst an, meldete sich mit »Hier ist Doris« und legte dann auf. Die Mitarbeiterin suchte nach Doris, fand sie in der Schule und setzte durch, dass sie sie kurz sprechen konnte. Dabei zeigte sich, dass es sich um einen Test gehandelt hatte. Doris hatte durch ihren Versuch erfahren, dass den Worten Handlungen folgten. So konnte sich ihr Vertrauen festigen.

Schutzmöglichkeiten

Die KSD-Mitarbeiterin besprach mit Doris und ihren Eltern verschiedene Schutzmöglichkeiten. So wurde vereinbart, dass die Mutter Doris zur Schule begleitet. In der Schule selbst sollte auch jemand über die mögliche Gefährdung von Doris durch den Onkel Bescheid wissen, damit sich Doris an diese Person wenden kann, wenn sie sich bedroht fühlt. Doris benannte die Klassenlehrerin und den Rektor. Die Mitarbeiterin und Doris hielten daraufhin gemeinsam schriftlich fest, was der Kinderschutzdienst diesen Personen sagen durfte und was nicht. Auch der Vater wurde in den Schutz von Doris einbezogen. Er übernahm die Veranwortung, Doris abends und bei Dunkelheit von ihren verschiedenen Treffen abzuholen.

Die Familie wollte kein formales Verbot durch einen Rechtsanwalt gegenüber dem Onkel bezüglich der Kontaktaufnahme mit den Kindern aussprechen. Sie regelte dies vielmehr familienintern, indem sie ihm Schläge androhte und ankündigte, gegebenenfalls seinen Arbeitgeber zu informieren. Die Kinder erlebten diese Aussagen des Vaters als Schutz. Nach diesen Androhungen kam auch kein Kontakt mehr zwischen dem Onkel und den Kindern zustande.

Doris' Entwicklung

Doris konnte viel von sich erzählen, blickte in die Zukunft. Ihr Lieblingsplatz war unter ihrem Schreibtisch, wo sie gerne las. Sie wurde zugänglich für verschiedene Fragen und Themen, z.B. zu ihrem Äußeren (»Wenn ich nicht so hübsch wäre, wäre es nicht passiert«). Auch an ihrem Erscheinungsbild wurde Doris' positive Entwicklung sichtbar: Sie trug ihre Haare kurz, zog bunte Kleider an und wirkte gepflegt. Sie brach ihre Isoliertheit auf, wobei sie durch eine Lehrerin gezielt gefördert wurde. Parallel löste sie sich von ihren Schuldgefühlen. Ihre motorischen Fähigkeiten entwickelten sich; sie wurde wesentlich beweglicher. In ihrem Freizeitbereich ließ sie sich auf neue Kontakte ein (Gruppen, Begegnungen etc.) und wurde von ihrer Familie dabei unterstützt. So nahm Doris an einer Freizeit teil, die ihr ein neues Selbstwert- und Sicherheitsgefühl vermittelte.

Danach wollte sie größere Abstände zwischen den Kontakten mit dem Kinderschutzdienst ausprobieren. In diesen Kontaktpausen schrieb sie an den Kinderschutzdienst und erhielt ebenso postalisch Antwort.

Nach der ersten vierwöchigen Pause kam Doris sichtlich stolz und mit einer neuen Sicherheit zum Kinderschutzdienst. Sie hatte inzwischen eine Freundin gefunden. Sie wollte nun erfahren, ob sie auch noch längere Zeiträume ohne den Kinderschutzdienst auskommt, um ihn dann nur noch bei Bedarf aufzusuchen. Für schwierige Situationen bekam Doris vorbereitete Briefumschläge mit.

Begleitung während des Ermittlungs- und Strafverfahrens

Doris hatte während der Betreuungszeit durch den Kinderschutzdienst keine Eigenmotivation erkennen lassen, den Onkel anzeigen zu wollen. Die Familie setzte sich jedoch mit dem Onkel auseinander, forderte, dass er etwas gegen sein Verhalten unternahm. Der Druck durch die Großfamilie führte schließlich zur Selbstanzeige durch den Onkel. Darauf wurde ein Ermittlungsverfahren eingeleitet, das zu einem Strafverfahren führte. Die Kinder wurden in der Nebenklage durch eine Rechtsanwältin vertreten. Während der gesamten Zeit des Ermittlungs- und Strafverfahrens begleitete der Kinderschutzdienst die Familie. Gespräche in den unterschiedlichen Zusammensetzungen (Eltern, Tante und Kinder; Kinder gemeinsam; Kinder einzeln) fanden statt. Ein erstes Gespräch mit der gesamten Familie diente dazu zu klären, inwieweit die Kinder das Ermittlungsverfahren unterstützen wollten oder ob sie sich unsicher oder gar unter Druck fühlten. Die Kinder bejahten das Verfahren und wünschten sich Hilfe durch den Kinderschutzdienst.

Im Zuge dieser Begleitung stellten sich dem Kinderschutzdienst vorrangig folgende Aufgaben:[2]

1. Es galt, für Doris einen Rahmen zu schaffen, der es erlaubte, dass ihre Situation und ihre Sichtweise einbezogen wurde, gleichzeitig aber die Vernehmungen für Doris auf ein Minimum beschränkt werden konnte. Eine Möglichkeit bestand darin, dass zunächst nur die Mitarbeiterin mit Doris' Einverständnis vernommen werden sollte. Dies hatte den Vorteil, dass Doris nicht mehr zu den geständigen Aussagen des Onkels befragt werden musste. Des Weiteren wurde daran gedacht, eventuell doch notwendige Befragungen von Doris während des Vermittlungsverfahrens im Beisein der KSD-Mitarbeiterin im Kinderschutzdienst durchzuführen.

2. Es war wichtig, Doris nahe zu bleiben und immer wieder zu überprüfen, welchen Hilfebedarf sie hat, was sie braucht und wünscht. Hierzu gehörte auch, »Übersetzungsarbeit« zwischen Doris und anderen Personen, z. B. der Rechtsanwältin, zu leisten.

---

2 Diese stellten sich für alle betroffenen Kinder. Das Fallbeispiel beschränkt sich jedoch auf Doris.

3. Da in dieser Begleitungsphase jeder neue Schritt zu Krisen
führen konnte, achtete die Mitarbeiterin darauf, was durch
mögliche Krisen bei Doris ausgelöst wurde.

Zwei Beispiele sollen dies verdeutlichen:

– Damit der Onkel bei Doris' Aussage während der Hauptverhandlung im Gerichtssaal nicht anwesend ist, muss die
Nebenklägerin einen entsprechenden Antrag stellen.
Hierüber sprach sie mit Doris und informierte sie über
mögliche Risiken. Allein die Vorstellung, den Onkel wieder sehen zu können, erweckte in Doris wieder große
Ängste und plagte sie mit Schuldgefühlen. Zu Beginn des
Kontaktes mit dem Kinderschutzdienst hatte Doris sehr
viel Angst gezeigt, die sich im Laufe der Begleitung gelegt
hatte. Diese Krise bewirkte also fast einen Rückfall in
jene Anfangssituation. Die Mitarbeiterin sprach mit Doris über diese wieder erwachten Ängste und Befürchtungen. Sie vermittelte ihr, dass für den Kinderschutzdienst
das körperliche und seelische Wohlergehen von Doris
ganz im Vordergrund steht und machte ihr deutlich, dass
sie nicht die Verantwortung für das Gelingen des Ge-
richtsverfahrens trägt. Wenn sie jetzt nicht aussagen wollte, hatte Doris hierzu die Erlaubnis des Kinderschutzdienstes. Doch Doris wollte öffentlich aussagen. Ein
Beweggrund hierzu war ihr Wunsch, weitere Kinder vor
dem Onkel zu schützen. Durch die gemeinsamen Gespräche und das Angenommensein durch die Mitarbeiterin
fühlte sich Doris gestärkt.

– Auch das Glaubwürdigkeitsgutachten löste bei Doris
eine Krise aus. Sie manifestierte sich in einer Verunsicherung und in Fragen wie: Weshalb ist dieser Antrag gestellt worden? Glauben die anderen mir nicht? Habe ich
dies alles wirklich erlebt? (Überprüfung der eigenen
Wahrnehmung und Erfahrung.)

Die Mitarbeiterin besprach daraufhin noch einmal mit Doris
das Missbrauchsgeschehen, das sie zu Beginn der Begleitung

beschrieben und als so bedrückend benannt hatte. Selbst die Frage, wie wird es mir ergehen, wenn die anderen mir tatsächlich nicht glauben, bis hin zum Extrem eines möglichen Freispruchs des Onkels wurden in einem weiteren Schritt besprochen. Ziel dieser vorausschauenden Gespräche war es, dass Doris trotz der unterschiedlichen Fremdwahrnehmung ihrer eigenen Wahrnehmung trauen konnte, nicht verunsichert blieb und verzweifelte. Sie sollte in ihrer Identität gestärkt werden.

Schließlich klärte die Mitarbeiterin mit Doris, an welchem Ort die Glaubwürdigkeitsbefragung stattfinden sollte: zu Hause, im Kinderschutzdienst oder an einem neutralen Ort. Doris wählte den Kinderschutzdienst. Sie hatte das Ritual entwickelt, dass sie Erlebnisse, die sie nicht mehr mitnehmen wollte, symbolisch in einen verschlossenen Schreibtisch im Kinderschutzdienst verpackte. Sie legte aber auch Fotos vom Onkel und von ihr erstellte Zeichnungen in eine Kiste, die sie in den Schreibtisch einschloss. Der Kinderschutzdienst war ein Ort geworden, wo sie diese Dinge und Erlebnisse zurücklassen konnte.

Schlussbemerkung

Ein Fallbeispiel kann nur ausschnitthaft die Arbeitsweise der Kinderschutzdienste zeigen. Dennoch sollten durch die Beschreibung der Begleitung des Mädchens Doris durch den Kinderschutzdienst wesentliche Handlungsprinzipien des kindzentrierten Ansatzes verdeutlicht werden. Schutz und Hilfen für die Kinder, Entwirrung und Klärung der familiären Beziehungen unter den Erwachsenen und zwischen ihnen und den Kindern müssen getrennt voneinander entwickelt und doch als Gesamtheit betrachtet werden. Dieser Blick auf die Gesamtsituation von Doris und ihrer Familie musste die Richtschnur für die KSD-Mitarbeiterin sein, um mit und für Doris individuelle Hilfen zu entwickeln.

In der Begleitung von Doris war es für den Kinderschutzdienst von Anfang an möglich, die Familie des Mädchens in
die Hilfeplanentwicklung einzubeziehen. Bei allen Doris betreffenden Angelegenheiten wurde sie selbst beteiligt. Die
Entwicklung, die Doris in ihrem Schul- und Freizeitbereich
nehmen konnte, hatte ihre Wurzeln in den zahlreichen
einfühlsamen und Vertrauen schaffenden Gesprächen und
Aktivitäten zwischen ihr und der KSD-Mitarbeiterin. Mit
wachsender Sicherheit konnte sich Doris auch in die Begleitungspausen wagen. Das Wissen, sich jederzeit an die KSD-
Mitarbeiterin wenden zu können, half ihr dabei.

Literatur

Ginciauskas, L.: Die Kinderschutzdienste in Rheinland-Pfalz. Eine Dokumentation. Mainz 1993.
Ginciauskas, L.: Der kinderschutzspezifische Hilfeplan als Kernstück
der kindzentrierten Arbeitsweise der Kinderschutzdienste in Rheinland-Pfalz. Ein Leitfaden für die Hilfeplanentwicklung in der Kinderschutzarbeit. Mainz 1995.

Ingrid Gallé

Mütter sexuell missbrauchter Kinder

(Im Rahmen meiner Tätigkeit in einer Frauenberatungsstelle wurde deutlich, dass die Bedeutung der Mütter bei sexuellem Missbrauch meist nur am Rande erwähnt wurde. Deshalb entschloss ich mich, im Rahmen einer Dissertation diesen Bereich genauer zu erforschen. Nach Erarbeitung einer theoretischen Grundlage (Literatur zu Stresstheorien, Bewältigung kritischer Lebensereignisse) ging es darum, interessierte Frauen für Interviews zu finden. In der Untersuchung habe ich mit neunzehn Frauen intensive Interviews – meist über Stunden – geführt und dies bezüglich unten angeführter Punkte ausgewertet.

Es gibt Mütter, die am Inzestagieren beteiligt sind; es gibt auch solche, die den sexuellen Missbrauch am Kind leugnen. Doch von diesen Müttern spreche ich im Folgenden nicht. Es geht um Mütter, deren Lebenspartner ein Kind sexuell missbraucht hat und die zu einem Gespräch bereit waren.

Viele Mütter trauen sich nicht, mit ihren Erfahrungen an die Öffentlichkeit zu gehen, aus Angst vor möglichen Konsequenzen und Reaktionen anderer und aus eigenen Gefühlen von Schuld und Scham. Mütter haben jedoch eine besondere Schlüsselfunktion beim sexuellen Missbrauch. Stärkt und unterstützt man sie, so können auch sie Partei für ihre Kinder ergreifen. Eine unsichere, verängstigte Mutter kann sich nicht schützend vor ihr Kind stellen. Der vorliegende Aufsatz gewährt einen Einblick in die Lebensgeschichte einiger betroffener Mütter.

Die Lebenssituation vor der Aufdeckung

In ganz entscheidender Weise beeinflusst die jeweilige Lebenssituation von Müttern und damit auch die Beziehung zum Lebenspartner die Möglichkeit, sexuellen Missbrauch wahrnehmen zu können. Punkte, die dabei eine Rolle spielen können, sind:

- die Beziehung zum Lebenspartner,
- die Erziehung der Frauen,
- der gesellschaftliche Kontext,
- die Beziehung zwischen Mutter und Kind.

Die neunzehn Frauen beschrieben ihre Lebensgeschichte und ihren Lebensalltag. Gewalt gegen Frauen war nur zu häufig eine Erfahrung, über die sie berichteten. Alle nur zur Verfügung stehende Formen der Gewalt wurden von den Ehemännern zur Durchsetzung ihrer Macht angewandt, und dies beeinflusste den Lebensalltag maßgebend. Die Frauen wurden gedemütigt, erniedrigt, verunsichert, und ihr Selbstbewusstsein wurde zerstört. Sie sollten tun, was der Mann wollte. Der Lebensalltag drehte sich vor allem darum, dem Mann keinen »Anlass« für gewalttätige Übergriffe zu liefern.

Eine betroffene Mutter berichtet:

> »Meine Ehe war eine Katastrophe, und das über zehn Jahre. Ich habe immer gewusst, dass ich mich von diesem Mann trennen muss, und habe es auch versucht. Doch er hat alle Mittel eingesetzt, dass ich es nicht schaffe. Da waren sowohl körperliche als auch psychische Gewalt, sexueller Missbrauch mir gegenüber, und als letzte Möglichkeit hat er mich damit erpresst, dass ich die Kinder im Falle einer Scheidung niemals bekommen würde. Ich habe Angst davor gehabt, dass diese Drohung Realität werden könnte. Er war zu dieser Zeit sehr übermächtig für mich.«

Es fragt sich, warum diese Frauen sich die Gewalt »gefallen« ließen oder den Lebenspartner nicht verließen. Für Außenste-

152

hende scheint es manchmal unvorstellbar, warum eine Frau diese Gewalt erträgt. Gründe dafür gibt es jedoch viele. Auch bei meinen Interviewpartnerinnen wurde immer wieder deutlich, warum diese keine Chance sahen, der männlichen Übermacht zu entkommen. Wie in der Missbrauchsbeziehung zerstörte auch hier der Lebenspartner sämtliche Außenkontakte der Frau. Isolation ist ein Umstand, der auf alle Familien meiner Gesprächspartnerinnen zutraf. An wen soll sich eine Frau wenden, wenn sie keinen Verbündeten, keinen Freund mehr hat? Die Familie ist in der Regel oft das Einzige, was ihr geblieben ist und was sie zu gerne festhalten möchte. Durch die Umwelt und die eigene Erziehung wird den Frauen diese Rolle zudem häufig zugedacht.

Ehe und Familie scheint für viele Frauen ein erstrebenswertes Ziel zu sein, welches ihnen durch ihre Eltern vermittelt wird. Das heißt, die Erziehung zur Weiblichkeit spielt auch beim sexuellen Missbrauch eine Rolle. Nicht nur die Vorstellungen der Eltern davon, wie ihre Tochter werden sollte, sondern auch erfahrene Gewalt zeigen ihre Auswirkungen. Starkes Selbtbewusstsein und Eigenständigkeit sind Fähigkeiten, die kaum Eingang in die Mädchenerziehung gefunden haben. Auch die von mir befragten Frauen wurden nach dem Ideal, die Vorstellungen anderer auszuführen, erzogen. Das durch die Erziehung vermittelte Bild, zuständig für das Wohl der Familie zu sein, prägte das Empfinden dieser Frauen. Sie sahen es als ihr alleiniges Versagen, wenn dieses System krankte. Das offensichtliche Scheitern wollten sie unbedingt vermeiden und fühlten sich, wie folgende Mutter, sehr verantwortlich:

»Es ist ein schlimmes Gefühl, als Mutter versagt zu haben. Mein Kind ist zerstört und kann nie mehr ganz gesund werden. Ich fühle mich als völlige Versagerin.«

Die Situation scheint ausweglos. Die Beziehung zum Lebenspartner gestaltet sich äußerst schwierig und belastend. Von der Umwelt wird gefordert, dass die Frau für das Funktionieren der Familie sorgt, jedoch Hilfen werden ihr dazu nicht angeboten, oder die Frau hat keine Ahnung, wo sie Hilfe erhalten könnte. In dieser Situation geschieht nun der sexuelle Missbrauch durch den Lebenspartner. Hilfesignale des Kindes erreichen die Mutter nicht. Es gibt einerseits zu viele andere mögliche Ursachen für das auffällige Verhalten des Kindes, andererseits liegt jedoch auch dem Täter viel daran, dass sich das Kind nicht der Mutter anvertraut. So versucht er, die Beziehung zwischen Mutter und Kind so zu beeinflussen, dass beide kein Vertrauen mehr zueinander haben bzw. keinen Weg sehen, einander zu treffen und sich gemeinsam der Gewalt des Lebenspartners bzw. Vaters oder Stiefvaters zu widersetzen. Diese Bestrebungen werden jedoch erst im Nachhinein beiden Seiten bewusst, wie auch diese Mutter ausführt:

> »Hinterher ist mir vieles klarer geworden. Über unsere Erziehungsmaßnahmen haben mein Mann und ich uns oft gestritten. Ich war immer wütend auf meinen Mann, wenn er sich anders verhielt als ich. Zum Beispiel wenn ich gesagt habe, dass sie aufräumen soll, hat er es zurückgenommen und für sie aufgeräumt. Wenn sie mehr Bonbons wollte und ich dem nicht zugestimmt habe, dann hat er ihr Bonbons gegeben. Er hat mir so die Glaubwürdigkeit ihr gegenüber genommen. Sie musste den Eindruck bekommen, dass meine Aussagen nicht zählen. Nur was der Papa sagt, das stimmt. In den Situationen habe ich nicht darüber nachgedacht, ich war nur immer sehr wütend auf meinen Mann. Meine Absicht war, ihr zu verdeutlichen, dass wir gleiche Ansichten vertreten und sie nicht versuchen soll, uns gegeneinander auszuspielen. Sie sollte klar wissen, woran sie mit uns ist. Seine Entscheidungen habe ich auch nicht vor den Kindern diskutiert. Wenn die Kinder im Bett waren, habe ich mit meinem Mann darüber gesprochen, doch nie in Anwesenheit der Kinder seine Entscheidungen revidiert. Er hat sehr lange diese Strategie verfolgt.«

Deutlich wird die Belastung der aktuellen Lebenssituation dieser Mutter. Vor diesem Hintergrund wird sie nun mit der Aufdeckung des sexuellen Missbrauchs konfrontiert.

Die Aufdeckung des sexuellen Missbrauchs

Eine der befragten Mütter erzählt, wie erschüttert sie reagierte, als sie vom Missbrauch ihrer Tochter durch den Lebenspartner erfuhr:

»Meine Tochter kam eines Tages und teilte mir mit, dass sie eine Therapie machen wollte. Ich hatte sofort Verständnis dafür und dachte dabei an Rauschgift und ihre Magersucht und sagte dies. Doch dann widersprach sie mir und sagte, dass sie die Therapie wegen einer Vergewaltigung machen wolle. Hätte ich etwas in der Hand gehabt, es wäre mir aus dieser gefallen. ›Von wem‹, fragte ich sie und dachte, dass es ihr erst vor kurzem passiert wäre. Sie sagte, ich hätte die Chance, dreimal zu raten, mehr Möglichkeiten würde sie mir nicht geben und es mir auch nicht sagen. Und da war mir klar, wer es gewesen war. Ich habe dann zwanzig Mal geschrien, ›Dieses Schwein‹, und dann waren meine Gefühle in mir tot. Ich habe dann keine Wut, keine Trauer empfinden können und war nicht einmal mehr in der Lage zu heulen. Ich konnte nicht mehr schreien, war einfach wortlos. Ich hatte jetzt das Wissen in meinem Kopf, doch es ging nicht in den Bauch. Alles war draußen vor diesem Haus, weit weg von mir. Meine Tochter sagte mir dann noch, dass dies der Grund für ihren Auszug war. Sie konnte in diesem Haus nicht mehr leben. Sie war nicht in der Lage, mir ihr Erlebtes mitzuteilen. Es war ihr zu schwer, so verletzt war sie.«

Viele Mütter fühlen sich nach der Aufdeckung ohnmächtig, gefühllos, wie tot, wie in Watte, sind verzweifelt. Ihr Grundwunsch ist, dass alles nicht wahr sei, dass alles nicht geschehen sei. Ihr Zustand lässt sich als schockartig beschreiben. Die schlimmsten Befürchtungen sind wahr geworden, und das bisherige Leben ist aus allen Bahnen geworfen. Doch welche Gefühle begleiten sie?

Verzweiflung:	Wie soll es weitergehen?
	Was ist mit meinem bisherigen Leben?
	Was wird aus den Kindern?
Angst:	Wie soll ich es schaffen, die Kinder und mich zu versorgen?

	Was tut mir der Partner an, wenn er von der Aufdeckung erfährt?
	Was sagen Bekannte/Freunde?
Wut:	Wie konnte er mich so hintergehen?
	Wie konnte er mir das antun?
Hilflosigkeit:	Was soll ich tun?
	Wer kann mir helfen?
Trauer:	Warum musste dies mir passieren?

Das Wirrwarr der Gefühle beschreibt diese Mutter:

> »Nur nicht fühlen und nichts denken, das war meine erste Reaktion. Ich wusste nicht, was zu tun war und was ich zuerst machen sollte. Wie sollte ich damit umgehen? Was passierte überhaupt mit mir? Alles Fragen, die geklärt werden wollten.«

So fühlen sich die Mütter, nachdem sie vom sexuellen Missbrauch erfahren haben, egal durch wen dieser aufgedeckt wurde. In ca. der Hälfte der Fälle, die meiner Untersuchung zugrunde lagen, haben die Kinder selbst den sexuellen Missbrauch aufgedeckt, indem diese sich der Mutter (ca. ein Drittel) anvertrauten oder aber das Vertrauen einer dritten Person (z. B. Lehrerin, Großeltern; ca. zwei Drittel) gewinnen konnten und über das Geschehene berichteten. In anderen sieben Fällen entdeckten ihn die Mütter selbst, indem sie Verhaltensauffälligkeiten des Kindes der richtigen Ursache zuordneten. In zwei Fällen wurde der sexuelle Missbrauch durch eine dritte Person aufgedeckt.

Bewältigung des Ereignisses

Bis jetzt wurde beschrieben, wie die Lebenssituation vor der Aufdeckung der Mutter aussah und welche Faktoren es erschwerten, die sexuellen Übergriffe durch den Lebenspartner wahrzunehmen. Doch wie bewältigen Mütter dieses so kritische Lebensereignis? Vielfach scheint es, als würden sich Müt-

156

ter für eine Bewältigungsform entscheiden. Es gibt z. B. Mütter, die die Übergriffe leugnen oder verdrängen und sich nicht weiter mit dem Thema des sexuellen Missbrauchs auseinander setzen wollen. Die Bewältigung dieser Krise durch die Interviewpartnerinnen ließ sich jedoch nicht als Entscheidung für eine bestimmte Form beschreiben, sondern nahm vielmehr einen prozessualen Verlauf. Im Folgenden teile ich den Bewältigungsprozess in sechs Phasen auf, wobei die einzelnen Schritte ineinander übergehen, gemeinsam und in anderer Reihenfolge auftreten können.

1. Phase: Abwehrmechanismen – intrapsychische Bewältigungsformen.
2. Phase: Informationssuche.
3. Phase: Beobachtung von Lebenspartner und Kind.
4. Phase: Gewissheit über den sexuellen Missbrauch – Bestätigung des Verdachtes.
5. Phase: direkte Handlung.
6. Phase: weitere intrapsychische Bewältigungsformen.

In der ersten Phase wurden Auffälligkeiten des Kindes nicht wahrgenommen oder anderen Ursachen zugeschrieben. Die Möglichkeit des sexuellen Missbrauchs wird abgewehrt. In der Regel ist dies der Zeitpunkt, an dem den Müttern eine Mitschuld unterstellt wird. Doch von größter Wichtigkeit wäre es, einen geschützten Rahmen zu schaffen, in dem die Mütter über ihre Verdachtsmomente, Gefühle und Ängste sprechen könnten, ohne verurteilt zu werden. Ist der sexuelle Missbrauch erst einmal aufgedeckt, suchen die Mütter nach weiteren Informationen. Wo bekomme ich Hilfe? Gibt es noch andere Mütter/Familien, die dies erlebt haben? Was geschieht überhaupt beim sexuellen Missbrauch? Die Liste der anstehenden Fragen ließe sich beliebig fortführen. Deutlich wird, dass die Mütter sofort Hilfe und Unterstützung brauchen, um mit dieser neuen Situation umgehen zu können. Fast immer – parallel zu den Verdachtsmomenten – haben die Frauen den

Umgang zwischen Lebenspartner und Kind beobachtet. Wie verhält sich das Kind, wenn der Lebenspartner in der Nähe ist?

Eine der befragten Frauen teilt ihre Zweifel mit:

>>Ich war immer irritiert, wie sich meine Tochter tagsüber verhielt. Doch mein Kinderarzt und auch mein Sozialarbeiter sagten mir, dass Kinder die Situationen sehr trennen würden. Die können nicht von einem Tag auf den anderen den Papa nur als bösen Menschen sehen. Er ist auch weiterhin Vertrauensperson. Die trennen die Situationen, in denen der sexuelle Missbrauch passiert, von den Situationen, in denen er ganz normal ist, in denen er lieb ist und mit ihnen spielt. Das war unwahrscheinlich schwer für mich zu verstehen. Ich glaubte, dass ich es ihr immer anmerken müsste. Ich dachte, sie müsste immer in Angst leben. Aber das war nicht so, und das war schwer zu verstehen.<<

Diese Beobachtung bringt häufig keine Klarheit. Die Kinder verhalten sich nicht eindeutig abwehrend, können vielmehr zwischen >>gefährlichen<< und >>nicht gefährlichen<< Momenten unterscheiden. Für die Mütter bedeutet dies oft Verwirrung. Doch irgendwann wird der Verdacht bestätigt, der sexuelle Missbrauch aufgedeckt. Wie sich Mütter dann fühlen, wurde bereits eindrucksvoll von den Frauen selbst in Worte gefasst. Doch nun steht eine Mutter vor der Entscheidung, welche weiteren Schritte sie unternehmen will. Wie soll das Leben weitergehen? Verlässt der Lebenspartner die Wohnung oder muss das Kind gehen, oder wird alles >>unter den Teppich gekehrt<<?

Es gibt viele mögliche Konsequenzen, die aus dem sexuellen Missbrauch gezogen werden können. In meinen Interviews und meiner praktischen Arbeit habe ich die unterschiedlichsten Reaktionen der Frauen erlebt. Solche, die sich auf die Seite des Kindes gestellt haben, aber auch solche, die sich auf die Seite der Täter stellten. Es gab Mütter, die den Lebenspartner aus der Wohnung geworfen haben. Es gab auch Mütter, die in erster Panik mit den Kindern in ein Frauenhaus flüchteten, dort jedoch sehr schnell spürten, ohne den

Mann nicht leben zu können, sich einsam und minderwertig fühlten und sich für den Lebenspartner entschieden, zuungunsten der Kinder. Einige fanden häufig, wenn auch mit schwerem Herzen, den Mut, nicht zurück nach Hause zu gehen und die Alternative Heim zu wählen.

Doch egal, wie sich eine Mutter an diesem Punkt entscheidet, so lässt sie doch das Thema des sexuellen Missbrauchs nicht mehr los. Auch weiterhin wird sie daran denken, und vieles wird sie daran erinnern, wie folgende Mutter berichtet:

> »Mich hat der sexuelle Missbrauch überhaupt nicht mehr losgelassen. Ich konnte nur leider mit niemandem darüber sprechen. Ich habe die ganze Last für mich alleine getragen. Angemerkt hat mir das niemand. Ich habe die ganzen letzten Jahre nur darüber nachgedacht. Nächtelang habe ich wach gelegen und darüber nachgegrübelt. Mein ganzes Leben war dadurch beeinflusst. Meine Ehe litt darunter, und lachen konnte ich auch kaum noch. Ich hatte immer große Angst davor, dass meine Tochter merken würde, dass ich so darunter leide. Ich wollte nicht, dass sie denkt, dass sie meine Ehe zerstört hatte. Deshalb konnte ich auch nicht mit ihr darüber sprechen. Ich habe immer daran gedacht, dass ich sie auf dem Totenbett fragen würde, was sie wirklich erlebt hat. Es hat mich über Jahre nicht losgelassen. Aber warum habe ich den Mut nicht aufgebracht, sie zu fragen? Hatte ich Angst? Ich hatte auch Angst vor der Wahrheit. Ich bin einfach zu feige gewesen.«

Für die Mütter bedeutet die Aufdeckung des sexuellen Missbrauchs zusätzlich die retrospektive Betrachtung ihres bisherigen Lebens. Hat es schon früher Hinweise gegeben, die sich nun einordnen lassen? Von größter Wichtigkeit war für viele Mütter, zwar einerseits ihr »Versagen« sehen zu müssen, jedoch hier und jetzt etwas für das Kind tun zu können. Anders ist dies bei Müttern, die erst vom sexuellen Missbrauch erfahren, nachdem das Kind längst erwachsen war und die Familie verlassen hatte. Aktuell konnten sie ihre Kinder nicht mehr schützen. Viele Mütter versuchten sich deshalb im Kinderschutz zu engagieren, um so wenigstens anderen Kindern zu helfen, wenn sie ihren eigenen schon nicht helfen konnten.

Am Ende der Bewältigung steht die direkte Handlung. Es muss eine Konsequenz gefunden werden. Viele der von mir befragten Frauen trennten sich von den Lebenspartnern bzw. beendeten den Kontakt, wenn bereits eine Trennung vorlag. Die eigenen Verletzungen waren zu stark, als dass ein Zusammenleben weiter möglich gewesen wäre. Ich habe auch Frauen erlebt, die sich nicht von dem Lebenspartner trennen konnten. Meine Untersuchung lässt jedoch darauf schließen, dass die Erfahrung mit dem sexuellen Missbrauch so prägend ist, dass irgendwann eine Beziehung daran scheitert.

Veränderung

Was hat sich verändert im Vergleich zu der Zeit vor der Aufdeckung des sexuellen Missbrauchs?

Eine Mutter findet für sich eine Antwort auf diese Frage:

»In ganz unterschiedlichen Situationen werde ich jetzt oft von Zweifeln überfallen, ob ich diese wohl richtig einschätze. Siehst du es jetzt richtig, du hast ja so vieles falsch gesehen. Das sind Fragen, die mich fortlaufend quälen. Ich traue mir nicht mehr zu, Situationen einzuschätzen, weil ich für meine Kinder so viele Situationen falsch eingeschätzt habe. Die Ferien seien immer besonders schön, so dachte ich. Auch in den Ferien missbrauchte mein Mann die Kinder.«

Verändert hat sich die Selbst(un)sicherheit. Durch die Fehleinschätzungen der Verhaltensauffälligkeiten ihrer Kinder wurden die Frauen weiter verunsichert. Dies wirkte sich auch auf neue Beziehungen zu anderen Partnern aus. Viele Frauen konnten sich nicht mehr vorstellen, eine neue Beziehung einzugehen, aus Angst vor neuen »Fehleinschätzungen«. Wie sollten sie »erkennen«, ob dieser Partner nicht auch Täter sein könnte? Zu groß schien für viele Frauen das Risiko. Mit eingeschlossen sind hierbei Auswirkungen im Sexualbereich. Für viele Frauen war es nicht mehr möglich, intime Nähe zu einem Partner auszuhalten bzw. zuzulassen.

Eine weitere Veränderung betraf den Bereich der Beziehung zwischen der Mutter und ihrem Kind. Eine neue gemeinsame Basis muss erarbeitet werden. Als positiv lässt sich bewerten, dass die Ursache des vorherigen Scheiterns der Mutter-Kind-Beziehung offensichtlich wurde. Beide wussten, dass die Beziehung an dem sexuellen Missbrauch und dem Bestreben des Täters gescheitert war. Ein schwieriges Stück Arbeit lag vor beiden, doch waren beide, in diesem Fall Mutter und Tochter, umeinander bemüht.

Überleben

Ähnlich wie die sexuell missbrauchten Kinder entwickeln Mütter Überlebensstrategien. Sie versuchen, nicht unterzugehen, sich nicht selbst aufzugeben und die verschiedenen Gefühle in den Griff zu bekommen. Besonders wichtig schien für die meisten Frauen eine positive Konsequenz aus dem ganzen Erleben zu erarbeiten. Ähnlich wie in folgendem Zitat äußerten sich viele Mütter:

»In der ersten Zeit kann man sich nicht vorstellen, dass diese Gefühle irgendwann wieder aufhören. Man glaubt ganz felsenfest, dass diese Gefühle bleiben. So schrecklich wie man sich fühlt, glaubt man, dass es bleibt. Man braucht in dieser Zeit viele Menschen um sich herum, die einem helfen. Für mich hat sich einiges Positive aus der ganzen Auseinandersetzung ergeben. Ich bin selbständiger geworden. Ich weiß jetzt, was ich will und was ich nicht will. Ich kann jetzt sagen, das will ich und das nicht. Mir ist es egal, ob es dem anderen gefällt oder nicht. Ich kann mich gut davon distanzieren. Ich habe auch heute nicht mehr das Gefühl, allen Erwartungen entsprechen zu müssen. Ich mache das, was ich für richtig halte. Ich lasse mich gerne überzeugen, wenn jemand die besseren Argumente hat. Doch hier auf Aussagen wie »Das ist richtig« lasse ich mich nicht mehr ein. Die Leute müssen sich schon die Mühe machen, mich zu überzeugen, wenn sie etwas von mir wollen. Das empfinde ich als sehr positiv. Freundschaften und Bekanntschaften haben sich auch verändert. Ich kenne jetzt die Leute, die hinter mir stehen und mir helfen, wenn es sein muss.

Die aber auch manchmal nur einen Kaffee mit mir trinken. Auch das empfinde ich als positiv. Die Zuneigung anderer Menschen ist mir nicht mehr so wichtig. Es ist mir nicht mehr so wichtig, dass mich alle Menschen leiden können. Ich möchte nicht noch einmal so leben, wie ich vorher gelebt habe. Mir wäre es auch lieber, ich wäre an diesem Punkt, ohne den sexuellen Missbrauch erlebt zu haben. Aber ich möchte auf die Erfahrungen nicht mehr verzichten. Ich möchte es sicherlich nicht noch einmal durchmachen. Ich kann mein Leben jetzt vertreten, das hätte ich vorher nicht gekonnt.«

Etwas Positives aus dem erfahrenem Leid herauszuarbeiten heißt, etwas Positives aus der Erfahrung des sexuellen Missbrauchs zu ziehen, und klingt ungeheuerlich. Wie kann es eine positive Konsequenz aus diesem Ergebnis geben? Doch dies ermöglicht den Müttern zu überleben, das kritische Ereignis zu überstehen.

Literatur

Breitenbach, E.: Mütter missbrauchter Mädchen. Eine Studie über sexuelle Verletzung und weibliche Identität. Pfaffenweiler 1992.

Byerly, C.: The Mother's Book. How to Survive the Incest of your Child. Dubuque (Iowa) 1985.

Dorpat, C.: Welche Frau wird so geliebt wie du. Berlin 1982.

Enders, U./Stumpf, J.: Mütter melden sich zu Wort. Sexueller Missbrauch an Mädchen und Jungen. Köln 1991.

Gallé, I.: Sexueller Missbrauch von Kindern durch den Lebenspartner – Formen der Bewältigung bei betroffenen Mütter. Dissertation, Dortmund 1991.

Lappessen, K.: Was ist mit Anna? München 1990.

Therapie mit Kindern
nach sexueller Ausbeutung

Helga Saller

Therapeutische Arbeit mit sexuell ausgebeuteten Kindern und Jugendlichen[1]

Der folgende Text ist auf dem Erfahrungshintergrund meiner therapeutischen Arbeit mit Kindern und Jugendlichen verfasst. [1]

Schwerpunktthemen sind:

- das Erleben sexuell ausgebeuteter Kinder und Jugendlicher,
- ihre Themen,
- ihre Inszenierungen,
- Anforderungen an Therapeutinnen
- und die Frage: Inwieweit drohen sich Destruktion und Selbstdestruktion der sexuellen Ausbeutung in therapeutischen Interventionen fortzusetzen?

Therapeutische Arbeit mit sexuell ausgebeuteten Kindern und Jugendlichen

Therapeutisches Arbeiten mit sexuell ausgebeuteten Kindern heißt, mit Kindern zu arbeiten, die verletzt, massiv überfordert, in ihrer Entwicklung behindert, als Person nicht gemeint, sexuell überstimuliert, ausgebeutet, im Stich gelassen und mit Erwachsenenverantwortung belastet sind. Es sind Kinder, die nicht Kind sein durften, deren kindliche Vorstellungswelt und

---

1 Vortrag, gehalten im Rahmen der Heidelberger Kinderschutzwochen am 17.3.1992 in Heidelberg.

deren kindliche Sexualität missachtet wurde und denen erwachsene Vorstellungen übergestülpt wurden. Es sind Kinder, deren Anfrage nach lebensnotwendiger Zuwendung und Versorgung von Erwachsenen uminterpretiert wurde in eine Anfrage nach sexuellen Kontakten und mit Sexualität beantwortet wurde.

Sexuell ausgebeutete Kinder und Jugendliche

Es sind oft Kinder, die unabhängig von der sexuellen Ausbeutung nie die Erfahrung gemacht haben, gewünscht und gewollt zu sein. Sie sind meist früh emotional vernachlässigte Kinder. Das macht sie einerseits besonders verletzlich für sexuelle Ausbeutung; denn sie sind angewiesen auf die Zuwendung, die sie im Rahmen der Ausbeutungssituation erhalten. Das verstärkt andererseits ihr Selbstbild, dass sie unbedingte Zuwendung nicht verdient haben, und es führt zu der Einschätzung, dass der einzige Wert, den sie haben, ihre sexuelle Ausbeutbarkeit und ihre Fähigkeit zu verführen und zu manipulieren darstellt.

Weil die Kinder nicht verstehen, was mit ihnen passiert und warum es mit ihnen passiert, fühlen sie sich doppelt ausgeliefert. Um wieder Kontrolle über die Situation zu bekommen, erklären sie sich die Situation dadurch, dass es etwas an ihnen sein muss, das die Erwachsenen veranlasst, so mit ihnen umzugehen. Die so genährten Schuldgefühle haben für die Kinder oft lebensrettende Funktion. Sie geben den Kindern ein wenig Kontrolle über eine Situation, der sie sich hilflos ausgeliefert fühlen, indem sie dem Kind erlauben, zu erklären und zu verstehen, was nicht zu verstehen ist. Weil die Kinder den Erwachsenen als Autorität sehen und von ihm Liebe und Zuwendung erwarten, sind sie ihm gegenüber loyal, indem sie aktiv mitmachen und den Erwachsenen vor Entdeckung schützen. In der Ausbeutungssituation erleben die Kinder sich nicht nur als ohnmächtig, sondern sie erleben auch, dass sie

Macht über den Erwachsenen haben. Überzeugt davon, dass sie für die sexuelle Ausbeutung selbst verantwortlich sind, glauben sie, dass sie den Erwachsenen manipulieren können.

Der ungarische Psychoanalytiker Ferenczi beschreibt die Dynamik sexueller Übergriffe auf Kinder wie folgt:

»Ein Erwachsener und ein Kind lieben einander, das Kind hat die spielerische Phantasie, mit dem Erwachsenen die Mutterrolle zu spielen. Dieses Spiel mag auch erotische Formen annehmen, bleibt aber nach wie vor auf dem Zärtlichkeitsniveau. Nicht so bei pathologisch veranlagten Erwachsenen, besonders wenn sie durch sonstiges Unglück oder durch den Genuss betäubender Mittel in ihrem Gleichgewicht und ihrer Selbstkontrolle gestört sind. Sie verwechseln die Spielereien der Kinder mit den Wünschen einer sexuell reifen Person oder lassen sich, ohne Rücksicht auf die Folgen, zu Sexualakten hinreißen. Tatsächliche Vergewaltigungen von Mädchen, die kaum dem Säuglingsalter entwachsen sind, ähnliche Sexualdelikte erwachsener Frauen mit Knaben, aber auch forcierte Sexualakte homosexuellen Charakters gehören zur Tagesordnung. Schwer zu erraten ist das Benehmen und das Fühlen von Kindern nach solcher Gewalttätigkeit. Ihr erster Impuls wäre Ablehnung, Hass, Ekel, kraftvolle Abwehr. ›Nein, nein, das will ich nicht, das ist mir zu stark, das tut mir weh. Lass mich‹, dies oder Ähnliches wäre die unmittelbare Reaktion, wäre sie nicht durch eine ungeheure Angst paralysiert. Die Kinder fühlen sich körperlich und moralisch hilflos, ihre Persönlichkeit ist noch zu wenig konsolidiert, um auch nur in Gedanken protestieren zu können, die überwältigende Kraft und Autorität des Erwachsenen macht sie stumm, ja beraubt sie oft der Sinne. Doch dieselbe Angst, wenn sie einen Höhepunkt erreicht, zwingt sie automatisch, sich dem Willen des Angreifers unterzuordnen, jede seiner Wunschregungen zu erraten und zu befolgen, sich selbst ganz vergessend mit dem Angreifer … zu identifizieren. Durch die Identifizierung verschwindet der Angreifer als äußere Realität und wird intrapsychisch …

Doch die bedeutsamste Wandlung ... ist die Introjektion des Schuldgefühls des Erwachsenen, das ein bisher harmloses Spiel als strafwürdige Handlung erscheinen lässt. Erholt sich das Kind nach solcher Attacke, so fühlt es sich ungeheuer konfus, eigentlich schon gespalten, schuldlos und schuldig zugleich, ja mit gebrochenem Vertrauen zur Aussage der eigenen Sinne.

Gewöhnlich ist auch das Verhältnis zu einer zweiten Vertrauensperson ... nicht intim genug, um bei ihr Hilfe zu finden. Das missbrauchte Kind wird zu einem mechanisch gehorsamen Wesen, oder es wird trotzig, kann aber über die Ursache des Trotzes auch sich selber keine Rechenschaft mehr geben.« (Ferenczi, S., 1984, S. 518 f.).

Was kennzeichnet die Kinder, denen wir in der therapeutischen Situation begegnen?

Wenn wir mit sexuell ausgebeuteten Kindern arbeiten, dann haben wir uns auf Kinder einzustellen,

- die die Erfahrung gemacht haben, dass sie für Zuwendung und Aufmerksamkeit mit ihrem Körper bezahlen müssen,
- die extrem misstrauisch sind, sich selbst gegenüber und auch anderen gegenüber,
- die das Eigene leugnen mussten, indem sie nicht Kind sein durften und jemand anderer sein mussten (Partner eines Erwachsenen),
- die die eigene Ohnmacht erfahren haben,
- die ihre Macht über einen Erwachsenen erfahren haben, was sie einerseits positiv erlebt haben, was aber andererseits den Erwachsenen als potentielle Schutzperson ausfallen lässt,
- die Vernachlässigung und emotionale Ausbeutung (als Partner- oder Elternersatz, durch Überforderung, Überhöhung und Erniedrigung) erfahren haben.

Zu ihrem Schutz haben die Kinder Abwehrmechanismen entwickelt, die ihnen ein Überleben ermöglicht haben und die gleichzeitig ihre Entwicklung behindern, es sind dies z. B.:

- Anpassung an die Situation durch absolute Anpassung an die Wünsche und Bedürfnisse des Erwachsenen (diese Kinder sind Experten im Erspüren und Erfüllen auch un-ausgesprochener Wünsche und Bedürfnisse von Erwachsenen).
- Abspalten der mit der sexuellen Ausbeutung verbundenen Affekte (was oft dazu führt, dass diese Kinder unglaubwür-dig wirken, wenn sie z. B. ohne jede Gefühlsregung von den sexuellen Übergriffen berichten).
- Aufspaltung der Identität (das Kind, das sexuell ausgebeu-tet wird, und jenes Kind, das zur Schule geht etc.).
- Agieren durch Reinszenierung der eigenen Ausbeutungser-fahrung in der Opfer- und/oder der Täterrolle.

Was kennzeichnet die Situation, in der therapeutische Arbeit beginnt?

Die therapeutische Arbeit mit sexuell ausgebeuteten Kindern und Jugendlichen setzt zu einem Zeitpunkt ein, zu dem in der Regel die real traumatische Situation bekannt und beendet ist. Es ist die »Zeit danach«. Die Zeit, in der die Umwelt auf das reagiert, was mit dem Kind zuvor geschehen ist; und in der Hilfen angeboten werden; die ebenso zur traumatischen Si-tuation gehört. Sie hat erheblichen Einfluss darauf, wie das Kind das Trauma verarbeitet und das Erlebte integrieren kann.

Dieses Problem beschreibt Hans Keilson in seiner Arbeit »Sequenzielle Traumatisierung bei Kindern« (1979), in der er sich mit jüdischen Kriegswaisen in den Niederlanden und ih-rer Traumatisierung durch Untertauchen und KZ-Aufenthalt auseinander setzt. Obwohl sich die traumatische Situation der jüdischen Kinder wesentlich von der sexuell ausgebeuteter Kinder unterscheidet (für die jüdischen Kinder entstand die traumatische Situation durch eine auf ihre physische Vernichtung ausgerichtete Verfolgung), lassen sich Keilsons Erkenntnisse für die Arbeit mit sexuell ausgebeuteten Kindern nutzen. Viele der posttraumatischen Reaktionen, die Keilson beschreibt, begegnen uns auch bei sexuell ausgebeuteten Kindern: Angst, Scham, Schuld, Depression, Misstrauen sich selbst und anderen gegenüber, Gefühl, beschädigt zu sein, Hilflosigkeit, Ohnmacht, unterdrückte Wut, Tendenzen zur Selbstbeschädigung (bis zur Suizidalität), Tendenzen, andere zu verletzen, das Gefühl, nichts wert zu sein, Selbsthass.

Keilsons Erkenntnis, dass mit dem Ende des traumatischen Geschehens die traumatische Belastungssituation keineswegs zu Ende ist, ist für die Arbeit mit sexuell ausgebeuteten Kindern von besonderem Wert. Die Zeit nach Bekanntwerden der sexuellen Ausbeutung und die Zeit der Hilfeangebote kann noch einmal zu einer Belastungssituation werden z. B. durch:

- Bagatellisieren,
- Verleugnen,
- Trennung von wichtigen Bezugspersonen,
- Veränderungen in der sozialen Umwelt,
- Wegnahme des Gewohnten,
- Stigmatisierung.

Auch Hilfen mit aller Gewalt, durchgesetzt durch Missachtung der Gefühle, Wünsche, Bedürfnisse und sozialen sowie emotionalen Bindungen des Kindes, können zu sekundärer Traumatisierung führen.

Für die Arbeit mit sexuell ausgebeuteten Kindern gilt es Bedingungen zu schaffen, in denen sie Halt und Orientierung erhalten und in denen sie Achtung für sich und ihre sozialen und emotionalen Bindungen erfahren, unter denen alle Themen, Gefühle und Ambivalenzen erlaubt sind.

Zudem brauchen die Kinder und Jugendlichen die explizite und implizite Erlaubnis ihrer wichtigsten Bezugspersonen zur Therapie.

Um einen geschützten Raum schaffen zu können, ist die Aufmerksamkeit auf folgende Fragen zu richten:

- Mit welchen Formen der Abwehr (des Schutzes) begegnet das Kind der therapeutischen Situation?
- Welche Gefahren sieht das Kind?
- An welche frühere Gefahr erinnert die therapeutische Situation?

Die Abwehrmechanismen der Kinder und Jugendlichen sind vielfältig: Zum Beispiel versuchen sie den Therapeuten zu verführen, übergreifend, gewalttätig und grenzüberschreitend zu sein. Sie zeigen Formen der Überanpassung an die Spielregeln und Erwartungen des Therapeuten. Dabei zeigen die Kinder ein falsches Selbst und führen den Therapeuten in die Irre. Oft fliehen sie aus der therapeutischen Situation aus Scham, den Therapeuten getäuscht zu haben und aus Scham über ihr wahres (böses) Gesicht. Kinder, die sich aktiv an der sexuellen Handlung beteiligt haben, befürchten, vom Therapeuten verachtet und zurückgewiesen zu werden, wenn der Therapeut herausfindet, »wie es wirklich war«. Therapieabbruchsversuche sind oft ein Versuch, einer angenommenen Zurückweisung zuvorzukommen.

Viele über lange Zeit sexuell ausgebeutete Kinder und Jugendliche definieren ihren Eigenwert über die sexuelle Ausbeutung, so dass sie auf therapeutische Angebote gekränkt reagieren. Denn für sie stellt die therapeutische Situation, in der von ihnen für die Zuwendung keine sexuelle Gratifikation verlangt wird, erst einmal – so paradox dies klingen mag – eine Kränkung dar: Ihr einziger Wert wird missachtet. Die Kinder und Jugendlichen fühlen sich nichtswürdig. Für sie ist es unbegreiflich, dass sie angenommen und gemocht werden könnten, selbst wenn sie nichts zu bieten hätten. Sie verstehen die Situation nicht und fühlen sich ihr hilflos ausgeliefert, weil sie kein Erfahrungsrepertoire dafür haben. In dieser Situation wird der Therapeut, gerade weil er nicht übergreifend ist (wiederum klingt es paradox), als böse erlebt. Es ist wichtig, dass er es aushält, in der Übertragung wie ein ausbeutender Erwachsener gesehen zu werden, ohne real ein ausbeutender Erwachsener zu sein.

Die Kinder und Jugendlichen testen den Therapeuten oft bis an den Rand des Erträglichen, ob er nicht doch ein übergreifender Erwachsener ist. Statt selbst angelogen, übergangen, gekränkt und beschämt zu werden, fügen sexuell ausgebeutete Kinder das jedem anderen zu, der ihnen nahe genug kommt; das heißt, sie werden das auch denjenigen zufügen, die sich auf therapeutische Arbeit mit ihnen einlassen.

Unbedingte Zuwendung wie auch Nähe ist so ersehnt wie gefürchtet. Denn sie bedeuten immer auch Gefahr. Zum einen, weil in ihrer Erfahrung mit Nähe auch sexuelle Ausbeutung gekoppelt ist. Zum anderen, weil Nähe die Gefahr birgt, »erkannt« zu werden und dann zurückgewiesen zu werden. Sexuell ausgebeutete Kinder und Jugendliche sind überzeugt, dass niemand sie mögen wird, wenn herauskommt, wie schmutzig und nichtswürdig sie in Wirklichkeit sind. Sie versuchen die TherapeutInnen zu verführen, ihnen dies zu bestätigen. Das macht verständlich, warum z.B. Jugendliche oft gerade dann Beziehungen abbrechen, wenn niemand es verstehen kann, weil diese Beziehungen gerade eben begonnen haben, intensiver zu werden.

Sexuell ausgebeutete Kinder und Jugendliche lösen oft starke Gegenübertragungsreaktionen aus. Sie betreiben und provozieren oft ihren Rausschmiss aus Einrichtungen und Therapien und beweisen damit sich und der Umwelt, dass sie unerträglich sind. Sie konfrontieren die Erwachsenen oft mit eigenen Kindheitserfahrungen von Demütigung, Hilflosigkeit und Ohnmacht, und im Zuge der Abwehr dieser Erfahrungen werden oft die Kinder, die diese Gefühle ausgelöst haben, gleich mit abgewehrt.

171

Anforderungen an TherapeutInnen

Sexuell ausgebeutete Kinder sind auf TherapeutInnen angewiesen, die alle Themen und Fragen der Kinder und Jugendlichen zulassen. Sie brauchen TherapeutInnen,

- die lustvolle Aspekte von Sexualität zulassen können,
- die über sexuelle Ausbeutung sprechen können,
- die Wissen über die Psychodynamik sexuell ausgebeuteter
  Kinder und Jugendlicher haben,
- die zuhören können, was die Kinder sagen,
- die keine Beziehungsangebote und Versprechungen machen, die sie nicht einhalten können.

Sie brauchen TherapeutInnen, die bereit sind,

- takt- und achtungsvoll mit den Kindern und ihren Wurzeln,
  sprich Familien, umzugehen,
- klare Strukturen vorzugeben und gleichzeitig den Kindern
  so viel Kontrolle wie möglich über ihre Situation zu be-
  lassen,
- klare Grenzen für sich zu ziehen (ich kann dem Kind u. a.
  nur glaubwürdig machen, dass ich bereit bin, seine Integrität
  zu achten, wenn ich zeige, dass ich bereit bin, auch meine
  persönliche Integrität zu schützen),
- starke Affekte zu spüren und auszuhalten,
- die bunten Seiten (Kreativität) der Kinder zu sehen,
- die Stärken des Überlebens der Kinder wertzuschätzen,
- den Kindern einen sicheren und verlässlichen Raum zu bieten,
- die Verzweiflung der Kinder und Jugendlichen auszuhalten,
- bei den Kindern zu bleiben, sie zu begleiten, ohne ins Agieren zu geraten,
- Trauer auszuhalten über nicht gehabte Eltern, über nicht
  gehabte Kindheit, über Verlust von Sicherheit und körperlicher Integrität, über Im-Stich-gelassen-worden-Sein,

172

- Wut auszuhalten über das Im-Stich-gelassen-Sein, Nicht-ge-wollt-Sein, Nicht-versorgt-worden-Sein,
- Schmerz und Verzweiflung der Kinder darüber auszuhalten, dass sie nie mehr das Baby sein werden, das gehegt, versorgt und genährt wird,
- Agieren als Form der Abwehr starker Affekte zu erkennen und auszuhalten,
- suizidale Impulse und Impulse der Selbstverletzung und Selbstzerstörung auszuhalten,
- Reinszenierungen zuzulassen, zu verstehen und in die Lebensgeschichte des Kindes rückzuübersetzen.

Für sexuell traumatisierte Kinder und Jugendliche ist die affektive Resonanz des Therapeuten von besonderer Bedeutung, da diese Kinder meist aus einem Umfeld kommen, in dem die meisten Gefühle verbannt, ignoriert und unterdrückt werden mussten und man sich am meisten der eigenen Gefühle schämen musste.

Themen und Inszenierungen, dargestellt anhand ausgewählter Fallgeschichten

Die therapeutische Arbeit kreist immer wieder um das Thema der Destruktion und Selbstdestruktion und ihrer Fortsetzung in therapeutischen Beziehungen.

Es ist beeindruckend zu sehen, wie gleichsam »wie unter Anleitung« der Kinder und Jugendlichen therapeutisches Handeln zu destruktivem Handeln werden kann. Es geht hierbei nicht darum, die Kinder und Jugendlichen für das Verhalten und Handeln von Therapeuten verantwortlich zu machen. Es geht vielmehr darum anzuerkennen, dass sexuell ausgebeutete Kinder und Jugendliche oft ein unbewusstes Lebens- und Überlebenskonzept entwickelt haben, das sie immer wieder versuchen lässt, Situationen herzustellen, die der Ausbeutungssituation ähneln.

Anhand der folgenden Fallgeschichten lassen sich einige der Themen und Inszenierungen illustrieren:

Elisabeth ist elf Jahre alt. Sie fühlt sich von allen abgelehnt, sie sagt von sich, sie sei hässlich und keiner wolle sie anschauen, alle würden sie auslachen und über sie reden. Im Spiel lockt sie die Schnecke (eine Handpuppe) aus ihrem schützenden Haus und traktiert sie, sobald sie aus dem Haus gekommen ist, mit Spritzen und Stöcken, mit Drohungen und mit Schlägen auf ihre Fühler und sagt, »damit sie endlich aufhört zu fühlen«. Sie lässt die Schnecke »Scheiße fressen«, füttert ihr mal giftige, mal gute Nahrung. Die Schnecke ist total verwirrt und weiß nicht mehr, welche Nahrung gut und welche giftig ist. Immer wieder versucht Elisabeth mich dazu zu bringen, sie hinauszuwerfen. Sie versucht z. B. die Bilder anderer Kinder zu zerstören, sie nimmt Notizen von meinem Schreibtisch, sie möchte mich schlagen. Ich habe zum Teil alle Hände voll zu tun, um mich zu schützen. Schließlich entwickelt Elisabeth am ganzen Körper ein Hautekzem. Sie zeigt es mir. Ich spüre Ekel, Abwehr, den Impuls: »Ich will das nicht sehen.« Und Elisabeth formuliert: »Damit muss man zu Hause bleiben, weil, die Leute finden es eklig und haben Angst, sie kriegen es auch.« Ich spüre bei mir den Impuls:»Ja, bleib zu Hause bis es abgeheilt ist.« Elisabeth streckt mir ihre Hand entgegen, und als ich sie ergreifen will, zieht sie sie schnell zurück und sagt: »Sie Dumme, merken Sie denn nicht, dass das aufreißen kann, wenn Sie mich anfassen?«

Elisabeth zeigt mir in ihrem Spiel mit der Schnecke ihre Geschichte, und sie versucht mich abzuschrecken. Sie zeigt mir ein abstoßendes Äußeres, als würde sie mir sagen, wenn alles nichts nützt, dann muss ich eben aussätzig werden, um dich abzuschrecken. Sie zeigt mir ihre Haut, die so offen ist, und damit auch ihre Verletzlichkeit. Sie zeigt, dass sie dringend der fürsorglichen Pflege bedarf, und gleichzeitig, dass jeder auch noch so fürsorgliche Kontakt wehtut, dass es für sie – zumindest jetzt – keinen Kontakt ohne Schmerz und Leid gibt. Ich habe das Gefühl, in einer Falle zu sitzen; lasse ich mich von ihr vertreiben, so lasse ich sie im Stich und bestätige ihr, dass sie unerträglich ist; halte ich mit ihr Kontakt, so besteht die Gefahr, dass der Kontakt ihr wehtut. Ich habe das Gefühl, mich nur falsch verhalten zu können. Ich habe das Gefühl, auf jeden Fall einen Fehler zu machen, und sage ihr das auch.

Es ist wie ein Kampf zwischen mir und Elisabeth, in dem ich eine gute Therapeutin sein und keine Fehler machen will und in dem Elisabeth versucht, mich zu Fehlern zu verführen (vielleicht auch, um mich sich gleichzumachen). Wahrscheinlich ist es für Elisabeth notwendig, dass ich einen Fehler mache und den Fehler als Fehler erkenne, benenne und meine Verantwortung für den Fehler übernehme.

Paula, sechs Jahre alt, vom Vater über mehrere Jahre sexuell ausgebeutet. Die Mutter hat sich vom Vater, »dieser Drecksau«, wie sie ihn nur noch nennt, getrennt. Auch Paula bezeichnet ihren Vater als Schwein, und ich spüre bei mir die Versuchung, ihr zu bestätigen, dass ihr Vater ein Schwein sei.

Eines Tages spielt Paula in einer Sitzung folgende Szene, in der sie alle beteiligten Personen spielt:

Sie wird von ihrer Mutter ins Ausland geschickt. Sie bekommt große Angst und sagt, sie könne da nicht hin, sie spreche die Sprache nicht und die Leute würden sie nicht kennen und nicht wissen, wie sie mit ihr umgehen sollten. Daraufhin sagt die Mutter, sie bräuchte sich keine Sorgen zu machen, sie würde ihr ein Schild mitgeben und das solle sie dann im Ausland vorzeigen, dann wüssten die Leute, wer sie sei und was sie mit ihr tun müssten. Daraufhin malt Paula ein Bild von einem riesigen, »ganz dreckigen« Schwein und schreibt groß ihren Namen darüber.

Diese Szene hat mich sehr berührt. Sie belegt, wie eine Wohltat zur Untat wird. Die (parteilich für das Kind gemeinte) Abwertung des ausbeutenden Erwachsenen – hier des Vaters – wird vom Kind als Abwertung seiner eigenen Person erlebt. Denn – und damit hat Paula Recht – das

Kind von einem Schwein ist allemal zumindest ein kleines Schwein.

Frank, acht Jahre alt, hat mehrfach jüngere Kinder (4-jährige Jungen und Mädchen) sexuell attackiert.

Die Mutter ist verzweifelt, weil Frank bereits aus mehreren Tagespflegestellen und einem Hort herausgenommen werden musste, weil er »unerträglich« gewesen sei. Die Mutter sagt, sie verstehe das Ganze nicht. Zunächst seien die Leute immer ganz begeistert von Frank, weil er sich ganz schnell einfügen könne. Aber wenn sie sich entspanne und denke, »so, da ist er gut untergebracht«, dann gebe es »einen Knall«, und er bringe durch sein »unmögliches Verhalten« (er bietet Erwachsenen und Kindern sexuelle Spiele an) alles durcheinander, sodass sie ihn wieder herausnehmen müsse.

In der Therapie versucht Frank mich immer wieder in Spiele einzubeziehen, in denen es auf sexuelle Kontakte hinausläuft. Auf meine Abgrenzung reagiert er traurig und verärgert: »Du magst ja auch nicht mit mir spielen«, »Du magst mich ja auch nicht«. Ich habe das Gefühl, ständig auf der Hut sein zu müssen, um den Kontakt mit Frank zu halten, ohne dass ich Übergriffe mache. Im Laufe der Behandlung stellt sich heraus, dass Frank seit seinem vierten Lebensjahr vom jugendlichen Sohn einer befreundeten Familie sexuell attackiert wurde. Er verbrachte wegen einer längeren Abwesenheit der Mutter mehrere Monate in dieser Familie. Der Sohn der Familie ist seit damals sein »bester Freund«.

Frank erzählt mit seinen sexuellen Übergriffen auf andere Kinder und seinen Angeboten an mich, was ihm passiert ist. Gleichzeitig scheint es so, als definiere er seinen Wert durch seine sexuelle Ausbeutbarkeit. Meine Abgrenzung bei seinen sexuellen Spielangeboten erlebt er zunächst als Verunsicherung und Kränkung. Gleichzeitig fühlt er sich schuldig. Auf ihn trifft Ferenczis Beschreibung ausgebeuteter Kinder zu: Es ist für ihn unerträglich, »der einzig Schlimme zu sein«. Es ist also ein Trost, wenn es ihm gelingt, andere, vor allem Autori-

176

tätspersonen, aus dem Häuschen zu bringen und sie dadurch indirekt bekennen zu lassen, dass sie nicht minder von den »Schwächen« behaftet sind wie er (vgl. S. Ferenczi 1988, S. 226). Und genau das versucht Frank mit enormer Ausdauer zu beweisen. Er bestraft seine Mutter dafür, dass sie ihn damals nicht geschützt hat, indem er sie nicht zur Ruhe kommen lässt. Er fügt anderen (den Kindern, die er sexuell ausbeutet, den Pflegeeltern, der Mutter) Leid zu und versucht so, Kontrolle über seine Situation zu bekommen.

Michaela, 15 Jahre alt, über Jahre hinweg von einem Familienmitglied vergewaltigt. Michaela wurde immer dann sexuell ausgebeutet, wenn die Eltern sie mit dieser Person nachts alleine zu Hause ließen. Die Ankunft dieser Person war ebenso erhofft, weil ihre Anwesenheit die Angst vor dem Verlassensein bannte, wie gefürchtet, weil mit der Ankunft dieser Person sexuelle Attacken verbunden waren.

Michaela ist zutiefst traurig und enttäuscht, weil die sexuelle Ausbeutung in ihrer Familie verleugnet wird. Sie hält sich für eine Verräterin der Familie. Sie glaubt, sie sei »am Unglück der Familie« schuld. Sie ist überzeugt, schlecht, böse und keiner Hilfe und Unterstützung wert zu sein.

Immer wenn sich für sie Perspektiven eröffnen, sei es, dass sie eine Lehrstelle gefunden hat, sei es, dass sie beginnt, einer Bezugsperson (Therapeutin oder ErzieherIn) zu vertrauen, dann fährt sie nach Hause. Dort kommt es regelmäßig zu Auseinandersetzungen darüber, dass sie die Familie verraten habe. Michaela reagiert darauf mit Selbstverletzungen und äußert, am besten sei es, wenn sie tot wäre. Diese regelmäßigen Heimfahrten lösen bei den ErzieherInnen starke Wut gegen Michaela aus. Sie fühlen sich von ihr vorgeführt, gedemütigt und provoziert. Sie wertet ihre ErzieherInnen und ihre Therapeutin ab (»Ihr könnt mir sowieso nicht helfen«). Dass ihr nicht zu helfen sei, versucht sie zu beweisen: Sie läuft weg, bricht Ausbildungen ab, kommt wochenlang nicht zur Therapie, kommt zu nicht vereinbarten Zeiten zur Therapie und versucht dann, ihre Stunde zu bekommen. Sie kehrt aber regelmäßig zurück und fragt nach: »Ich bin doch eine Nutte, werft ihr mich jetzt raus?« In der WG wird immer wieder diskutiert, ob sie noch tragbar sei oder ob sie »zu ihrem eigenen Besten« in eine andere Einrichtung »mit Spezialisten für das Thema« kommen solle.

In der Therapie steht die Frage im Mittelpunkt, ob sie wirklich gewollt ist. »Sie wollen mich doch auch nicht haben, Sie sind doch auch froh, wenn ich nicht mehr komme. Ich mag sowieso nicht mehr leben. Sie können meinen Platz gleich an jemand anderen weitergeben.« Sie geht mit ihren Inszenierungen, ihren Ankündigungen und Drohungen immer wieder an die Grenze dessen, was ich ertragen kann.

Michaela wiederholt ihr eigenes Scheitern immer wieder, offenbar ist seine Bedeutung noch nicht verstanden. Ist es Ausdruck des Gefühls der eigenen Nichtswürdigkeit? Ist es Rache an der Familie, die mit ihrem Scheitern bestraft werden soll? (Das Opfer rächt sich am Täter auf indirekte Weise durch den Misserfolg des eigenen Lebens; Ferenczi 1988, S. 42). Michaela beweist schließlich, dass sie letztendlich doch nicht gewollt war und sie, nachdem ihre ganze »Schlechtigkeit« sichtbar wurde, doch weggeschickt wird. Die erlittene Demütigung wird zur Demütigung der HelferInnen (die versagen müssen), und das wird wiederum zur Demütigung von Michaela, indem sie als »hoffnungsloser Fall« zurückgewiesen wird.

Katrin, neun Jahre alt, von der Mutter früh verlassen, vom Großvater misshandelt und sexuell attackiert, vom Vater nicht geschützt, lebt im Heim, wird nachts von Alpträumen geplagt, klagt häufig über Bauchschmerzen, wird immer wieder Ärzten vorgestellt, äußert Suizidgedanken. Katrin äußert, keiner liebe sie, nicht einmal ihre Mama liebe sie. Die habe sie nie haben wollen und habe sie deshalb verlassen. Und auch im Heim wolle sie keiner haben. Da sei es doch besser, wenn es sie gar nicht mehr gäbe. Katrin wird daraufhin in die Psychiatrie eingewiesen. Sie reagiert mit heftigen Bauchschmerzen, wird in die chirurgische Abteilung überwiesen, schließlich wird ihr der Blinddarm herausgenommen. Der Blinddarm ist ohne Befund. Die Wunde verheilt über Wochen nicht. Sie macht eine nochmalige Aufnahme in die chirurgische Klinik erforderlich. Die ErzieherInnen fühlen sich überfordert. Katrin soll in eine andere, »für sie bessere« Einrichtung verlegt werden. Katrin tut in der Folge alles, um die Einschätzung der ErzieherInnen, dass sie unerträglich sei, zu bestätigen. Sie tritt Türen ein, klaut in Geschäften, tritt und schlägt andere Kinder.

In der Therapie thematisiert sie ihre Nichtswürdigkeit. Sie versucht auch mir zu beweisen, dass sie ein ganz böses, schmutziges, nichtswürdiges Kind ist. Sie erklärt, sie wolle nicht mehr kommen, ich sei eine blöde Therapeutin. Sie nimmt die kleine Hexe (meine Lieblingspuppe) und beschmiert sie – schneller, als ich reagieren kann – von oben bis unten mit Lehm, setzt sie in eine Ecke und sagt: »Die muss so bleiben.« In den nächsten Stunden überprüft sie jedes Mal, ob die Hexe noch schmutzig ist oder ob ich »sie sauber gemacht« habe. Sie fragt jedes Mal: »Die sieht aber nicht wie Ihre Hexe aus?« Sie bedarf immer wieder meiner Versicherung, dass, ganz egal wie schmutzig die Hexe ist, ich weiß, dass es meine Hexe ist. Katrin ist sehr traurig und verzweifelt. Die ErzieherInnen wissen nicht mit der Trauer von Katrin umzugehen. In ihrer Hilflosigkeit stellen sie Katrin einem Psychiater vor, der ihr u. a. einen neuerlichen Psychiatrieaufenthalt ankündigt. Daraufhin schlägt Katrin ein etwa gleichaltriges Mädchen nieder. Nun wird Katrin wieder in die Psychiatrie eingewiesen. Sie soll von dort nicht mehr in das Heim zurückkehren. Wohin sie kommen wird, ist unklar.

Katrin ist ein einsames, verlassenes und im Stich gelassenes Kind. Auch im Heim hat sie keine Existenzberechtigung. Sie kann sich das nur als eine Bestätigung ihres Böseseins erklären. In ihrer Verzweiflung verbreitet sie Leid um sich herum. Ihr destruktives Agieren kann verstanden werden als ein Versuch, Kontrolle über die Situation zu bekommen. Ihre Not wird nicht verstanden.

Katrin ist zutiefst beschämt:

- von der Mutter verlassen,
- vom Großvater misshandelt und sexuell attackiert,
- vom Vater nicht geschützt,
- aus dem Heim weggeschickt,
- von mir, der Therapeutin, nicht geschützt.

Sie löst heftige Gegenübertragungsgefühle (Angst, Wut) aus und wird letztendlich zusammen mit den Gefühlen abgewehrt, indem sie weggeschickt wird. Katrin fühlt sich schuldig und versteht so, was nicht zu verstehen ist. Über die Verbreitung von Leid versucht sie, ihr Leid abzuwehren. Durch ihr destruktives Agieren (»Sie sollen gar nicht erst so wichtig werden«) baut sie vor. Nie wieder wird ein Verlust, eine Verletzung sie unvorbereitet treffen. Sie übt Kontrolle aus, indem sie nichts Gutes erwartet und das Schlechte inszeniert.

Sexuell ausgebeutete Kinder lösen Angst aus zu versagen, Angst, verschlungen zu werden, Angst, selbst gewalttätig zu werden, Angst, ausgebeutet zu werden. Eine der größten Versuchungen in der therapeutischen Arbeit mit sexuell ausgebeuteten Kindern und Jugendlichen ist das »Wegmachenwollen«:

- von unerträglichen Gefühlen (z. B. Schuldgefühlen, Trauer),
- von positiven Anteilen aus der sexuellen Ausbeutungssituation,
- von bösen Anteilen der Kinder und Jugendlichen,

durch Verleugnen, Bagatellisieren, Umdefinieren des Geschehenen und durch Wegschicken der Kinder und Jugendlichen.

Eine der größten Herausforderungen bei der Arbeit mit sexuell ausgebeuteten Kindern und Jugendlichen ist das Aushaltenkönnen.

Reinszenierungen im therapeutischen Rahmen geben dem Kind die Möglichkeit, einen Zeugen für das Geschehene zu haben, der nicht wegläuft, sondern der versucht, mit dem Kind das Geschehene zu verstehen. Für den Therapeuten handelt es sich um eine Gratwanderung, wenn er versucht mitzugehen in den destruktiven und selbstdestruktiven Inszenierungen, ohne selbst real zum Täter zu werden oder selbst verletzt zu werden.

Literatur

Ferenczi, S.: Sprachverwirrung zwischen den Erwachsenen und dem Kind. In: ders.: 3. Aufl. Bausteine zur Psychoanalyse, Band 3., Bern/Stuttgart/Wien, 3. Aufl. 1984.
Ferenczi, S.: Selbstdestruktion als Aggression gegen den Agressor. Frankfurt a.M., 1988
Keilson, H.: Sequenzielle Traumatisierung bei Kindern. Frankfurt a.M., 1979

Elke Mrotzek-Päffgen

Analytische Kindertherapie nach sexuellem Missbrauch

Anfragen um einen Therapieplatz für sexuell missbrauchte Kinder gehören in meiner Praxis zur Tagesordnung. Das jüngste Kind war zweieinviertel Jahre alt. Von daher habe ich sofort zugestimmt, an diesem Buch mitzuarbeiten. Ich möchte Mut machen, diese Kinder zu behandeln.

Ich werde die Schwierigkeiten einer solchen Therapie ansatzweise aufzeigen, aber auch die Heilung, die die Kinder vehement wünschen und energisch mittragen.

Exemplarisch werde ich die Entwicklung eines solchen therapeutischen Prozesses zwischen Anna, zu Beginn der Psychotherapie viereinhalb Jahre alt, und mir aufzeigen. Dabei zwingt der vorgegebene Rahmen zu Beschränkungen.

Anna ist über dreieinhalb Jahre hinweg vom Erzieher ihres Kindergartens sexuell missbraucht worden. Die begleitende Therapie der Eltern, die ja auch leiden, verletzt und schockiert sind, wird aus Platzgründen hier lediglich erwähnt. Eine kindertherapeutische Arbeit ohne die entsprechende Behandlung der Eltern ist unmöglich. Ja, je jünger die Kinder, umso wichtiger ist die Arbeit mit den Eltern.

Die Therapie mit Anna

Anna ist zu Beginn der Therapie 4,6 Jahre alt. Sie ist ein altersgemäß großes Kind, blond und pummelig. Eine bunte Kinderbrille vergrößert ihre Augen unterschiedlich und erheblich. Anna blickt hellwach und genau. Obwohl Anna aus einem progressiv-künstlerischen Elternhaus stammt, wirkt sie ärmlich, erinnert mich an ein sozial depriviertes Kind.

Sie zeigt eine vielfältige Symptomatik: Adipositas (Fettleibigkeit), sekundäre Enuresis diurna + nocturna (Einnässen), Enkopresis (Einkoten), Aggressionsdurchbrüche, die sich sowohl gegen sie selbst als auch nach außen richten, eine intermittierende Sehstörung, verstehbar als Konversionssymptom. Das heißt, nach einem halben Jahr der Behandlung verbessert sich die Sehstörung erheblich, medizinisch nicht erklärbar, verstehbar jedoch auf dem Erfahrungshintergrund der Patientin, sie ist mit anderen Kindern über drei Jahre in ihrem Kindergarten von einem Erzieher (sowie evtl. von zwei Erzieherinnen) fortgesetzt sexuell missbraucht worden. Es liegt die Hypothese einer Wahrnehmungsabschaltung, die sich häufig bei sexuell missbrauchten Kindern beobachten lässt, nahe. Fenichel (1974) schreibt dazu: »Es ist eine Art magischer Geste, die aus dem Glauben entspringt, dass, wer nichts sieht, nicht gesehen werden kann.«

Die erste Begegnung mit Anna

Die Mutter begleitet Anna. Anna nähert sich mir sehr vorsichtig, ich habe das Gefühl, fast widerwillig. Wiederholt klammert sie sich an Mutters Hand, bezieht sich immer wieder auf sie.

Anna übt Kritik am Puppenhaus: »Ist zu klein«. Sie greift zur Pistole und schießt mich nieder. »Die Frau Mrotzek«, sie spricht meinen Namen richtig aus, »ist tot. Die kann nicht mehr essen und trinken.« Nun spielt sie mit der Uhr herum. Als ich Regeln setze: »Das ist kein Spielzeug«, wird sie zunächst unmerklich, aber unaufhaltsam wütender. Dabei zeigt sie autoaggressive Züge. Sie sticht sich mit einem Bleistift so fest in den Arm, dass Male zurückbleiben. Als ich versuche, sie zu schützen, und den Stift festhalte, ist sie schneller und stößt ihn mir kraftvoll in mein Bein. Wutverzerrt funkelt sie mich an. In meiner Not weise ich auf die Steifftiere. Sie saust zum

Affen, der erheblich größer ist als sie selbst, »sticht« ihm die Augen aus und malträtiert seinen Kopf. Selbstvergessen durchlebt sie einen Aggressionsdurchbruch.

Nun wendet sie sich den Barbiepuppen zu. Wie umgewandelt kommt sie mit den Barbies zu mir. »So schön«, sagt sie leise verzückt und spielt mit ihnen »Schmücken«. Dabei bezieht sie mich mit ein. Anna schmückt mich sehr sanft und fürsorglich liebevoll mit einem Stirnband. Sie kommentiert: »Ganz vorsichtig.« Deutlich zeigt sie die Abwehr der Aggression durch Ungeschehenmachen.

Annas Entwicklung verläuft laut elterlicher Einschätzung unauffällig. Mit einem Jahr besucht sie vier Stunden täglich einen Kindergarten, ist fortan sexueller Gewalt ausgeliefert. Sie zeigt keinen Unwillen. »Da hätte sie auch keine Chance gehabt, ich hätte gar nicht verstanden, warum sie da nicht hinwill« (Mutter). Mit zweieinhalb Jahren während einer zweimonatigen Pause vom Kindergarten wird sie von selbst trocken. Zurück im Kindergarten, nässt sie sofort wieder ein. Nach einer Trennung von der Mutter und der Aufdeckung der sexuellen Gewalt im Kindergarten kotet sie das erste Mal ein. Parallel dazu lebt sie heftige Fressattacken aus. Sie nimmt 5 kg in einem Monat zu. Da Anna in der ersten Begegnung deutlich gemacht hat, dass sie Tod mit »nicht mehr essen und trinken« verbindet, liegt die Hypothese nahe, dass die Aufdeckung der sexuellen Gewalt mit Todesdrohungen verbunden war, denen sie mittels der Fressattacken zu begegnen sucht.

Die Untersuchung zeigt folgenden Befund: Die kleine Patientin demonstriert in der ersten Begegnung deutlich ihre Autonomie, die nicht authentisch wirkt. Sie möchte alles »selbst bestimmen«. Dabei erscheint sie regellos und grenzüberschreitend. Auf Grenzziehungen reagiert sie mit aggressiven Attacken. Der zu mir hergestellte Kontakt ist ebenfalls aggressiv gefärbt. Nähe ist verbunden mit Angst und Aggression. Ihr aktueller intrapsychischer Konflikt wird deutlich: Ihre stete Überforderung bei dem Versuch, sich vor einer vernichtenden Umwelt zu schützen, sowie ihre vergebliche Aufforderung an die Eltern, für sie zu sorgen. Gleichzeitig erlebt sie weder Schutz noch Sicherheit durch ihre Eltern. Anna, auf der Entwicklungsstufe des magischen Denkens, muss annehmen, ihre Eltern wissen um die sexuelle Gewalt im Kindergarten und sind damit einverstanden. Schließlich wird sie von ihnen täglich dorthin gebracht. Das führt zu unkontrollierter Aggression und auch immer wieder zur Identifikation mit dem Aggressor, so zu sein wie er/sie.

Der Behandlungsverlauf

Die Therapie erstreckt sich über zweieinhalb Jahre und 160 Stunden bei einer Frequenz von zwei Stunden in der Woche. Die Eltern sehe ich alle vierzehn Tage, insgesamt vierzig Stunden.

Zu Beginn der Therapie verlangt Anna kategorisch die Anwesenheit der Mutter in den Stunden.

Wie oben angeführt, zeigt sich bereits in der ersten Begegnung eine Initialsituation, die sich fortsetzen wird: Beziehungen werden von der kleinen Patientin immer sowohl gewalttätig als auch liebevoll erlebt. In der ersten Therapiestunde werde ich brachial mit einem Holzkrokodil angegriffen. Schließlich blute ich. Anna stammelt selbstvergessen dazu: »So und so und so.« Dabei identifiziert sie sich wechselseitig mit dem Krokodil: »Das sind wir«, als auch dagegen: »Jetzt greift es mich an.« Das Tier beißt sie nun selbst. Ich versuche sie zu schützen, was auch gelingt.

Auch in der Gegenübertragung spüre ich deutlich helle Wut und kalte Ablehnung, wehre damit meine Hilflosigkeit ab. Inzwischen haben wir beide Angst bis hin zur Vernichtungsangst voreinander. Ich werde immer rigider. Meine therapeutische Kompetenz ist auf ein Minimum geschrumpft.

In einer anderen Stunde erinnere ich sie an das Stundenende. Da fliegt mir mit voller Wucht ein Wachsstift gegen die Stirn: »So, das hast du davon.« Sekundenverzögert greift sie zum nächsten. Ist sie einen Moment genauso erschrocken wie ich? Ich halte erneut ihre Hände fest, obwohl ich sie nicht schon wieder anfassen will. Sie jammert. Ich lasse sie los. Sie reibt sich ihre Gelenke, als hätte sie in einem Schraubstock gesteckt. Verflixt, was soll ich denn tun? Da bespuckt sie mich ganz gezielt. Lahm sage ich: »Das will ich nicht.« Die Mutter, die ich nur aus den Augenwinkeln wahrnehme, scheint zur Salzsäule erstarrt. Bei aller Agitation ist eine tiefe Traurigkeit im Raum …

Bei aller aggressiven Auseinandersetzung und dem Ringen um Beziehung entsteht in dieser Phase die Erschaffung von Körpergrenzen, inneren und äußeren. Fragen wie: Wo hört sie auf, wo fange ich an, finden eine Antwort. Dabei lernt Anna wie ein Baby und Kleinkind über Nachahmung.

Immer wieder rückt sie mir beim Vorlesen so auf die Pelle, dass sie mich verletzt. Diese Verletzungen wirken unbeabsichtigt. Ruhig sage ich zu ihr: »Hier beginne ich und da fängst du an.« Dabei zeige ich ihr meine Körperlinie und, ohne sie zu berühren, ihre. Neugierig und, wie mir scheint, gespannt beobachtet sie mich. Vorsichtig und sanft wiederholt sie meine Bewegungen. Die schmerzhaften Berührungen bleiben aus.

Schließlich kann Anna die Mutter in den Stunden entbehren: »Ich kann jetzt alleine zu dir kommen.« »Nachdem klar ist, dass ich alle deine Angriffe überstanden habe und trotzdem auf dich warte.« Sie lächelt.

Stundenlang lese ich vor. Aus dem Buch: Heimlich ist mir unheimlich, die Geschichte eines Mädchens, das erfolgreich einem Mann, der sie anfassen will, begegnen kann. Sie sitzt ganz dicht neben mir, fixiert mein Gesicht, Millimeter für Millimeter. Dann hört sie wieder intensiv, fast atemlos zu, um zu meinem Gesicht zurückzukehren. Ich fühle mich an innig verbundene Stillsituationen mit meiner Tochter erinnert. Wiederholt Anna frühe nonverbale Mutter-Kind-Situationen? Macht sie sich ein inneres positives Bild von mir?

Langsam beginnt sie beim Vorlesen zu malen. Mit der Aufdeckung des Missbrauchs, seit nunmehr neun Monaten, hat sie das Malen eingestellt. Ihre Bilder zeigen in erschrekkender Prägnanz ein zerstörtes Körperbild. Anna, ein sehr begabtes und kreatives Kind, kann lediglich fragmentierte Menschen und Kinder zeichnen. Der Kampf um Grenzen und Strukturen setzt sich fort, aber nicht mehr auf dieser unerbittlich aggressiven Ebene. Es ist für Anna wichtig, dass ich Dinge, beispielsweise Blumen, vor ihrer zerstörerischen Aggression schütze: »Wenn du selber auf die Blumen aufpassen kannst, bleiben sie auf dem Tisch stehen. Solange du das noch nicht kannst, so lange tu ich das für dich.«

Das Vorlesen wird zum Ritual. Ich werde einbezogen, sie hört meine Stimme, tauscht einen langen Blick mit mir. Dasselbe Buch, vier Geschichten. Mit dem Rücken zu mir, spielt sie erstmalig Koitusszenen. Ich darf und kann zunächst nichts sehen. Aber ich darf hören: »Ach, wie gut, dass niemand weiß, dass ich Rumpelstilzchen heiß«, und kläglich ruft sie: »Mami und Papi, wo seid ihr?« Sie nimmt eine Pistole, ich höre Gewuschel und: »Das sind die Kinder … alle wären gestorben.« Nun läßt sie mich zuschauen. Ich verstehe das als Aufforderung, nachzufragen: »Was machen denn die großen und kleinen Puppen da?« Nahezu affektlos schildert sie das erste Mal ihre sexuellen Gewalterfahrungen: »Die haben geheiratet und geschmust. Dann hat der den Pimmel in die Scheide gesteckt und am Pimmel genuckelt, die (zeigt auf Kinder) haben auch am Pimmel genukkelt …« Selbstvergessen: »Da war Nutella dran.« Ich: »Alle, die großen und die kleinen?« »Ja.« Pause. »Die Eltern sind jetzt alle tot …« Anna will nicht weiter drüber reden.

Deutlich zeigen sich hier die Folgen der sexuellen Gewalt, die in die vorsprachliche Entwicklung des Kindes zurückreicht als eine Verzerrung von Begrifflichkeiten wie Zärtlichkeit und Penetration, die emotional ebenso fatal verknüpft werden. Langfristig gilt es, den Wirrwarr von Gefühlen wie Liebe und Schmerz, Nähe und Gewalt, Vertrauen und Verletzung aufzulösen. Die beschriebene Szene endet in dem Bemühen um Heilung: Sie verarztet mich, eine prognostisch günstige Aussage.

In diesem Zusammenhang ergibt sich die erste bewusste körperliche Berührung ihrerseits. Anna streicht mir zart über den Arm. (Ihren gezeichneten Figuren fehlen die Arme.) Da Berührungen immer auch negativ konnotiert sind, halte ich fast den Atem an. Es folgt keine Aggression. Neues kann entstehen. Dennoch gehören Provokation und Grenzüberschreitung weiterhin zur therapeutischen Arbeit.

Erstmalig verbalisiert Anna Ärger über die Mutter (stellvertretend für beide Eltern). Sie schlägt vor: »Du bist die Mama, und ich wäre dein Kind.« Sie ist wütend auf die Mutter, und ich frage mich halblaut: »Hm, was die Mama wohl getan hat, dass das Kind so sauer auf die Mama ist?« Anna: »Ich höre dich jetzt gerade nicht.« »Du kannst es gar nicht haben, wenn ich vom Ärger über die Mama spreche?« »Ich bin gar nicht ärgerlich auf die Mama, sondern auf dich.« Pause. »Wir wären jetzt Tiermama und Tierbaby.« Die Tiermutter kümmert sich kaum um ihr Junges, versorgt es nur mangelhaft mit Nahrung. Erneut geht es um Ärger über die Mutter, und ich sage: »Vielleicht ist das Tierbaby ja so sauer auf die Mama, weil die Mama sich nicht richtig kümmert, es hat ja noch nicht einmal genug zu essen.« »Das muss es alleine machen.«

Anna, die meist über viele Stunden hinweg an einem Thema arbeitet, erfindet nun das Zwei-Mütter-Spiel: Sie symbolisiert die Bedürftigkeit von Mutter und Kind. Die gute, die versorgende, die »alles schön machende« Mutter mit Kind, die im Überfluss und in Heiterkeit lebt, spielt sie. Die negative, die bedürftige, die unzureichende Seite wird an mich delegiert. Anna demonstriert hier ein existenzielles Thema, die Spaltung in gute und böse Mutter. Geradezu zwanghaft wiederholt sie Stunde um Stunde die Zerstörung des negativen mütterlichen Hauses. Ich bleibe mit meinen Beschreibungen am Spiel, vermeide einen Bezug zur realen Mutter, spüre ihre Not und Verzweiflung. Ihre Erfahrungen der Einsamkeit, des Ausgeliefertseins, der Hilflosigkeit und der Gewalt. Immer wieder muss sie mich stellvertretend für sich selbst außen vor lassen. Zudem bekomme ich nie etwas, jederzeit kann sie mir alles nehmen, in mein Haus eindringen, es zerstören. Ich überlebe dies alles.

Anna hat Vertrauen entwickeln können. Gemeinsam mit mir hat sie sich wiederholende aggressive Akte überlebt und dabei kontinuierlich die Erfahrung einer Beziehungsfortsetzung machen können. Und das in einem klar strukturierten Rahmen, der Sicherheit impliziert. So kann die Reinszenierung früherer Beziehungserfahrung entscheidend modelliert werden.

Anna spielt nun vorzugsweise mit einem Tier-Pflanzen-Memory. Dabei geht es vor allem darum, zu den beiden Stapeln mit den Kartenpärchen eine Geschichte zu erzählen. Das ursprüngliche Spiel dient lediglich als Einleitung. Sie ist mir dabei immer deutlich überlegen und meint manchmal gönnerhaft: »Ach, Frau Mrotzek, das hast du doch schon drei Mal aufgedeckt, das ist hier.« Und ich darf es mir nehmen.

Zu diesem Zeitpunkt stirbt Hans, der Erzieher, der Anna und viele andere Kinder sexuell missbraucht hat, im Krankenhaus. Anna weiß darum. Ich werde von ihren Eltern telefonisch informiert.

In der darauf folgenden Stunde will sie wieder »Memory spielen«. Sie hat die meisten Pärchen und tauscht mit mir so, dass sie fast alle (Tier-)Kinder und Babys hat. Anna: »Die Kinder sind stark, die müssen versorgt werden, und die Eltern versorgen sie gut.« Sie beschwört diesen Satz wie eine magische Formel.

Ich soll eine Geschichte über einen Fisch, einen alten, hässlichen Karpfen, erzählen, »der wehgetan hat«. Sie sagt nicht wem. Ich sehe zunächst keine Verbindung zu ihrem Spiel und beginne zögerlich: »Das hier ist ein alter Fisch, der …« Sie ergänzt aufgeregt: »Der versteckt sich.« Ich fahre fort: »Aber alle suchen ihn.« Das nächste Tierpärchen sind Fuchsjungen. Anna drängt, die Tierbabys bei ihr zu lassen. Ich verstehe: »Der alte Fisch ist anscheinend für Kinder gefährlich?« Nun gibt sie mir viele ihrer Paare: »Die sollen den umzingeln.« »Der soll nicht mehr gefährlich sein können.« Während Anna und ich mit den verschiedenen Tierkarten den Fisch einkrei-sen, beschreibe ich: »Ah, das sind die Wespen, die können ste-chen …, das sind die Bienen, die können auch stechen …, das sind die Hirsche, die können …« Anna fällt mir ins Wort: »… stoßen, mit den Hörnern, hier!« Und so weiter. Immer wieder fragt sie drängend: »Was kann der alte Fisch jetzt machen?« Der Fisch ist völlig von wehrhaften Tieren umlegt. Alle Kinder sind außerhalb seiner Macht, und so beschreibe ich: »Der kann nicht mehr viel machen.« Anna: »Der stirbt jetzt.« Ich denke an Hans und frage vorsichtig: »Der stirbt jetzt …?« »Ja, wie der Hans, der ist auch gestorben, aber da kann niemand was für, der war ganz krank.« »Ja, auch du nicht, auch, wenn du ihm oft gewünscht hast, dass er endlich tot sein soll.« »Ich hab geweint.« »Du hast geweint? Wann?« »Als ich das gehört hab.« »Dass der Hans tot ist?« »Ja.« Pause. Etwas kleinlaut fährt sie fort: »Aber meine Nase kriegte danach rote Flecken.« (Ihre Umschreibung für eine Lüge.) Sie sieht mich ganz ernst an und sagt immer klarer und lauter: »Der kann niemandem mehr wehtun, wir brauchen keine Angst mehr zu haben.« Eine Mischung aus Angst, Schrecken und Erleichterung ist im Raum. Die Schuldgefühle sind verschwunden.

Über fast zehn Stunden hinweg symbolisiert sie den Tod des Peinigers im Memoryspiel, belebt Erinnerungen und überwin-det seine mit magischer Kraft ausgestattete Macht: »Das ist der alte Fisch, der hat wehgetan, der hat vor allem den Kleinen wehgetan.« Immer habe ich den Fisch in meinem Kartenspiel, Anna meidet ihn. Stunde um Stunde wird er erst von den an-deren Kindern, dann von ihr getötet. Im Affekt beißt sie in die Karte mit dem Fisch hinein, vernichtet ihn: »Der kann nicht mehr wehtun.« »Ja, Anna, und er hat jetzt ganz viele Verlet-zungen, so wie du zu Beginn der Therapie.« Sie erinnert sofort die erste Begegnung mit mir. Der Fisch stirbt viele Tode, im-mer wieder wird er auch verspeist. Anna regrediert noch ein-mal, bevor sie die Macht dieses Fisches, der nun immer Hans genannt wird und im Spiel dann auch zu Hans aus dem Kin-dergarten wird, überwindet. Ich verdeutliche für sie: »Du zeigst dem Fisch und nun auch dem Hans noch einmal deine ganze Wut. Der war so stark, aber jetzt bist du viel stärker. Er ist tot, und du lebst.« Unzählige Särge bastelt sie für ihn, beerdigt ihn, »ganz, ganz tief unten«, damit er nie wiederkommen kann.

Schließlich muss ich nicht mehr die Tierkinder und -babys schützen, Anna: »Das kann ich jetzt selber.« »Ja, du bist ganz groß und stark geworden. Damals im Kindergarten warst du ja erst ein Jahr und zwei und drei, aber jetzt bist du schon fünf.« Sie strahlt bei dieser zeitlichen Einordnung. »Ja, bald bin ich ein Schulkind«, der Inbegriff ihrer Vorstellung vom Großsein.

Im Zeitraffer kann sie jetzt konkret im Spiel mit Puppen, Detail für Detail, den Missbrauch demonstrieren. Trotz aller Widerwärtigkeiten und des Entsetzens ist das Gefühl der Überwindung vorherrschend. Immer wieder verweist Anna auf den Zusammenhang zwischen Zuneigung, sexueller Gewalt und Aggression. Sie wiederholt ihre Erfahrungen, die so der Bearbeitung zugänglich werden. Dabei ist sie ausgesprochen kreativ. Diese kleine Person kämpft mit all ihrer Kraft aktiv um ihre Gesundung und Überwindung ihrer Traumatisierung.

Neu ist eine exzessive Onanie Annas im Beisein der Eltern in der Öffentlichkeit, wie beispielsweise in einer Eisdiele oder in einer Warteschlange. Sie geht einher mit der Darbietung ihres Körpers. Anna wiederholt erneut den Vertrauensmissbrauch, versucht zu verführen, indem sie sich anbietet. Es ist verstehbar als eine Aufforderung an ihre Eltern, sie nicht mehr allein zu lassen, sie zu schützen. Außerdem regrediert Anna erneut, sie schlingt und stopft wieder. Als ich ihr Essverhalten mit ihrer Wut und ihrem Hass auf die Eltern verbinde, spielt sie eine Szene vor, in der eine Mutter ihr Kind schützen kann, es in seiner Not nicht allein lässt und seinen Wünschen entspricht. Parallel dazu redet sie zuerst mit ihrer Mutter, dann auch mit dem Vater darüber, warum sie sie Tag für Tag in den Kindergarten »zu Hans« gebracht haben. Noch ein wenig später wird sie sagen: »Das erzähl ich meiner Mama, die hilft mir jetzt auch.« Ich: »Ja, Mamas sind zum Helfen da.« Anna ergänzt: »Und Papas auch.« »Ja, wenn du Ärger hast oder Hilfe brauchst, dann kannst du das der Mama oder dem Papa sagen, die helfen dir.« »Ja, und die Frau X (ihre Klassenlehrerin) und die Frau Mrotzek.« Dabei lacht sie mich an. Mein Herz geht auf, und ich freue mich über den Zuwachs an Vertrauen in Anna und über ihre Zuneigung.

Vorausgegangen ist dieser Entwicklung die Differenzierung zwischen elterlichem Sexualverhalten und sexuellem Missbrauch. Anna fordert mich im Spiel mit Dinos – ich habe den Vater und die Mutter – viele Male auf »zu schmusen«. Deutlich ist Spannung spürbar, zumal sie sich als Dinokind im Kinderzimmer verbarrikadiert. Die Elterndinos sind zärtlich, sie streicheln und küssen sich vorsichtig. Anna, aufgeregt und verärgert, reißt sie mir aus der Hand und sagt: »Das ist nicht schmusen, schmusen ist so.« Damit zeigt sie eine Vergewaltigungsszene von Frau gegen Mann und Mann gegen Frau. »Das sollst du auch tun.« In mir ist Wut auch über die gezielte sprachliche Verwirrung, die Anna erlebt hat und die es gilt zurechtzurücken. »Also schmusen geht so, und das, was du gezeigt hast, ist kein Schmusen, das ist Wehtun. Zum Schmusen gehören zwei, die das möchten und schön finden und auch jederzeit wieder aufhören können.« Mit großen Augen, neugierig, sieht sie mich an. Das Dinokind frisst unterdessen den Schwanz vom Vater auf. Ich beschreibe: »Das Kind scheint böse auf den Vater zu sein.« »Ja, der hat einen Schwanz wie Hans.« »Alle Männer haben …« »… einen Schwanz.« Ich lasse das so stehen.

In derselben Stunde reden wir über ihre Erinnerungen, die sie immer wieder überfallen. »Weißt du, Anna, wenn wir gemeinsam über diese Erinnerungen, diese Bilder sprechen, dann können sie bald nicht einfach von selbst immer wiederkommen.« Sie holt ihre Eltern herein und sagt: »Hier, Mama und Papa sollen auch die Bilder sehen.« »Welche Bilder?« Zitternd versteckt sie sich hinter ihrem Vater, »das ist alles so gruselig«. Angst und Entsetzen stehen im Raum. Sie fährt fort:

»Damals habt ihr das gar nicht gesehen, das Gruselige mit dem Hans.« Ich sage: »Da warst du oft böse auf den Papa, heute kannst du dich hinter ihm verstecken und darauf vertrauen, dass er dir hilft.« Sie fordert energisch: »Seht euch das alles ganz genau an!« »Jetzt sehen wir, und wir können dir helfen«, betone ich.

Während ich auf ihren Wunsch hin das Märchen »Die sechs Schwäne« vorlese, sagt sie 25 Minuten lang ungewohnterweise kein Wort. Ich sehe sie fragend an. Sie sagt sinnend: »Ich war doch wie das Mädchen.« »… das sechs Jahre nicht sprechen und nicht lachen darf.« Wie treffend sie ihre Situation beschreiben kann. Nun wird sie sehr müde und legt sich auf die Couch. Liebevoll decke ich sie zu und sage: »Das, was wir hier besprechen, und das, was du erlebt hast, ist auch ganz anstrengend. Aber jetzt kannst du ausruhen, ich passe hier auf dich auf, und das Böse ist vorbei.«

Anna, die im »Kleine Schwester, große Schwester«-Spiel immer die große spielen muss, verdeutlicht ihre Schuldgefühle kleineren Kindern gegenüber, die sie vor der sexuellen Gewalt nicht schützen konnte: »Ich war damals schon dreieinhalb, aber die Rebecca war erst eineinhalb.« »Ja, Anna, du warst zwei Jahre älter als sie, aber du warst trotzdem noch viel, viel kleiner als der Hans.« In diesem Zusammenhang werden auch ihre Schuldgefühle darüber, mitgemacht zu haben, erneut deutlich. Nachdem wir das im Spiel wiederholt bearbeitet haben, die ganze Macht des Erwachsenen auch noch einmal deutlich wurde, kann Anna sich mit beiden Schwesternrollen identifizieren.

Der Fisch, der nach wie vor zu Beginn jeder Therapiestunde ritualisiert sterben musste, wird von ihr »vergessen«.

Der letzte Abschnitt der Therapie beinhaltet die Trennung von mir. Anna tituliert mich zwar liebevoll, aber dennoch abgrenzend: »Du blöde, alte Kuh.« Sie beginnt laut darüber nachzudenken, wie es denn wohl ohne Therapie wäre: »Weißt du, Frau Mrotzek, ich bin jetzt ja in der Schule, und dann will ich mal mit einem anderen Kind spielen, oder ich wäre zum

Kindergeburtstag eingeladen.« Wir überlegen gemeinsam, wann die Therapie beendet sein kann. »... zu den Ferien ... und noch einmal danach ...«

Die verbleibende Zeit nutzt sie zielstrebig, wie sie es nennt, »um im Affentempo noch einmal alles zu spielen, aber neu.« »Ja, Anna, das Alte ist Vergangenheit und das Neue ist jetzt.«

In der letzten Stunde schenkt mir Anna ein Bild: »Das ist ein Schiff im Meer mit besonderen Fischen, die gehören dir ...« Auf dem Schiff feiern wir ihren siebten Geburtstag.

Zusammenfassung

Annas Entwicklungsbild zu Beginn der Kinderanalyse hat etwas von einer »Als-ob«-Persönlichkeit. Authentizität scheint wenig gegeben. Erhebliche Autonomieleistungen, die sich jederzeit in Gewalt verwandeln können, eine latente Überforderung versus Hilflosigkeit und Einsamkeit sowie Aggressionsdurchbrüche und Autoaggression bestimmen Anna.

Die Traumatisierung durch die sexuelle Gewalt ist gekennzeichnet von existenzieller Angst, Schmerz, Ohnmacht und überflutenden Sinneswahrnehmungen, die von Anna weder sprachlich einzuordnen sind noch mittels der Sprache distanziert werden können. Der Missbrauch beginnt so früh, in präverbaler Zeit.

In der Therapie symbolisiert sie sofort ihre Vernichtungsangst, die mit neuen Erfahrungen einhergeht: Sie wird mit ihrer Angst und Aggression gehalten und kann sich geschützt fühlen. Ausgelöst durch den Tod des Misshandlers und nach Überwindung seiner Macht kann sie Detail um Detail der sexuellen Gewalt erinnern. Sie benennt, hinterfragt, lernt zu differenzieren.

Unerlässlich dafür ist der Ausdruck ihrer immensen Wut und Aggression. Auch hier bedarf sie der therapeutischen Unterstützung. Für Anna ist entscheidend, dass unsere Beziehung selbst abgrundtiefen Hass und heftigste Wutattacken impliziert und überleben kann. Danach ist es ihr möglich, auch solche Affekte ihren Eltern gegenüber zu zeigen und mit den Eltern gemeinsam zu überleben. Die Traumatisierung dieses kleinen Mädchens ist u. a. dadurch zu heilen, dass die Therapeutin die ganzen gebündelten Affekte der Patientin aushalten kann, ohne Bezugspersonen zu diskreditieren, was enorme Loyalitätskonflikte nach sich ziehen würde.

Neben der Arbeit mit den Affekten wie Wut und Zorn ist es wichtig, sich, abhängig vom Entwicklungsstand der kleinen Patientin, mit ihren Schuldgefühlen auseinander zu setzen. Schuldgefühle, die aus der Verantwortung dem Täter und den noch kleineren Kindern gegenüber entstehen. Sie müssen transparent und benannt werden.

Immer wieder ist in der Therapie von Grenzziehungen die Rede. Strukturgebung ist unerlässlich, da sie sowohl der Therapeutin als auch der Patientin Schutz bieten. Schutz vor beidseitigem Agieren, angeboten von der Patientin, die in der Wiederholung der Missbrauchssituation und Übernahme der Opferrolle immer wieder versucht zu verführen.

Abschließend kann ich sagen, dass eine Reduzierung des Kindes auf das Trauma in der Therapie kontraindiziert ist und dass Anna den Prozess ihrer Heilung aktiv und kontinuierlich vorangetrieben hat. Über weite Strecken war ich lediglich ihre Begleiterin.

Literatur

Baumgart, U.: Kinderzeichnungen – Spiegel der Seele. Zürich 1985.
Cohn, Y.: Kindesmisshandlung und ihre Verheimlichung durch Kinder mit Borderline-Persönlichkeitsstörungen. Zeitschrift f. psychoanal. Theorie und Praxis, VIII, 3/1993.
Dirks, L.: Die liebe Angst. Hamburg 1986.
Fenichel, O.: Psychoanalytische Neurosenlehre. Freiburg 1974.
Ferenczi, S.: Ohne Sympathie keine Heilung. Das klinische Tagebuch von 1932. Frankfurt a. M. 1988.

Ferenczi, S.: Sprachverwirrung zwischen dem Erwachsenen und dem Kind. In ders.: Schriften zur Psychoanalyse. Frankfurt a.M. 1970.

Gebrüder Grimm: Kinder- und Hausmärchen. Heimberg b. Wien 1982.

Hirsch, M.: Realer Inzest. Psychodynamik des sexuellen Missbrauchs in der Familie. Berlin/Heidelberg/New York 1987.

Schubbe, O.: Therapeutische Hilfen gegen sexuellen Missbrauch an Kindern. Göttingen/Zürich 1994.

Steinhage, R.: Sexuelle Gewalt – Kinderzeichnungen als Signal. Hamburg 1992.

Wachter, O.: Heimlich ist mir unheimlich. Berlin.

Winnicott, D.W.: Vom Spiel zur Kreativität. Stuttgart 1987.

Therapeutische Arbeit mit Tätern

Ruud Bullens

Behandlung von Inzesttätern[1]

In den westeuropäischen Ländern gibt es kaum Erfahrungen mit der Therapie von Inzesttätern, während in den Vereinigten Staaten schon seit Jahren Behandlungen durchgeführt werden. Nach einer Periode der ausschließlichen Zuwendung zu den Opfern richtet sich nun allmählich auch in den Niederlanden, Belgien, Deutschland und Skandinavien die Aufmerksamkeit auf Täter von Sexualdelikten. Die sicherlich berechtigte Sorge, dass die Arbeit mit den Tätern auf Kosten der Opfer gehen könne, hat sich zumindest für die Niederlande nicht bestätigt. Es entwickelt sich vielmehr neben der Hilfe für das Opfer und den nicht missbrauchenden Elternteil ein weiterer Zweig: der der Behandlung von Tätern. Es zeigt sich, dass Hilfen für das Opfer und den Täter sich nicht widersprechen, sondern sogar zum Vorteil für das Opfer sein können, wie ich später noch zeigen werde. [1]

Zu Beginn der Arbeit mit einem Täter stellt sich die Frage nach dem Sinn der Behandlung und ob eine Gefängnisstrafe nicht angebrachter wäre. Verdienen Täter überhaupt Mitleid? Gefühle der Abscheu sind verständlich, helfen jedoch nicht.

In meiner Praxis wollen gerade die Opfer des sexuellen Missbrauchs nicht, dass der Vater, Bruder oder irgendein anderer Täter ins Gefängnis kommt. Sie wollen nur, dass der Missbrauch für immer aufhört (!). Angesichts der Tatsache, dass Täter gewöhnlich mehrere Kinder missbrauchen, zeigt sich auch hier die Notwendigkeit der Therapie.

---

1 Überarbeitung von Katharina Klees.

Wer ist nun »der« Täter?

In der Literatur findet man kein eindeutiges Persönlichkeitsprofil des Täters. Man weiß, dass er in allen Bevölkerungsschichten, in allen ethnischen oder religiösen Volksgruppen anzutreffen ist. Wie jedes andere psychologisch erfassbare Verhalten auch, entsteht der Missbrauch aus dem Zusammenwirken von spezifisch persönlichen Eigenschaften und situativen Umständen.

Neben diesem psychologischen Erklärungsmodell stehen feministische Aussagen über die Ursachen von sexuellem Missbrauch, die vor allem in der männlichen und weiblichen Sozialisation gesehen werden. Männer seien die Machos, Frauen ernähren, pflegen und sorgen für die Kinder. Bereits ein Junge lerne, Macht auszuüben, was die Mehrzahl der Männer unter den Tätern erkläre.

Obwohl deutlich wird, dass es keine Persönlichkeitsbeschreibung des Inzesttäters gibt, kann doch einiges über die Hintergründe von Tätern angeführt werden, die – dies sei hier ausdrücklich betont – nicht als Rechtfertigung ihres Verhaltens angesehen werden sollen.

Die meisten Täter haben in ihrer Kindheit Verwahrlosung, Vernachlässigung und emotionale Deprivation erfahren. Dementsprechend ist ihr Selbstbild sehr negativ. Es zeigt sich, dass sie ein großes affektives Nachholbedürfnis haben, da sie in ihrer Kindheit zu wenig Wärme und Liebe bekamen. Sie leben oft in der Vorstellung, sich Erwachsenen gegenüber beweisen zu müssen. Je mehr sie dies als Kind versuchten, desto öfter wurden sie zurückgewiesen, was ihr Bedürfnis nach Nähe anwachsen ließ. Wenn sie Zuwendung erhielten, dann höchstens für viel zu kurze Zeit, was zur Unfähigkeit führte, längerfristige Beziehungen einzugehen oder Intimität zu erleben.

Obwohl man weiß, dass viele Täter selbst Opfer von sexuellem Missbrauch gewesen sind, gibt es keinen linear-kausalen, höchstens einen korrelativen Zusammenhang zwischen Opfersein und Täterschaft. Eigene Betroffenheit, um das noch mal zu betonen, ist keine Rechtfertigung, wenn auch eine Tatsache für spätere Täterschaft (nach Groth 1983 sind ca. 30 % der Täter selbst Opfer von sexuellem Missbrauch gewesen).

Welche Macht oder Autorität Inzesttäter objektiv darstellen mögen, fest steht, dass sie ohnmächtig und unfähig im Umgang mit Beziehungen, Sexualität und Intimität sind. Im Hinblick auf ihre affektiven Bedürfnisse sind sie auf einem kindlichen Niveau stehen geblieben. Aufgrund langjähriger Erfahrungen wage ich zu behaupten, dass sie *alle* kindlich sind und nur aus egozentrischen Bedürfnissen heraus denken, empfinden und handeln können.

Der empfundene Mangel wird durch Missbrauch kompensiert, wobei Selbsttäuschung, Bagatellisierung und Rationalisierung eine wichtige Rolle spielen. Die Machtausübung setzt sich durch Verführung oder massive Bedrohung des Opfers fort. Der Missbrauch richtet sich gegen Kinder, weil sie sich mit dem Täter auf selbem emotionalen Niveau befinden. Der Missbrauch ist oft eine Projektion der eigenen Bedürfnisse. Machtausübung sichert die Überlegenheit, die schon aufgrund des Alters- und Autoritätsunterschiedes vorhanden ist. Verantwortung trägt auch bei scheinbar freiwilligem Mitmachen immer der Erwachsene, da das Opfer nicht in der Lage ist, die Folgen für sein späteres Leben abschätzen zu können.

Bedrohung, Einschüchterung und Verführung sind immer integraler Bestandteil des Missbrauchs. Aussagen wie »Es geschah mit mir« oder »Sie wollte es so«, sind als nachträglich, irrelevante Rationalisierungen zu deuten.

Welchen Gewinn zieht der Täter aus dem Missbrauch?

Täter sagen, dass der Missbrauch während eines kurzen Augenblicks ein Gefühl von Ganzheit vermittelt, wobei der Täter nicht über die schrecklichen Folgen des Missbrauchs für das Opfer nachdenkt. Nach dem Missbrauch kommt es dann sofort zur Verleugnung der Tat. Verleugnung gehört zur Täterschaft, Verleugnung der eigenen Gefühle und der des Opfers.

Jeder Täter führt ein perfektes Doppelleben. Würde er nicht leugnen, bliebe ihm, krass gesprochen, nur der Selbstmord.

Verleugnung bedeutet, die Verantwortung abzulehnen, den Schein zu wahren. Nimmt man ihm diese Fassade, bleibt ihm nur sein negatives Selbstbild, das eines Verbrechers, der Kinder zur Befriedigung seiner Bedürfnisse missbraucht. Dann käme die Depression, die wiederum zur Verleugnung führt, und dann käme der erneute Missbrauch. Die Gefahr der Entwicklung zu einer Sucht besteht durchaus.

Das Geständnis und die Verleugnung

Auch wenn in den letzten Jahren die ungleichen Machtverhältnisse zwischen Männern und Frauen als Erklärung für sexuellen Missbrauch herangezogen wurden, möchte ich mich auf die wichtigsten psychologischen Faktoren beschränken.

Das Wesentliche einer andauernden Täterschaft liegt in ihrer Verleugnung sowie in der Machtausübung gegenüber dem Opfer, die sich in Geringschätzung äußert. Das Opfer wird zum Objekt, zum Gegenstand der Befriedigung eigener Bedürfnisse. Diese Beziehung zum Opfer muss ebenfalls geleugnet werden. Es kommt zu einer doppelten Verleugnung: eine im Hinblick auf das Opfer als Person und eine im Hinblick auf die verübten Taten. Eine Therapie muss dahin zielen, diese Verleugnung ganz oder zumindest teilweise aufzuheben. Es geht neben der Verantwortungsübernahme in Bezug auf die Tat auch um die Anerkennung des Opfers, was bedeuten würde, dass die Tat aus seiner Perspektive betrachtet würde. Ziel einer Therapie ist deswegen die Erlangung von Empathie.

Das Geständnis

Gestehen bedeutet, eine begangene Tat zuzugeben und die Schuld anzuerkennen. Wenn ein Sexualverbrechen verübt wurde und eine Behandlung folgen soll, kommt dem Geständnis eine wesentliche Bedeutung zu. Ohne Geständnis keine Behandlungsmöglichkeit. Wenn sexueller Missbrauch stattgefunden hat und der Täter dies zugibt, ist der erste Schritt in Richtung Verantwortungsübernahme getan und somit die Anerkennung des Opfers gegeben. Erst ein Schuldbekenntnis führt zur Anerkennung des Opfers.

Zwischen dem Geständnis und dem Leugnen befindet sich eine Grauzone, die wir »Graugestehen« nennen wollen. Dies drückt sich zunächst in Bagatellisierung aus, was in zweierlei Weise geschehen kann.

Einmal durch das Herunterspielen der verübten Taten und zum anderen der Folgen für das Opfer. Bagatellisieren bedeutet trotzdem ein minimales Geständnis. Die Rationalisierung kann als weitere Form des Graugestehens genannt werden, die sich wieder in zwei Weisen ausdrücken kann. Die Taten werden anerkannt, aber die Schuld entweder abgestritten oder externalisiert. Die Verantwortung wird auf die »tragische Jugend«, die »verführende Tochter«, die »abwesende Mutter« oder die Notwendigkeit zur »Sexualerziehung der Tochter« geschoben.

Wenn die Schuld zurückgewiesen wird, handelt es sich um eine äußerst widerspenstige Problematik, mit der ein Therapeut nur schwer arbeiten kann. Hierbei handelt es sich um eine geleugnete Anerkennung, die in verschiedenen Ausprägungen auftreten kann.

Die unterstützte Verleugnung:
Eine höhere Macht oder Instanz wird als einflussreicher gesehen als die eigene Handlungsfähigkeit. Schon in der Bibel stehe geschrieben, dass männlicher Samen nicht vergeudet werden dürfe. So sei es besser, den Samen in der Tochter zu

vergießen, als ihn wie Onan zu verschwenden, mag der Täter argumentieren.

Die idealisierte Verleugnung:
Der sexuelle Missbrauch wird als eine Form positiver Kontaktaufnahme gewertet. So beschreibt ein Täter das langjährige »Verhältnis« zu seiner Tochter als »die beste Ehe, die er je innerhalb der Familie hätte schließen können«. Auf romantische Art erzählte er von der Bedeutung der Tochter für ihn. Diese auf die Tochter projizierte Sehnsucht machte ihn zum Gefangenen.

Die interpretative Verleugnung:
Diese Art der geleugneten Anerkennung zeigt sich in der unterschiedlichen Interpretation objektiv gleicher Tatsachen. Ein Täter z.B. nannte die inzestuösen sexuellen Handlungen an seiner Tochter »Hilfe bei der Verarbeitung einer erfahrenen Vergewaltigung«. Die Tochter beurteilte die Handlungen des Vaters als ein »Mehr des Gleichen«, was sie an jahrelangem Missbrauch durch ihn erlebt hatte.

Das Zeitgeistphänomen:
Oft handelt es sich hierbei um Täter in mittlerem Alter, die auf die sexuelle Revolution der sechziger Jahre hinweisen. In Holland sagt man: »Nichts muss, alles darf.« Manchmal können die Täter noch genau die Stellen benennen, wo über die achtjährige Cousine geschrieben wurde, die es herrlich fand, von ihrem dreißig Jahre alten Onkel betastet zu werden. Die Sexualmoral der sechziger Jahre wird als Argument für den Missbrauch angeführt.

Nach dem Bagatellisieren und Rationalisieren liegt noch eine dritte Form innerhalb der Skala des Graugestehens. Das Nichtrealisieren ist ein Phänomen, das man vor allem bei sehr kindlichen, emotional unreifen Tätern vorfindet. Bei der Aufdeckung des Missbrauchs neigen sie erst zur Leugnung, geben jedoch häufig unter dem Druck der Umstände die Taten zu. Bei diesen Tätern kann ein Bewusstseinsprozess während der Behandlung in Gang gesetzt werden, indem die Folgen für die Opfer nachempfunden werden. Die Praxis zeigt, dass diese Täter gut auf eine Therapie ansprechen.

Das Phänomen der Täterdissoziation bildet wohl die schwierigste Variante innerhalb des Graugestehens. Es besteht häufig eine Spaltung zwischen Körper und Geist, wodurch Gefühle abgewehrt und der Realitätssinn gestört werden. Diese Täter »vergessen« im wahrsten Sinne des Wortes den sexuellen Missbrauch, und demzufolge kann von Missbrauch auch nicht die Rede sein, da sie sich nicht erinnern können. Bestenfalls übernimmt ein Täter die Verantwortung, indem er den Aussagen des Opfers Glauben schenkt, »wenn das Opfer es so behauptet, wird es wohl geschehen sein«.

Innerhalb der Therapie sind solche Dissoziationen schwer zu behandeln, da es um das integrierende Akzeptieren sowohl in kognitiver wie emotionaler Hinsicht geht und die Übernahme der Verantwortung für die Taten.

Die Verleugnung

Das Leugnen des sexuellen Missbrauchs ist ein weit verbreitetes Phänomen, dem eine wichtige Funktion zukommt. Wie Opfer noch nach vielen Jahren mit den sogenannten *post*traumatischen Stressstörungen kämpfen, so entscheiden sich Täter im Augenblick der Aufdeckung innerhalb von Sekunden, ob sie gestehen oder leugnen. Dies könnte man als *prä*traumatische Stressstörung bezeichnen. Rasch werden in einer Bilanz Gewinn und Verlust gegeneinander abgewägt. Verluste überwiegen grundsätzlich; im Bereich Ehe, Familie, Beruf, Prestige, soziales Umfeld. Dies bestimmt die Wahl zwischen Geständnis und Verleugnung. In manchen Fällen glaubt der Täter im Verlauf der Leugnung an seine Unschuld.

Der Ausstieg aus der Täterschaft geht über die Übernahme der Verantwortung für die Taten und die Anerkennung des Opfers. Die widerspenstigen Gegner am Anfang eines Therapieprozesses sind rollenstereotype Fixierungen (»Männer sind halt diejenigen, die Entscheidungen treffen«) oder Auffassungen zum Erleben des Opfers (»Sie sagte doch immer, dass sie mich am liebsten hätte«). Normalerweise machen Täter sich keinerlei Gedanken über das Empfinden der Opfer. Schließlich hatte das Opfer auch seinen Anteil, war nett zum Täter gewesen, kam ihm entgegen, wehrte sich nicht, was als Zustimmung gedeutet wird.

Verleugnung ist ein hartnäckiges Problem. Ein Täter aus meiner Behandlung beschrieb auf treffende Weise, wie sich seine gesamte Persönlichkeit um diese Verleugnung herum bildete, sogar umbildete. Er war damit verwachsen und nur noch mit Spurenverwischen beschäftigt. Sein ganzes Verhalten richtete sich darauf aus, ein Alibi zu finden. Alles stand im Zeichen des großen Geheimnisses, des Verbergens der Taten. Für die Therapie ist ein Geständnis oder wenigstens ein Teilgeständnis notwendig, um überhaupt in die Phase der Anerkennung des sexuellen Missbrauchs und der Anerkennung des Opfers überzugehen.

Behandlungsmethoden

Ein früherer Häftling sieht mich an. Er hat vier Jahre Gefängnis wegen bewaffneten Raubüberfalls hinter sich. »Und«, frage ich, »wie werden nun die Inzesttäter von den anderen Gefangenen beurteilt?« Mit verächtlichem Blick in den Augen meint er: »Ein guter Einbruch, das ist eine Sache. Von Kindern aber soll man lieber die Pfoten lassen. Inzesttäter sind die übelsten Leute, die es gibt; die stehen ganz unten; wenn's irgend möglich ist, kriegen die Krach mit jedem. Unter Gefangenen gibt es eine Rangordnung, wenn sie verstehen, was ich meine.« Ich nicke.

Mein Kollege sieht mich an. Hinter ihm liegen vier Jahre Therapieausbildung. »Und«, frage ich, »wie beurteilst du nun Inzesttäter?« Mit verächtlichem Blick in den Augen meint er: »Das sind die Übelsten, die es gibt. Von mir aus müssten die direkt ins Gefängnis. Mit Kriminellen will ich nichts zu tun haben. Dieser Unsinn der auferlegten Behandlung taugt sowieso nichts. Ich habe da so meine Prioritäten. Wenn du verstehst, was ich meine.« Ich nicke.

Wenn ich ihn richtig verstanden habe, haben auch Therapeuten eine gewisse Rangordnung, für die sie einen sozialwissenschaftlich akzeptierten Ausdruck gefunden haben (z. B. »ranking« aus der Gruppendynamik). Wie wohl jeder in unserer Gesellschaft haben auch sie Schwierigkeiten bei der Behandlung von Inzesttätern.

Ein normales therapeutisches Verhältnis zeichnet sich durch eine gewisse Gleichrangigkeit innerhalb einer Dyade aus. Der Patient empfindet einen Leidensdruck und die Bereitschaft, sich zu verändern. Der Therapeut bietet als »change agent« seine Hilfe bei dieser Veränderung an. Hilfe erfolgt auf Nachfrage, beides liegt auf einer Linie.

Wie anders ist doch das therapeutische Verhältnis zu einem Sexualstraftäter. Der Therapeut muss zwischen der gesellschaftlichen Ordnung, die Genugtuung fordert und der in der Regel auferlegten Pflicht zur Hilfeleistung für den Täter lavieren. Neben den therapeutischen Fähigkeiten und Kenntnissen über Täter von sexuellem Missbrauch geht es in erster Linie um eine richtige – positive – Einstellung des Therapeuten. Er bringt sich als Medium ein, er ist das wichtigste therapeutische Mittel.

Auch die Tabuisierung des Phänomens Inzest musste eine Anzahl von Phasen durchlaufen (Verleugnung, Betäubung, Bosheit, Integration), ehe es eine akzeptierte Tatsache wurde. Analog zu diesen Phasen läuft auch der Therapieprozess mit dem Täter. Am Anfang der ersten Phase befinden wir uns stets bei der Verleugnung und der Abwehr. Nur wenige Therapeuten wagen in der Behandlung die nächste Phase in Angriff zu nehmen. Abscheu und Widerstand gegen die Arbeit mit Tä-tern herrschen noch immer vor.

Viele vertreten einen ethischen Standpunkt, wonach nur derjenige Hilfe erhält, der danach verlangt. Und da Täter häu-fig leugnen, bagatellisieren, unmotiviert sind und die Hilfeleis-tung infolgedessen als Verpflichtung empfinden, sehen sich die Tätertherapeuten als Verlängerung der Justiz, die Behandlung als einen Verstoß gegen ihre ethischen Überzeugungen.

Ein anderer Teil verhält sich normativ. Sie stellen sich neben den Richter oder den Staatsanwalt und machen mit dieser Identifikation eine Behandlung fast unmöglich.

Die wichtigste Voraussetzung ist wohl, daß der *Therapeut* zur Therapie bereit sein muss, wenn auch mit einem verstohle-nen Blick in Richtung Justiz, da die Therapie vorzugsweise in einen rechtlichen Rahmen eingebunden sein sollte. Der Täter erhält die Wahl zwischen dem regulären Strafvollzug oder der Akzeptanz einer Behandlung.

Bedingung wäre demnach ein (teilweises) Geständnis der strafbaren Taten. Hierzu sollte der Täter über ein gewisses Maß an Selbstreflexion verfügen. Ein ausreichender Grad an Intelligenz muss vorausgesetzt werden, um die Teilnahme an einem Behandlungsprogramm gewährleisten zu können. Außerdem sollte der Täter sein Einverständnis geben. Er sollte weder drogen- oder alkoholabhängig noch psychotisch sein.

Das Prinzip des Leidensdrucks als Motivation für eine The-rapie wird bei Tätern aufgegeben und durch die Bereitschaft zur Mitarbeit ersetzt. Die Frage lautet nun: *Ist der Patient mo-tivierbar?*

Am Anfang der Therapie steht ein eher funktionales Ver-hältnis. Dem Täter bedeutet die Behandlung nur ein Weniger an Verlust im Vergleich zu einer Gefängnisstrafe. Er wird nicht aus dem Beruf entlassen, er erleidet keinen Gesichtsverlust in seinem sozialen Umfeld, unter Umständen kann er sogar sein Familienleben fortsetzen, sofern der Schutz des Opfers sicher-gestellt ist.

Wenn auch viele Therapeuten nicht bereit sind, einen schmerzloseren Ersatz für eine Haftstrafe anzubieten, so hat die Behandlung von Tätern neben allen Nachteilen auch einen entscheidenden Vorteil: Sie ist ein wichtiger Beitrag zur Vorbeugung gegen weiteren sexuellen Missbrauch und somit eine Form der Prävention.

Behandlungsziele

Ohne hier näher darauf einzugehen, soll klargestellt werden, dass die Tätertherapie nur eine Spur einer mehrdimensionalen Behandlung der gesamten Familie ist, wobei das Opfer, die nicht missbrauchende Partnerin und die Geschwister und eben auch der Täter schließlich einen eigenen Therapeuten haben.

Am Anfang jeder Tätertherapie steht die Frage nach den Behandlungszielen und den zur Verfügung stehenden Methoden. Der Erfolg einer Therapie hängt von den zu erreichenden Zielen ab. Deswegen sollte sich ein Therapeut keine unerreichbaren Ziele stecken. Ich habe z. B. bei einer Therapie niemals eine Persönlichkeitsveränderung des Täters im Auge.

Sexueller Missbrauch ist, wie schon festgestellt, ein unbewusster oder bewusster Ausdruck der Auffassung von Sexualität, von der Rolle des Mannes und der Frau. Die Änderung dieser Auffassung ist somit auch das Ziel von Therapie, damit der sexuelle Missbrauch oder die sexuelle Gewalt aufhören kann.

Der erste Schritt in der Behandlung spielt sich zugleich auf mehreren Ebenen ab und gibt Strukturen vor. Hierbei seien vor allem die Besprechung von Maßnahmen erwähnt, die nicht mit den Interessen des Opfers im Widerspruch stehen. Feststehende Regeln werden unwiderruflich mit dem Therapieprogramm verbunden. Schließlich werden die benötigten Auskünfte zu den strafbaren Handlungen eingeholt, damit keine Missverständnisse über den tatsächlich stattgefundenen Missbrauch zwischen Therapeut und Täter entstehen.

Erst im nächsten Schritt geht es darum, die Verantwortung übernehmen zu lernen. Ziel dieser Therapiephase ist die Beschuldigung des Täters bei gleichzeitiger Entschuldigung gegenüber dem Opfer. Nach meiner Erfahrung spielt die Beschuldigung bzw. die Belastung des Täters jedoch von Anfang an eine wesentliche Rolle in der Therapie. Man sollte aber darauf achten, nicht zu schnell zur Entschuldigung gegenüber dem Opfer überzugehen. Die Gefahr einer vorgegebenen, halbherzigen Entschuldigung aufgrund kognitiver Verantwortlichkeit ist sonst zu groß. Häufig ist das Oper auch in seinem eigenen Heilungsprozess noch nicht in der Lage, eine Entschuldigung anzunehmen.

Für jede Behandlung therapeutischer Intervention ist ein sorgfältiges »Timing« der Entschuldigung wichtig. Erst wenn ein Täter eine akzeptierende oder integrierende Verantwortungsübernahme signalisiert, kann eine Entschuldigung des Täters gegenüber dem Opfer stattfinden. Erreicht ein Täter dieses Stadium nicht, bleibt zu überlegen, ob der Therapeut diese Aufgabe übernimmt, damit das Opfer in seinem Verarbeitungsprozess voranschreiten kann.

In einem dritten Schritt lernt der Täter, den Missbrauch aus der Perspektive des Opfers zu sehen, sich in das Opfer hineinzuversetzen. Damit haben Täter große Schwierigkeiten, weil sie bisher nur aus eigenen Bedürfnissen heraus handelten. Das richtige und intensive Durcharbeiten dieser Phase ist wesentlich für die weitere Therapie. Um die Erlebnisfähigkeit zu verstärken, sollte der Täter auch Berichte des Opfers lesen; authentische Dokumente, in denen die peinlichen Folgen des Missbrauchs aufgedeckt werden. Diese werden sorgfältig mit dem Täter besprochen.

In der vierten Therapiephase steht die Klärung der Missbrauchssituation, die Analyse der vorausgehenden und sich daraus ergebenden Faktoren, die zum Missbrauch geführt haben bzw. die den Missbrauch aufrechterhielten. Neben allgemeinen Umständen, wie einer schlechten Kindheit, Alkoholmissbrauch, schlechten Wohnmöglichkeiten, Berufssituation,

Arbeitslosigkeit oder der Abwesenheit der Partnerin (z. B. wegen Krankheit), die von Tätern als Rationalisierungen angeführt werden können, um die Missbrauchssituation zu erklären, soll immer auch auf die Sexualität eingegangen werden. Es ist bestürzend, dass manche Tätertherapien beendet wurden, ohne dass jemals über die Sexualität gesprochen wurde.

Neben dem Sexualerleben des Täters betrachte ich immer auch die psychosexuelle Entwicklung. Ein Punkt, der immer behandelt wird, ist der Unterschied der erotischen bzw. sexuellen Attraktivität von Kindern im Vergleich zu Erwachsenen. Ich bin der Überzeugung, dass das Begreifen dieses Unterschiedes den Erfolg oder Misserfolg verschiedener Behandlungen mitbestimmt. Täter, denen der Unterschied bewusst wurde, konnten erst da erkennen, wie sehr sie die jugendlichen Opfer mit der Befriedigung ihrer eigenen, erwachsenen Sexualität belastet haben.

Daneben wird ausführlich auf das Sexualitätsbewusstsein, die Erregungssequenz des Täters eingegangen. Welcher Reiz führte zu welchem Verhalten? Was hat sich vorher abgespielt? In dieser Phase werden die Verhaltensmuster bzw. -sequenzen, die letztendlich zum Missbrauch führten, analysiert und andere Strategien erlernt, um Wiederholungen vorzubeugen.

Das Ziel der endgültigen Beendigung des aktuellen und zukünftigen Missbrauchs wird auf einer kognitiven, emotionalen und Verhaltensebene erreicht. In bestimmten Fällen wird dieses Ziel nur auf einer Verhaltensebene erreicht, wenn der Täter aus Angst vor Strafe aufhört. Vielleicht hat eine Woche im Gefängnis ihn schon so verschreckt.

Eine völlig integrierte Veränderung ist sicherlich ideal, aber sie ist kein Ziel an sich.

Möglich wäre zum Abschluss auch eine Gruppen-, Partneroder Familientherapie.

Ich bin der festen Überzeugung, dass eine Behandlung sinnvoller als eine Gefängnisstrafe ist. Die Effektivität einer Therapie schätze ich als sehr groß ein. Auch die amerikanische Forschung kam zu diesem Ergebnis. Abhängig von der Täter-

kategorie (z. B. Exhibitionist, Pädophiler, Inzesttäter, Verge-
waltiger) beträgt die Rückfallquote null bis 18% bei einer
Therapie und 36 bis 80% ohne Behandlung (NISSO 1989).

Literatur

Bullens, R.: Ambulante Behandlung von Sexualdeliquenten innerhalb
    eines gerichtlich verpflichtenden Rahmens. In: Ramin, G.: Inzest und
    sexueller Missbrauch. Junfermann, Paderborn 1993.
Frenken, J./van Stolk, B.: Hurbverreners en Incestslachtoffers. Van
    loghum Slaterus, Deventer 1987.
Groth, N.: The Incest Offender. In: Sgroi 1982.
Marquardt-Mau, B., (Hrsg.): Schulische Prävention gegen Kindesmiß-
    handlung. Juventa, Weinheim 1995.
NISSO-Institut (Nederlands Institut voor Sociaal Sexuologisch Onder-
    zoek): Bericht. Utrecht 1989.
Sgroi, S.M.: Handbook of Clinical Intervention in Child Sexual Abuse.
    Lexington 1982.

Heinrich Bott

Therapie mit sexuell ausbeutenden Männern[1]

Bei sexueller Misshandlung haben wir es mit einem sehr brisanten Thema zu tun, denn wir beschäftigen uns mit denen, die als Erwachsene den Kindern gegenüber in einer Autoritäts- und Machtposition sind, die als Erwachsene Verantwortung für das tragen, was sie mit Kindern gemacht haben. Wenn wir hören, was der Erwachsene mit dem Kind gemacht hat, wenn wir erfahren, in welchen Überforderungs- und Ohnmachtssituationen die Kinder (in den Familien) im Verhältnis zu den Erwachsenen waren, wenn wir mit eigenen Ohnmachts- und Überforderungsgefühlen in Kontakt kommen, an eigene Demütigungen erinnert werden, aber auch daran, wie wir selbst andere gedemütigt haben, dann mag in uns Wut aufkommen, können wir Bestrafungsbedürfnisse gegen den Erwachsenen entwickeln. Unsere Anteilnahme, unsere Trauer, unser Mitgefühl gilt dem Kind. Dies ist auch in Ordnung. Diese Haltung erschwert uns jedoch, dem sexuell ausbeutenden Erwachsenen helfend zur Verfügung zu stehen. [1]

Ich verwende den Begriff »sexuell ausbeutender Erwachsener« für die Personen, die Sex mit Kindern machen. Ich verwende den Begriff Täter ungern, weil er Inhalte transportiert, die im Zusammenhang mit psychotherapeutischer, mit helfender Arbeit nicht wünschenswert, auch irreführend sind, denn Täter ist ein Begriff, der dem Strafrecht entliehen ist. Um

---

1 Vortrag, gehalten im Rahmen der Heidelberger Kinderschutzwochen am 24. März 1992 in Heidelberg, überarbeitet von Wolfgang Friedebach.

Strafrecht und Bestrafung, im Sinne des gesellschaftlichen und staatlichen Strafanspruchs, kann es nicht gehen, wenn es um Psychotherapie geht. Deshalb verwende ich den Begriff sexuell ausbeutender Erwachsener, obwohl es viel leichter wäre, vom Täter zu sprechen.

Wenn wir einem Menschen helfen wollen, der Dinge gemacht hat, die nicht akzeptiert werden können – die auch wir als Helfer nicht akzeptieren –, und wir mit ihm darauf hinarbeiten wollen, dass er in die Lage kommt, das nicht wieder zu tun, dann müssen wir mit dem umgehen können, was er gemacht hat. Das heißt in diesem Zusammenhang: begreifen, wie er dazu gekommen ist, Kinder sexuell auszubeuten. Die erste Voraussetzung für uns ist, dass wir uns in eine Haltung hineinbegeben, die es uns ermöglicht, diesen Erwachsenen zu verstehen. Nun passiert etwas sehr häufig: Wenn Therapeuten darüber sprechen, wie Erwachsene dazu gekommen sind, Kinder sexuell auszubeuten, oder wenn um Verstehen dessen geworben wird, was mit dieser Person passiert ist, dass so viel geschehen ist, dann geraten gerade Therapeuten schnell in eine Situation, in der gesagt wird: »Aha, der will entschuldigen, was der ausbeutende Erwachsene gemacht hat.« Verstehen wird mit Verständnis haben, d. h. mit entschuldigen gleichgesetzt. Dabei wird übersehen oder ignoriert, dass eine Voraussetzung für die Veränderung einer Situation das Verstehen und Begreifen der Situation ist. Dies ist eine Erfahrung, die wir auch immer wieder in der Öffentlichkeit beobachten können: Wenn z. B. ein Gutachter bei Gericht – im Zusammenhang mit Gewaltverbrechen – versucht, ein Verstehen zu vermitteln, wie ein Mensch dazu gekommen ist, ein Gewaltverbrechen zu begehen, wird er oftmals attackiert, er wolle den Täter entschuldigen. Ihm werden die Aggressionen entgegengebracht, die sonst dem Täter gelten, der das Verbrechen begangen hat.

Psychotherapeuten, die mit sexuell ausbeutenden Erwachsenen arbeiten, wird dieses Misstrauen und diese Aggression oft entgegengebracht. Dieses Misstrauen kann die Therapeuten behindern, sich auf die Patienten (sprich sexuell ausbeutenden Erwachsenen) einzulassen. Es besteht die Gefahr, dass der Therapeut den Ärger über die Attacken und das ihm entgegengebrachte Misstrauen gegen den Patienten wendet.

Ich bin in Frankfurt am Main in freier Praxis tätig und arbeite in Fällen von sexueller Ausbeutung von Kindern mit der Beratungsstelle des Kinderschutzbundes, insbesondere mit der dort tätigen Psychologin und Kindertherapeutin, zusammen. Die Kosten für die therapeutische Arbeit werden zum Teil von den Klienten selbst, zum Teil vom Jugendamt getragen. Seit etwa sechs Jahren arbeite ich mit sexuell ausbeutenden Erwachsenen. Ich bin kein »Tätertherapeut« in dem Sinn, dass ich ausschließlich mit sexuell ausbeutenden Erwachsenen arbeite. Das ist für mich und meine Psychohygiene und auch für meine Arbeit mit den ausbeutenden Erwachsenen wichtig. Die ausschließliche Konzentration auf sexuell ausbeutende Erwachsene würde meine Aufmerksamkeit und Wahrnehmungsfähigkeit einengen, und ich würde meinen Blick für das »Normale« (was auch immer das ist) verlieren. Daher arbeite ich auch mit den nicht ausbeutenden Erwachsenen einer Familie und mit männlichen Jugendlichen, die als Kinder sexuell ausgebeutet wurden.

Zu den Fragen: »Was sind das für Menschen, die Kinder sexuell ausbeuten? Wie kommen diese Erwachsenen dazu?«, möchte ich einige einschränkende Vorbemerkungen machen. Meine Ausführungen beziehen sich auf Männer und nicht auf Frauen. Das hat mehrere Gründe, ich will zwei davon nennen. Zum einen wird die Frage danach, ob und inwieweit Frauen Kinder sexuell ausbeuten, in der Fachwelt erst seit einigen Jahren allmählich beleuchtet, und es gibt in der Fachliteratur nur sehr wenig Material über sexuell ausbeutende Frauen. Zum anderen habe ich bisher ausschließlich mit sexuell ausbeutenden Männern therapeutisch gearbeitet. Sexuelle Ausbeutung von Kindern durch Frauen haben wir bis vor einigen Jahren für nicht möglich gehalten und deshalb auch nicht wahrgenommen.[2] Es gibt nun erste Ansätze der systematischen Untersuchung dieser Frage, z.B. bei Mathews u.a. (1988) in den USA. In ihrer »exploratory study« weisen Mathews u.a. darauf hin, dass Frauen, wenn sie Kinder sexuell ausbeuten, diese Übergriffe in ähnlichen Zusammenhängen tun wie Männer, z.B. aus Ärgersituationen heraus, und dass diese sexuellen Übergriffe als direkte, eindeutige sexuelle Attacken geschehen.

Für meine Arbeit erlebe ich es als sehr hilfreich zu sehen, dass sexuelle Ausbeutung nicht die einzige und in jedem Fall schlimmste Form der Verletzung von Kindern ist, sondern dass es darauf ankommt, was dem Einzelnen mit welcher Intensität von wem wie häufig, unter welchen Begleitumständen zugefügt worden ist. Kränkungen, Demütigungen, körperliche Misshandlungen oder andere Traumatisierungen können im Einzelfall ebenso massive wie auch massivere Auswirkungen haben als sexuelle Ausbeutung.

Ich halte es für notwendig, dass wir uns der Denk- und Sprechtabus im Zusammenhang mit dem Problem der sexuellen Ausbeutung von Kindern bewusst werden. Das Thema sexueller Ausbeutung von Kindern – auch in der Familie – ist heute ganz sicherlich kein Tabuthema mehr, wie etwa noch vor zehn Jahren. Aber im Zusammenhang mit dem Thema gibt es eine Reihe von Denkverboten, die eine sinnvolle Bearbeitung und Wege zu Lösungsmöglichkeiten eher behindern.

Argumente für und gegen die Therapie

Die häufigste Begründung, die für eine therapeutische Behandlung von ausbeutenden Erwachsenen ins Feld geführt wird, ist: Ein ausbeutender Erwachsener soll Therapie bekommen, damit er Kinder nicht wieder sexuell ausbeutet. Diese

---

2 Es ist für die psychotherapeutische Arbeit sehr wichtig, dass wir dem Erwachsenen die Verantwortung als Erwachsenem für sein Verhalten lassen. Wir zeigen ihm damit unsere Achtung und geben ihm eine Wertschätzung.

Begründung orientiert sich an dem berechtigten Bedürfnis, Kinder vor sexueller Ausbeutung zu schützen. Selten hört man die Begründung, dass auch ein Mensch, der Kinder sexuell ausbeutet, jemand ist, der selbst Hilfe benötigt, damit er sich verändern kann und mit sich so umgehen lernt, dass er verantwortungsbewusst handelt und nicht auf Kosten anderer lebt.

Als Argument gegen psychotherapeutische Arbeit mit sexuell ausbeutenden Erwachsenen wird immer wieder angeführt, dass sexuell ausbeutende Erwachsene ihre Taten leugnen, kein Unrechtsbewusstsein hätten, ihr Handeln bagatellisierten und den Kindern, ihren PartnerInnen, der bösen Gesellschaft oder sonst wem die Verantwortung für ihr Handeln zuschöben. Wenn man innerhalb dieses Denkschemas bleibt, übersieht man dabei, dass diese Handlungsweisen Ausdruck der Persönlichkeitsstörung und somit ein Hinweis für das mangelnde Bewusstsein dafür sind, dass das, was sie getan haben, nicht in Ordnung ist.

Der therapeutische Ansatz versucht zu erkennen, was die sexuell ausbeutenden Handlungen auch für den ausbeutenden Erwachsenen bedeuten. Denn es sind nicht nur Handlungen, mit denen sie anderen Not, Schmerz, Erniedrigung, Demütigung, Verletzung, Beschämung zufügen, sondern auch Handlungen, mit denen sie sich auch selbst verletzen, demütigen, beschämen. Meine Erfahrung ist, dass die sexuellen Aktivitäten mit Kindern die meisten dieser Erwachsenen massiv beschämen. Die genannten Beispiele von Rationalisierung, Abspaltung, Delegation sind Strategien, die sie benutzen und entwickelt haben, um die auch für sie beschämenden Situationen auszuhalten. Auch die Verpfllichtung des Kindes zur Verschwiegenheit verstehe ich zum Teil (!) als Selbstschutzmaßnahme der Erwachsenen nicht nur vor Entdeckung und Bestrafung durch andere, sondern auch vor der realen Wahrnehmung ihrer eigenen Beschämung durch sie selbst. Denn mit dem Aussprechen und Benennen, dem Darübersprechen, was sie getan haben, wird die Handlung quasi erst zur Realität. Man kann sie vorher bagatellisieren, wegschieben, zu etwas nicht Geschehenem, etwas Geträumtem machen. Mit dem Aussprechen bekommt das Geschehen eine andere Qualität, eine andere Dimension der Wirklichkeit.

Mit der psychotherapeutischen Hilfe für sexuell ausbeutende Erwachsene werden jedoch noch häufig Erwartungen transportiert, die so nicht realistisch sind. So hofft man, mit dem Beginn einer Therapie sei bereits sichergestellt, dass der Erwachsene keine Kinder mehr sexuell ausbeutet. Das heißt, man gibt sich dem Glauben hin, dass das Eingeständnis, in Therapie zu gehen, bereits das Problem löst und der Erwachsene sein ausbeuterisches Verhalten einstellt, sich sozusagen blitzhaft verändert. Eine weitere Erwartung ist, dass die laufende Therapie eine Kontrolle des Verhaltens des Erwachsenen leistet.

Wenn Kontrolle des Verhaltens notwendig ist – und ich halte sie in vielen Fällen für notwendig –, muss diese Kontrolle von anderer Seite geleistet werden. Nehme ich die Kontrolle in die Therapie mit hinein und möchte ich als Therapeut auch der Kontrolleur sein, so stehe ich dem Erwachsenen nicht mehr voll als Therapeut zur Verfügung. Außerdem würde ich als Therapeut damit Allmachtsphantasien erliegen, mir Kompetenzen anmaßen, die mir nicht zustehen und meine Möglichkeiten als Therapeut weit überschätzen.

Zum anderen ist es wichtig, auch sexuell ausbeutenden Erwachsenen achtungsvoll zu begegnen und sie nicht zu Unmenschen, menschlichen Monstern oder Ähnlichem zu deklarieren. Meiner Einschätzung nach kann auch nur dann Therapie als Hilfe vom Patienten angenommen und somit wirksam werden, wenn sie aus einer achtungsvollen Grundhaltung heraus angeboten wird und nicht aus einem Strafbedürfnis heraus, das, wenn es nicht demütigen will, bestenfalls Unterwerfung verlangt.

Wo das Strafbedürfnis handlungsleitendes Interesse ist, wird Therapie zur Strafe (vielleicht die mildere?). Wenn Therapie zur Ersatzstrafe, nach dem Motto Therapie als Strafe, wird, ist sie für den Klienten kaum produktiv zu nutzen. Für mich heißt das, um mit Erwachsenen (die Kinder sexuell ausgebeutet haben) therapeutisch arbeiten zu können, ist es notwendig, diese Erwachsenen als Menschen zu sehen, die in Not sind, die Hilfe brauchen und auch der Hilfe wert sind.

Zu der Frage, wann und in welchen Fällen ambulante psychotherapeutische Hilfe sinnvoll und möglich ist, haben Groth u.a. (1982) als Kontraindikation für ambulante Behandlung einige Faktoren genannt:

- physische Gewaltanwendung bei der sexuellen Ausbeutung,
- bizarre und ritualisierte Verhaltensweisen,
- massive antisoziale und kriminelle Aktionen neben der sexuellen Ausbeutung,
- psychotische Störungen[3],
- Fehlen jeglicher sozialer Fähigkeiten und Fertigkeiten zum Konfliktmanagement.

Ich orientiere mich bei meiner Arbeit an diesen Kriterien und kläre im Einzelfall die Situation in Kooperation mit anderen Fachleuten ab.

Wo ambulante Hilfen nicht möglich sind, stellt sich die Frage nach den Ressourcen für stationäre Behandlungen. In der BRD müssen stationäre Behandlungsmöglichkeiten für sexuell ausbeutende Erwachsene auf- und ausgebaut werden.

Unterschiedliche »Tätertypen« nach Groth

Im Folgenden beziehe ich mich zum einen auf die Arbeiten von Groth u.a. (1982) die ihre Aussagen auf der Basis der Arbeit mit über 500 Erwachsenen, die Kinder sexuell ausgebeutet hatten machen, zum anderen auf meine Erfahrungen aus

---

3 Man hat oft den Eindruck, dass die Frage, ob ein Erwachsener, der Kinder sexuell ausbeutet, psychotisch sei, tabuisiert ist.

der therapeutischen Arbeit mit Erwachsenen, die Kinder sexuell ausgebeutet haben. Ausbeutende Erwachsene kommen aus allen gesellschaftlichen Schichten, Berufen etc., die meisten sind Menschen in Not. In den meisten Fällen haben wir es mit Menschen zu tun, die in prägendem Alter physisch und/oder psychisch und/oder sexuell missbraucht, ausgebeutet, vernachlässigt oder verlassen wurden. Nach Groth u.a. (1982) haben mehr als die Hälfte der ausbeutenden Männer ihre ersten Übergriffe vor dem 16. Lebensjahr begangen. Die Tat kann somit eher als ein Produkt von Unreife als von böser Absicht verstanden werden. Mit der Zeit chronifiziert sich das Verhalten, die Männer führen ein Doppelleben. Die sexuelle Ausbeutung wird ein Teil ihres Lebens, den sie mit den Kindern im Geheimen teilen. In vielen anderen Bereichen kann der ausbeutende Erwachsene ein gesetzestreuer, ein kompetenter und produktiver Mensch sein. Bei den ausbeutenden Erwachsenen können wir nach Groth u.a. (1982) zwischen zwei Gruppen unterscheiden, den »fixierten Tätern« und den »regredierten Tätern«.

»Fixierte Täter« sind prinzipiell an Kindern sexuell interessiert und orientiert, es sind die Pädophilen oder Päderasten. Es ist ein narzisstische Wahl, die sie treffen, wenn sie mit Kindern Sex machen. Sie sind mit den Kindern identifiziert, wollen selbst Kinder sein und bleiben, deshalb werden hier meist auch gleichgeschlechtliche Kinder gewählt. Der »fixierte Täter« begibt sich emotional auf den Level eines Kindes, daher sind »fixierte Täter« primär an Kindern interessiert. Das Interesse für Kinder beginnt in dieser Gruppe bereits in der Adoleszenz, sie neigt dazu, Kinder einer bestimmten Altersgruppe zu bevorzugen. Hier gibt es keinen unmittelbar vorausgehenden Stress, keine subjektiv erlebte Not. Es ist ein beständiges Interesse und Zwangsverhalten. Die Handlungen sind vorausgeplante Handlungen, pädophile Erwachsene machen Pläne, wie sie Kontakt mit Kindern aufnehmen können, sei es, dass sie sich z.B. in der verbandlichen Kinder- und Jugendarbeit

engagieren, sei es, dass sie Kinder bei sich zu Hause durch spezielle kinderorientierte Angebote anlocken. Dieser Typ des sexuell ausbeutenden Erwachsenen lebt allein oder aus »Sicherheitsgründen« in einer Zweckehe. Gewöhnlich sind bei ihm keine Rauschmittel mit im Spiel. Es handelt sich um einen unreifen Charakter mit schlechter soziokultureller Beziehung zu Gleichaltrigen.

Der »regredierte Täter« wählt Kinder in einer aktuellen Stresssituation, die meist eine Dauerstresssituation ist. Er ist nicht auf Kinder fixiert, sondern sexuell an Altersgenossinnen interessiert, in der aktuellen Situation aber nicht in der Lage, potentiell gleichberechtigte Beziehungen einzugehen bzw. die Erwachsenenebene seinen Bedürfnissen entsprechend zu leben. Häufig wählen »regredierte Täter« Kinder des Gegengeschlechts (Mädchen) aus. In Stresssituationen werden die Kinder als Substitut für misslungene Erwachsenenbeziehungen gewählt. Die Erwachsenen suchen Kinder, weil sie sich ihnen gegenüber kompetenter fühlen können. Der Hintergrund dieser Wahl sind Gefühle der Inadäquatheit, der allgemeinen Insuffizienz, der Unreife, der Verletzlichkeit, Hilflosigkeit und Isolation. Erwachsenensexualität wird von diesen Erwachsenen als bedrohlich erlebt und deshalb in Stresssituationen vermieden. Der Erwachsene nimmt Bezug zum Kind, als sei das Kind ein Gleichaltriger. Er hebt also das Kind auf einen Level eines Pseudoerwachsenen, auf dem das Kind hoffnungslos überfordert ist, blendet dieses Ungleichgewicht aber vollständig aus.

Der »regredierte Täter« ist in seiner Entwicklung primär an Gleichaltrigen sexuell interessiert. Sexuelles Interesse an Kindern taucht eher erst im Erwachsenenalter auf. Ein den Misshandlungen vorausgehender Stress ist in dieser Gruppe meist offensichtlich. Die sexuellen Übergriffe können nach Groth episodisch auftreten und mit dem Stress kommen und gehen. Aufgrund meiner therapeutischen Erfahrungen komme ich zu dem Eindruck, dass die sexuelle Ausbeutung von Kindern, einmal begonnen, selbst zu einem die sexuelle Ausbeutung wieder begünstigenden Stressfaktor wird. So hört der Stress, auch wenn die ursprüngliche Stresssituation behoben ist, nicht mehr auf, es entsteht ein Teufelskreis, und die sexuelle Ausbeutung nimmt den Charakter einer Sucht an (vgl. Ryan u. a. 1987). Das Kind wird zum Pseudoerwachsenen, zum Substitut für einen gleichaltrigen Partner. Der Erwachsene, wenn es sich um eine Person mit Elternfunktion handelt, gibt die Elternrolle dem Kind gegenüber in diesem Bereich völlig auf.

Regredierte Täter haben in der Regel auch sexuelle Kontakte zu Erwachsenen. Oft versuchen sie, die sexuellen Übergriffe zu verleugnen mit dem Hinweis: »Fragen Sie doch mal meine Frau, wir haben oft miteinander geschlafen, und außerdem ist meine Frau von mir schwanger. Wieso sollte ich da an Kinder rangehen? Das habe ich doch gar nicht nötig.« Übergriffe erfolgen bei diesen Erwachsenen oft im Zusammenhang mit Rauschmitteln. Doch auch diese Tatsache, dass ausbeutende Erwachsene Rauschmittel und Drogen nehmen, enthebt sie nicht ihrer Verantwortung als Erwachsene für ihr Handeln: für die Einnahme der Rauschmittel und für die sexuelle Ausbeutung.[4] Inwieweit die Erwachsenen die Rauschmittel nehmen, um die sexuelle Ausbeutung ausführen zu können oder um die Scham über die begangene sexuelle Ausbeutung zu betäuben, muss im Einzelfall betrachtet werden. Nach meiner Erfahrung sind die sexuellen Handlungen Rituale der Lebensorganisation, die zwanghaft bei bestimmten Lebenssituationen immer wieder auftreten und als quasistabilisierende Momente in das Leben eingebaut sind. Wo die sexuellen Handlungen selbst Rituale sind, z. B. durch religiöse Motive bestimmt begangen werden, sind sie nach Groth ambulant nicht behandelbar.

---

4 Wenn die einzeltherapeutische Arbeit durch Paar- und Familienarbeit ergänzt werden kann, ist dies für eine erfolgreiche therapeutische Arbeit sehr hilfreich. Marquit (1986) weist auf diesen Zusammenhang hin. Es entspricht auch meinen Erfahrungen. Familien- und Paararbeit ist immer angezeigt, wenn bei innerfamiliärer sexueller Ausbeutung von Kindern die Eltern weiterhin als Paar zusammenbleiben.

Warum beuten diese Erwachsenen Kinder sexuell aus?

Jedes Verhalten ist ein Ergebnis vieler Faktoren, auch die sexuelle Misshandlung und muss als ein Bedingungsgefüge in jedem Einzelfall genau eruiert werden. Es gibt Faktoren, die wir kennen, es gibt aber auch Bereiche, die sich nach wie vor unserer Kenntnis entziehen. Wir sind in unserer Arbeit immer wieder auf Hypothesenbildung und Überprüfung dieser Hypothesen im Einzelfall angewiesen. Einige der bekannten Faktoren seien im Folgenden angeführt und die dazu vorliegenden psychologischen Hypothesen erläutert.

– Es wurde schon ausgeführt, dass Erwachsene Kinder auswählen, weil sie entweder kein Interesse an Erwachsenenbeziehungen oder misslungene Erwachsenenbeziehungen haben. Die Wahl von Kindern ermöglicht ihnen, in der überlegenen Position zu sein, Kontrolle zu haben und gibt ihnen Sicherheit, nicht zurückgewiesen zu werden.
– Ein wesentlicher Faktor, der in der Biographie der meisten sexuell ausbeutenden Erwachsenen auftaucht, ist die Erfahrung eigener sexueller Ausbeutung in der Kindheit oder die Erfahrung von sexueller Ausbeutung eines der anderen Kinder der Familie. Umgekehrt beuten aber nicht alle in der Kindheit sexuell Misshandelten ihrerseits wiederum als Erwachsene Kinder sexuell aus. Auf dem Hintergrund einer eigenen sexuellen Ausbeutungsgeschichte kann die sexuelle Ausbeutung von Kindern als Versuch verstanden werden, das Trauma zu verarbeiten. In der realen Reinszenierung der eigenen Ausbeutung durch die Ausbeutung anderer kann der Versuch liegen, über die Identifikation mit dem Aggressor das Blatt zu wenden. Indem das frühere Opfer aus der passiven, hilflosen Rolle heraustritt, zum Akteur (Täter) wird, hofft es im Nachhinein Kontrolle über die erlittene Situation zu gewinnen. Indem der Aggressor über die Identifikation quasi einverleibt wird, hört er als reale äußere Bedrohung auf zu existieren.

222

– Ein weiterer Versuch, die eigene sexuelle Ausbeutung erträglich zu machen, ist die Umdeutung der Situation. Der ausbeutende Erwachsene deutet die Ausbeutung als fürsorgliches Handeln. Dieses Argument wird vor allem immer wieder in der Pädophilendiskussion angeführt. Es wird dort argumentiert, dass man doch zärtlich mit dem Kind umgegangen sei, nur das getan habe, was das Kind doch auch gewollt habe und beim geringsten Zeichen von Abwehr des Kindes sofort innegehalten hätte. Aus meiner Arbeit mit sexuell ausbeutenden Erwachsenen weiß ich, dass, sobald sie bereit sind, sich die Ausbeutungssituationen genau anzuschauen, sie meist die Stelle beschreiben können, wo sie über das Befinden und die Gefühle der Kinder hinweggegangen sind, wo das Kind verbal oder nonverbal seine Verunsicherung, Angst, Überwältigung oder Abwehr gezeigt hat. Ein wichtiger Teil der therapeutischen Arbeit ist es, diese Stellen herauszuarbeiten und der Wahrnehmung des Klienten zugänglich zu machen. Pädophile, die absolut davon überzeugt sind, dass sie den Kindern nur Gutes tun und nur die böse Gesellschaft sie und die Kinder am Glücklichwerden hindert, sind zu dieser Analyse in der Regel nicht bereit, zeigen auch erhebliche Abwehr, sich in die Lage des Kindes zu versetzen.

Psychische Fähigkeiten und Strukturmerkmale

Sexuell ausbeutende Erwachsene sind Personen mit einem sehr geringen Selbstwertgefühl und einer Persönlichkeit voller Scham, die sie an ihrer eigenen Existenzberechtigung zweifeln lässt. Es sind oft Menschen, die sich nie gewollt und gewünscht erleben konnten. Sie verfügen oft über kindlich narzisstische Strukturen: Jegliche Kritik wird von ihnen auf ihre ganze Person bezogen. Sie projizieren ihre Bedürfnisse auf ihr Gegenüber und unterstellen so den Kindern, dass die sexuellen Handlungen den Bedürfnissen der Kinder entsprächen.

Sie haben hohe manipulative Fähigkeiten. Ihre Fähigkeit, bedürftige, einsame, verletzte Kinder zielsicher auszumachen, verwechseln sie mit Empathie. Tatsächlich haben sie jedoch die Fähigkeit, sich in die Kinder mit ihren Wünschen und Ängsten weit einzufühlen und benutzen diese Möglichkeit, um sich den Kindern nähern zu können. Kein Einfühlungsvermögen haben sie dagegen für die Konsequenzen ihrer Handlungen und dafür, was die Kinder als Folge der Handlungen erleben, die sie nicht verstehen und daher in Verzerrungen, Schuldgefühlen und Selbstzweifeln verarbeiten müssen. Im therapeutischen Zusammenhang werden immer wieder Situationen inszeniert, die dazu dienen, den Therapeuten zu verführen, sich missbrauchen zu lassen oder selbst zum Missbraucher zu werden. Das Thema Missbrauchen und Missbrauchtwerden ist ein zentrales Thema in der therapeutischen Verarbeitung. Wenn ich bereit bin, mit ausbeutenden Erwachsenen therapeutisch zu arbeiten, die Therapie als Auflage bekommen haben, ist es erforderlich, dass diese Auflage auch kontrolliert wird. Dabei ist es notwendig, dass der Klient als einen Schritt zur Selbstkontrolle die Verantwortung für diese Kontrolle selbst übernimmt. Das heißt, dass der Klient dafür sorgen muss, dass er der auflageerteilenden Stelle nachweist, dass er seine Termine einhält. Aufgabe des Therapeuten kann nur sein, dem Klienten auf dessen Anfrage hin eine Bescheinigung über die eingehaltenen Termine auszustellen. Wenn der sexuell ausbeutende Erwachsene den Nachweis für die Einhaltung nicht erbringt, so hat er die Konsequenzen zu tragen. Wenn auflageerteilende Stelle und Therapeut im direkten Kontakt miteinander unter Ausschaltung des Klienten die Kontrolle übernehmen, bestätigen sie damit dem Klienten indirekt, dass auch sie ihn nicht für verantwortlich halten. Eine fatale Situation, die das Vertrauen in die Therapie erschüttert, zumeist unmöglich macht.

Zur Beendigung der sexuellen Ausbeutung oder als Schutz vor einer Wiederholung reicht es in der Regel nicht, dass der ausbeutende Erwachsene sich und anderen glaubhaft versichert, dass er es nie wieder tun wird. Selbst wenn der ausbeutende Erwachsene das auch in dem Moment, wo er es sagt, ernst nimmt, so wissen wir doch, dass er das in den meisten Fällen nicht einhalten kann. Um die sexuelle Ausbeutung zunächst zu stoppen und um eine Wiederholung zu verhindern, ist es meiner Ansicht nach notwendig, sicherzustellen, dass der ausbeutende Erwachsene keinen unbeaufsichtigten Zugang zum Kind mehr hat, bis er in der Lage ist, unabhängig vom Kind seine Bedürfnisse zu befriedigen und seine Konflikte und Probleme anzugehen.

Ausbeutende Erwachsene sind oft sehr einsame Menschen. Sie sind innerlich und sozial isoliert. Sie versuchen ihre Bedürfnisse nach Anerkennung, Akzeptanz, Wertschätzung, Macht, Kontrolle, Sexualität, Intimität und Zärtlichkeit mit Kindern zu befriedigen. Und das kann nicht funktionieren, weil sie erwachsenenorientiert sind, die Befriedigung ihrer sexuellen Bedürfnisse oft nur unter verzerrten Perspektiven möglich ist und sie sich in den Ausreden, Verzerrungen und Verleugnungen immer tiefer verstricken.

Bedingungen und Voraussetzungen für die Therapie

Voraussetzung für mein therapeutisches Arbeiten mit einem ausbeutenden Erwachsenen ist, dass der Schutz des Kindes vor weiterer Ausbeutung gewährleistet wird. Dies ist auch ein Schutz des Erwachsenen davor, wieder sexuell auszubeuten. Für diesen Schutz muss zum einen der ausbeutende Erwachsene, so weit er kann, Verantwortung übernehmen, zum anderen müssen dies die anderen involvierten Erwachsenen übernehmen. Wichtige Hinweise, wo und wann der Schutz des Kindes gefährdet ist, ergeben sich aus der anamnestischen Erhebung, in welchem Kontext die Ausbeutung stattfand, welche Wege der ausbeutende Erwachsene eingeschlagen hat und welche Anfälligkeiten und Schwächen er bei dem Kind ausgenutzt hat.

Ich fordere von den Klienten, dass sie regelmäßig zu den Sitzungen kommen. Die Frequenz beträgt ein- bis zweimal pro

Woche, in Krisensituationen kurzfristig auch häufiger. Der Klient muss auch bereit sein, Hausaufgaben zu übernehmen, z. B. Tagebuch führen, Selbstbeobachtungen machen, Lebenslauf erstellen, offen legen, was er getan hat. Gegebenenfalls fordere ich die Bereitschaft, mit dem von ihm sexuell ausgebeuteten Kind zu arbeiten, wenn dies für das Kind notwendig ist (d. h. z. B. das Kind zu entlasten, indem er dem Kind gegenüber die volle Verantwortung für die sexuellen Kontakte übernimmt, indem er aushält, dass das Kind seinen Ärger ihm gegenüber ausdrückt). Er muss auch im vollen Umfang bereit sein, über die eigene Sexualität zu sprechen.

Therapeutische Behandlung

In der ersten Phase der Therapie geht es besonders darum, dass der sexuell ausbeutende Erwachsene auf die eben ausgeführten Verantwortungsübernahme hinarbeitet. Das bedeutet auch Umgestaltung der Lebensorganisation und beinhaltet die Vorbereitung der Erklärung seiner Verantwortung für die sexuelle Ausbeutung gegenüber dem Kind. Letzteres bedeutet, er muss für sich erarbeiten, wie er ganz konkret sagt, was er mit dem Kind gemacht hat, und dass er allein dafür verantwortlich ist, ganz egal, was das Kind getan oder gedacht oder gewollt hat. Außerdem muss er eingestehen, dass er die volle Verantwortung für seine eigene wie auch immer schwierige Situation hat. In der Paarbeziehung muss geklärt werden, ob sie noch als Paar zusammenleben können oder wollen, was insbesondere bei innerfamiliärem Missbrauch als kritisch angesehen werden muss. Auf die sinnvolle Einbettung von Familien- und Paararbeit werde ich aus Platzgründen jetzt nicht eingehen.[5] Eines möchte

---

5 In meinem Vortrag habe ich nicht die Bedeutung der Familie für das Verstehen von sexueller Ausbeutung und die psychotherapeutische Arbeit ausgeführt. Das Familiensystem und seine Struktur sind im Zusammenhang mit den Erfahrungen, Erwartungen und Hoffnungen, die die Eltern in die Familie eingebracht haben, von großer Bedeutung für das Verstehen und Lösen des Problems von sexueller Ausbeutung von Kindern.

ich jedoch dazu anmerken: Eine Gesamtfamiliensitzung, in der auch das ausgebeutete Kind anwesend ist, ist erst dann möglich, wenn der ausbeutende Erwachsene bereit und in der Lage ist, dem Kind gegenüber die volle Verantwortung für sein Handeln zu übernehmen.

Ich habe darüber gesprochen, dass die ausbeutenden Erwachsenen Menschen sind, die als Kinder selbst schwer verletzt wurden. Meiner Erfahrung nach ist es entscheidend für die Verarbeitung dessen, was sie gemacht haben, dass sie Zugang zu diesem verletzten Kind in sich finden. Das ist eine sehr schwere und sehr schmerzhafte Arbeit. Das Paradoxe ist, je humanistischer die Ansprüche dieser Erwachsenen sind, desto schwerer können sie es verkraften, dahin zu gelangen, wo sie selbst verletzt worden sind. Wenn sie den eigenen Schmerz spüren, wird es für sie fast unerträglich zu realisieren, dass sie genau das auch mit anderen, mit Kindern, gemacht haben. Ich kann aber ebenso berichten, dass ich eine Therapie für diese Klienten deshalb als sinnvoll betrachte, weil ich oftmals erlebt habe, wie sie Schritt für Schritt verantwortungsbereiter wurden, auch wenn dies schwierig war und viel Zeit gekostet hat.

Literatur

Backe, L. u. a.: Sexueller Missbrauch von Kindern in Familien. Köln 1986.

Burges, A. W. u. a.: Sexual Assault of Children of Adolescents. Lexington (Mass) 1978.

Finkelhor, D.: Child Sexual Abuse, New Theory, and Research. London/New York 1984.

Giaretto, H.: Integrated Treatment of Child Sexual Abuse. A Treatment and training manual. Palo Alto 1982.

Groth, N.: The Incest Offender. In: Sgroi 1982.

Marquit, C.: Der Täter. Persönlichkeitsstruktur und Behandlung. In: Backe, L. u. a. (Hrsg.): Sexueller Missbrauch von Kindern in Familien. Köln 1986.

Mathews, R. u. a.: Female Sexual Offenders: An Exploratory Study. In: Genesis II for Women. 1988.

Ryan, G. u. a.: Juvenile Sex Offenders: Development and Correction. In: Child Abuse and Neglect 11/1987, S. 385–395.

Schorsch, E.: Kurzer Prozess? Ein Sexualstraftäter vor Gericht. Hamburg 1991.

Sgroi, S. M.: Handbook of Clinical Intervention in Child Sexual Abuse. Lexington 1982.

Trepper, T. S./Barret, J. M.: Inzest und Therapie. Ein (system)therapeutisches Handbuch. Dortmund 1991.

Wilhelm Hanstein

Therapieabbruch und Rückfälle bei Sexualstraftätern[1]

Es gibt verschiedene Gründe, warum Therapien mit Sexualstraftätern nicht zustande kommen oder scheitern. Therapie mit Menschen, die gegen das sexuelle Selbstbestimmungsrecht anderer verstoßen haben, kommt vielfach nur mit einem juristischen Rahmen zustande. Oft ist dieser Rahmen nötig, häufig aber auch hinderlich beim Zustandekommen einer Therapie. [1]

Therapien können aus institutionellen Gründen scheitern oder aus Gründen der Psychodynamik des Klienten oder der Therapeut-Klient-Beziehung.

Trotz der zeitlichen Begrenzung, die sich in der Therapie mit Sexualstraftätern aufgrund äußerer oder innerer Bedingungen häufig ergibt, ist auch eine Arbeit mit einem Klienten für nur wenige Sitzungen sinnvoll. Manchmal lassen sich therapeutische Fortschritte auch nicht so sehr an Einsichten, die ein Klient macht, nachvollziehen, und es ändert sich »nur« *irgendwie* die Lebenspraxis, manchmal ohne erkennbaren Zusammenhang mit der Therapie.

Therapierahmen

Klare Therapierahmen sind gerade bei den Sexualstraftätern, die meistens sogenannte frühe oder narzisstische Störungen haben, besonders wichtig. Ihre Entwicklungsbedingungen wa-

---

1 Zuerst erschienen in Sozialmagazin 4/1995.

ren stets eher durch willkürliche Schwankungen in der emotionalen Ladung gekennzeichnet. Kontinuität und Wahrnehmung und Einhaltung von Grenzen ist ihnen besonders schwierig. In der Therapie brauchen sie einen Rahmen, der das gewährleistet. Daher sind am Anfang Therapievereinbarungen zu treffen. Dazu gehört:

– eine Anzahl von Probesitzungen, während derer sich sowohl Klient als auch Therapeut dafür entscheiden können, miteinander zu arbeiten;
– dass nach Beendigungsabsichten, sowohl vom Therapeut als auch vom Klient, eine Reihe von Sitzungen abgehalten werden, um Abschied voneinander zu nehmen und den Prozess abzurunden;
– eine bestimmte Frequenz, in der Therapie stattfindet. Eine Sitzung in der Woche ist nötig, um Kontinuität zu sichern. Therapie wird dann sinnlos, wenn nicht wenigstens ein Rhythmus von 14 Tagen erreicht werden kann;
– dass der Klient, der Therapeut und der therapeutische Rahmen durch Vereinbarungen geschützt werden. Dies bedeutet z. B., dass der Klient nicht Selbstmord begeht, nicht missbraucht oder die Therapie sabotiert. So wäre mit einem suizidgefährdeten Klienten darüber zu diskutieren, ob bei Auftreten von Suizidgedanken nicht eine vorübergehende Einlieferung in eine psychiatrische Anstalt sinnvoll sein kann. Bei einem einschlägigen Rückfall bei Sexualstraftaten ist bei entsprechendem therapeutischen Rahmen darüber zu beraten, ob und wie der Bewährungshelfer eingeschaltet wird. Bei Missachtung des zeitlichen Rahmens oder Bedrohung des Therapeuten ist ebenfalls darüber nachzudenken, wie ein sicherer juristischer Rahmen hergestellt werden kann.

Ein Beispiel aus der Therapie mit einem inhaftierten Täter zeigt die Notwendigkeit der Kooperation zwischen Tätertherapeut und Justizvollzugsanstalt:

Herr Zwei kam über zwei Jahre in 14-tägigem Rhythmus zu einer Psychologin in die Beratungsstelle, um dann zu mir für ein weiteres Jahr zu kommen. In der ganzen Zeit wurde er ausgeführt und bekam bis zum Ende seiner Haftstrafe nie Ausgänge. Die Haftstrafe verbüßte er bis zum Ende. In der gesamten Zeit konnte ich zu Herrn Zwei keinerlei weiter gehenden Kontakt herstellen. Fragen beantwortete er gewöhnlich mit: »Weiß ich nicht.« Von sich aus erzählte er wenig. Nach Ende der Haft brach er die Therapie sofort ab. Die Verweigerung von Ausgängen seitens der Anstalt bewirkte, dass der Klient keine Verantwortung für seinen Entwicklungsprozess übernahm. (Trotzdem machte Herr Zwei in seiner Haftzeit Fortschritte. Der wegen sexuellen Missbrauchs an Kindern verurteilte Mann sehnte sich nach einer stabileren Partnerbeziehung und fand in der Haft einen Freund, mit dem er eine homosexuelle Beziehung eingehen konnte. Zumindest für die Dauer dieser Beziehung scheint die Gefahr eines Rückfalls zunächst gebannt.) Es wird keine Reststrafe erlassen, und der Klient verbüßt seine Strafe voll, sodass eine Motivation zur Therapie nicht gegeben ist.

Nachdem die Klienten wieder auf sich alleine gestellt sind, sind sie nicht in der Lage, die Verantwortung für sich selber zu übernehmen oder die Verarbeitung des Missbrauchs überhaupt als ihre Verantwortung zu erkennen. Stattdessen sorgen sie sich oft um notwendige lebenspraktische Dinge.

In der Vergangenheit ist häufiger versucht worden, mit Juristen ein gemeinsames Gespräch über die Möglichkeiten der Hilfe für Sexualstraftäter zu führen. Dies ist jedoch am mangelnden Interesse von Juristen gescheitert (Staatsanwälte, Richter). Häufig sind Urteile so angelegt, dass eine Therapie zwar gefordert wird, aber mit dem Urteil unmöglich wird. Manchmal sind Strafen nicht angemessen.

Herr Zehn war wegen exhibitionistischer Handlungen zu sechs Wochen Haft auf Bewährung mit Weisung zur Therapie verurteilt. Die sexuellen Handlungen fanden während einer Lebenskrise statt. Dies wurde in fünf Gesprächen und einem Nachgespräch deutlich. Herr Zehn konnte dann aus terminlichen Gründen nicht mehr teilnehmen. In den Gesprächen hatte er einige Einsichten erlangt. Eine lange Therapie wäre gar nicht nötig gewesen.

Andererseits kommen Klienten mit einer Bewährungsstrafe davon ohne Weisung zur Therapie.

Herr Vierzehn kam wegen sexuellen Missbrauchs nach Anzeige und vor dem Gerichtsverfahren in Therapie. Er war bereits vorbestraft, aber nicht einschlägig. Auch aufgrund der Zeugenaussage bekam er eine Haftstrafe unter einem Jahr, die zur Bewährung ausgesetzt wurde. Es gab keine Weisung zur Therapie und Herr Vierzehn kam danach nicht mehr in die Therapie. In den Gesprächen konnte immerhin deutlich werden, aus welcher Bedürfnislage heraus er den Missbrauch begangen hat. Für ähnliche Situationen gibt es vielleicht einige Warnsignale mehr.

Zu einem Therapieabbruch kann es aber auch schon vor einem Urteil kommen.

Herr Dreizehn kam nach Anzeige und vor Verurteilung in Therapie. Er hatte Kinder sexuell missbraucht. Anfangs war er begeistert, über seine Tat reden zu können, ohne bewertet zu werden. Als es dann darum ging, Motivationen zu hinterfragen, wiederholte er hauptsächlich die Tatdarstellung. Die Therapie wurde konfrontativer und Herr Dreizehn entschied sich plötzlich, die Therapie zu beenden. Es ist wichtig, dass der Bewährungshelfer die Einhaltung der Weisung zur Therapie überprüft. Sonst fühlt sich der Klient in Motivationskrisen nicht daran gebunden.

Allerdings kommt es manchmal zu Wendungen, die ein Therapeut selten erfährt:

Herr Dreizehn suchte nach einem neuen Therapeuten und rief mich ca. eineinhalb Jahre nach dem oben beschriebenen Therapieabbruch an, um mir mitzuteilen, dass ihm die Zusammenarbeit mit mir schon geholfen habe, er aber mit dem neuen Therapeuten wesentlich besser zurechtkäme. Möglicherweise hat die erste, abgebrochene Therapie überhaupt die Voraussetzungen geschaffen, eine andere Therapie mit realistischerer Motivation anzufangen.

Wenn ein Klient freiwillig zur Therapie zu kommen verspricht, erübrigt sich die Zusammenarbeit mit dem Bewährungshelfer dennoch nicht, wenn die Therapie nicht den Charakter einer beliebigen Plauderstunde annehmen soll.

Herr Elf war wegen Vergewaltigung zu zwei Jahren Haft auf Bewährung mit Weisung zur Therapie verurteilt. Die Weisung empfand er als

Zwang, dem er sich widersetzte, und er bestand darauf, freiwillig Therapie machen zu dürfen. Er kam aus einer benachbarten Stadt und gab auch an, keine Probleme zu haben. Trotzdem könne es ja interessant sein für ihn, Therapie zu machen. Als hilfebedürftig empfand er sich nicht. Therapiethema könnte, meinte er, ein von ihm geschriebener Roman sein. In 30 Sitzungen habe ich es nicht geschafft, irgendeinen Zugang zu Herrn Elf zu bekommen. 30 Therapiesitzungen, 30 Hin- und 30 Rückfahrten sind dennoch eine Auseinandersetzung mit dem Delikt.

Schließlich entscheidet die Stabilität der Arbeitsbedingungen des Therapeuten mit über eine Fortsetzung einer Therapie. Ist der Kontakt durch äußere Bedingungen bedroht, kann dies dazu führen, dass sich der Klient auf etwas, was ihm entzogen werden könnte, gar nicht erst einlässt.

Herr Dreiundzwanzig kam zunächst aus seiner Haft in die Therapie, bekam dann Reststraferlass mit Weisung zur Therapie. Auch er war wegen sexuellen Missbrauchs an Kindern verurteilt. Es fiel ihm zunächst sehr schwer, sich zu öffnen, was ihm dann nach einem Gespräch über seine Hobbys gelang. Danach berichtete Herr Dreiundzwanzig über erstaunliche Erfolge im Umgang mit anderen Menschen. Er könne so mit denen reden, wie sein ganzes Leben lang nicht. Nach meiner Kündigung aus Rationalisierungsgründen, die später zurückgenommen wurde, ging Herr Dreiundzwanzig in die innere Immigration. Er zeigte sich mit dem bereits Erreichtem sehr zufrieden und wollte nicht mehr weiter an sich arbeiten. Die Therapie wurde beendet unter der Maßgabe, dass, wenn sich neue Probleme ergeben würden, Herr Dreiundzwanzig sich wieder melden würde. Herr Dreiundzwanzig gab zum Abschluss der Gespräche an, sich in Kontakten mit Erwachsenen nun sicherer zu fühlen, sich besser behaupten und abgrenzen zu können.

Psychodynamik des Klienten, therapeutische Beziehung und Gegenübertragsphänomene beim Therapeuten

Auch bei günstigen Rahmenbedingungen ist jedoch ein idealtypischer Therapieverlauf, bei dem ein Klient umfassend seine Probleme bearbeitet, nicht zu erreichen. Die Regel ist, dass meistens der Klient irgendwann mitten im Therapieprozess entscheidet, aufhören zu wollen, und abbricht. Das heißt aber nicht, dass dann nicht beim Klienten ein Veränderungsprozess stattgefunden hat. Auch in der Psychodynamik des Klienten liegen mögliche Gründe, die Therapie abzubrechen. Am hinderlichsten sind die vielfältigen Abwehrmechanismen der Klienten. Manche Klienten spalten sie bis zum Schluss von sich ab. Andere »gestehen grau«, d. h., sie reden zwar immer wieder über das Delikt, leugnen dabei aber ihre Verantwortung dafür oder die Folgen für das Opfer.

Der Klient spaltet oft zwischen der »bösen« Justiz und dem »guten« Therapeuten. Und wenn der gute Therapeut nicht genug gegen die böse Justiz geholfen hat, verlässt er diesen. Auch die Therapieteilnahme selbst kann der Spaltung unterzogen sein: Die Therapie ist Alibi, um zu zeigen, dass man etwas tut.

Häufig haben Klienten starke Veränderungswünsche, aber noch mehr Widerstand gegen Veränderung, und sie wehren jede mögliche Veränderung ab.

Ebenso besteht ein starker Wunsch, erkannt zu werden, mit allen Gefühlen und Bedürfnissen, und ebenso haben sie schreckliche Angst davor.

Herr Drei kam als nicht angezeigter sexueller Kindesmissbraucher zu mir. Er kam aus einer 80 km entfernten Stadt. Bewegt hatte ihn die Anzeigendrohung einer Bekannten. Herr Drei lebte zu der Zeit, als er zu mir kam, bis zum Ende der Therapie mit einem 22 Jahre älteren Mann zusammen, der ihn vor 15 Jahren vom Straßenstrich mitgenommen hat und zu dem Herr Drei eine missbrauchende Beziehung als Opfer hatte. Zu Beginn der Therapie unterhielt Herr Drei selber auch missbrauchende Beziehungen zu Kindern. Hier war zunächst direkt am Anfang eine Entscheidung zu treffen, klare Rahmenbedingungen herzustellen und als Bedingung zu machen, dass Herr Drei selbst einen juristischen Rahmen herstellt, und dabei die Gefahr einzugehen, dass Herr Drei dann überhaupt keine Therapie in Anspruch nehmen würde.
Herr Drei selbst fand es oft fraglich in dieser Zeit, warum er denn in Therapie kommen würde und ob die Therapie nicht eher für ihn eine Alibifunktion haben würde. Über weit mehr als ein halbes Jahr berichtete er über keine Missbräuche, die von ihm begangen wurden. In

der Zwischenzeit beendete er eine Ausbildung, in der er zuvor große Schwierigkeiten hatte.

Er konnte sich besser artikulieren, konnte klarer denken, konnte dem Gespräch folgen. All dies sind Indikatoren, dass möglicherweise in der Zeit kein sexueller Missbrauch stattgefunden hat. Herr Drei berichtete in dieser Zeit über seine Kindheit, die weit gehend im Heim stattgefunden hat, und dass er schon sexuelle Übergriffe erlebt und begangen hat, über eine Schwester, die seinen Vater ermordete, über die Beziehung zu dem älteren Mann, auf den er einerseits angewiesen war und den er andererseits loswerden wollte, wobei jeweils der eine oder der andere Aspekt ausschließlich eine Rolle spielte. Zeitweise konnte er sich in seine eigene Opferposition zurückversetzen und dort auch seine Empfindungen tatsächlich spüren. Ebenfalls konnte er so etwas wie Empathie für seine Opfer empfinden. Nach ca. einem halben Jahr wurde Herr Drei rückfällig. Dabei schien es sich zunächst um eine Einzeltat zu handeln, und es blieb abzuwarten, ob dies zu bewerten war als eine Beendigung einer Phase. Zumal er bis dahin seine berufliche Unabhängigkeit erlangt hatte. Es stellte sich jedoch heraus, dass Herr Drei danach weiter rückfällig wurde. Es wurde auch deutlich, dass damit seine Verleugnung neuerlich einsetzte.

Er verleugnete seinen eigenen gefühlsmäßigen Zustand. Er flüchtete sich in Verwirrung. Seine Lernfähigkeit war suspendiert. Die Beziehung zu dem älteren Mann wurde enger.

Vor die Bedingung gestellt, etwas zu ändern, nämlich den Missbrauch zu beenden und sich entweder selbst anzuzeigen oder den »Freund« zu verlassen bzw. die Therapie abzubrechen, entschied sich Herr Drei dafür, die Therapie abzubrechen. Er arbeitete dann nicht mehr in dem von ihm erlernten Beruf, sondern ging in das Büro des »Freundes«. Dieser Freund suchte ihm dann auch eine neue Therapeutin.

Ingesamt wird deutlich, dass diese Therapie in einer Atmosphäre der Geheimhaltung stattgefunden hat, über die Beziehung zu diesem Freund durfte nichts bekannt werden, es gab keine Anzeige. Und genau an diesen beiden Tatsachen scheint die Therapie gescheitert zu sein. Gerade in dem Moment, wo sich eine gute therapeutische Zusammenarbeit etabliert hatte, wurden dem Klienten auch die Konsequenzen der eigenen Persönlichkeitsentwicklung klar. Die Trennung von dem Freund war auch für ihn logisch, aber nicht möglich.

Positiv ist, dass er in die Therapie gekommen ist. In der Zeit der Therapie und auch danach hat es keine progrediente Entwicklung gegeben. Mögliche Gewaltanwendung (Herr Drei hatte ein sehr hohes Aggressionspotential) wurde nicht gegen Kinder gelenkt. Die Begegnung mit der Justiz verlor für Herrn Drei einiges an Bedrohung.

Auch die therapeutische Beziehung kann sich als für den Klienten zu wenig stabil erweisen. Nicht jeder Therapeut ist für jeden Klienten gut. Meistens sind Klienten an wenig berechenbare Beziehungen gewöhnt. Eine stabile Beziehung erregt dann oft viel Angst. Es könnte in Wirklichkeit gar nicht wahr sein, oder es wäre zu befürchten, dass es auch diesmal nicht lange dauert. Der Therapeut muss u. U. dann den Beziehungsaspekt in den Vordergrund vor die Analyse des Abwehrmechanismus Idealisierung und Entwertung stellen.

Herr Acht, ein Mann, der Kinder missbraucht hat, kam aus einer Landesklinik zu mir. Er machte einen überaus schüchternen Eindruck, kaum fähig, sich zu äußern. Zum Erstgespräch kam er mit seinem Bewährungshelfer, das zweite Gespräch verpasste er, da ihm die Orientierung in Düsseldorf nicht gelang. Seine Taten hatte er stets unter Alkoholeinfluss begangen. Dies deutet darauf hin, dass er sich zunächst enthemmen musste, um Nähe zuzulassen. Die Gespräche entwickelten sich dann aber relativ rasch so, dass sich Herr Acht immer besser äußern und öffnen konnte. Er zeigte sich auch ganz zufrieden mit der Therapie.
Zu diesem Zeitpunkt habe ich Klienten Verlaufsbeurteilungsbögen mitgegeben, die sie dann zu Hause ausgefüllt haben. Dabei zeigte sich bei Herrn Acht ein diametraler Gegensatz in der Einschätzung der Therapie zu dem, was er in der Therapie berichtete und wie er diese auf den Beurteilungsbögen beurteilte. Als ich ihn damit konfrontiert habe, brach er die Therapie ab. Ein halbes Jahr später rief mich sein Bewährungshelfer an und teilte mit, dass Herr Acht wieder rückfällig geworden ist, auch in Sachen Alkohol, und dies darauf zurückführe, dass ich ihn gezwungen hätte, über seine Sexualproblematik zu berichten.
Insgesamt entstand der Eindruck, dass Herr Acht die Gespräche sehr wohl genossen hat, da er über sich sprechen konnte, dass er dies aber nicht zulassen konnte. Möglicherweise, weil es so schwierig ist, dies zu genießen, eben weil dieser Genuss endlich ist und eben auch die Therapie endlich ist. Indem er hinterher das abgewertet hat, konnte er wieder ein Gleichgewicht herstellen. Andererseits brauchte er aber auch die positive Beurteilung des Kontaktes, um seinen Besuch zu rechtfertigen. Eine Konfrontation mit den negativen Beurteilungsmöglichkeiten zwang ihn zu rechtfertigen, weshalb er nicht kam. Danach war der Therapeut als »böses« Objekt etabliert. Seine sich selbst

bestrafende Beurteilung delegierte er an den Therapeuten. Dieser Klient hätte es sicherlich gebraucht, den Therapeuten noch eine Weile weiter idealisieren zu können und sehr viel mehr stückweise seine Verantwortung für sich zurückzubekommen und auch die entäußerten bösen Überich-Kerne allmählich wieder aufnehmen zu können.

Ein Therapieangebot in einer Fachklinik für Alkoholkranke, das Herr Acht in Anspruch nahm, war seinem Strukturbedürfnis wesentlich angemessener.

Auch Gegenübertragungen können den Therapieprozess behindern, wenn sie nicht erkannt werden. Der Therapeut selbst hat oft starke Bestrafungstendenzen gegenüber dem Klienten, oder er versucht möglicherweise, diesen in Schutz zu nehmen. Der Therapeut muss teilweise die Verantwortung mit übernehmen und sie dem Klienten portionsweise zurückgeben. Dabei können Gespräche mit dem Bewährungshelfer und dem Klienten zusammen hilfreich sein.

Manchmal erscheint das auch zu viel, und der Therapeut ist einfach nur froh, den Klienten loszuwerden.

Herr Vier kam aus einer Justizvollzugsanstalt. Die Kontakte ließen sich sehr schleppend an, weil überdeutlich wurde, dass Herrn Viers primäre Motivation eigentlich nur die gewesen war, möglichst bald aus der Haft entlassen zu werden, dazu wollte er Therapie benutzen. Ich veranlasste Herrn Vier daraufhin, sich selbst deutlicher zu seiner Therapiemotivation zu stellen, was einige Zeit in Anspruch nahm. Auch nachdem die Gespräche dann in Gang gekommen waren und zunächst ein 14-tägiger Rhythmus eingehalten werden konnte, nutzte Herr Vier die Therapie hauptsächlich, um über die Haftbedingungen zu jammern und von mir zu verlangen, dass ich für ihn vorstellig würde, bis wir eine schriftliche Vereinbarung darüber getroffen haben, dass Herr Vier nicht mehr jammern dürfe. In der Folgezeit berichtete Herr Vier dann über seine 40-jährige Missbrauchserfahrung, die durch viermal 4-jährige Haftstrafen unterbrochen gewesen ist. Überschlägig hat Herr Vier derzeit 400 bis 500 Kinder missbraucht. Im Wesentlichen wiederholten sich bestimmte Therapieabläufe, das Versinken in die Taten, teilweise auch mit glänzenden Augen, teilweise mit Selbstbeschuldigung. Daneben konnte aber auch über die Verarbeitung seiner vaterlosen Kindheit gesprochen werden. Er war weit gehend von der Mutter erzogen worden und hatte eine Erziehung zum

Mädchen »genossen«. Als Außenseiter suchte er sich unter den Kindern, die er missbrauchte, stets zielsicher Außenseiter aus, die er ähnlich missbrauchte, wie er einen eigenen Missbrauch durch einen Nachbarn erlebt hatte. Im Verlaufe der Therapie kam es schließlich dazu, dass er die vergötterte Mutter beschuldigen konnte.

In unseren Gesprächen leugnete er eine mögliche Rückfälligkeit, wie die meisten anderen auch, mit 100 Prozent. Seinem Gesuch auf Reststraferlass wurde zu keiner Zeit nachgegeben, sodass er schließlich seine Strafe bis zum Ende verbüßte. Noch in der letzten Sitzung während der Haft beteuerte Herr Vier, dass er die Therapie unbedingt nach Beendigung der Haft fortsetzen wolle. In der ersten Sitzung in Freiheit tauchten längst abgelegte Verhaltensweisen wieder auf. Er jammerte über seine finanzielle Situation, beschuldigte mich, nicht genug für ihn getan zu haben, damit er Fahrgelderstattung bekäme, sodass sein ganzes Geld in der Haft aufgebraucht worden wäre. Er könne nun nicht mehr zur Therapie kommen. Darin bewies er einige Ausdauer, sodass ich selbst auch wütend wurde. Der Streit eskalierte zehn Minuten lang, bis er mit lautem Knall das Zimmer verließ und sich dann nicht wieder sehen ließ. Ein Dreivierteljahr später rief dieser Klient noch einmal an, um zu beteuern, dass ihm die Therapie gut getan habe, er nun auf dem Weg einer beruflichen Neuorientierung sei und auch keine Kinder mehr missbraucht habe. Aus anderen Quellen habe ich erfahren, dass er stattdessen in einer Gefangeneninitiative gearbeitet habe, immer wieder an die JVA, in der er inhaftiert war, mit Aufgaben zurückgekehrt war, was er schließlich auch aufgegeben hat. Außerdem habe er sich als Schiedsrichter bei Fußballspielen von Kindern beteiligt. Sein distanzloses Verhalten hat Herr Vier in der ganzen Zeit nie aufgegeben. Ein Anschreiben zu einem Nebengespräch zwei Jahre danach kam allerdings mit dem Vermerk »Unbekannt verzogen« zurück.

Hier ist gerade der Abschied interessant, weil diese Inszenierung zum einen Teile von abgelegtem Verhalten und Rückfall in altes Verhalten deutlich macht. Zum anderen aber auch eine neue Qualität darstellt bei einem Klienten, der zuvor immer versucht hat, sich einzuschmeicheln, was ihm in einer Erwachsenenwelt kaum gelungen ist. Diese offen aggressive Komponente stellt möglicherweise einen neuen Schritt auf dem richtigen Weg in Richtung Selbstbehauptung dar. Das Ende war aufgrund der institutionellen Bedingungen abzusehen. Beschwichtigte er mit seinem Kommen zu mir die böse Institution JVA, war dies nach der Inhaftierung nicht mehr nötig. Andererseits war die Gut-Böse-Spaltung bei ihm genau auf der Kante zwischen JVA und Therapeut gegeben und durch den Wegfall der JVA nicht mehr nötig.

Jeder therapeutische Kontakt birgt die Chance der Veränderung für Klienten, auch wenn er noch so schnell abgebrochen wird.

Herr Fünf kam aus einer JVA. Eine Therapie war kaum möglich, weil er immer wieder die Bedingungen der JVA sabotierte, z. B. entgegen den Anweisungen seine Frau traf oder zu spät zurückkam. So gab es in einem eindreiviertel Jahr lediglich elf Therapiekontake, geschrieben hat er mir allerdings ca. 600 Seiten Briefe, worin er seine Beschaffungskriminalität ausführlich erläuterte. Er nutzte jede Gelegenheit, ob in seiner Autowerkstatt, auf der Straße oder in selbst gegründeten Sportvereinen, um Kinder auszubeuten und zum Missbrauch anzuleiten. Es war seine zweite Gefängnisstrafe, und bis dahin hatte er jeweils unmittelbar nach der Entlassung wieder angefangen, für Jahre zu missbrauchen. In diesen Briefen waren nur äußerst wenige Veränderungen erkennbar, einer Therapie habe ich selbst wenig, aber als einziger Intervention überhaupt Chancen eingeräumt. Dies war auch für mich eine Not, weil er, wenn, dann nur durch drastische Äußerungen erreichbar schien.

Interessant war auch, wie deutlich seine Psychodynamik und seine Abwehrmechanismen wurden. Das Oszillieren zwischen Idealisierung und Entwertung habe ich kaum jemals in dieser Deutlichkeit erlebt. In einem Satz war ich die einzig mögliche Rettung, dann, als wäre ich eine andere Person, ein Feigling, der nicht bereit war, ihn gegen die böse Justiz zu verteidigen.

Gegen das System der Justiz rebellierte Herr Fünf ständig. Er verglich das »System« mit der Nazijustiz, fühlte sich als Verteidiger von Werten und identifizierte sich mit den Juden. (Eine der wenigen Interventionen, mit denen ich ihn wirklich erreichte, war, dass ich ihn – oder besser seine Taten – mit den Nazis identifizierte.) Im Gegensatz dazu verehrte er einen Sozialarbeiter geradezu, der ihn ein verkommenes sexuelles Subjekt genannt hatte, weil dieser ein richtiger harter (und klarer) Mann wäre.

Mit Herrn Fünf habe ich einen Vertrag geschlossen, dass er, wenn er mit mir therapeutisch arbeiten wolle, ehrlich sein müsse, auch was Rückfälle betreffe. Teil des Vertrages war außerdem, dass ich mich von ihm schriftlich habe bitten lassen, ihn zu seinem Schutz – sich nicht weiter schuldig zu machen – anzuzeigen.

Herr Fünf musste Endstrafe verbüßen und verschwand. Ein halbes Jahr nach der Entlassung schrieb er mir aus den neuen Bundesländern, dass er abermals rückfällig geworden war. Es war keine leichte, aber in mehrerer Hinsicht notwendige Entscheidung, mich an den Vertrag zu halten. Ich habe ihm dann eine Kopie seines Briefes und des Vertrages zugesandt, ebenso dem Schwerpunktstaatsanwalt. Von diesem erfuhr ich dann, dass Herr Fünf bereits inhaftiert war. Zwei weitere Jahre später meldete sich Herr Fünf erneut schriftlich aus der JVA und konnte den Selbstschutzgedanken gut nachvollziehen.

Literatur

Mentzos, Stavros: Neurotische Konfliktverarbeitung. Fischer, Frankfurt a.M. 1984.

Rohde-Dachser, Christa: Das Borderline-Syndrom. Huber, Bern/Stuttgart/Toronto 1989.

Schorsch, Eberhard u.a.: Perversion als Straftat. Springer, Berlin/Heidelberg/New York 1980.

Toni F. Pfirrmann

»No-hope-Klienten«
in der Therapie

Im Frühjahr 1995 fand in Rheinland-Pfalz eine Fachtagung statt mit dem Thema »Die psychotherapeutische Behandlung von Sexualstraftätern«.

Mit Ausnahme weniger Referenten wurde dort die Therapie mit TäterInnen als schwer, ja als fast hoffnungslos bezeichnet. Auf die Frage eines Tagungsteilnehmers nach »Heilungschance« und »Rückfallquote« meinte einer der Referenten sinngemäß, »man müsse dankbar sein, wenn man unter X Klienten wenigstens den einen oder anderen heilen kann«. »Schließlich«, so meinte er weiter, »haben wir es mit No-hope-Klienten zu tun.« Ein weiterer Referent und Therapeut sprach von der »Ohnmachtserfahrung« bei der Therapie mit TäterInnen.

Ich selbst habe bei meiner mehr als zehnjährigen Tätigkeit bis jetzt keine »No-hope-Klienten« kennen gelernt, und mich hat die Therapie mit TäterInnen keineswegs »ohnmächtig« gemacht.

Im Folgenden soll anhand einer sozialpsychologischen Theorie erklärt werden, wie sich die Einstellung – »Man hat sowieso keinen Erfolg« – bei der Therapie mit TäterInnen auf den therapeutischen Prozess auswirken kann. Im Weiteren will ich erklären, warum ich mit TäterInnen arbeiten kann.

Zur Theorie der kognitiven Dissonanz

Festinger (1957) entwickelte die Theorie der kognitiven Dissonanz, die uns eine Antwort darauf gibt, wie wir Informationen verarbeiten, wenn wir bestimmte Hypothesen darüber ha-

241

ben, wie TäterInnen, also Männer und Frauen, sind, die Kinder – manchmal auch sehr kleine Kinder – sexuell auf jede nur erdenkliche Arten missbrauchen.

Fragen Sie sich selbst, was Sie von TäterInnen halten! Möchten Sie mit »diesen Menschen« ausgehen, bei »denen« eingeladen sein, mit »denen« eine Freundschaft haben? Kennen Sie überhaupt solche Menschen? Wenn nein, wieso eigentlich nicht, wenn z. B. Britta Woltereck (1994) schreibt, dass schätzungsweise in der ehemaligen Bundesrepublik ca. 80.000 bis 300.000 Kinder sexueller Gewalt ausgeliefert sind? Gleich welche Zahl die »richtige« sein mag – eine empirisch-wissenschaftlich fundierte Untersuchung für die Bundesrepublik gibt es bis dato nicht –, bedeutet doch diese Zahl, dass die Wahrscheinlichkeit, einem Täter, einer Täterin zu begegnen, gar nicht so klein ist.

Was sagt nun die Theorie der kognitiven Dissonanz z. B. darüber aus, wie Menschen ihre vielfältigen Informationen sortieren, verarbeiten?

Festinger (1957) geht davon aus, dass alle Menschen ein Gleichgewicht ihres kognitiven Systems anstreben, d. h., wir wollen, dass kognitive Beziehungen konsistent sind. Festinger versteht unter Kognitionen z. B. Meinungen, Werthaltungen, Wissenseinheiten etc. Wir können auch vereinfacht sagen, er versteht darunter alle möglichen Gedanken, die wir Menschen uns über uns oder über die Welt machen. Er unterscheidet dabei Kognitionen, die relevante bzw. irrelevante Beziehungen zueinander haben. In relevanter Beziehung stehen Kognitionen immer dann, wenn sie inhaltlich etwas miteinander zu tun haben.

Beziehungen, die relevant sind, können immer entweder konsonant oder dissonant sein. Sind sie konsonant, so haben wir ein kognitives Gleichgewicht. Was passiert aber, wenn die relevanten Kognitionen dissonant sind? Nun, relevante dissonante Kognitionen erzeugen immer eine Motivation, nämlich die Motivation, kognitive Beziehungen herzustellen, die konsonant sind. Es ist also das Bestreben, diese Dissonanz zu reduzieren. Und es ist klar, dass die Dissonanzreduktion verschiedengewichtig sein kann. Wie reduzieren nun Menschen ihre Dissonanz, was tun sie also, um zu einem Gleichgewicht in ihrem kognitiven System zu gelangen?

Es gibt hierfür nach Festinger drei Möglichkeiten:

a) indem neue konsonante Kognitionen addiert werden,
b) indem dissonante Kognitionen subtrahiert werden,
c) indem Kognitionen substituiert werden: es werden gleichzeitig konsonante Kognitionen addiert, also hinzugenommen, die dissonanten werden subtrahiert bzw. verlieren an Gewicht.

Diese Theorie der kognitiven Dissonanz ist in hunderten von Experimenten überprüft worden (vgl. dazu Frey 1994). Auf die Anwendung dieser sozialpsychologischen Theorie in der klinischen Praxis hat bereits Brehm (1980) hingewiesen.

Einen speziellen Anwendungsbereich der Theorie wollen wir hier herausgreifen. Die Frage nämlich: Wie verarbeiten Menschen Informationen, wenn sie eine Hypothese haben?

Weiter oben habe ich Sie gebeten, sich die Frage zu stellen: Was halten Sie von TäterInnen? Haben Sie eine Antwort? Wie lautet Ihre Antwort auf diese Frage? Wenn ein Mensch ein Täter ist, dann … Was Sie hier ergänzen, das ist Ihre Hypothese. So, denken Sie, sind TäterInnen.

Auch TherapeutInnen haben Thesen, Hypothesen, Vorannahmen. Wie ein Mensch ist, wenn er ein Täter ist; was für eine Therapie erfolgreich wäre – sprich, welche Heilungschancen er hat, wenn er/sie ein/e TäterIn ist; usw.

Wenn wir die Implikationen der Theorie der kognitiven Dissonanz verstanden haben, so können wir auch verstehen oder doch zumindest erahnen, wie wir Informationen verarbeiten, wenn wir ein festes (festgefahrenes) Bild von TäterInnen haben. Wenn wir also – das gilt auch für Therapeuten – »wissen«, wie TäterInnen sind.

»No-hope-Klienten«, »Ohnmachtserfahrungen in der Therapie mit TäterInnen«. Sie finden diese und ähnliche Hypothesen bei vielen, die mit TäterInnen arbeiten, und bei vielen, die über ihre Arbeit berichten.

Wie viele Fragen wurden mir z.B. in Vorträgen – auch in Gesprächen mit FachkollegInnen – gestellt, die genau in diese Richtung weisen.

»Gott im Himmel, wie können Sie denn mit solchen Menschen arbeiten, das muss ja furchtbar frustrierend sein«, so ein Zuhörer. Oder extremer noch: »Ich will nicht, dass jemand von uns mit TäterInnen arbeitet in unserer psychologischen Beratungsstelle; stellt euch doch vor, was da passieren kann, wie schnell wir da in der Zeitung sind, und überhaupt mit solchen Typen, die haben in unserer Beratungsstelle nichts verloren«, so eine Aussage einer Psychologin einer Beratungsstelle.

Die Hypothese, »wenn man mit einem/er TäterIn therapeutisch arbeitet, hat das sowieso keinen Erfolg, wird man sowieso scheitern, ist eine Heilung ja doch nicht möglich«, genau diese Hypothese steuert den therapeutischen Prozess.

Selektiv (!) werden wir unsere »passende« Information suchen, wir werden die ihn »belastende« Information in der Gesamtheit (z.B. in der Sprache, in der Gestik) überbewerten und das vermeintlich Entlastende (es gibt noch anderes am Menschsein als nur Tätersein) unterbewerten, um mit unserem kognitiven System (z.B. mit der Kognition: TäterInnen sind »No-hope-Klienten«) im Gleichgewicht zu sein.

Die Dissonanz nach einer Entscheidung – Festinger nennt sie »post-decisional dissonance« – wirkt also folgendermaßen: Ein/e TherapeutIn, der/die sich entscheidet, mit TäterInnen zu arbeiten, und der/die der Meinung ist, mit »No-hope-Klienten« zu arbeiten, sieht selektiv die Information, durch Addition, Subtraktion oder Substitution von Kognitionen, die ihn/sie in seiner/ihrer Meinung bestätigt. Diese lautet schlicht: Ich habe es doch gleich gewusst, dass die Therapie bei diesem Menschen, bei diesem Krankheitsbild scheitern muss.

Wenn wir diese Implikation der Theorie zu Ende denken, so ergibt sich folgende provokative These:

Dass Therapien mit TäterInnen scheitern (dass dem so ist, belegen vielfältige Therapieberichte; vgl. z. B. Schorsch u. a. 1985), liegt also nicht immer an der Therapieunfähigkeit bzw. -unwilligkeit von TäterInnen, sondern oft auch an TherapeutInnen, die den/die TäterIn unter der Kategorie »No-hope-Klient« eingeordnet haben.

Die TäterInnen

Wenn es nun anscheinend möglich ist, Therapie, und zwar Erfolg versprechend, für TäterInnen anzubieten, so müssen wir uns auch fragen, was sind TäterInnen für Menschen, warum soll man überhaupt Therapien für sie anbieten?

Wir dürfen zunächst nicht vergessen, dass der Begriff »Täter« sich aus dem Strafrecht herleitet. Da Sprache für uns (mit)denkt, werden damit Wertungen oder besser Abwertungen impliziert, mitvermittelt, die für Therapie und für den Umgang mit Menschen, die Kinder sexuell missbraucht haben, eher hinderlich als förderlich sind.

Viele Autoren haben sich deshalb so beholfen, dass sie anstatt von TäterInnen von sexuell ausbeutenden Personen sprechen.

Für mich sind TäterInnen Menschen, die die berechtigten Grenzen von Kindern widerrechtlich, auch wenn sie die Grenzen als für sie scheinbar offen erlebten, überschritten haben. Es gibt also keine wie auch immer geartete Rechtfertigung, keine Legitimation der Grenzüberschreitung, d.h., dass der Klient, der hier in die Therapie als »TäterIn« kommt, den es zu verstehen gilt, den es anzunehmen gilt, nie mit einer Tolerierung oder Rechtfertigung seitens des/der TherapeutIn rechnen kann!

Wenn sich z. B. ein Therapeut entschließt, mit Eltern zu arbeiten, die ihre Kinder körperlich misshandeln, so rechtfertigt er ja auch nicht deren Verhalten.

Trivial, mögen Sie nun sagen, ist die Forderung, dass der Therapeut das Verhalten von »TäterInnen« nicht billigen soll, das werden Sie ja auch nicht tun. – Wenn dies nur so einfach wäre! – Gerade im therapeutischen Prozess ist die Gratwanderung zwischen Nähe und Distanz eine der wichtigsten Komponenten, um erfolgreich zu therapieren. TäterInnen gelten einerseits als Menschen, mit denen man besser nichts zu tun haben will, deshalb laufen sie oft Hilfe suchend von Therapieplatz zu Therapieplatz und werden immer wieder abgewiesen (es ist auch ein Mythos, dass sie nicht therapiewillig sind); aber es finden sich auch Therapeuten, die es »ein bisschen verstehen« oder ein »klein wenig rechtfertigen können«, was TäterInnen getan haben, und diese Haltung ist genauso gefährlich wie die Resignationshaltung zum »No-hope-Klienten«.

Prüfen Sie diese These selbst. Sie können natürlich nicht mit einem öffentlichen Zugang zum therapeutischen Prozess rechnen. Aber beobachten Sie beispielsweise die öffentlichen Verhandlungen bei Prozessen mit Sexualstraftätern, beobachten Sie die Presse zu diesem Thema. Es findet sich viel Billigendes für TäterInnen.

Auch hier können Sie mit den Methoden der kognitiven Dissonanz leicht nachvollziehen, wie Information verarbeitet wird, wenn jemand die Hypothese hat: »Irgendwie hat ja die 15-Jährige, die sich z.B. ihrem Onkel ›so‹ gezeigt hat oder solche Fragen gestellt hat, auch eine Verantwortung.«

Wer sind nun die TäterInnen? Die Zeiten, in welchen wir unsere Kinder vor dem unheimlichen Mann (von Frau war nie die Rede) auf dem Spielplatz gewarnt haben, der Bonbons an Kinder verteilt und sie dann mitnimmt usw. ... sind wohl für die meisten passee. Wir wissen, TäterInnen sind – von einzelnen schweren pathologischen, devianten Sexualdelikten abgesehen – meist ganz normale Menschen. Sie sind überwiegend im familialen Umfeld zu suchen und zu finden, auch wenn uns diese Tatsache gar nicht gefällt. Es gibt keine Schablone eines männlichen oder weiblichen Täters. Lesen Sie, wie Kristina Meyer (1994) in dem Buch »Das doppelte Geheimnis« im therapeutischen Prozess Zugang zu »ihrem Täter« gefunden hat. In dem Buch »Monster oder liebe Eltern« von Bruder und Richter-Unger (1994) finden wir andere Tätermenschen. Wir könnten hier fast eine beliebig lange Liste von Publikationen hinzufügen.

Therapiewilligkeit von TäterInnen

Genauso wie es z.B. Vorannahmen zu Therapieerfolg/-misserfolg in Bezug auf TäterInnen gibt, gibt es auch die Vorannahme zur Therapiewilligkeit. TäterInnen sind generell nicht therapiewillig, ist ein weiterer Mythos, der oft ungeprüft tradiert wird. Auch hier sind meine Erfahrungen mit TäterInnen anders.

An einem Beispiel will ich dies verdeutlichen.

1992 habe ich in Kooperation mit einem Träger ein Modellprojekt gegründet mit dem Titel: »Therapie mit TäterInnen im Bereich ›sexuelle und physische Gewalt an Kindern‹«. Mir sind die Vorgespräche noch gut in Erinnerung.

Der Gedanke, ein Modellprojekt zu gründen, war geboren, die finanziellen Mittel waren, wenn auch mit Mühe, aufgetrieben, nun kam die Furcht des Trägers: »Stellen Sie sich vor, wir sitzen Ende des Jahres noch auf den Mitteln, weil sich keiner zur Therapie angemeldet hat. Das wäre blamabel für uns. Wir müssen dringend die Presse informieren.« Es hat mich viel Überzeugungsarbeit gekostet, den Träger davon zu überzeugen, keine Presse einzuschalten, keine große Werbung etc. zu machen. Leise haben wir dann an einigen wenigen Stellen darüber berichtet.

Das Ergebnis war: Das Projekt hat sich sehr schnell herumgesprochen. Schon drei Monate später war abzusehen, dass wir die finanziellen Mittel bis Ende des Jahres ausgeschöpft haben würden. Viele der »Therapieunwilligen« haben wir abgewiesen.

Wenn wir allerdings – wie eh und je – davon ausgehen, dass TäterInnen keine Therapie wollen, dann brauchen wir auch keine Therapieplätze für sie einzurichten.

Sie können auch hier innehalten und sich mit der Theorie der kognitiven Dissonanz dieses Verhaltensmodell erklären, das wirksam wird, wenn wir die Hypothese haben: Wenn ein Mensch ein Täter ist, dann will er keine Therapie.

Therapieplätze sind notwendig – auch dies wurde und wird heute noch oft übersehen – als Prophylaxe gegen sexuellen Missbrauch von Kindern. Zum Glück für Täter und Opfer findet sich dieser Gedanke jetzt auch ab und an in neuer Literatur wieder. In ihrem Buch »Komm, mein liebes Rotkäppchen« schreibt beispielsweise Karin Jäckel (1994), »wer sexuellen Missbrauch verhindern will, kommt an den Tätern nicht vorbei«.

Um also unsere Kinder vor sexuellem Missbrauch zu schützen, sind Therapieangebote für TäterInnen unabdingbar erforderlich.

Die »sogenannten« Täter

Ich habe weiter oben davon gesprochen, dass ich erklären möchte, wer mich für die Therapie mit TäterInnen hat offen werden lassen; und ich habe ebenfalls weiter oben von sogenannten TäterInnen gesprochen. Ich will diese beiden Punkte hier erläutern.

Es war vor ca. zehn Jahren, als mich ein Schulleiter ansprach und mich bat, schnell Zeit zu haben für ein junges Mädchen, das ganz Entsetzliches getan haben soll. Was sie getan habe, darüber konnte er nicht reden. Aber er schilderte mir dieses Mädchen in einer Ekelhaftigkeit, in einer Grausamkeit, es war für ihn klar, dass er mich bittet, mit dem »Abschaum« zu arbeiten. Er bat mich auch mehrmals dafür um Entschuldigung, dass er mir »so eine« schickt. Er sagte, man müsse dieses Weib unbedingt in ein Heim schicken, wobei sie eigentlich in den Knast gehöre.

So weit die Einführung eines Klienten durch einen erfahrenen, korrekten Schulleiter, den ich auch schon mehrere Jahre als offen und sachlich kennen gelernt hatte.

Es machte mich nachdenklich. Das Mädchen – 15 Jahre alt – bekam recht bald einen Termin (den ganzen therapeutischen Prozess hier zu dokumentieren würde den Rahmen sprengen; ich will nur einige Punkte herausgreifen). Beim Erstgespräch begegnete mir ein total verängstigtes Kind, das im nächsten Augenblick den Eindruck einer verhärmten erwachsenen Frau machte.

Auf die Frage, warum sie komme, sagte sie, sie hätte »optimistische Spiele« in der Schule gemacht, aber darüber wolle sie nicht reden.

Ich sagte ihr, dass das in Ordnung sei, sie könne sich irgendwann entscheiden, entweder mit mir darüber zu reden oder auch nicht. Sie hatte zaghafte Fragen an mich, an meine Arbeit. Sie wollte wissen, was ich tue. Ich versuchte, ihr zu antworten. Sie entschied am Ende der Sitzung, nochmals zu kommen. Sie wollte keine längerfristigen Termine, sondern sie entschied von Sitzung zu Sitzung, ob sie weiter kommen wolle oder nicht. Und sie wollte weiter kommen und mit mir reden. Über die »optimistischen Spiele«, weswegen sie zunächst geschickt wurde, haben wir allerdings nicht geredet. Wir haben beschlossen, dieses Thema bis auf weiteres (was immer das bedeuten mag) auszuklammern.

Es gab Sitzungen, in denen sie mich u. a. fragte, ob wir heute statt zu reden einfach ein Spiel machen können, oder in denen sie mich fragte, ob es mir etwas ausmache, mit ihr spazieren zu gehen. Ein Spaziergang ohne Worte.

All diese Sitzungen dienten »nur« dazu, so sagte sie viel später, um festzustellen, ob sie mit mir reden kann oder, wie sie später prägnanter sagte: »Ich musste wissen, ob Sie kotzen, mich anspucken oder zusammenklappen, wenn ich Ihnen das alles sage.«

Wir gingen öfter spazieren, nur spazieren, weil, »da muss man sich nicht ständig in die Augen gucken«.

Etwa nach der zehnten Sitzung begann sie scheinbar unvermittelt über die »optimistischen Spiele« zu reden. Sie hatte nolens volens Optimismus mit Sadismus verwechselt.

Bei mehreren Kontakten, primär bei Spaziergängen, berichtete sie, mit langen Pausen unterbrochen, was in der Schule und andernorts vorgefallen war. Sie habe Jungs eingefangen, sie ins Klo gezerrt, versucht sie zu vergewaltigen, das habe aber meist nicht geklappt, deshalb habe sie bei einigen Jungs versucht, den Penis mit einer Rasierklinge abzuschneiden. Mehrere Jungs hatten starke Verletzungen. »Weil sie alle Angst gehabt haben, haben die auch alle den Mund gehalten«, sagte sie. Tatsächlich wurde die Schule erst aufmerksam, als ein Junge weinend in der Bank saß und die Lehrerin entdeckte, dass die Hose im Genitalbereich blutig war.

Sie berichtete darüber über mehrere Sitzungen hinweg. Jedes Mal fragte sie, ob sie nochmals kommen darf. Sie beobachtete mich auch immer wieder, so wie sie es später kommentiert hatte, »ob ich kotzen müsse oder sie anspucken würde« usw. Ich habe ihr immer wieder gesagt, dass ich mich freue, wenn sie zur nächsten Sitzung wieder kommt.

Ich möchte Sie bitten, auch an dieser Stelle kurz innezuhalten und zu spüren, zu fühlen, zu hören, wie das auf sie wirkt, solch eine Täterin, eine sexuelle Missbraucherin vor sich zu haben! Geht es Ihnen so wie dem Schulleiter? Denken Sie daran, dass hier mit moderaten, sehr kurzen Worten geschildert wurde, was ein Mädchen über ein bis zwei Jahren an »optimistischen Spielen« getan hat. Vielleicht haben Sie Kinder, Jungs … und Sie denken daran, dass Ihr Sohn mit diesem Mädchen in einer Klasse sei, und Ihr Sohn sei von diesem Mädchen … Unvorstellbar!

Überlegen Sie nochmals, was man mit TäterInnen tun sollte! Haben Sie eine Antwort?

Der therapeutische Prozess ging weiter. Das Mädchen von 15, die Frau, sie hatte über ihre private Situation nur sehr Oberflächliches erzählt. Über ihre häusliche, über ihre private, über die persönliche Situation wusste ich, um es pointiert zu sagen, ähnlich »viel« wie das Einwohnermeldeamt. Es war eben bisher kein Thema, worüber sie reden konnte.

Jetzt begann die Zeit, in der sie über sich erzählte. Auch dieses will ich nur in Stichworten skizzieren.

Mit neun Jahren wurde sie und die Familie von ihrer Mutter »verlassen«. Sie musste seit dieser Zeit die drei weiteren Geschwister versorgen. Der Vater arbeitete ganztags. Sie wurde etwa im Alter von zehn Jahren zu dem, was wir klassisch »Gattensubstitut« nennen, d.h., sie war nun die Frau ihres Vaters. Sie hatte das Häusliche zu tun, so wie dieser Mann – ihr Vater – dies sich von einer »guten Frau« vorstellte. Auch im Bett hatte sie ab zehn Jahren die Mutter zu vertreten. Dieses Mädchen, dieses Kind, diese Frau hatte mit ihrem Vater sexuell alles erlebt. Da der Vater perverse sexuelle Bedürfnisse hatte – weswegen auch die Mutter weggelaufen war –, war dieses Mädchen auch dafür zuständig, und weil ihr Vater gerne Sexualität mit mehreren hatte, war sie auch bei Gruppensex dabei und wurde von Mann zu Mann und von Frau zu Frau weitergereicht.

Halten Sie wieder inne! Haben wir jetzt noch eine Täterin vor uns oder ein Opfer?

Ca. zweieinhalb Jahre hatte ich mit dem Mädchen, dem Kind, dieser Frau in fast wöchentlichen Sitzungen gearbeitet, über weitere fast fünf Jahre hat sie losen Kontakt zu mir gehalten, d.h., sie war fünf- bis zehnmal im Jahr zu Gesprächen bei mir, sie hat ab und zu geschrieben oder angerufen. Mit 17 Jahren zog sie aus dem Elternhaus aus. Ich denke, sie hat einen Weg gefunden, der wohl der richtige für sie ist. Auch für die Geschwister wurden Hilfepläne entwickelt und Lösungen gefunden, die sie auch als solche empfanden. Ohne das Modell der »großen Schwester« vor Augen zu haben, wäre dies wahrscheinlich für die anderen Geschwister nicht möglich gewesen.

Sie hat mich gelehrt, offen zu sein für Therapie mit TäterInnen. Wenn ich an sie denke, dann stelle ich immer wieder fest, dass der Begriff »Täterin« nicht stimmt, denn wäre sie ein bisschen früher gekommen, dann wäre sie Opfer gewesen.

Dies heißt allerdings nicht, dass wir das Verhalten, das sie gegen Jungs gezeigt hat, nun gutheißen, rechtfertigen, es okay finden sollen. Nein! Was wir tun können, ist, die »Psycho-Logik« des Mädchens begreifen und vielleicht die Bereitschaft finden, mit sogenannten TäterInnen zu arbeiten.

Bei der Arbeit mit TäterInnen zeigte es sich, dass diese Menschen auch fast immer in ihrer Vergangenheit Opfer waren. Opfer nicht unbedingt im Sinne des sexuellen Missbrauchs, sondern Opfer in allen nur denkbaren Rollen. Dies darf aber nie als »Entschuldigung« verwandt werden.

Ich wurde immer wieder gefragt, ob ich nicht ausschließlich mit TäterInnen arbeiten würde. Ich könnte auch ohne weiteres mehr Therapieangebote für TäterInnen anbieten, wenn ich mich ausschließlich auf Menschen, die sexuellen Missbrauch begangen haben, konzentrieren würde.

Ich werde dies nicht tun. Ich habe gegen das meiste, was nach »Monopolistischem« aussieht, Bedenken. Ob das nun Monokulturen in der Landwirtschaft sind – überlegen Sie sich bitte, wie »arm« und »anfallträchtig« solche Monokulturen sind – oder Monokulturen in der Wirtschaft. Hier fallen auch jedem von uns sicherlich viele Beispiele ein.

Wenn ich also sage, ich arbeite nicht nur mit TäterInnen, dann hat dies nichts mit der eigenen Psychohygiene – wie manche TherapeutInnen sagen und manche AutorInnen schreiben – zu tun. Die Argumentation, wir müssen auch wegen unserer Psychohygiene mit anderen Klienten arbeiten, kann uns darauf hinweisen, dass das Nähe-Distanz-Verhältnis zwischen Therapeuten und Klient aus dem Lot ist.

Ich hatte das »Glück«, mit Opfern, Frauen und Männern, die sexuellen Missbrauch primär in der Kindheit erfahren haben, mit Kindern, Mädchen und Jungen vom Kleinkindalter bis zum Erwachsenenalter, mit Menschen aller Altersstufen und aus allen Schichten, die ganz andere psychische Beschwerden hatten und eben auch mit TäterInnen zu arbeiten. Ich halte dies auch für unabdingbar, um einen Menschen, gleich mit welcher Krankheit er kommen mag, zu verstehen und meine Aufmerksamkeit, meine Wahrnehmung, mein Empathievermögen dem ganzheitlichen und nicht dem singulären Symptom zu widmen.

Literatur

Brehm, S. S.: Anwendung der Sozialpsychologie in der klinischen Praxis. München 1980.

Bruder, K.-J./Richter-Unger, S.: Monster oder liebe Eltern. Berlin 1994.

Festinger, L.: A Theory of Cognitive Dissonance. Stanford 1957.

Frey, D./Greif, S.: Sozialpsychologie. Ein Handbuch in Schlüsselbegriffen. Weinheim/Basel 1994.

Fürniss, T.: Multiprofessionelles Handbuch sexueller Kindesmisshandlung. Noch nicht erschienen.

Jäckel, K.: Komm mein liebes Rotkäppchen … Kindesmissbrauch – Wer sind die Täter? Berlin 1994.

Meyer, K.: Das doppelte Geheimnis. Freiburg 1994.

Schorsch, E./Galedary, G./Haag, A./Hauch, M./Lohse, H.: Perversion als Straftat. Heidelberg 1985.

Woltereck, B.: Ungelebtes lebbar machen. Sexuelle Gewalt an Mädchen im Zentrum von Therapie und Supervision. Ruhnmark 1994.

Klaus-Peter David

Neue Wege in der therapeutischen Arbeit mit jugendlichen Misshandlern

Therapeutische Arbeit mit jugendlichen sexuellen Misshandlern ist Neuland. Wir möchten die LeserInnen einladen, unsere Schritte bei der »Landgewinnung« nachzuvollziehen.

Von allen erwachsenen Sexualstraftätern begehen 50% ihre erste Sexualstraftat im Jugendalter (Longo 1982, S. 236; Leitenberg 1987). So verdeutlicht eine amerikanische Kriminalstatistik, dass ungefähr 30% aller Vergewaltigungen und über 50% aller Kindesmisshandlungen begangen werden von Misshandlern, die jünger sind als 18 Jahre (Fehrenbach 1986, S. 225).

Eine sinnvolle gesellschaftliche Reaktion auf sexuelle Misshandlung von Kindern durch Jugendliche darf nicht eine zeitlich begrenzte Verhinderung eines Rückfalls als Ziel haben, sondern muss auf bleibende Verhinderung sexueller Misshandlungen zielen. Die Frage für uns muss sein: Wie begegnen wir sexueller Misshandlung durch Jugendliche? Durch Nichtstun und Hinnehmen fördern wir weitere Grenzübertretungen, ermutigen den Täter und lassen die Opfer, Kinder, im Stich. Gefängnisstrafen, wenn es denn dazu kommt, können Täter nur noch weiter in die Verleugnung treiben (Haveman/Staffeleu 1990).

Gelingt es uns möglichst früh – im Jugendalter –, sexuelle Misshandler in eine Therapie oder Behandlung einzubeziehen, haben wir die Chance, die im Entstehen begriffenen Misshandlungsmuster vor ihrer Chronifizierung erfolgreich zu beeinflussen. Auswertungen von Misshandlerprogrammen zeigen, dass Misshandlertherapie einen Beitrag zur Verhinderung von Rückfällen leisten kann. Unabhängig von der Täterkategorie finden wir bei Nichtbehandlung eine Rückfallquote von 36 bis 80%, im Falle einer Therapie hingegen eine Quote von 0 bis 18% (Bullens 1993).

Sexuelle Misshandlungen durch Jugendliche sind ein Problem, welches selbst in der Fachöffentlichkeit noch nicht genügend erkannt ist. Die Erprobung von Arbeitskonzepten in diesem Bereich ist dringend erforderlich. Therapeutische Veränderungsprozesse sind im Jugendalter wesentlich leichter und schneller möglich als zu einem späteren Zeitpunkt, da im Erwachsenenalter die Verhaltensmuster chronifiziert und veränderungsresistent sind. Therapeutische Arbeit mit jugendlichen Misshandlern ist also auch unter ökonomischen Aspekten äußerst lohnend und effektiv. Therapeutische Arbeit mit jugendlichen und erwachsenen sexuellen Misshandlern ist deshalb primäre Prävention und damit als Teil der generell präventiv verstandenen Ausrichtung der Arbeit unverzichtbarer Teil der Kinderschutz-Zentrums-Arbeit.

Theoretischer Hintergrund der Arbeit

Behandlungsangebote an sexuelle Kindesmisshandler, die allein auf Freiwilligkeit beruhen, zeigen nur bei einem (kleinen) Teil von Misshandlern die gewünschte und geforderte Wirkung. Sämtliche uns zugänglichen Arbeitskonzepte und Berichte erwähnen die Notwendigkeit, einen äußeren Druck, eine extrinsische Motivierung für die Teilnahme an therapeutischen Gesprächen zu schaffen. Die Übernahme von Ideen wie offene Anlaufstellen, die für Opfer von Gewalttaten erfolgreich arbeiten, muss kritisch betrachtet werden.

Mit einsichtigen und motivierten KlientInnen zu arbeiten – die Ausgangssituation jeder Beratungs- und Therapieausbildung – belässt den Therapeuten in der Regel in der Position der wohlwollenden Begleitung. Die KlientInnen sind aufgrund emotionalen Unbehagens an einer Änderung ihrer Lebenssituationen und ihres Verhaltens selbst interessiert. Widerstände gegen Veränderungen sind zwar vorhanden (auch schwierige Lebenslagen und Verhaltensmuster haben einen intern erlebten Nutzeffekt), lassen sich meist jedoch überwinden.

Die Ausgangslage in einer Misshandlertherapie ist völlig anders. Der intern erlebte psychologische Nutzeffekt der Misshandlungen ist so stark und das Sich-hineinversetzen-Können in das Erleben des Opfers, die Empathie, ist so wenig entwickelt, dass der Misshandler an einer Änderung seines Verhaltens wenig interessiert ist; die Widerstände sind meist so stark, dass die Misshandlungen erst durch Interventionen von außen unterbrochen werden müssen (Bruinsma 1993, S. 358).

Selbst dann werden die Handlungen in der Regel noch bagatellisiert und in ihrem Ausmaß verleugnet. Genau in diesen Fällen sind die kindlichen Opfer aber noch hochgradig gefährdet, weiter misshandelt zu werden, und das um so stärker, je näher die Beziehung Täter – Opfer ist, je mehr legitimierten Zugang der Misshandler zum Kind hat, je eingeschliffener und ritualisierter die Misshandlungssituation selbst gestaltet worden ist und je weniger tragfähig die Beziehung zu dem nicht misshandelnden Elternteil ist – z. B. aufgrund eigener Missbrauchserfahrungen und/oder Abhängigkeiten vom Partner – und dieser mehr oder weniger schützend für das Kind agieren kann.

Akute Selbst- oder Fremdgefährdung macht Interventionen zum Schutz Betroffener notwendig. Funktionierende Misshandlertherapie setzt eine Unterbrechung des Misshandlungsmusters voraus (Bruinsma 1993, S. 359). Das Misshandeln tendiert wie andere Arten ausagierenden Verhaltens dazu, sich zu perpetuieren, weil es in höchstem Maße befriedigend ist und es gleichzeitig Einsicht oder Persönlichkeitsveränderung durch seine Abwehrfunktionen verhindert (Kernberg 1993, S. 157).

Extrinsische Motivierung ist notwendiger Bestandteil eines funktionierenden Behandlungs- und Therapiesettings (David

1993b, S. 118). Misshandlerberatung und -therapie kontrastiert damit stark mit traditionellen Beratungs- und Therapieansätzen, sowohl was die Beziehung Therapeut–Klient als auch die Inhalte der Arbeit betrifft (Barnard 1989; Salter 1988). Damit setzen wir von außen ein Behandlungsziel, nämlich Kontrolle über sexuelle Handlungsimpulse zu erlernen.

Therapeuten, die im Bereich sexueller Misshandlungen mit Betroffenen und besonders mit Misshandlern arbeiten, müssen sich mit dem Schutz von Kindern vor weiteren Misshandlungen befassen. Befassen meint hier, mit dafür zu sorgen, dass Kinder sicher sind vor weiteren Misshandlungen, das bedeutet, den Schutz des Kindes als oberstes Prinzip für die Intervention anzusetzen. Das heißt auch, häufig mit Sozialen Diensten und gelegentlich auch mit Polizei und/oder Justiz zusammenzuarbeiten; mit Institutionen, die Macht haben und sie einsetzen können und müssen.

Misshandlertherapeuten erhalten ebenfalls Macht, da alle Informationen, die sie nach außen geben, große Wirkungen haben können. Da sie einen Teil der Verantwortung für den weiteren Schutz von Kindern haben, müssen sie Kriterien entwickeln, wie sie mit dieser Macht umgehen wollen. Die Auswirkungen auf die therapeutische Arbeit werden unten diskutiert und dargestellt.

Das Kieler Kooperationsmodell

Das Kieler Modell kommt zum Tragen sowohl in der Phase vor einer Anzeige als auch nach einem Verfahren. Der Klient hat die Wahl zwischen einer Therapie und vorher vereinbarten Folgen wie Beziehungsabbruch, Kontaktverbot, Anzeige usw.

Eine Voraussetzung ist ein schriftliches Geständnis sowie das Einverständnis, dass bei Nichtkooperation oder weiteren Misshandlungen die vorher vereinbarten Folgen eintreten und das Dokument Grundlage sein kann für ein gerichtliches Verfahren, ohne dass das betroffene Kind weiter belastet wird.

Der Therapeut unterstützt den Klienten darin, volle Verantwortung für die sexuellen Misshandlungen zu übernehmen,
sein Verhalten zu kontrollieren und zu lernen, auf angemessene Weise Beziehungen zu gestalten und Elternfunktionen
wahrzunehmen.

Der Therapeut behandelt die konkreten Inhalte der Sitzungen vertraulich gegenüber Dritten. Der Klient räumt dem
Therapeuten von Beginn an schriftlich das Recht ein, Dritte
über das Ausmaß der Kooperation zu informieren und dies
mit einzubeziehen, falls eine Gefährdung durch weitere Misshandlungen in Betracht gezogen werden muss. Diese Punkte
werden in einem Dreiecksvertrag zwischen Klienten, Therapeuten und sanktionierender Stelle schriftlich fixiert. Die bei
Nichtkooperation eintretenden Folgen bilden die extrinsische
Motivierung, die dem Klienten hilft, sein durch starkes Scham-
und Schuldgefühl bedingtes Ausweichen zu überwinden.

Schutz des Kindes vor weiterer Misshandlung

Der Schutz des Kindes vor weiteren Misshandlungen ist das
oberste und bestimmende Kriterium für alle Überlegungen,
die den Therapieprozess betrefen. Die Interessen möglicher
späterer Opfer stehen an erster Stelle, und damit wird deutlich, dass die Kontrolle des Verhaltens und der sexuellen Impulse und das Erschließen von alternativen sozialen Handlungsweisen die wichtigsten Ziele sind. Dies erklärt die
teilweise Aufhebung der Vertraulichkeit und den Einsatz von
Macht, um eine extrinsische Motivierung sicherzustellen.

Unterstützung und Kontrolle

Der Klient wird angesehen und behandelt als ein Mensch, der
sich (wiederholt) entschieden hat, seine sexuellen Handlungsimpulse Kindern gegenüber auszuleben, und der mit un-

serer Unterstützung lernen kann, diese Impulse zu kontrollieren. Der Klient erlebt Unterstützung darin, seine Handlungsbeteiligung und Verantwortung besser zu verstehen, und erfährt Kontrolle seines Verhaltens innerhalb der normalen Lebensbezüge durch unterstützende Dritte.

Wahlmöglichkeit statt Freiwilligkeit

Der Klient hat die Wahl und Möglichkeit, beispielsweise beim Kinderschutz-Zentrum Kiel oder einem niedergelassenen Therapeuten um eine Behandlung nachzusuchen. Die dritte Seite (z. B. der ASD) beschränkt die Handlungsmöglichkeiten des Klienten darauf, sich zwischen einer Therapie und vorher vereinbarten Sanktionen zu entscheiden. Die vorstellbaren Handlungsalternativen, Kinder weiter zu misshandeln oder zu verleugnen, dass überhaupt irgendetwas geschehen ist, werden hier durch den Einsatz von gesellschaftlicher Macht nicht zugelassen, und die Wahlmöglichkeit wird auf die oben genannten Alternativen beschränkt.

Vertraulichkeit und Offenheit

Die Vertraulichkeit und Schweigepflicht gilt für uns genau wie in traditionellen Therapien. Die davon ausgenommenen Punkte sind mögliche weitere Gefährdung von Kindern oder anderen Menschen sowie die Kooperation bzw. Nichtkooperation. Bei Abbrüchen gegen den Rat des Therapeuten ist eine Stellungnahme anzuraten.

Der Klient weiß, auf was er sich bei uns einlässt. Er selbst, seine Angehörigen und andere Dritte als auch wir vereinbaren schriftlich die Ziele, Bedingungen und Voraussetzungen der Therapie. Ausweichen und Passivität wird anfangs in der Klienten-Therapeuten-Beziehung thematisiert. Entscheidet der Klient sich weiter für Nichtkooperation, wird er in Kenntnis gesetzt, dass die dritte Seite informiert wird, die dann mit dem Therapeuten und dem Klienten zusammen entscheidet, was zu tun ist und ob und wie die vereinbarten Sanktionen eintreten. Auf diese Weise wird möglichen Spaltungen des Helfersystems vorgebeugt.

Hilfe statt Strafe

Die Wirkungslosigkeit ausschließlich straforientierter Interventionen darf nicht dazu verführen, Strafen oder Sanktionen in Bausch und Bogen abzulehnen (Bullens 1993, S. 389). Unseres Erachtens scheint gerade in der Arbeit mit sexuellen Misshandlern eine Integration von Sanktionen und Hilfen notwendig zu sein (Briere 1992, S. 58). Ob er sich für die Therapie entscheidet, ist allerdings Sache des Jugendlichen. Die beteiligten Hilfe- und/oder Strafeinrichtungen lassen nur diese Wahl zu. Auf diese Weise kann das Resultat einer solchen Integration Hilfe statt Strafe sein. Dies ist aber ein Entscheidungsprozess, der vom Helfersystem vorbereitet werden muss.

Natürlich ist es möglich, dass eine Therapie aus der Sicht eines misshandelnden Jugendlichen instrumentalisiert wird, um eine Strafe zu vermeiden; auf der anderen Seite benutzen wir ebenfalls die Macht der Sanktion und der Strafe, um den Misshandler zu erreichen und in den Therapieprozess einzubinden. Eine intrinsische Motivierung kann, wenn überhaupt, erst während des therapeutischen Prozesses entstehen (Schorsch 1985). Auf diese Weise tragen wir mit unserem Unterstützungsangebot dazu bei, dass weniger Strafen notwendig werden zugunsten von mehr Hilfe und Unterstützung.

Vorgehensweise in der praktischen Arbeit

Nicht die jugendlichen Misshandler, sondern meist professionelle Betreuungspersonen suchen den Kontakt zum Zentrum.

In drei Fällen waren es Angehörige des Allgemeinen Sozialen Dienstes allein, einmal jemand mit einem Jugendrichter zusammen, einmal eine Betreuungsperson aus einer Heimeinrichtung. In einem einzigen Fall war es eine Mutter, die sich von sich aus ans Zentrum wandte, ohne dass eine Instanz zusätzlich eingeschaltet worden war.

Kooperation mit dem Helfersystem und dem sozialen Umfeld

Die Kooperation aller Beteiligten ist von grundlegender Bedeutung. In einer Auswertung unserer Arbeit mit Misshandlern stellten wir 1993 fest, dass Therapieabbrüche stark korrelierten mit Verleugnungen der Misshandlungen im sozialen Umfeld der Misshandler, d.h., dass der Abbruch nicht deutlich sanktioniert wurde, was aus der Sicht der Misshandler als Förderung der Vermeidung interpretiert werden dürfte (David 1994). Deshalb beziehen wir alle wichtigen Personen aus dem Umfeld von Anfang an mit ein. Mit ihnen und dem Jugendlichen besprechen wir die Misshandlungen und die bisherigen Unterstützungsversuche. Weiter wird festgelegt, was eine gute Mitarbeit bedeutet und was passieren wird, wenn er nicht kooperieren sollte.

Vertragliche Fixierung der Absprachen

Eine schriftliche Fixierung der Absprachen mit einer Unterschrift der beteiligten Seiten macht besonders für den Jugendlichen die Wichtigkeit und Verbindlichkeit der getroffenen Absprachen deutlich.

Die Vereinbarungen zwischen den Jugendlichen und dem Kinderschutz-Zentrum

Vom Jugendlichen wird erwartet, dass er aktiv mitarbeitet, d.h. sein Verhalten in puncto Sexualität und Aggressivität kontrolliert und damit zeigt, dass eine ambulante Arbeit im Kinderschutz-Zentrum möglich ist. In der Gruppe wird er über die sexuellen Misshandlungen sprechen, eventuell »Hausaufgaben« machen und sich an den Diskussionen beteiligen. Das Zentrum stellt ihm die fachliche Kompetenz zur Verfügung, die sexuellen Misshandlungen aufzuarbeiten und Verantwortung dafür zu übernehmen, und ist ihm bei der Erweiterung seiner sozialen Kompetenzen behilflich.

Die Absprachen zwischen Kinderschutz-Zentrum und anderen Helfern

Vom Kinderschutz-Zentrum werden Informationen darüber weitergegeben, ob und wie der Jugendliche kooperiert, an den Sitzungen teilnimmt und wie seine Fortschritte zu bewerten sind. Die anderen Helfer bringen eventuell wichtige Informationen über die weiteren Verhaltensweisen des Jugendlichen ein bzw. sanktionieren gegebenenfalls Vertragsverletzungen. Es ist wichtig, dass der Austausch aller drei beteiligten Seiten in einem gemeinsamen Gespräch stattfindet, damit nichts hinter dem Rücken des Jugendlichen gesprochen wird und eine Aufspaltung bzw. ein Gegeneinanderausspielen der Helfer vermieden wird.

Das Eingeständnis der Misshandlung als Ausgangsbasis

Grundlage der therapeutischen Arbeit ist, dass der Jugendliche seine sexuellen Misshandlungen und Übergriffe eingesteht und einräumt. Sein Eingeständnis lassen wir ihn schriftlich festhalten. Auf diese Weise gelangen wir zu einer ersten Einschätzung über das Ausmaß der Verleugnung sowie über sein Vermögen, emotional die Tragweite seiner Handlungen zu ermessen.

W. schrieb: »Meine erste Misshandlung geschah vor vier Jahren. Ich war auf Besuch bei ... ich habe mich ... nackt gezeigt. Dann habe ich sie gebeten, meinen Schwanz anzufassen, und dann habe ich sie gebeten, ihn zu reiben. Dieses ist dann nur noch ein oder zweimal so passiert ... Damit sie nichts erzählt, habe ich gesagt, dass es unser Geheimnis ist.« W. war lange davon überzeugt, die Mädchen hätten doch einfach Nein sagen können. Er blendete den Alters- (sechs Jahre) und damit auch Machtunterschied aus, ebenso seinen Einfluß als guter und netter Verwandter.

Das schriftliche Eingeständnis als weitere extrinsische Motivierung

Wenn keine soziale Einrichtung eingeschaltet worden ist und keine Anzeige erfolgte, ist es schwer, von Familienangehörigen zu fordern, sie sollten möglichen Therapieabbruch sanktionieren, da sie sich dem Jugendlichen loyal und zugehörig empfinden. In diesen Fällen ist eine denkbare Vereinbarung, dass der Jugendliche ein ausführliches und schriftliches Eingeständnis beim Therapeuten hinterlegt. Im Falle eines Abbruches gegen den therapeutischen Rat kann dies an eine Einrichtung wie den Allgemeinen Sozialen Dienst weitergeleitet werden.

Im Falle von W. ist keine Institution wie z. B. der ASD eingeschaltet worden. Als wir ihm die Bedingung mitteilten, eine eingehende Schilderung der Misshandlungen abzufassen und bei uns zu hinterlegen für den Fall, dass er vorzeitig abbreche, fing er an zu schimpfen, er werde hier erpresst. Wir sagten ihm, er könne sich gern woandershin wenden; wir würden auf diese Weise arbeiten. Den Eltern der von ihm misshandelten Kinder würden wir das mitteilen, sodass diese erneut überlegen können, wie sie dann sinnvoll reagieren. Nach zwei Wochen Bedenkzeit willigte er ein und arbeitet in der Gruppe mit.

Therapeutischer Prozess

Intrinsische bzw. extrinsische Motivierung

Bei jugendlichen Misshandlern finden wir eine intrinsische Motivation in der Regel nicht vor. Ein Druck von außen ist bei ihnen notwendig. An einer Behandlung bzw. an einer Änderung des Verhaltens der Jugendlichen sind in erster Linie die Umgebung, die Familie, das soziale System sowie Therapeuten interessiert; ein Kontakt und eine Mitarbeit kommen in der Regel nur über äußeren Druck zustande. In unserer Arbeit werden die Jugendlichen dazu verpflichtet, sich für Behandlungsziele einzusetzen, die von uns bzw. anderen Personen festgelegt werden, die darauf abzielen, dass die Jugendlichen lernen, für den Rest des Lebens ihre Impulse zur weiteren sexuellen Misshandlung von Kindern unter Kontrolle zu halten. Dieses ist der Rahmen, innerhalb dessen sie lernen können, auf bessere Weise mit sich selbst, ihren Gefühlen und ihren Bedürfnissen einzugehen.

Behandlungsziele

Die Jugendlichen werden in der Gruppenarbeit zur Mitarbeit an Behandlungszielen verpflichtet, die ihnen helfen sollen, ihre Beteiligung an den sexuellen Misshandlungen darzustellen und ihre Impulse zu weiteren sexuellen Misshandlungen unter Kontrolle zu halten. Die Ziele umfassen im Einzelnen:

Die Aufarbeitung des Deliktszenarios

Die Jugendlichen lernen hier, die sexuelle Misshandlung in allen Einzelheiten zu rekonstruieren. Sie schildern die vorhergehenden Gedanken und Gefühle. Sie machen deutlich, wie sie die Kinder manipuliert, eingeschüchtert und zum Mitmachen veranlasst haben, wie sie sie hinterher zum Schweigen gebracht haben. Ihre Neigung, die sexuelle Misshandlung zu bagatellisieren, zu rationalisieren oder zu verdrängen, wird gestoppt. Ihre Verantwortung für die sexuellen Misshandlungen wird deutlich gemacht, und sie lernen durch die Aufstellung des Deliktszenarios, dass sie nicht Opfer von Umständen, sondern höchst einflussreiche Regisseure ihres Verhaltens sind (Frenken 1994).

Als hilfreich in der Aufarbeitung der Verleugnungen erweisen sich u. a. folgende Methoden:

- Eine erste schriftliche Schilderung (s. o.) ermöglicht eine Einschätzung des Ausmaßes der Verleugnung.
- Das Abfassen eines Entschuldigungsbriefes an das/die Opfer lässt erkennen, wie weit er Verantwortung für die Misshandlungen übernimmt.
- Die Darstellung mithilfe anatomischer Puppen macht konkrete Einzelheiten der Misshandlungen deutlich und unterstützt das genaue Verbalisieren. Größen- und Machtunterschiede werden augenfällig.
- Psychodramatische Skulpturen und Rollenspiele unter Einbeziehung der anderen Gruppenteilnehmer lassen u.a. die Unterschiede der Täter- und der Opfersicht deutlich werden. Größen- und Machtunterschiede werden noch deutlicher.

Lernen, Verantwortung zu übernehmen

Verantwortungsübernahme hinsichtlich der sexuellen Misshandlung zielt im Wesentlichen auf den inneren Prozess der Jugendlichen; d.h., sich dem zu stellen, dass sie es waren, die

die Situation geschaffen, das Opfer ausgesucht, das Opfer misshandelt und es zum Schweigen gedrängt haben. Dies sollen sie deutlich machen, ohne sich zu entschuldigen und ihre Handlungen herunterzuspielen (Bruinsma 1993, S. 370; Salter 1988, S. 84 ff.). Auf der praktischen Ebene kann dies geschehen in Form von Rollenspielen, die eine Entschuldigungssitzung darstellen, oder in Form eines Entschuldigungsbriefes, der aufgeschrieben und überarbeitet wird und schließlich an das Opfer abgeschickt werden kann.

Sehr häufig sehen die Jugendlichen sich als Opfer der Umstände und/oder die misshandelten Kinder als quasi gleichberechtigte Partner und blenden dabei alle Unterschiede in puncto Alter, Stärke usw. aus. Reaktionen der Opfer wie Erstarren, Sich-Wegdrehen, Weinen, Tränen in den Augen nehmen sie allenfalls beobachtend (Briere 1992, S. 35 ff.) wahr, um nicht mit den Emotionen der Opfer in Kontakt zu kommen. Sie verstehen die Misshandlungen zunächst nicht als Resultat ihrer Entscheidungen: »Da ist ein Trieb über mich gekommen.« »Das ist bei Männern nun mal so – die haben einen stärkeren Trieb.«

Empathie, d.h. durch die Augen des anderen schauen lernen

In der Arbeit mit Misshandlern fällt deutlich auf, dass sie zum einen der kindeigenen Entwicklung des Opfers keine Rechnung tragen und dass sie sich zum anderen nicht in die Situation des Opfers einfühlen können und wollen und auch nicht ermessen, welche Auswirkungen ihre Handlungen auf das Kind haben. Sie haben sich in der Regel nie gefragt, was die Kinder brauchen, sondern ihre eigenen Wünsche und Bedürfnisse haben im Vordergrund gestanden. Allenfalls haben sie eigene Wünsche in die Person des Kindes hineinprojiziert.

Hilfreich bei der Entwicklung empathischer Fähigkeiten sind u.a.: Fragen, die Opfer stellen können. Die Antworten auf einen als Hausaufgabe gegebenen Fragebogen werden in der Gruppe besprochen, wobei die Teilnehmer sich gegenseitig kritisieren und verbessern sollen.

Frage (Opfer): Warum ich? Was habe ich getan?
Antwort: Du hast mir gefallen, und die Gelegenheit war günstig.
Frage: Was denkst du jetzt über die sexuelle Misshandlung?
Antwort: Ob P. und B. mich noch mögen.

Psychodramatische Skulpturen und Rollenspiele scheinen die besten Möglichkeiten zu bieten, den Wechsel zur Perspektive der von ihnen misshandelten Kinder zu erleichtern. Allerdings darf man die enorm konfrontative Wirkung dieser Methode nicht unterschätzen – die Einsicht in vorher abgespaltene Gewaltaspekte kann zu starken Schuld- und Schamgefühlen führen. Die jugendlichen Misshandler brauchen angemessene und schrittweise Unterstützung. W. z. B. war außerstande, in einer Skulptur in einer unterlegenen Position zu verbleiben – bei ihm löste dies panikartige Ängste aus. Nachdem H. seine Misshandlungen in der Gruppe reinszenierte und den Ablauf aus der Sicht eines seiner Opfer wahrnahm, gestand er ein: »Oh, das ist ja bedrückend!« In der nächsten Sitzung berichtete er von sich aus von einem Traum, in dem der Vater des misshandelten Kindes ihn erwürgen wollte.

Je mehr es den Jugendlichen möglich wird, sich selbst durch die Augen von Kindern oder anderen Personen zu sehen, je mehr sie also sensibel werden für die Folgen ihres Handelns, desto eher lernen sie, sich und ihre Handlungen zu kontrollieren.

Das Erlernen von sozialen Fähigkeiten

Bei den jugendlichen Misshandlern fällt auf, wie sehr sie im Bereich ihrer sozialen Fertigkeiten gehandikapt sind. Häufig haben sie Trennungen, Vernachlässigungen und Misshandlungen erlebt, so dass eine Basis, soziale Fertigkeiten und Fähigkeiten zu erlernen, nicht gegeben war. Ein grundsätzliches Lebensgefühl ist häufig Isolation und Ohnmacht (Gilgun/Connor 1990). Therapeutische Gruppenarbeit ist ein idealer Übungsraum für die Jugendlichen, um Selbst- und Fremdwahrnehmungen zu unterscheiden, zu lernen, wie man Rückmeldungen gibt und nimmt, wie man sich kritisiert und auch lobt und wie man auf konstruktive Art und Weise Konflikte zu lösen und Grenzen zu setzen lernen kann.

Die Jugendlichen geben sich häufig sehr drastisch Rückmeldungen:

»Mensch, jetzt zeigst du hier wieder deine riesengroße Klappe, und vorher warst du so klein und kriegtest deinen Mund nicht auf!«

»Hier tut er so, als ob ihn Sexualität nicht interessiert, und draußen glotzt er jeder Frau hinterher.«

Gruppenentwicklung und Gruppendynamik

In der ersten, der Orientierungsphase (Langmaack 1989), geht es darum, sich erst einmal in der Gruppe zurechtzufinden. Es wird überprüft, welche Normen gelten, wer ist mir sympathisch, welches Ziel definiert die Gruppe als gemeinsames Ziel. Dieser Abschnitt ist immer mit einer gewissen Unsicherheit und Angst vor dem Unbekannten verbunden.

Bei den Jugendlichen kam es überraschend schnell zu einer hohen Gruppenkohäsion; Ausdruck fand dies in dem gemeinsamen Ziel einer kollektiven Abwehr der Misshandlungen, z. B. durch Verleugnungen und Bagatellisierungen. Dabei entwickelten sie erstaunliche Fertigkeiten, sich gegenseitig in der Arbeit Angebote zu machen, vom Thema abzulenken. Die Gespräche der Jugendlichen enthielten in dieser Phase keinerlei Rückmeldungen über Inhalte und Verhalten des anderen. Es gab keinerlei

Unterstützung in Richtung auf themenbezogene Arbeit, und zeitweise haben die Sprüche und die Atmosphäre, die die Jugendlichen herzustellen versuchten, »Stammtischcharakter«.

Die inhaltliche Arbeit am Thema »Sexuelle Misshandlung von Kindern« hatte zu diesem Zeitpunkt eher den Charakter eines dyadischen Settings zwischen Klient und Therapeut denn eines Gruppensettings, da die einzelnen Beiträge der Jugendlichen von den anderen Gruppenmitgliedern unkommentiert im Raum stehen gelassen wurden. Im nächsten Abschnitt, den man als Konfrontationsphase bezeichnen kann, kam es zu mehr Auseinandersetzungen der Jugendlichen untereinander. Es ging um Normen sowie um die Stellung und die Machtposition der Einzelnen innerhalb der Gruppe. Es wurden verschiedene Rollen festgelegt – wer übernimmt die Führung der Gruppe, wer die Rolle des Clowns, wer wird Außenseiter. In der weiteren Entwicklung wurden die Phasen der Harmonie und die des Gruppenwachstums von den Jugendlichen nur teilweise erreicht. Dies resultiert zum Teil aus dem Konzept halb offener Gruppen, da es bei einem Teilnehmerwechsel jedes Mal wieder darum geht, welche Position der neue Teilnehmer in der Gruppe einnehmen kann und wen er von den alten Teilnehmern aus seiner Position innerhalb der Gruppe verdrängt und welche Normen er in die Gruppe hineinträgt, welche Ziele er verfolgt usw. …

Aber auch das individuelle Verhalten der Jugendlichen variierte weiterhin über ein großes Spektrum, sodass Verhaltensweisen, die in den vorausgegangenen Phasen adäquat waren, zu einem späteren Zeitpunkt eine kontinuierliche Gruppenentwicklung verhinderten. Die partielle Weiterentwicklung der Gruppe zeigte sich durch die zunehmende Kritikfähigkeit der Teilnehmer untereinander sowie durch ein wachsendes Gruppengefüge über die Sitzungen hinaus. Die Jugendlichen unternahmen nach den Sitzungen noch etwas oder trafen sich in der Freizeit. Darüber hinaus war es einigen möglich, anderen Teilnehmern deutliche Unterstützung anzubieten über den Gruppenrahmen *hinaus, z. B. bis in Problembereiche am Arbeitsplatz. Die Kritikfähigkeit der Jugendlichen, die sich zunächst nur auf die Normen und die Positionen innerhalb der Gruppe bezog (Konfrontationsphase), erstreckte sich später auf Kritik und Rückmeldung auch im Bereich des Arbeitsthemas »Sexuelle Kindesmisshandlung«. Insbesondere die Teilnehmer, die schon über einen längeren Zeitraum die Gruppe besuchten, fingen an, »Neulinge« mit ihren unzulänglichen oder lückenhaften Darstellungen der sexuellen Misshandlungen zu konfrontieren. Sie wiesen freimütig darauf hin, dass sie zu Anfang Gleiches versucht hätten: »Das kannst du dir sparen, das glaubt dir sowieso keiner. Wir kennen das doch«, und forderten die »Neulinge« durch detailliertes konkretes Nachfragen auf, die ganze Wahrheit zu berichten.*

Ebenfalls mehr Raum gewannen die positiven Rückmeldungen untereinander.

So wurden gute Arbeiten von den älteren Gruppenmitgliedern als Ansporn genommen, selbst die eigene Arbeit noch offener und themenbezogener zu gestalten, und nicht wie früher als Gruppenverrat etikettiert.

Es entwickelte sich langsam etwas wie Empathie, zumindest für die Gruppenmitglieder untereinander. Dies zeigte sich sowohl im direkten Umgang unter den Jugendlichen als auch in den Rückmeldungen der Jugendlichen an die Therapeuten:

»Jetzt hört schon auf. Ich glaube, er kann jetzt wirklich nicht mehr weiter an dieser Stelle. Gebt ihm eine Chance, das nächste Mal dort weiterzumachen. Vielleicht geht es jetzt einfach nicht mehr.«

Empathie für ihre Opfer zeigten die Jugendlichen spontan nur in seltenen Ausnahmen in der Arbeit an den konkreten Misshandlungen. Häufig war diese Arbeit von so viel Scham geprägt, dass vonseiten der Therapeuten eine Einschätzung über erlebte Empathie der Jugendlichen für die Opferseite schwierig ist. Die Gruppenentwicklung ist kein kontinuierlich fortschreitender Prozess. Die Phasen sind eher als Stufen zu se-

270

*hen, die in einzelnen Schritten erreicht, aber auch schnell wieder
verlassen werden können.*

*So zeigten die Jugendlichen in einer Phase viel Unterstützung
und gegenseitige Konfrontationen ausweichenden Verhaltens,
gaben sich klare positive wie kritische Rückmeldungen – fast
unvermittelt verleugneten oder bagatellisierten sie dann Teile
der Misshandlungen. Auch »erfahrenere« Jugendliche nahmen
Anlässe zum Ablenken bereitwillig auf und agierten sie aus. So
konnte jemand seine körperliche Gewalt darstellen, dies im
Rollenwechsel aus der »Opfersituation« heraus auch wahrnehmen und in ihrem Ausmaß ermessen, um sich dann plötzlich für
den Rest der Gruppensitzung nur noch störend und destruktiv
zu beteiligen.*

Diese Dissoziationen zur Vermeidung von Schuld- und
Schamgefühlen mögen psychodynamisch verständlich sein;
die Heftigkeit dieser Abwehrformen droht die Gruppenarbeit
oft an den Rand des Chaos zu drängen. Eine quantitative oder
qualitative Veränderung destruktiver Arbeitsweisen und die
Tendenz »weg vom Thema« scheint grundsätzlich kein geeigneter Prädiktor für die Entwicklung der Gruppenteilnehmer zu sein. Aussagekräftiger sind eher die Qualität der Arbeit
an den ausgeübten Misshandlungen sowie die Rückmeldungen und die Unterstützung anderer bei der Arbeit an ihren
Themen. Hier stellen wir deutliche Veränderungen hinsichtlich Intensität, Effektivität und Konzentration fest. Entscheidend erscheint uns nicht die Quantität dieser Phasen zu sein,
sondern die Qualität, das Ausmaß, in dem sich die Jugendlichen an dieser Arbeit beteiligen. Diese qualitativen Veränderungen müssen in der Arbeit mit jugendlichen Misshandlern
als Prädiktor für einen Therapieerfolg gesehen werden. Wesentliche Kriterien sind dabei die Art der Rückmeldungen,
der gegenseitigen Konfrontation und Unterstützung und die
Mit-Arbeit am eigenen Thema, aber auch die an den Themen
anderer Mitglieder. Diese Einschätzung entspricht den Ergeb-
nissen einer Untersuchung von Bartschat und Fauth (in
Vorb.), in der gerade die handlungsorientierten Rückmeldun-

271

gen von Teilnehmern im Gruppensetting als geeigneter Prädiktor für den »Therapieerfolg« des Rückmeldenden identifiziert werden konnten.

Bilanz und Ausblick

Die Jugendlichen waren zunehmend besser in der Lage, offen zu sagen, weshalb sie in der Gruppe waren, die Misshandlungen en detail zu schildern, wie und warum sie die Opfer ausgewählt haben, was sie ihnen antaten, wie sie die Opfer zum Kooperieren brachten, wie die Opfer reagierten. Je nach Teilnahmezeit und Kooperation lernten sie, sich in die Opfer hineinzuversetzen und die Auswirkungen ihres Verhaltens zu erkennen. Nach ihren eigenen Angaben hinderte sie dieses, ihre üblichen devianten Erregungsphantasien weiter auszuspinnen, weil das Wissen um zerstörerische Wirkung der Misshandlungen auf die Kinder das Lustempfinden hemmt.

H. berichtete unaufgefordert in der Eingangsrunde: »Nach der letzten Sitzung ging es mir gar nicht gut (er hatte seine Misshandlungen im Rollenspiel reinszeniert und dabei besonders die Perspektive des Opfers eingenommen). Ich wollte es ja sonst nicht einsehen, dass das, was ich getan habe, für ... irgendwie doof war, aber da bin ich echt nicht mehr so sicher. Außerdem hab ich auch noch einen komischen Traum gehabt. Da hat mich der Vater von ... erwürgt; das war echt ätzend – so echt.«

Die Misshandlungssituation aus der Sicht der Opfer wahrzunehmen löst, wenn es gelingt, die Jugendlichen in dieser Position zu halten, z. B. Gefühle von Erniedrigung oder Hilflosigkeit aus. Diese sind sehr unangenehm und scheinen wie ein starker aversiver Reiz zu wirken; ob dies allein die zu weiterer Erregung führenden Gedankenketten durchbricht, scheint uns eher fraglich. Erst die Wahrnehmung ihrer Handlungen aus der Opferperspektive erweitert die egozentrische Sichtweise der Jugendlichen so weit, dass stabile Überich-Instanzen handlungsleitend werden können. Die dabei ausgelösten Gefühle können die Jugendlichen oft in Verbindung bringen mit bislang verleugneten Reaktionen auf eigene Traumatisierungen. Von großer Wichtigkeit ist es, Informationen zu geben darüber, was die Jugendlichen im Einzelnen in der Gruppe machen und lernen sollen; d.h., das Curriculum muss transparent sein. Dies hilft, sich selbst besser einzuschätzen und anderen adäquate Rückmeldungen zu geben. Durch die gegenseitige Hilfe entwickeln sie Selbstwert und Selbstbewusstsein (Groth 1982, S. 269; Bonner 1990, S. 7).

Erweiterungen des Therapeutenverhaltens

Zwar war uns in der Vorbereitung auf die Gruppenarbeit theoretisch klar, dass die Jugendlichen uns in besonderer Weise fordern werden. Auch lagen lange Erfahrungen in der Einzelarbeit mit erwachsenen Misshandlern vor. Wie wichtig es jedoch wurde, nachdrücklich die Eltern-Ich-Rolle (Gührs/Nowack 1991, S. 61 ff.) zu betonen, hat uns sehr beeindruckt.

Es war unabdingbar:

- die Gruppenarbeit genau zu strukturieren, jede Ablenkung schnell und deutlich zu unterbinden;
- die Arbeitsinhalte genau zu planen, Ungenauigkeiten und Unklarheiten führten umgehend zu lebhaftem Chaos;
- Vermeidung und Ausweichen sofort deutlich zu konfrontieren, sonst sprangen die anderen sofort darauf an, und die Situationen schaukelten sich auf;
- Unterstützung und Halt gleichzeitig zu geben in emotional schwierigen Passagen, wie z. B. dem Erleben einer unterlegenen Position. Oft brauchten die Jugendlichen 20 oder mehr Minuten, bis sie vorher vermiedene Hilflosigkeit oder Erniedrigung zulassen und äußerten konnten;

- negative und positive Gegenübertragungsimpulse anzusprechen. Wir lernten insbesondere, Ärger, Frust und Enttäuschungen anzusprechen (für die Jugendlichen war es dagegen oft enorm schwierig, positive Rückmeldungen von
uns anzunehmen, ohne auszuweichen).

Unser Verhaltensspektrum als Therapeuten haben wir mithilfe der Jugendlichen wesentlich erweitert; wir haben den
großen Wert klarer Konfrontationen und deutlicher Grenzset-
zungen als Rahmen für unterstützende Interventionen schät-
zen gelernt.

Literatur

Bagley, C./King, K.: Child Sexual Abuse. London 1990.
Ballard, T. B./Blair, G. D. u.a.: A Comparative Profile of the Incest Perpe-
trator. In: Horton u.a. 1989.
Barnard, G. W.: Clinical Implications for the Therapist. In: Barnard u.a.
1989.
Barnard, G. W./Fuller, A. K./Robbins, L./Shaw, T.: The Child Molester.
New York 1989.
Bartschat, M./Fauth, M.: Zusammenhänge zwischen dem aktualisierten
Kontrollmodus und dem Mikro- und dem Makro-Outcome einer sta-
tionären Psychotherapie. In Vorbereitung.
Bonner, B.: Adolescent Sex Offenders: Community-Based Treatment
Models. Tagungspaper auf dem ISPCAN-Weltkongress in Hamburg,
September 1990.
Briere, J. N.: Child Abuse Trauma. Newbury Park 1992.
Bruinsma, F.: Hilfen für die Täter. In: Ramin 1993.
Bullens, R.: Ambulante Behandlung von Sexualdelinquenten innerhalb
eines gerichtlich verpflichteten Rahmens. In: Ramin 1993 (a).
Bullens, R.: Die Behandlung von Tätern. Unveröffentlichtes Manu-
skript, Basel 1993 (b).
David, K.-P.: Auffälligkeiten, Barrieren und Verleugnungen – aus der Ar-
beit mit Jungen. In: Johns u. a. 1993 (a).
David, K.-P.: Therapeutische Arbeit mit Misshandlern und ihren Fami-
lien. In: Johns u. a. 1993 (b).

David, K.-P.: Die Arbeit mit jugendlichen und erwachsenen sexuellen Misshandlern im Kinderschutz-Zentrum Kiel im Zeitraum Januar 1992 bis Juli 1993. Unveröffentlichtes Tagungsmanuskript, 1994.

Davis, S.E./Leitenberg, H.: Adolescent Sex Offenders. Psychological Bulletin 1987, Vol. 101. No. 3, S. 417–427.

Fehrenbach, P. A./Smith, W./Monastersky, C./Deisher, R. W.: Adolescent sexual offenders: Offender + Offense Characteristics. In: American Journal of Orthopsychiatry 56 (1986), S. 225–233.

Frenken, J.: Treatment of Incest Perpetrators: A Five Phase Model. In: Child Abuse and Neglect 18 (1994), 4, S. 357–366.

Gilgun, J. F./Connor, T. M.: Isolation and the Adult Male Perpetrator of Child Sexual Abuse. Clinical Concerns. In: Horton u.a. 1990.

Groth, N.: Juvenile Sexual Offenders: Guidelines for Treatment. In: Journal of Offender Therapy and Comparative Criminology 1982.

Gührs, M./Nowak, K.: Das konstruktive Gespräch. Meezen 1991.

Haveman, R./Stafeleu, J.: Plegers van seksueel gewelt. In: Bullens 1993 (a).

Johnson, B. I. (Hrsg.): The Incest Perpetrator, a Family Member no one wants to treat. 1990.

Johns, I./Kirchhofer, F./Kupffer, H.: Nicht länger Opfer sein. Folgen sexueller Misshandlung und therapeutische Hilfen. Neumünster 1993.

Kernberg, O. F.: Psychodynamische Therapie bei Borderline-Patienten. Bern 1993.

Langmaack, B.: Wie die Gruppe laufen lernt. Weinheim 1989.

Longo, R. E.: Sexual Learning an Expirience among Adolescent Sexual Offenders. In: International Journal of Offender Therapy and Comparative Criminology 1982.

Ramin, G.: Inzest und sexueller Missbrauch. Paderborn 1993.

Salter, Ann: Treating Child Sex Offenders and Victims. Newbury Park 1988.

Schorsch, E.: Perversion als Straftat. Berlin 1985.

Schreiner, G.: Neue Anmerkungen zur Kohlberg-Theorie. In: Schreiner 1983(b).

Schreiner, G.: Moralische Entwicklung und Erziehung. Braunschweig 1983 (a).

Wolff, R.: Interview in: Psychologie heute, Juni 1994.

Diagnostische und juristische
Aspekte der Hilfe

Annette Burg

Rechtliche Maßnahmen zum Schutz des Kindes

Das Phänomen der sexuellen Ausbeutung von Kindern wird schon in der Geschichte beschrieben. Vor allem die gesetzlichen Möglichkeiten gegen die sexuelle Ausbeutung, die schon in der Antike zu finden sind und bis in unsere Zeit hineinreichen[1] sind hier Gegenstand. Das zivilrechtliche Verfahren und die daraus resultierenden Möglichkeiten werden zu Beginn vorgestellt, und im Anschluss daran wird auf das Strafverfahren eingegangen.

Welche Gesetze in diesem Zusammenhang herangezogen werden können, machen die folgenden Ausführungen deutlich, die jedoch keinen Anspruch auf Vollständigkeit erheben.

Es kann hier auch nicht von Prävention gesprochen werden, sondern von einer rechtlichen Intervention, denn die Gesetze greifen erst, wenn »das Kind schon in den Brunnen gefallen ist«, d.h., wenn das Kind bereits Opfer einer sexuellen Gewalttat geworden ist.

Für die gegenwärtige Situation stellt sich nun die Frage, wie einem kindlichen Opfer von sexueller Gewalt von Rechts wegen beigestanden werden kann.

Ein besonders großes Problem stellt der rechtliche Schutz von kindlichen Opfern dar, die innerhalb der Familie missbraucht werden, da die Familie normalerweise einen Schutzraum für das Kind bieten soll.

---

1 Florence Rush (1991) gibt in ihrem Buch »Das bestgehütete Geheimnis: Sexueller Kindesmissbrauch« einen umfassenden historischen Überblick über sexuelle Ausbeutung und betrachtet zum Teil auch die gesetzlichen Bemühungen in den einzelnen Epochen.

Die Familie steht laut Grundgesetz unter einem bestimmten Schutz, aber gemäß Art. 6 (3) Grundgesetz »*dürfen Kinder nur aufgrund eines Gesetzes von der Familie getrennt werden, wenn die Erziehungsberechtigten versagen oder wenn die Kinder aus anderen Gründen zu verwahrlosen drohen*« (GG für die BRD 1994, S. 14).

Es gilt nun zwischen zwei rechtlichen Maßnahmen zu unterscheiden. Das zivilrechtliche Verfahren stellt den Schutz des kindlichen Opfers in den Vordergrund, ohne dass es zu einer strafrechtlichen Verfolgung des Täters/der Täterin kommen muss. Hingegen ist das Strafverfahren »*nicht nur keine Schutzmaßnahme für ein sexuell missbrauchtes Kind, sondern stellt im Gegenteil für das Kind eine enorme Belastung dar*« (Marquardt 1993, S. 91).

In einem Strafverfahren wird über die Schuld oder Unschuld des/der Angeklagten verhandelt. Das kindliche Opfer ist in diesem Verfahren nur ein »Beweismittel« und hat ohne rechtlichen Beistand keinerlei Möglichkeiten, Forderungen zu stellen.

Nach Ansicht von Marquardt (1993) darf »*nur ganz ausnahmsweise die Strafanzeige der erste rechtliche Schritt sein. Am Anfang sollten zivilrechtliche Schritte stehen, die die räumliche Sicherheit der Minderjährigen vor weiterem Missbrauch garantieren*« (A.a.O., S. 91).

Diese Aussage macht deutlich, dass sowohl der Schutz des Kindes gewährleistet werden kann und dass der Täter/die Täterin strafrechtlich verfolgt wird. Dabei spielt die Reihenfolge der rechtlichen Maßnahme eine immens wichtige Rolle.

Zivilrechtliche Maßnahmen

»*Das Zivilrecht ist sehr flexibel. Es erlaubt alle Maßnahmen, die zum Schutze des Kindes erforderlich sind*« (Marquardt 1993, S. 29).

Ein Zivilverfahren schließt ein Strafverfahren nicht aus. Befindet sich ein kindliches Opfer durch zivilrechtliche Maßnahmen in einem geschützten Rahmen, so besteht eher die Möglichkeit, ein Strafverfahren aus Sicht der Betroffenen erfolgreich durchzuziehen.

Die grundlegenden Paragraphen finden sich vor allem in dem neuen Kinder- und Jugendhilfegesetz (KJHG)[2], aber auch im vierten Buch (»Familienrecht«) des Bürgerlichen Gesetzbuches (BGB).

Wie schon erwähnt, ist es bei intrafamilialer sexueller Gewalt von großer Bedeutung, dass das Kind vor dem Täter/der Täterin geschützt werden muss.

§ 42 KJHG ermöglicht die Inobhutnahme von Kindern und Jugendlichen. Aufgrund dieses Paragraphen können Kinder aus der Familie vorläufig und schnell bei einer geeigneten Person, in einer Einrichtung oder in einer betreuten Wohnform untergebracht werden. Vorläufig bedeutet so lange, bis das Vormundschaftsgericht eine endgültige rechtskräftige Lösung im Sinne des Kindes getroffen hat. Diese Form der Intervention ist besonders in einer Not- bzw. Konfliktlage anwendbar.

Bittet ein Kind oder eine Jugendliche/ein Jugendlicher beim Jugendamt um Obhut, so ist dieses verpflichtet, der Bitte des Kindes oder der/des Jugendlichen nachzukommen.

Das Kind oder die/der Jugendliche kann nach der Unterbringung eine Person seiner Wahl benachrichtigen.

»Während der Inobhutnahme übt das Jugendamt das Recht der Beaufsichtigung, Erziehung und Aufenthaltsbestimmung aus. Das Jugendamt hat für das Wohl der Minderjährigen zu sorgen. Mädchen und Jungen müssen beraten werden. Es sind ihnen Möglichkeiten der Hilfe und der Unterstützung aufzuzeigen« (Marquardt 1993, S. 42).

---

2 Das KJHG ist ein Gesetz für Kinder und Jugendliche. Deshalb werden bei der Auflistung der einzelnen Paragraphen des KJHG vollständigkeitshalber auch die Jugendlichen immer mitbenannt. Das KJHG ist auch als Sozialgesetzbuch (SGB) VIII bekannt.

Wird ein Kind mit der »Zustimmung der Eltern« von einem freien oder öffentlichen Träger betreut und besteht die Annahme, dass das seelische, geistige oder körperliche Wohl des Kindes oder des/der Jugendlichen gefährdet ist (*§ 1666 BGB: Gefährdung des Kindeswohls*), so kann das Jugendamt die Herausnahme des Kindes oder der/des Jugendlichen veranlassen (*§ 43 KJHG*).

Die Inobhutnahme (*§ 42 KJHG*) und die Herausnahme (*§ 43 KJHG*) kann nach *§ 76 KJHG* auf anerkannte Träger der freien Jugendhilfe übertragen bzw. die Einrichtungen können an den Aufgaben des Jugendamtes beteiligt werden.

In *§ 4 KJHG* wird die *Zusammenarbeit der öffentlichen Jugendhilfe* (also Jugendämter) *mit den freien Trägern der Jugendhilfe* (z. B. Kinderschutzbund, -zentrum, -dienst, Wildwasser, Zartbitter etc.) herausgestellt. So kann gewährleistet werden, dass mehrere Fachkräfte zusammenarbeiten.

Ein freier Träger kann gemäß *§ 54 (1) KJHG* Pflegschaften, Vormundschaften oder Beistandschaften übernehmen. Welche Voraussetzungen ein freier Träger erfüllen muss, ist im *§ 54 (2) und (4) KJHG* geregelt.

Zuvor wird jedoch vom Vormundschaftsgericht geprüft, ob nicht eine Einzelperson als Vormund geeigneter wäre. Ist dies nicht der Fall, tritt der *§ 54 KJHG* in Kraft.

Das Vormundschaftsgericht hat auch das Recht nach *§ 1632 Abs. 4 BGB*, das Kind in einer Pflegefamilie unterzubringen.

Hat das Kind in der Pflegefamilie ein Zuhause gefunden, so besagt der gleiche Paragraph, dass das Kind nach einer bestimmten Zeit[3] vor einer Herausnahme aus der Familie geschützt ist (*Verbleibensordnung nach § 1632 Abs. 4 BGB*).

Je nach Situation wird das Gericht im Sinne und zum Schutze des Kindes entscheiden.

---

3 Zu einzelnen Staffelungen, nach welcher Dauer ein Kind rechtlich gesehen in der Pflegefamilie verbleiben darf, siehe *§ 1632 Abs. 4 BGB*.

§ 8 KJHG sagt etwas über die *Beteiligung von Kindern und Jugendlichen* aus. Trifft die öffentliche Jugendhilfe für das Kind oder die Jugendliche/den Jugendlichen Entscheidungen, so haben die Betroffenen das Recht, an den Entscheidungen mitzuwirken. Diese Beteiligung der Kinder und Jugendlichen ist abhängig vom Alter und dem Entwicklungsstand.

Der *§ 8 KJHG (3)* besagt auch, »*Kinder und Jugendliche können ohne Kenntnis des Personenberechtigten beraten werden, wenn die Beratung aufgrund einer Not- und Konfliktlage erforderlich ist und so lange durch die Mitteilung an den Personenberechtigten der Beratungszweck vereitelt würde*« (KJHG 1990, S. 48).

Welche Hilfen einem Opfer zukommen, wird durch einen sogenannten »Hilfeplan« erstellt. Die Personenberechtigten und die Kinder und Jugendlichen sind im Hinblick auf erzieherische Hilfen zu beraten, und ihnen steht eine Mitwirkung an der Aufstellung dieses »Hilfeplans« zu (*§ 36 (1) und (2) KJHG*).

Nach *§ 36 (2) KJHG* soll »*die Entscheidung über die im Einzelfall angezeigte Hilfeart, wenn Hilfe zur Erziehung voraussichtlich für längere Zeit zu leisten ist, im Zusammenwirken mehrerer Fachkräfte getroffen werden*« (Der Bundesminister 1990, S. 53).

Die erläuterten Gesetzesauszüge zeigen die rechtlichen Möglichkeiten von öffentlichen und freien Trägern.

In der Realität gibt es nicht *den* Fall von sexueller Ausbeutung, da jede Tat individuell anders gelagert ist. Ist ein Kind nun Opfer einer sexuellen Gewalttat und ist der Täter der Partner (leibliche Vater, Stiefvater des Kindes etc.) der Mutter und schenkt die Mutter ihrem Kind Glauben, so bedarf es einer großen Unterstützung für Kind und Mutter. Welche rechtlichen Voraussetzungen dafür in Anspruch genommen werden können, wird als Nächstes vorgestellt.

Handelt es sich bei dem Täter um den Ehemann der Mutter, so kann das Familiengericht der Mutter die eheliche Wohnung zuweisen, sofern sie den sexuellen Missbrauch überzeugend vortragen kann. Das bedeutet, dass der Täter ganz kurzfristig die Wohnung verlassen muss, vorausgesetzt, die Ehefrau will sich tatsächlich von ihrem Mann trennen.

Gleichzeitig kann die Mutter das alleinige Sorgerecht für das Kind beantragen.

§ 1672 BGB (elterliche Sorge auf einen Elternteil übertragen) in Verbindung mit *§ 1671 (2) BGB (elterliche Sorge nach der Scheidung)* regelt die Sorgerechtsentscheidung zum Wohle des Kindes.

Da die Zeit nach der Aufdeckung der sexuellen Gewalt bzw. nach der Konfrontation des Täters/der Täterin recht knapp bemessen sein kann, kann über die elterliche Sorge ein *Eilverfahren* entscheiden.

Über den Entzug des Sorgerechts hinaus kann dem Täter/der Täterin vom Familiengericht ein Umgangsverbot gegenüber dem Opfer, aber auch, und das gilt es immer mit zu bedenken, für die Geschwister des Opfers auferlegt werden (*§ 1634 Abs. 2 BGB*).

Die Realität zeigt aber auch, dass Mütter ihrem (ihren) sexuell ausgebeuteten(m) Kind(ern) nicht immer glauben und weiterhin mit dem Täter zusammenleben möchten. Auf welchen Ursachen eine solche Entscheidung auch beruhen mag, das Gesetz kann das Opfer von den Eltern bzw. der Mutter und ihrem Partner trennen.

Der schon erläuterte *§ 1666 BGB (Gefährdung des Kindeswohls)* und der *§ 1666 a BGB (Trennung des Kindes von der elterlichen Familie; Entziehung der Personensorge insgesamt)* können über die Herausnahme des Kindes und über den Entzug des Sorgerechts der Eltern entscheiden. Im Prinzip verfügt das Vormundschaftsgericht »*im Rahmen des § 1666 BGB über eine außerordentlich weit gehende Kompetenz*«, die jedoch in der Praxis nur selten genutzt wird (Marquardt 1993, S. 49).

Für Laien ist die Auseinandersetzung mit dem Gericht meist nicht unproblematisch, deshalb ist es auch in einem zivilrechtlichen Verfahren sinnvoll, dass die Opfer und ihre gesetzliche Vertretung (Eltern, Mutter, Vater, Pflegeeltern etc.) sich der Hilfe einer Anwältin/eines Anwaltes bedienen können. Bei der Wahl der Anwältin/des Anwaltes sollte das Kind je nach Alter und Entwicklungsstand mit entscheiden dürfen, da ein Vertrauensverhältnis für den Ausgang des Verfahrens eine wichtige Rolle spielt.

Sowohl in einem Zivil- als auch in einem Strafverfahren kann das Opfer bzw. seine gesetzliche Vertretung den Täter/die Täterin auf Schadensersatz verklagen, d.h., der Täter/die Täterin ist verpflichtet, »*entstandene Schäden und Folgeschäden zu ersetzen*« *(§ 823 BGB)* (Marquardt 1993, S. 87). Welche Schäden ein Kind durch die sexuellen Gewalthandlungen davonträgt, muss vor Gericht bewiesen werden.

Außer dem Anspruch auf Schadensersatz hat das Opfer auch Anspruch auf Schmerzensgeld *(§ 847 BGB)*. Zum einen hat es eine »*Genugtuungsfunktion*«, und zum anderen soll es ein Ausgleich für die erlittenen Schäden sein. Die Höhe des Schmerzensgeldes legt jedes Gericht, abhängig von jedem einzelnen Fall, fest.

In einem zivilrechtlichen Verfahren steht das Wohl des Kindes im Vordergrund. Das bedeutet auch, dass Familien- und Vormundschaftsgericht von einer Anzeigepflicht bei der Staatsanwalt ausgenommen sind. Denn durch eine Anzeige wird ein Strafverfahren eingeleitet, bei dem der/die Tatverdächtige im Vordergrund des Verfahrens steht und das kindliche Opfer eventuell nur als Zeugin/Zeuge in der Hauptverhandlung seine Aussage macht.

Es besteht auch hier keine Verpflichtung vonseiten des Jugendamtes oder anderen öffentlichen oder freien Träger, ein Strafverfahren anzustrengen.

Jedoch bietet ein Strafverfahren den Opfern unter gewissen Umständen, die im nächsten Abschnitt aufgezeigt werden, zumindest die Aussicht auf rechtliche Hilfe.

Strafrechtliche Maßnahmen

Vielen Betroffenen ist nicht bewusst, dass es in einem Strafverfahren nicht um die Opfer geht, sondern hauptsächlich um die Täter/Täterinnen.

Haben ein Opfer bzw. die Personenberechtigten noch die Wahl, ob sie Strafanzeige erstatten wollen oder nicht, sollte zuvor eine Beratung hinsichtlich des Verfahrens stattfinden.

Denn hat die Polizei oder die Staatsanwaltschaft von einer sexuellen Gewalttat erfahren, egal auf welchem Wege, so sind sie verpflichtet zu ermitteln. Denn eine Straftat gegen die sexuelle Selbstbestimmung ist ein *Offizialdelikt*, das von den genannten Behörden strafrechtlich verfolgt werden *muss*.

Freie und öffentliche Träger und auch das Vormundschafts- bzw. Familiengericht sind von der Anzeigepflicht ausgenommen, was nicht bedeutet, dass für die genannten Institutionen keine Möglichkeit besteht, eine Strafanzeige zu erstatten.

Der dreizehnte Abschnitt des Strafgesetzbuches (StGB) liefert die Paragraphen für »*Straftaten gegen die sexuelle Selbstbestimmung*«.

Die *§§ 182 (Verführung)* und *183 (Exhibitionismus)* StGB gelten nicht als Offizialdelikte und müssen von der Polizei und der Staatsanwaltschaft nicht angezeigt werden.

Bezüglich sexueller Gewalt gegen Kinder kommen meist die *§§ 174 (Sexueller Missbrauch von Schutzbefohlenen)* und *176 (Sexueller Missbrauch von Kindern)* StGB zum Tragen.

Wenn man den dreizehnten Abschnitt genauer betrachtet, scheint das Gesetz einen großen Schutz bezüglich der sexuellen Selbstbestimmung zu bieten, aber

»die Vielzahl der Paragraphen vermittelt zunächst den Anschein eines relativ umfassenden Schutzes der sexuellen Selbstbestimmung. Dieser Eindruck trügt jedoch. Ganz abgesehen davon, dass eine große Diskrepanz zwischen theoretischer Festlegung und praktischer

Anwendung besteht, werden bereits die Paragraphen selbst ihrem Anspruch nicht in befriedigendem Maße gerecht« (Brockhaus/Kolshorn 1993, S. 32).

Eine strafrechtliche Intervention sollte deshalb gut überlegt werden. Kam es ohne das Wissen der Betroffenen zu einer Strafanzeigen – z.B. eine Polizeibeamtin hat von dem Missbrauch erfahren und ist gezwungen zu ermitteln; oder durch einen Lehrer, der bei einem Schüler/einer Schülerin sexuellen Missbrauch vermutet und Anzeige erstattet – dann sollte eine intensive Beratung und Betreuung dem kindlichen Opfer und der gesetzlichen Vertretung hinzukommen.

Wie die Beratung und Betreuung aussehen kann, zeigen die folgenden Ausführungen.

Bevor sich Betroffene dazu entscheiden, eine Strafanzeige zu erstatten, sollten sie über die Verjährungsfristen informiert sein, denn »*der Verjährungsbeginn des sexuellen Missbrauchs an Kindern und Jugendlichen wird künftig bis zur Vollendung des 18. Lebensjahres des Opfers ausgesetzt*« (Jäckel 1994, S. 223).

Das heißt, dass Betroffene bis zu ihrem 28. Lebensjahr noch Strafanzeige erstatten können, und erst danach tritt die Verjährung ein. Die Verjährungsfrist von zehn Jahren ist gültig für die *§§ 176* und *178 (Sexuelle Nötigung) StGB*.

Sexueller Missbrauch von Schutzbefohlenen (§ 174 StGB) kann nach maximal fünf Jahren noch geahndet werden.

Aufgrund dieses Wissens können die Opfer den Zeitpunkt der rechtlichen Verfolgung des Täters/der Täterin selbst bestimmen, sofern nicht durch eine dritte Person eine Anzeige erfolgt, ohne dass sie das Opfer vorher davon informiert.

Wurde nun Strafanzeige gestellt, so sind einige Handlungen von unterschiedlicher Seite unerlässlich.

Voraussetzung für eine gezielte Hilfe ist, dass sich die Betroffenen und die Personenberechtigten an zuständige Institutionen wenden.

Eine der wichtigsten Informationen ist, dass die Opfer in einem Strafverfahren durch eine sogenannte Nebenklagevertretung durch das ganze Verfahren rechtlich vertreten werden können, d. h. das Opfer tritt im Strafverfahren als NebenklägerIn auf.

»Seit 1987 kann das betroffene Kind, vertreten durch seine(n) gesetzlichen Vertreter/in, Nebenklage (§ 395 StPO) erheben, also selbstständig neben dem Staat den Beschuldigten anklagen« (Denger 1989, S. 18).

Wenn die Personenberechtigten oder ein(e) Personensorgeberechtigte(r) dem Kind unter 14 Jahren[4] eine Rechtsanwältin/einenRechtsanwalt verweigern, kann beim Vormundschaftsgericht eine Ergänzungspflegschaft beantragt werden. Diese Pflegschaft geht vorrangig an eine Einzelperson, aber auch ein Verein oder das Jugendamt kann die Ergänzungspflegschaft übernehmen. Durch die/den ErgänzungspflegerIn kann ein(e) NebenklagevertreterIn beauftragt werden.

Die Rechtsanwältin/der Rechtsanwalt hat aufgrund der Strafprozessordnung einige wichtige Rechte (*§ 397 StPO*), die für das Opfer während des ganzen Verfahrens von enormer Bedeutung sind.

Zum Beispiel darf die Anwältin/der Anwalt die Gerichtsakten einsehen, sodass sie/er sich besser auf die Hauptverhandlung vorbereiten kann und dem Opfer mitteilen kann, was in der Hauptverhandlung verhandelt wird. Die Nebenklagevertretung hat auch das Recht, während der gesamten Verhandlungsdauer anwesend zu sein und hat ein Beweisantragsrecht, d.h., die Anwältin/der Anwalt des Opfers kann bis zum Ende der Verhandlung Beweise beantragen.

Für viele Betroffene bedeutet anwaltlicher Beistand ein unüberwindbares finanzielles Problem. Bei Gericht kann jedoch schon vor Beginn der zu erwartenden Verhandlung der Antrag auf Prozesskostenhilfe gestellt werden. Wird der Täter/die Täterin verurteilt, so müssen die Kosten für die Nebenklage von

---

4 Kindliche Opfer unter 14 Jahren bedürfen für einen anwaltlichen Beistand der Zustimmung ihrer gesetzlichen Vertretung.

dem/der Verurteilten, sofern dies von der Nebenklage beantragt wurde, übernommen werden. Wird der/die Angeklagte freigesprochen, muss das Opfer bzw. müssen die Personenberechtigten die anwaltlichen Kosten tragen. Über die staatliche Prozesskostenhilfe hinaus gibt es eine private Form der Opferhilfe. Der WEISSE RING[5] übernimmt beispielsweise Kosten für einen Rechtsbeistand, Begleitung zu Gerichtsterminen etc.

Das Opferentschädigungsgesetz ermöglicht Opfern von Gewalttaten eine staatliche Entschädigung. Die Bearbeitungszeiten der Anträge sind aber oft zu lang, sodass die Opfer in finanzielle Engpässe kommen können.

> »Die finanziellen Ansprüche von Kindern nach dem Opferentschädigungsgesetz (OEG) werden nicht anerkannt. Selbst wenn Missbrauch nachgewiesen wird, kommt es immer wieder zu der Einschätzung, der Schaden sei für ein Kind nicht so groß gewesen, da dieser z.B. in spielerische Zusammenhänge eingebunden gewesen sei oder das Kind sogar Spaß daran gehabt hätte«. (Eckert 1994, S. 9)

Das Gesetz ist viel zu wenigen Opfern bekannt und die restriktive Anwendung verhindert oftmals, dass Opfer entschädigt werden.

Selbst wenn eine sexuelle Straftat schon angezeigt wurde und das Verfahren schon begonnen hat, ist es »*wichtig zu wissen, dass der Anschluss als Nebenklägerin, entsprechend § 395 (4) StPO, zu jedem Zeitpunkt des Verfahrens beim zuständigen Gericht eingereicht werden kann*« (Fastie 1994, S. 65).

Ein Strafverfahren kann sich je nach Ausmaß über zwei Jahre hinziehen, bis ein Urteil gefällt wird. Deshalb ist nicht nur eine rechtliche Beratung wichtig, sondern auch eine psychologisch-pädagogische Betreuung unabdingbar.

Die Betroffenen werden meist nicht nur in der Hauptverhandlung vernommen, sondern schon vor Beginn der Hauptverhandlung im Ermittlungsverfahren. Die Verneh-

---

5 Ein gemeinnütziger Verein zur Unterstützung von Kriminalitätsopfern und zur Verhütung von Straftaten.

mungen werden nicht immer von qualifizierten Polizeibeam-tInnen oder VertreterInnen der Staatsanwaltschaft durch-geführt, und dies kann bei den Opfern zu erneuter Traumati-sierung führen.

Kindliche Opfer, die mit dem/der Tatverdächtigen ver-wandt sind (bis zum 3. Verwandtschaftsgrad), können gemäß *§ 52 StPO* (Strafprozessordnung) ihr *Zeugnisverweigerungs-recht* in Anspruch nehmen. Aber auch Opfer, die nicht die nö-tige Verstandesreife besitzen, dürfen nur vernommen werden, wenn »*ihr gesetzlicher Vertreter der Vernehmung zustimmt*« (Beck'sche Textausgabe StPO 1993, S. 13).

Das Recht der Zeugnisverweigerung kann nach Meinung von Marquardt (1993) als eine der wichtigsten Schutzmaßnah-men während des Ermittlungsverfahrens und der Hauptver-handlung gesehen werden.

An welchem Gericht die Anklage erhoben wird, kann für das kindliche Opfer ein wichtiger Gesichtspunkt sein, denn wird die Anklage beim Amtsgericht erhoben, kann der/die Angeklagte Berufung einlegen und »*die Berufung führt zu ei-ner Wiederholung der Hauptverhandlung vor dem Landge-richt*« (Denger 1989, S. 18).

Für das Kind bedeutet dies, dass es eventuell erneut in der Hauptverhandlung aussagen muss.

Wird am Landgericht verhandelt, kann der/die verurteilte TäterIn nur Revision beim Bundesgerichtshof (BGH) einle-gen, und es kommt meist nicht noch einmal zu einer Haupt-verhandlung.

An welchem Gericht verhandelt werden soll, bestimmt das Gerichtsverfassungsgesetz (*§ 74 GVG*).

In der Hauptverhandlung selbst kann der/die Nebenklage-vertreterIn das Opfer am besten unterstützen und auch schüt-zen.

Einige Gerichte verfügen über Aufenthaltsräume für ZeugInnen, damit diese den Angeklagten vor Beginn der Hauptverhandlung nicht vor dem Sitzungssaal begegnen müs-sen.

Macht das Kind in der Hauptverhandlung seine Aussage, so kann der/die NebenklagevertreterIn die Öffentlichkeit[6] gemäß *§ 172 GVG* vom Gericht ausschließen lassen.

Gemäß *§ 175 GVG* dürfen Bezugspersonen während der kindlichen Aussage zur Unterstützung im Sitzungssaal verbleiben.

Dies gilt aber auch für PressevertreterInnen und Personen, die zum Zwecke der Aus- und Weiterbildung anwesend sein möchten.

Nicht nur die Öffentlichkeit, auch der/die Angeklagte kann gemäß *§ 247 StPO* während der kindlichen ZeugInnenaussage von der Verhandlung ausgeschlossen werden. Dies kann vielen kindlichen Opfern die Aussage erleichtern.

Prinzipiell sollten Opfer in einem Strafverfahren von einer/einem professionellen HelferIn begleitet werden. Damit das kindliche Opfer das Strafverfahren ohne weiteres Trauma überstehen kann, sollten nach Angaben von Fastie (1994) die »verfahrensbegleitenden BetreuerInnen« gut auf ein Verfahren vorbereitet sein.

Eine optimale Beratung und Begleitung ist dann gegeben, wenn mehrere Fachkräfte zusammenarbeiten.

In Wiesbaden gibt es z.B. eine Opfer- und ZeugInnenberatung.

Der Verein WILDWASSER e. V. hat einen juristischen Leitfaden für HelferInnen erstellt.

Der schon genannte WEISSE RING bietet eine private Opferhilfe an, mit bundesweit ca. 300 Anlaufstellen.

Das Bundesministerium für Arbeit und Sozialordnung hat eine Broschüre mit dem Titel »Der Staat hilft den Opfern von Gewalttaten« herausgegeben, in der das Opferentschädigungsgesetz im Vordergrund steht.

---

6 Das Strafverfahren ist im Gegensatz zu Verhandlungen am Familien- bzw. Vormundschaftsgericht der Öffentlichkeit zugänglich.

Bei Polizeidienststellen, besonders da, wo es ein Sonderdezernat für Sexualstraftaten gibt, kann man Informationsmaterial zum Thema sexuelle Gewalt und rechtliche Maßnahmen finden.

Schutzmaßnahmen für die Opfer während eines Strafverfahrens erweisen sich, trotz der geschilderten rechtlichen Möglichkeiten, meist als schwierig.

Einem besonderen Problem unterliegen SozialpädagogInnen, SozialarbeiterInnen und PsychologInnen. Auf der einen Seite unterliegen sie einer *berufsspezifischen Schweigepflicht (§ 203 Abs. 1 StGB)*, und auf der anderen Seite haben diese Berufsgruppen vor Gericht kein Zeugnisverweigerungsrecht.

Die Verschwiegenheitspflicht wird den Opfern und der gesetzlichen Vertretung in den ersten Gesprächen zugesichert.

Die Schweigepflicht kann vom/von der Betroffenen bzw. gesetzlichen VertreterIn aufgehoben werden. Besteht die Gefahr für Leib und Leben des Kindes, so kann nach *§ 34 StGB (Rechtfertigender Notstand)* die Schweigepflicht ohne Einwilligung der Betroffenen aufgehoben werden.

Betroffenen sollte in den ersten Gesprächen aber mitgeteilt werden, dass SozialpädagogInnen/-arbeiterInnen und PsychologInnen in einem Strafverfahren kein Zeugnisverweigerungsrecht haben. In Zivilverfahren steht das Recht der Verschwiegenheit im Vordergrund *(§ 203 Abs. 1 StGB)*. Werden BeraterInnen von ihrer Schweigepflicht durch das Kind oder deren gesetzliche Vertretung entbunden, so müssen diese ihre Aussage machen[7].

Für den Schutz von Sozialdaten gibt es die Verbindung des *§ 203 StGB* und des zehnten Sozialgesetzbuches (SGB X).

Die Offenbarung eines *Sozialgeheimnisses* darf nur gemäß den *§§ 67–77 SGB X* mitgeteilt werden.

---

7 Dies ist gültig sowohl für ein Zivil- wie auch ein Strafverfahren.

Besonders der *§ 73 SGB X (Übermittlung für die Durchführung eines Strafverfahrens)* ist in diesem Zusammenhang wichtig, da das Gericht aufgrund dieses Gesetzes die Aussage von dem/der BeraterIn fordern kann.

Der Arbeitgeber kann für seine MitarbeiterInnen eine Aussagegenehmigung erstellen oder diese verweigern. Diese Maßnahme begründet sich auf die Verbindung des *§ 73 SGB X*, des *§ 64 Abs. 2 KJHG (Datenverwendung, Offenbarungsbefugnis)* und des *§ 76 SGB X (Einschränkung der Übermittlungsbefugnis bei besonders schutzwürdigen Sozialdaten)*.

Danach kann die Aussage mit der Zustimmung des Arbeitgebers verweigert werden.

Von Fall zu Fall muss abgewägt werden, ob eine Aussage vor Gericht gemacht oder verweigert wird, und es gilt immer das Wohl des Kindes zu bedenken.

Zusammenfassung

Um einem Kind, das Opfer einer sexuellen Straftat wurde, optimalen rechtlichen Schutz zu bieten, ist das Zivilrecht das Gesetz, das den meisten Schutz bieten kann.

Diese Aussage bezieht sich vor allem auf Betroffene, die innerhalb einer Familie, Pflegefamilie oder in einem Heim leben.

Kinder, die durch nahe oder ferne Bekannte oder durch Fremde zum Opfer einer sexuellen Gewalttat wurden, erfahren in aller Regel die Unterstützung ihrer Familie, so dass zivilrechtliche Schritte nicht erforderlich sind.

Prinzipiell kann aber jedes Kind durch das Zivilrecht geschützt werden.

Im Strafverfahren geht es darum, ob ein(e) Angeklagte(r) schuldig ist oder nicht.

Für die meisten Opfer ist ein Strafverfahren eine weitere Traumatisierung, da es von der Anzeige bis zum Urteil sehr lange dauern kann.

Die Wahl, ob eine Strafanzeige gestellt wird oder nicht, sollte immer dem Opfer überlassen bleiben. Die Möglichkeit besteht leider nicht immer, aber dennoch sollte dem kindlichen Opfer eine möglichst optimale Beratung und Begleitung während eines Straf-, aber auch eines zivilrechtlichen Verfahrens zukommen.

Für SozialpädagogInnen, -arbeiterInnen und PsychologInnen kann es ein Problem darstellen, dass sie bei einem Strafverfahren vor Gericht kein Zeugnisverweigerungsrecht besitzen. Verschiedene Wege gibt es dennoch, eine Aussage vor Gericht zu verweigern. Es sollte aber immer in Erwägung gezogen werden, ob eine Aussage zum Vorteil oder zum Nachteil des Opfers sein könnte.

Die beiden erläuterten Verfahren können gleichzeitig laufen. Doch es ist besonders wichtig, dass das Kind vor dem Täter/der Täterin in Sicherheit ist, bevor ein Strafverfahren angestrengt wird.

Das Wohl des Kindes sollte sowohl bei einem Zivil- als auch bei einem Strafverfahren im Vordergrund stehen.

Literatur

Beck-Texte: Bürgerliches Gesetzbuch (BGB), 31. Auflage. München 1990.

Beck'sche Textausgabe: StPO, 36., neu bearbeitete Auflage. München 1993.

Brockhaus, Ulrike/Kolshorn, Maren: Sexuelle Gewalt gegen Mädchen und Jungen. Mythen, Fakten, Theorien. Frankfurt a. M. 1993.

Bundeszentrale für politische Bildung: Grundgesetz für die Bundesrepublik Deutschland. Bonn 1994.

Der Bundesminister für Jugend, Familie, Frauen und Gesundheit: Das neue Kinder- und Jugendhilfegesetz. Bonn 1990.

Denger, B.: Das strafrechtliche Verfahren bei sexuellem Missbrauch. In: pro familia magazin 2/1989, S. 17f.

Eckert, M.: Missbrauch von Kindern – alles doch nicht so schlimm? Doch! In: WEISSER RING 11/1994, S. 9.

Fastie, F.: Zeuginnen der Anklage. Die Situation sexuell missbrauchter Mädchen und junger Frauen vor Gericht. Berlin 1994.

Jäckel, K.: Komm, mein liebes Rotkäppchen ... Kindesmissbrauch – Wer sind die Täter? Berlin 1994.

Marquardt, C.: Sexuell missbrauchte Kinder und das Recht. Bd. 1: Juristische Möglichkeiten zum Schutz sexuell missbrauchter Mädchen und Jungen. Köln 1993.

Mörsberger, Th.: Kindesmisshandlung und Behördenauftrag – Kritische Hinweise zum Verhältnis von Rechtspflicht und Fachlichkeit. In: Faltermeier, J./Sengling, D.: Wenn Kinder und Jugendliche an ihren Lebenswelten scheitern. Herausforderung für die Sozialpädagogik. Kindesmisshandlung – Gefährdung – Realitätsflucht. Frankfurt a. M. 1983, S. 85–116.

Rush, F.: Das bestgehütete Geheimnis: Sexueller Kindermissbrauch. Berlin 1991.

Stephan Veit

Erkennen von sexuellem Missbrauch in der Kinderarztpraxis[1]

Eigene Vorerfahrungen

Für den Arzt, der plötzlich mit dem Befund des sexuellen Missbrauchs konfrontiert wird, ist es eine ganz wichtige Voraussetzung, den körperlichen Befund, den er zu erkennen hat, aus Erfahrung zu kennen. Ich habe eine lange Ausbildung hinter mich bringen können, mit einem guten Teil an Kinder- und Jugendgynäkologie. Ich habe mich dennoch zunächst mit dem medizinisch dokumentierbaren, mit den klaren Zeichen des sexuellen Missbrauchs nicht auseinander setzen müssen. Das braucht der übliche Kinderarzt bis heute noch immer nicht. In den ersten fünf Jahren meiner inzwischen zehnjährigen Tätigkeit habe ich diese Diagnose nie gestellt. Man sieht nur, was man kennt.

Trotzdem war ich mit einer Reihe von Fällen kindlichen sexuellen Missbrauchs konfrontiert, aber ich war zu dieser Zeit nicht in der Lage, die körperlichen Befunde zu erkennen, geschweige denn zu dokumentieren. Auf dem internationalen Kongress »Kindesmisshandlung – Kindesmissbrauch« in Brüssel im April 1989 sind dann Kinderärzte verschiedener Länder aufgetreten und haben erklärt, welche klaren Zeichen auf sexuellen Missbrauch hindeuten. Daraufhin bin ich für drei Wochen nach Dublin in Irland in eine Klinikabteilung gegangen, die sich mit nichts anderem als der Diagnostik von

---

1   Nach seinem Vortrag vom 25.3.1992 während der Heidelberger Kinderschutzwochen, überarbeitet von Katharina Klees.

sexuellem Missbrauch an Kindern in einem sehr breiten psy-
chodiagnostischen Rahmen, eingebunden in die polizeiliche
Arbeit, beschäftigt. Dort habe ich drei Wochen lang an zwei
bis drei Nachmittagen in der Woche je etwa 15 bis 20 Kinder
gesehen, die nur mit der Frage: »Sexueller Missbrauch – ja
oder nein, und was sieht man physisch?«, vorgestellt wurden.
Hier habe ich eine Reihe von Kriterien gelernt, die es mir heute relativ sicher möglich machen, zu dem Schluss zu kommen:
Der erhobene Befund ist »relativ eindeutig«, »eindeutig«, »in
hohem Maße«, »kaum« mit der Annahme eines penetrierten
Missbrauchs vereinbar. Der erhobene Befund schließt *andere*
Formen des sexuellen Missbrauchs nicht aus. Das steht *immer*
als Nachsatz dabei.

Diagnosestellung in der Praxis

Die Kinder, die mir in meiner Praxis vorgestellt werden, lassen
sich in zwei Gruppen unterscheiden, bei denen strukturell
sehr unterschiedliche Verhaltensweisen angezeigt sind. Zu der
einen Gruppe gehören Kinder, die mir eindeutig und klar mit
der Frage des medizinisch nachweisbaren sexuellen Missbrauchs vorgestellt werden. In die andere Gruppe fasse ich die
Kinder zusammen, die mit irgendwas in die Praxis kommen,
und ich finde dann den körperlichen Befund eines sexuellen
Missbrauchs. 1991 sind mir insgesamt 40 Kinder der ersten
Gruppe vorgestellt worden. Bei weiteren 40 Kindern bin ich
zur Diagnose des sexuellen Missbrauchs gekommen, ob ich es
nun wollte oder nicht. Die gruppenspezifischen Vorgehensweisen, die ich im Folgenden erläutern werde, haben sich in
den letzten fünf Jahren meiner ärztlichen Tätigkeit nach einigen Irrgängen und Sackgassen in dieser Weise als die Erfolg
versprechenden, gangbaren und in der Praxis vertretbaren
Wege herausgebildet.

Erhärtung des benannten Verdachtes aufgrund medizinischer Untersuchung

Zunächst zur ersten Gruppe:

Es kommt wesentlich darauf an, wer mir das Kind vorstellt. Nehmen wir das Beispiel einer Mutter mit ihrer achtjährigen Tochter, welche mir von einem Verdacht berichtete, bei dem vieles in die Richtung deutete, was man als kindlich unangemessenes sexuelles Interesse interpretieren würde, wozu die Mutter dann sagte: »Also, ich kann mir das gar nicht vorstellen. Mein Mann kommt nicht in Frage. Was ist denn los? Wie soll ich damit umgehen?« In diesem Fall ist der Verdacht bei der Mutter schon sehr klar im Kopf.

Das sind Situationen, wo ich zwischen drei und sechs Monaten brauche, um mit Billigung des Kindes einerseits zu einer körperlichen Untersuchung zu kommen und um andererseits die Mutter und den Vater dazu zu kriegen, mit dem Kind zu sprechen, eine Sprache für Sexuelles zu vermitteln und ein Stück Umgang mit dem, was das Kind so mit sich herumträgt. Es geht darum, die Mutter aus dem »Du musst mir vertrauen« herauszubringen: Vertrauen kann man nicht befehlen, es hat ja keinen Sinn, am Gras zu zupfen, damit es schneller wächst. Das ist oft eine Phase von einem halben Jahr, wo ich eigentlich sicher bin, dass dieses Kind in irgendeiner Form sexuell missbraucht wird, und ich nichts tue, zumindest nicht in dem Sinne: Jugendamt informieren, Polizei anrufen. Ich versuche ganz langsam nach Maßgabe meiner Zeit, meiner Kraft weiterzukommen.

Oder es kommt beispielsweise vor, dass mich das Jugendamt anruft: »Also, Herr Doktor, wir haben da ein Kind, und die Mutter sagt, es sei sexuell missbraucht worden.« Mit diesen Fällen gehe ich nach ziemlich schmerzhaften Irrtümern und Fehleinschätzungen inzwischen so um, dass ich mir eine Stunde Zeit einplane und zusage, dass ich das Kind untersuche. Die Mutter ist dann dabei. Im Anschluss an die Untersuchung werde ich einen schriftlichen Bericht erstellen, der in ein, zwei Tagen fertig ist. In all diesen Fällen, die mir in dieser Form vorgestellt werden, schildern die Kinder sehr klar, was ihnen geschehen ist. Ich bekomme später vielleicht noch eine Vorladung zum Gericht, allenfalls als sachverständiger Zeuge, aber ich bin nicht verantwortlich für die Fortentwicklung des Falles.

Benennung durch den Arzt

Offensichtlich ist die Feststellung des Arztes ein weiterer Schritt, das Syndrom des Geheimnisses zu brechen, aus dem Kreise des Schweigens, in dem nichts benannt, nichts öffentlich wird, herauszukommen. Wenn der Doktor sagt, das ist ein weit klaffender Schließmuskel des Pos, da ist ein Junge, der bis zu seinem achten, neunten Lebensjahr nicht mehr eingekotet hat und der jetzt wieder einkotet, und der dabei erwischt wurde, wie er versucht hat, mit einem kleinen Mädchen aus der Nachbarschaft zu »vögeln«, wenn dieser Arzt dann sagt: »Dieser Junge, der auf der Schiene der Kriminalisierung schon sehr weit geschoben worden ist, der in einer Täterrolle gesehen wird, die er auch innehat, ist sexuell missbraucht worden. Es gibt ganz klare körperliche Zeichen dafür. Das ist vielleicht ein Täter, aber sicher ist er auch Opfer.« Dann muss es ernst genommen und es muss gehandelt werden.

Bei sexuell missbrauchten Mädchen ist es so, dass ich im Bereich des Scheideneingangs Veränderungen des Hymens feststellen kann, der hintere Scheideneingang weist z. B. eine Narbenplatte auf. Die Anzeichen des sexuellen Missbrauchs mit manueller Stimulierung durch andere Personen sind andere, als wenn ein Mädchen selbst onaniert. Bei den kleinen Mädchen, die durch Reiben im Genitalbereich missbraucht werden, findet man ganz häufig im hinteren unteren Bereich der Vulva eine kleine Narbenplatte. Das rührt daher, dass ein Mann, der ein Kind mit den Fingern durch Reiben an der Klitoris missbraucht, fast immer auch versucht, mit dem Finger in die Scheide einzudringen. Es ist ja meist so, dass die Männer dabei masturbieren oder sich masturbieren lassen, wenn sie nicht den Penis reinstecken. Der Sinn ist ja die Befriedigung der eigenen Lust. Wenn sie sehr erregt sind, sind sie nicht sehr vorsichtig. Wenn Kinder miteinander onanieren, findet man diese Verletzungen ebenfalls nicht.

Durch die differenzierte Diagnostik der vorhandenen körperlichen Befunde wird eine äußere Wirklichkeit geschaffen, die ein gewisses Fundament bilden kann. Dem kann auch der Täter, der in diesem Feld zunächst und meist dauerhaft leugnet, erfahrungsgemäß schlecht was entgegensetzen.

Die »zufällige« Diagnose des sexuellen Missbrauchs

Und nun zur zweiten, für mich schwierigeren Gruppe:

Ich bin nach wie vor nicht sicher, welches der bessere Weg des Vorgehens ist. Es ist die Gruppe der Kinder zwischen sieben Monaten und 14 Jahren, bei denen ich an nichts Böses denke, die mir aus völlig anderen Gründen vorgestellt werden, schon wieder ein Pilz, den siebten Harnwegsinfekt binnen eines Jahres, immer wieder Bauchweh, in der Entwicklung gestört. Unverhofft finde ich dann in der Untersuchung körperliche Zeichen des sexuellen Missbrauchs. Wenn mir das Kind vorgestellt wird, »weil sie da unten rummacht und juckelt«, bin ich immerhin schon vorgewarnt. Aber es passiert mir immer wieder, dass ich – an nichts Böses denkend – mit einem sehr eindeutigen Befund konfrontiert bin.

Das fiktive Gespräch mit der Mutter, bei der ich allerdings durch vorherige Bekanntschaft bereits sicher sein müsste, dass sie ihr Kind prinzipiell schützt, ginge dann so weiter. Ich sage etwa: »Also, was ich an der Scheide Ihrer Tochter sehe, ist eine Verletzung, die ich nicht ganz verstehe. Ich habe so etwas schon öfter gesehen. Als wäre das Kind da nicht nur einmal verletzt worden. Es sieht auch nicht so aus, als hätte sich das Kind nur mal irgendwo aufgeschlagen und so verletzt. Eigentlich sieht das eher so aus, als habe sich da jemand mit doch relativ viel Gewalt einen Weg in die Scheide Ihrer Tochter gebahnt. Ich denke, Sie haben ein Recht darauf, dass ich das so klar sage. Denn bisher galt immer als Grundlage des Vertrages zwischen uns, dass ich Ihnen Informationen auf Ihre Fragen gebe.«

In der Regel folgt dann eine lange Pause. Dann frage ich: »Fällt Ihnen dazu irgendetwas ein?« Dann kommt häufig:»Das kann doch nicht sein, das ist unmöglich – haben Sie sich da nicht geirrt?« Einen Irrtum gibt es zunächst mal nicht, da ich mir während der Untersuchung eine Skizze oder ein Foto mache. Danach entwickelt sich zunächst eigentlich immer ein Dialog, der auch die Erwachsenen in die Nähe einer Diskussion mit dem Kind bringt. Wenn die Mutter daraufhin die Praxis verlässt und nicht wiederkommt, dann gehe ich nicht hin und rufe das Jugendamt oder die Polizei oder wen auch immer an. Eine Mutter, die sich nicht dazu bereit finden kann, ihr Kind zu schützen, wird auch die Diagnostik nicht fördern. Sie wird die Konfrontation mit der Wahrheit oft durch schlichtes Verleugnen, Arztwechsel, Entkräften der Untersuchung durch einen anderen Arzt vermeiden. Für den Umgang mit diesem Problem gibt es kein Patentrezept. Meist rufe ich nach einem halben Jahr bei der Mutter an. Wenn sie mir zu verstehen gibt, ich solle mich raushalten, halte ich mich daran. Wenn sie aber noch nichts unternommen hat, weil sie blockiert ist, suche ich mir bei anderen professionellen Helfern Hilfe. Das ist ein bitteres Geschäft, an dessen Ende ich oft wieder allein dastehe. Wen gibt es denn schon, an den ich mich wenden kann? Manchmal bin ich zu ehrgeizig und zu forsch, und manchmal möchte ich nur noch erschöpft resignieren. Die Kriminalpolizei anrufen mag eine blendende Idee sei, aber was ist dann mit dem Kind?

Es geht nicht um meine Not, sondern um die des Kindes. Zur Mutter sage ich: »Ich brauche Hilfe, ich kann das nicht allein. Und Sie brauchen Hilfe, denn sonst wären Sie nicht gekommen. Ich kann Ihnen nur das Jugendamt empfehlen.« Es sei denn, ich komme nicht mit dem Mitarbeiter zurecht, dann versuche ich es mit der Erziehungsberatungsstelle, dem Kinderschutzdienst, einem befreundeten Psychologen. Oder mir fällt zunächst mal gar nichts ein, und wir verabreden uns in vierzehn Tagen wieder. Ich bemühe mich, es nicht allein entscheiden zu müssen, es geht immer schief.

Umgang mit der Schweigepflicht und Eingliederung in ein Hilfenetz

Gelegentlich bringt es eine noch höhere Belastung, wenn man sich Hilfe von außen holt. Es gibt ja auch noch die Schweigepflicht und den Datenschutz. Gerade in Fragen des sexuellen Missbrauchs wird häufig sorglos damit umgegangen. Ich achte darauf, mit niemandem am Telefon zu reden, den ich nicht eindeutig als den identifiziert habe, für den er sich ausgibt. Ich rede auch nicht, ohne dass ich eine schriftliche Erlaubnis dazu habe. Ebenso bestehe ich auf einer schriftlichen Anforderung, wenn z. B. das Jugendamt einen Bericht von mir anfordert, im Interesse der Aufklärung der Straftat. Man muss sich als Arzt stets vergegenwärtigen, dass der Staatsanwalt ein Durchgriffsrecht auf alle das Kind betreffenden Unterlagen hat, soweit sie zur Wahrheitsfindung beitragen können. Für diesen möglichen Fall ist es mir eine unabdingbare Vorbereitung, dass ich unmittelbar nach jeder Untersuchung einen ausführlichen Bericht mit möglichst vielen wörtlichen Zitaten schreibe. So bin ich eindeutig, wenn die Kriminalpolizei anruft: Sie erhält den Bericht, der Fall nimmt seinen Lauf, am nächsten Morgen wird der Vater verhaftet, die Mutter reicht die Scheidung ein, die Nebenklagevertreterin des Kindes ruft an. Auch der Rechtsanwalt des Vaters ruft an. Ich räume grundsätzlich immer die Möglichkeit des medizinischen Irrtums ein!

In einem anderen Fall kommt ein Vater zu mir und zeigt den Bericht einer Sozialarbeiterin, in dem steht, das Kind habe einer Puppe auf den Po und den Bauch geküsst und deswegen ergebe sich der begründete Verdacht, es sei sexuell missbraucht worden. Prinzipiell ergreife ich die Partei des Kindes. Wie der Mann mit seinen Schwierigkeiten fertig wird, ist mir völlig egal. Ich könnte den vielleicht verstehen, aber selbst dann würde ich mich mit Sicherheit nicht viel anders äußern. Wenn ein Kind, vier oder fünf Jahre alt, im Spiel einer Puppe auf den Po oder die Genitalorgane küsst, da sträuben sich mir alle Nackenhaare, und ich werde wach wie ein Hund in seinem Hof, innerlich knurren mir da die Zähne. Doch ich bleibe sachlich und frage, was er tun wird, um die Sache vom Tisch zu kriegen. Ich muss immer mit der Möglichkeit rechnen, dass der Beschuldigte aufgrund meines Befundes in Haft genommen wird, dass ich angegriffen werde wegen Ehrverletzung, übler Nachrede, wissentlich falscher Behauptung einer Straftat. Ich persönlich sehe das inzwischen ziemlich kühl. Vielleicht begehe ich mal einen Fehler, bei dem ich einem Kind schade und zu Recht angeklagt und verurteilt werde. Aber in der Regel verliert der, der die Beweislast tragen muss. Und das muss derjenige mir erst einmal nachweisen, dass ich den Vorsatz der Rufschädigung als Handlungsmotiv hatte. Wenn man mir nachsagt, ich sei fahrlässig mit dem Ruf eines Mannes umgegangen, geht das an mir vorbei – inzwischen! –, wenn ich sehe, mit welchem Zynismus bei völlig klaren Situationen vor Gericht gelogen wird.

Meiner Erfahrung nach wird auch dann noch geleugnet, wenn Videos vorgelegt werden, in denen Kinder Situationen nachgespielt haben, selbst wenn ausführliche Protokolle vorgelegt werden, in denen die Kinder ganz detailliert ihre Erfahrungen schildern. Ich rechne damit, angeschossen zu werden, auch mit Bemerkungen der Verteidigung: »Die sexuellen Gewohnheiten des Zeugen müssen ja sehr bedenklich sein, wenn er sich hier so gut auskennt.«

(Frühes) Erkennen der Gefährung

Es ist meist irgendein Mann im näheren sozialen Umfeld, der sich an dem Mädchen oder Jungen vergreift. Der berühmte fremde Mann, der das Kind auf dem Spielplatz überfällt, ist mir in meiner zehnjährigen Praxis nicht vorgekommen. Ich frage explizit danach, wie sich nach einer Trennung der Eltern die Beziehung zwischen dem neuen Partner und der Tochter entwickelt. Wenn ich höre, dass sich das Kind mit dem Neuen gar nicht versteht, wenn es irgendwie auffällig wird, oder in anderen Fällen, wenn zur Sprache kommt, dass die Kinder immer am Tag nach dem Besuch beim Vater einnässen oder einkoten, wenn sich ein Kind nach einer Scheidung dramatisch ändert, wobei aggressive oder Rückzugs- und Isolationsmuster gleich wichtig sind, vermute ich eine Gefährdung und werde ganz wach. Dann lasse ich so nebenbei einfließen: »Ach, wissen Sie, das ist doch eigentlich gar nicht so selten. Manchmal weiß man ja nicht, mit wem man darüber reden kann.« Ich finde ein solches offenes Angebot, mir gegenüber etwas anoder auszusprechen, als deutlich genug.

Ein anderer Versuch des frühen Erkennens ist, beispielsweise im Gespräch über verhaltensauffällige Kinder, das Thema völlig selbstverständlich zu erwähnen, als in den Bereich des normal Möglichen gehörend. Gerade bei den Jungen ist es ja oft so, dass es für die meisten Menschen unmöglich ist, sie als Opfer zu sehen. Ich habe einige von diesen verzweifelt wütenden Vier- bis Fünfjährigen gesehen, die bei mir im Zimmer Randale machten. Dann sage ich: »Hör jetzt auf, ich will nicht, dass du auf meiner Puppe rumtrampelst.« Er dreht sich um und knallt mir den Schuh vor das Schienbein. Erst muss ich nachdenken, aber immerhin kommt mir dann: Wenn der Junge so verzweifelt ist, dass er sich mir gegenüber so verhält, so distanzlos, dann müssen sehr wichtige Grenzen nachhaltig und chronisch übertreten worden sein. Dann fange ich an nachzuschauen und finde eigentlich auch immer was – schrecklicherweise. Aber das ist wirklich nicht das Erkennen der Gefährdung, sondern da ist schon zum Fürchten viel passiert.

Und speziell bei der Vorsorgeuntersuchung gibt es einen ganz wichtigen Punkt. Bei Fünfjährigen, die bis dahin eine ganz normale Sprachentwicklung hatten und plötzlich nicht mehr reden. Dazu bemerke ich fragend: »Ich lese viel Märchen, und wenn in diesen plötzlich jemand nicht mehr redet, ist er immer verzaubert worden. Aber das weiß ja keiner. Vielleicht gibt es irgendetwas, was auch Ihrer Tochter den Mund verschließt. Wenn sie etwas geklaut oder kaputtgemacht hätte, da würden die Kinder in Ihrer Familie nicht einfach verdroschen werden. Aber da gibt es noch andere Sachen, z. B. dass dem Kind etwas passiert, von jemandem, mit dem Sie vielleicht nie rechnen würden. Und das Kind befürchten muss, es wird ihm sowieso nicht geglaubt, wenn es davon erzählt.« Wenn dann immer noch nichts kommt, werde ich noch deutlicher.

Auch der medizinische Befund ist manchmal nicht ausreichend glaubwürdig. In den letzten Jahren ist es mir mehrfach passiert, dass ich einen medizinisch gut dokumentierten Befund erhoben habe, das Kind dann zum nächsten Gynäkologen gebracht wurde, der nichts gesehen hat, und das war's dann. Eines von den Mädchen ist inzwischen tot, weil es aus dem Fenster gesprungen ist. Mit Gewissheit kann ich mittlerweile sagen, die Zweijährigen, die einen klaffenden Po haben, haben das nicht in Zusammenhang mit einer Verstopfung. Einrisse am Po dieser Art kann ich bei kleinen Jungen und Mädchen sehr früh spezifisch erkennen. Selbst das wird aber von weniger ausgebildeten Ärzten dann womöglich bestritten. Das erzeugt in mir manchmal eine Einsamkeit gegenüber den medizinischen Kollegen, die schon schwer auszuhalten ist.

In einem Fall wurde das Kind in meine Praxis gebracht, weil es erneut seit einigen Nächten schrie. Dieses Weinen sei vor vier Wochen zum ersten Mal aufgetreten. Die Mutter sah keine Möglichkeit, etwas zu tun, weil das Kind sie nur mit leeren Augen angesehen und gebrüllt hatte. Es hatte Blut im Stuhl. Die beiden Tage zuvor war es beim Opa gewesen. Und nun war es wieder verstopft und hatte am Morgen Blut im Stuhl. Und wo hat es geschlafen? Bei Oma und Opa. Mit diesen Angaben habe ich das Kind untersucht und fand einen bestimmten Typ von Analrhagaden, so kleine, speichenartig stehende Einrisse im Übergang von der Haut zur Schleimhaut am Po.

Ich stellte die Diagnose, dass solche Rhagaden nicht von einer Verstopfung kommen. Es war klar, da hatte einer den Penis, den Finger oder sonst was mit recht viel Gewalt in den Po gesteckt. Da dieser Zusammenhang nicht so leicht akzeptiert wurde, handelte ich mir in diesem Fall ein Verfahren wegen Rufmord ein.

Untersuchungsbedingungen

Im Folgenden werde ich die Vorgehensweise beschreiben, wenn ein Verdacht auf sexuellen Missbrauch aufkommt, ohne dass ich von körperlicher Seite eine Gewissheit habe. Meine erste Sorge ist, dass eine erfahrene Arzthelferin bei der Untersuchung anwesend ist, die meine Art gut kennt, mit diesen Fällen umzugehen. Unvorbereitete Arzthelferinnen können in solchen Situationen völlig überfordert sein oder sogar ausrasten, dann wäre ich arbeitsunfähig. Ich habe zum Zweck der exakten Untersuchung in einem relativ kleinen Raum eine Kaltlichtlupe. In diesen Raum wechsle ich und bitte eine erfahrene Helferin zu der Untersuchung hinzu. Das Kind untersuche ich in Rückenlage mit vom Kind selbst gehaltenen und gespreizten Knien. Ich finde immer zwanglos dahin, dass die Kinder dies von sich aus tun. Anderenfalls unterlasse ich zu diesem Zeitpunkt die Untersuchung. Daher ist es eine Hauptbedingung für mich, genügend Zeit für die Untersuchung zu haben.

Zeitdruck führt zu schrecklichen Situationen, wie in einem Fal mit einem Kind aus einem Kinderheim. Ich wurde morgens angerufen, das Mädchen habe erzählt, dass es sexuell missbraucht worden sei, ob ich es untersuchen könne? Wir einigten uns auf einen Termin am übernächsten Tag. In meiner Form der Praxisführung finde ich es völlig unakzeptabel, wenn von mir erwartet wird, dass ich es noch am gleichen Tag schaffe. Zum vereinbarten Termin kam dann die Betreuerin mit dem Kind und hatte überhaupt keine Zeit, weil sie zum Zahnarzt musste. Ich habe das Kind nicht untersucht! Ich habe mich schlicht geweigert. Dann muss das Kind später eben noch einmal kommen. Strafverfolgung und Zeitmangel sind für mich kein Grund, ein Kind im Rahmen der medizinischen Untersuchung zu vergewaltigen.

Ich bestelle die Kinder so ein, dass ich für jedes Kind eine halbe Stunde Zeit habe. Eine erfahrene Helferin ist dabei, die mithört, mitschreibt und mitdenkt. Wenn ich mich vor dem Termin sehr fürchte, dann nehme ich mir an einem bestimmten Nachmittag eine ganze Stunde Zeit. Ich habe Bücher, Bilder, Puppen und Spielsachen. Wenn ich spüre, dass ein Kind Angst hat und/oder die Begleitperson ein Kind nicht entsprechend vorbereitet hat, fange ich nicht mit der Untersuchung an, sondern mit Spielen. Dabei frage ich das Kind, warum es kommt. Es sagt vielleicht, dass es Bauchweh hat. Und wenn es nichts sagt, frage ich von mir aus, ob es schon mal Bauchweh hatte. Eigentlich sind Kinder daran gewöhnt, dass man sich beim Doktor ausziehen muss. Je mehr aber ein Kind Angst vorm Bauch- oder Poansehen hat, desto mehr Angst hat sein Doktor, dass es einen verdammt guten Grund dafür gibt! Auch wenn eine Vierzehnjährige sich nicht untersuchen lassen will, weiß ich das spätestens nach zwanzig Minuten und höre auf: Eine solche Entscheidung habe ich zu akzeptieren. Und mache ein Angebot, zu einem anderen Zeitpunkt nochmals zu kommen, wenn es besser geht.

Bei dem vierjährigen Kind sieht das völlig anders aus, das hat viel weniger Chancen, sich vor dem Gericht klar auszudrücken, da hat mein Zeugnis ein ganz anderes Gewicht. Mit den Vierjährigen spiele ich erst einmal, egal vor welchen Untersuchungen. Ich habe in meinem Zimmer verschiedene Spielsachen. Wir fahren also Eisenbahn, laden die auf und ab und setzen Kinder hinein, und die steigen wieder aus. Mir fällt ohne Vorbereitung immer was ein. Wenn wir mit dem Spielen fertig sind, frage ich die Mutter: »Warum kommen Sie überhaupt?« Auch wenn ich es weiß. »Aha, Sie wollen, dass ich das Kind untersuche. Was soll ich denn untersuchen?« So erhält auch das Kind die Information darüber. »Und dazu soll es sich ausziehen? Aha! Tja, dann sagen Sie es ihm.« Bis sich das Kind ausgezogen hat, habe ich vielleicht schon mal mit den anatomisch korrekten Puppen Kinderuntersuchung vorgespielt, und das Kind hat zugeschaut. Jetzt darf es selbst Doktor sein und untersuchen. Es führt die Lupe hin und her. Danach lässt das Kind die Untersuchung meistens zu, aber nicht immer. Leider ist es wahr, dass ich früher Kinder notfalls mit Gewalt untersucht habe, aber seit 1989 nicht mehr. Das war völlig unnötig. Heute lasse ich mich nicht mehr unter Druck setzen. Ich vergewaltige keine Kinder – Schluss, aus. Schlimm genug, dass ich immer mit Gewalt Blut abnehmen muss.

Literatur

Adams, J.A.: Classifikation of Anogenital Findings in Children with Suspected Sexual Abuse: An Evolving Process. The APSAC Advisor 6: 11–13, 1993.

Bange, D.: Die dunkle Seite der Kindheit. Sexueller Missbrauch an Mädchen und Jungen. Ausmaß – Hintergründe – Folgen. Volksblatt Verlag Köln, 1992.

Bays, J./Jenny, C.: Genital and Anal Conditions confused with Child Sexualabuse Trauma. American Journal of Diseases in Childhood 144: 1319–1322, 1990.

Chadwick, D.L., et al.: Color Atlas of Child Sexual Abuse. Mosby Year Book. St. Louis, Baltimore, Boston 1989.

Hobbs C.J, et al.: Child Abuse and Neclect. A Clinician's Handbook. Churchill Livingstone, 1993.

Kerns, D.L.: Cool Science for a Hot Topic. Commentary. Child Abuse and Neclect, 1989, 13: 177–178.

McCann, J./Voris, J.: Perianal Injuries Resulting from Sexual Abuse: A Longitudinal Study. Pediatrics, 1993, 91: 390–397.

West, R., et al.: Accidental Vulval Injuries in Childhood. British Medical Journal 1989, 298: 1002.

Stefan Reichelt

Kinderzeichnungen zur Diagnostik bei sexueller Gewalt

Das nachfolgend skizzierte Konzept zum diagnostischen Umgang mit Kinderzeichnungen ist im Rahmen tiefenpsychologisch orientierter Heilpädagogik im klinischen Arbeitsfeld entstanden. Im Kern gründet heilpädagogisches Handeln auf Begegnungs- und Beziehungsaspekten, auf dem zwischenmenschlichen Dialog mit dem jeweiligen Kind. Respekt vor seiner Individualität, seinem In-der-Welt-Sein, vor dem unverwechselbaren Gefüge aus Stärken und Schwächen, aus erlittenen Verletzungen und zukünftigen Entwicklungsmöglichkeiten prägen das heilpädagogische Selbstverständnis. Bezogen auf Fragen der Beziehungsgestaltung, Methoden- und Medienauswahl spiegelt sich diese Haltung in einem behutsamen Vorgehen. Abhängig von den seelischen Wachstumskräften und parallel zum sich entwickelnden Vertrauen in die heilpädagogische Beziehung, ihre unterstützende Funktion, können sich Unsicherheiten, Ängste und Abwehrmechanismen schrittweise auflösen. Der verdrängte, bisweilen auch bewusst unterdrückte Konfliktstoff wird in Form gespielter oder gemalter Bilder nach und nach sichtbar und damit bearbeitungsfähig. Vor dem Hintergrund einer prozessorientierten Arbeitskonzeption lassen sich »Diagnostik« und »Therapie«, »Beziehung« und »Methodik« hinsichtlich ihrer Wirksamkeit oft nicht konsequent voneinander abgrenzen. Dies gilt insbesondere für die Verständigung mit sexuell misshandelten Kindern. Ehe uns viele von ihnen »diagostischen« Einblick in ihr Innerstes gestatten, ehe sich diffuse, widersprüchliche Andeutungen zu klaren, unmissverständlichen Äußerungen wandeln, bedarf es zumeist einer heilsamen, also »therapeutischen« Beziehungsqualität. Im heilpädagogischen Prozess ist die Arbeit mit Kinderzeichnungen daher immer eingebunden in das Bemühen um personale Wärme, Akzeptanz und Ermutigung.

Die Verwendung von Zeichnungen als diagnostische Hilfen im Hinblick auf sexuelle Gewalterfahrungen wird im Kontext einer zunehmenden Auseinandersetzung um Dunkelziffern, Glaubwürdigkeit und Falschverdächtigungen (vgl. Enders 1995) vielfach in Frage gestellt. Die unkritische Deutung solcher Darstellungen offenbare häufig Fehlinterpretationen sowie missverstandene, weil vom Kind nicht intendierte Bedeutungszusammenhänge. Erwartet werde eine »tiefer liegende Enthüllung«, ein »zweiter Sinn«, ein aufzuschlüsselnder »Tatsachenbeweis« (Böhm 1994, S. 216). Häufig, so der Vorwurf, würden Erwachsene eigene Phantasien und Projektionen mit den wirklichen Darstellungsabsichten verwechseln.

Bezogen auf die spezifische Konfliktlage sexuell misshandelter Kinder, werden in Auseinandersetzungen mit den genannten Kritikpunkten anschließend zunächst Wert und Nutzen bildsprachlicher Kommunikation dargestellt. Es folgen Kriterien zum professionellen Umgang mit Zeichnungen in diagnostischen Prozessen. Zum Schluss erläutert ein Praxisbeispiel den zuvor beschriebenen Anwendungsrahmen. Um Missverständnissen vorzubeugen, soll bereits an dieser Stelle die zentrale Leitlinie jeder Verdachtsarbeit kurz umrissen werden: Lose Verdachtsmomente gelten erst dann als erhärtet, wenn ein Kind sexuelle Fakten detailliert und situationsbezogen als solche benannt hat. Das einzelne Bild allein kann einen Übergriff nicht belegen – und schon gar nicht beweisen. Zu kurz greifende Interpretationen (phallisch aufragender Baum = Missbrauch) zu vermeiden ist daher genauso notwendig, wie es unerlässlich ist, verborgenes Leid entschlossen aufzudecken. Hier wie da stürzen Fehleinschätzungen Kinder und ihre Familien in große Bedrängnis.

Zunächst erinnere ich an eine grundsätzliche, vom Misshandlungstrauma unabhängige Erfahrung, die Ärzte, Psychologen, Pädagogen und Therapeuten im Laufe ihrer Arbeit mit psychosozial geschädigten Kindern immer wieder bestätigt gefunden haben: Von der Sprache verlassen, noch ehe sie sich ihrer in vollem Umfang zu bedienen wissen, bebildern Mädchen und Jungen in seelischen Notlagen ihre Gefühle. Weil für das, was bedrängt, verletzt oder zerstört wurde, die Worte fehlen, verhelfen symbolische Inszenierungen den inneren Bildern zum Ausdruck. In zahlreichen Publikationen von Fachleuten unterschiedlichster Schulen berichten derartige Darstellungen von verlorenem Vertrauen und schwindendem Mut, von Gewalt, vom Mangel an Liebe und Verlässlichkeit, von Verzweiflung und Trauer. Andere Zeichnungen setzen der Aussichtslosigkeit Hoffnung entgegen, sind erfüllt vom Wunsch nach dem Ende der Angst, nach einer helleren Zukunft. Malend gibt das jeweilige Kind Auskunft über seine Not, es projiziert seine Erfahrungen in den Bildraum, setzt sich mit seinen Gefühlen auseinander und befreit sich von belastenden Erinnerungen. Nimmt es die entstandene Konfiguration in den Blick, so erkennt es sich selbst wie in einem Spiegel, es findet seinen Standort und vergewissert sich seiner Lebenssituation. Wer ihm nahe steht, wessen Nähe es sich wünscht, wen es meidet oder flieht, legen Farben, Proportionen, Größenverhältnisse, Reihenfolgen sowie spontan hinzugefügte Kommentare und Erläuterungen offen. Die Erkenntnis, dass Kinder in seelischer Not ihre Konfliktlage auf die eine oder andere Art bildhaft erinnern, sie sichtbar nachzustellen versuchen, gehört demnach zum vielfach bestätigten psychologischen Grundlagenwissen (vgl. Hammer 1958; Widlöcher 1974; Kramer 1975; Brem-Gräser 1975; Eschenbach 1978; Iten 1980; Schottenloher 1983; Baumgardt 1985; Oaklander 1987; Richter 1987; Furth 1991; DiLeo 1992; Rubin 1993). Unser Interesse gilt daher nicht der Frage, ob krisenhafte Ereignisse zum Gegenstand von Kinderzeichnungen werden, sondern auf welche Weise dies geschieht und wir wir sicherstellen können, dass entsprechende Bildbotschaften von uns intentionsgerecht verstanden werden.

Angst hat viele Gesichter

Auch nach der Aufdeckung sexueller Übergriffe wird die Angst vielen Kindern zum ständigen Begleiter. Ihre wechselnden Gesichter lassen sie grenzenlos erscheinen. Die Sorge, dass es wieder geschehen wird, ehrlicher Zuneigung nicht wert zu sein, nicht mehr fühlen zu können, das Zuhause zu verlieren, Verrat zu begehen und an alldem selbst schuld zu sein, reduziert eine solche Zeitspanne auf die ständige Suche nach Auswegen. Obwohl sich die Reihe der Befürchtungen für die meisten Kinder auf ähnliche Weise zur unüberwindbaren Sprachbarriere zusammenschiebt, wird Furcht doch jeweils unterschiedlich empfunden. Bei Johanna beherrscht sie alles Erleben, drängt sie riesenhaft jede heilende Beziehungserfahrung an den Rand. Eine ständige Unruhe ist die Folge: Planlos läuft das Mädchen zu Beginn der Therapie im Spielzimmer umher. Alles, was es sagt, scheint ohne Sinn, wirkt unzusammenhängend und konfus. Melanie spielt demgegenüber ruhig und ausdauernd. Bedächtig betastet sie die Gesichter der Handpuppen, legt sorgfältig eine neben die andere – ehe unvermittelt Angstattacken ihren Körper schütteln. Rhythmisch beginnt das Kind seinem Teddy den Finger ins Maul zu stoßen. Ohne die Situation einen Moment länger kontrollieren zu können, schreit es heraus: »Mein Papa kommt, mein Papa kommt – ich muss brechen!« Wenn Britta panikartige Furcht vor Spinnen, Käfigen und plötzlichem Lärm erfasst, verschiebt sie ihre Angst auf Objekte, die leichter zu beherrschen sind als die Momente sexueller Gewalt. »Ich liebe mein Mädchen«, flüstert der Hai in Cornelias rechter Hand, bevor er den kleinen, zitternden Fisch in ihrer linken in die Enge treibt.

Immer blockiert ausufernde Angst den Weg nach vorn. Sie lässt die Hoffnung verkümmern, legt die Persönlichkeitsentwicklung lahm und motiviert stattdessen Flucht- und Vermeidungsreaktionen. Jessica macht ihre Not mit beweglichen Drahtfiguren anschaulich. Sie versucht, die erzwungenen Übergriffe nachträglich ungeschehen zu machen, indem sie

die Beine der Puppen spiralförmig zusammendreht und mit
Kordel fixiert. Dabei murmelt sie leise: »Warte, es ist gleich
vorbei – jetzt schläft er gleich.«

Das Geheimnis malend umkreisen

Was diese Kinder unter Umgehung direkter sprachlicher Mitteilungen im Spiel auszudrücken versuchen, verdichten andere zu gezeichneten Botschaften. Auf dem gesprochenen Wort
lastet demgegenüber zunächst ein ungeheurer Druck. Unter
Androhung drastischer Konsequenzen ist sexuell misshandelten Kindern das Sprechen verboten worden. Welche Worte
würden überdies reichen, das Unsagbare auszudrücken? Welche Begriffe brächten die tiefe Verwirrung treffend nahe,
wenn sich eine geliebte Vertrauensperson des Kindes bemäch-
tigte? Wortsprachliche Verständigung setzt zudem schnell die
Bereitschaft zur schonungslosen Offenheit, zum unzweideuti-
gen Benennen der Fakten voraus. All dies ist vielen Kindern,
wenn sie Hilfe suchen und uns in einer beratend-therapeuti-
schen Institution begegnen, noch nicht möglich.

Bilden in der akuten Krise Ausdrucksbedürfnis und Verges-
senswunsch ein lähmendes Patt, ist die Bildsprache in besonderer Weise geeignet, die innere Blockade aufzulösen. Anfangs spiegeln die Darstellungen das angstmobilisierende
Geschehen meist nur schemenhaft. Phallische Formen sind einen Augenblick später bereits wieder zugeschmiert, mit Pappe
überklebt, mit Worten kaschiert. Noch müssen sie distanzsi-
chernd als »Würste«, »Schlangen«, »Raupen« und »Leucht-
türme« deklariert werden. Dass »Bananen« hier nicht die übliche Bedeutung tragen, macht Susanne spontan deutlich: »Ich
soll das nicht malen, sagt die Mama, ich tu's aber einfach.« Das
zeichnende Kind hält noch schützenden Abstand, umkreist
das Geheimnis, verrätselt das Vergangene, malt an seiner
Angst entlang. Ohne ihr direkt ins Auge sehen zu müssen,
spürt es den verlorenen Empfindungen nach, sucht tastend

nach bedeutungstragenden Formen, Farben und Symbolen. Es zieht einen Schleier über seine Bilder, setzt vorsichtig erste Zeichen, versteckt Hinweise neben Belanglosigkeiten, tarnt sie hinter unverfänglichen Beigaben. Die Bilder dosieren und entzerren die unbewältigt zusammengeballten Erlebnisse, nehmen sie wie offene Gefäße nach und nach auf, halten sie zur Verfügung. Zunehmend verleihen die Darstellungen der Befindlichkeit des Kindes eine Stimme, bringen seine Hilflosigkeit zur Sprache – noch ehe es diese mündlich offen zu legen wagt. Mit der Zeit gewinnen die Inszenierungen im maltherapeutischen Prozess an Deutlichkeit. Manche erscheinen nun so prägnant und konfliktnah, dass man ihnen keine Bedeutungsvariante zur Seite stellen kann. Unabgeblendet heben sie die erlittene Not ans Licht. Die Symbolsprache lotet jetzt die Tiefe der Seele aus, legt die weggesperrten Eindrücke frei, lässt sie Kontur gewinnen. Innere Bilder wandeln sich zu Anschauungsbildern (vgl. Reichelt 1994). Nachdem der fünfjährige Tim »das Monster« ins Bild gebannt und damit für den Augenblick unschädlich gemacht hat, gelingt es ihm auch, über seine Angst zu sprechen: »Das Monster hat mich an seinen Mund gehalten, und dann noch mal und noch mal, aber nicht abgebissen. Und dann hatte ich fürchterliche Angst. Das ist der, den es nicht gibt. Der packt mich und will mich essen. Ich hab so eine Angst. Hilfe, Mama!« Eine weitere Bildszene kommentiert Tim folgendermaßen: »Der Mensch hängt mit dem Kragen an der Palme fest. Schreib mal in die Sprechblase ›Hilfe!‹ rein.«

Kriterien zum diagnostischen Umgang mit Kinderzeichnungen

Bilddarstellungen sexuell misshandelter Kinder lassen sich auf zwei verschiedenartige Motivstrukturen hin untersuchen. Die erste, primär therapeutische Funktion wird wirksam, wenn ein Kind sich zeichnend über seine Situation klar zu werden versucht, wenn es sich orientieren und vergewissern möchte. Mit dem zweiten, auf Mitteilungen an die soziale Umgebung zielenden Beweggrund haben wir es dagegen besonders mit Verdachtssituationen zu tun: Ich betrachte eine soeben vor meinen Augen entstandene Zeichnung. Irgendetwas daran erregt meine Aufmerksamkeit, lässt mich stutzen, erinnert mich unter Umständen an früher gesehene Zeichnungen misshandelter Kinder. Vielleicht ist es die düstere Stimmung, die das Bild in der Summe seiner Teile ausmacht, die es ausstrahlt und die sich dann zu meiner eigenen Empfindung wandelt. Oder es sind einzelne, dramatisch anmutende Zeichen, die mich irritieren und beunruhigen? Habe ich es hier wirklich mit einem stummen Hilferuf zu tun? Sucht dieses Kind gerade bei mir Unterstützung? Darf, soll, muss ich den aufscheinenden Verständnisimpulsen trauen, oder verwechsele ich Phantasie und Realität? Bin ich, aufgeschreckt durch die öffentliche Diskussion, gar auf die Suche nach Geheimnisbildern fixiert? Solche oder ähnliche Fragen gehen den meisten Menschen durch den Kopf, wenn sich Verdachtshinweise in den Gedanken festsetzen, der Umgang damit aber nicht zur täglichen Routine gehört. Die nachfolgenden Kriterien zum Umgang mit Kinderzeichnungen in mehr oder minder vagen Beurteilungssituationen sollen hier im Sinne eines Leitfadens Orientierung bieten. Solange Unsicherheit darüber besteht, ob die vermuteten Übergriffe auch wirklich stattgefunden haben, bedeutet die Arbeit mit solchen Darstellungen eine Art Gratwanderung. Einerseits gilt es den besonderen Wert bildsprachlicher Verständigung für das jeweilige Kind nutzbar zu machen. Andererseits können bereits kleine Fehler – etwa vorschnell ausgesprochene Deutungsideen – den Prozess derart verfälschen, dass er nicht nur keinen Nutzen mehr erwarten lässt, sondern zum Schaden des Kindes gerät.

– Für die Verdachts- und Aufdeckungsarbeit ist allgemein besonders all das wesentlich, was das jeweilige Kind spontan äußert. Dies gilt auch für den bildsprachlichen Ausdruck.

Spontanzeichnungen resultieren aus Eigeninitiative. Zum Zeitpunkt ihrer Entstehung »muss« sich das Kind im bildschaffenden Prozess von einer zu groß gewordenen Drucksituation befreien. Oft entwickeln sich in diesen Momenten die prägnantesten Darstellungen. Unter Umständen erscheint schon ein erstes Bild unmissverständlich. Häufiger aber wirkt zu Anfang vieles mehrdeutig und erklärungsbedürftig, bleiben wichtige Fragen unbeantwortet, halten Darstellungen inhaltlich die Mitte zwischen dem Wunsch, sich anzuvertrauen und der Verpflichtung zur Geheimhaltung.

– Für die Bildsprache existiert kein der Wortsprache vergleichbares Regelwerk. Das macht zum einen ihre Stärke aus, weil es die »Übersetzung« uneindeutiger, bizarrer und widersprüchlicher Empfindungen in nonverbale Mitteilungen erleichtert. Wie unterschiedlich und individuell abweichend gerade sexuell misshandelte Kinder ihr Trauma in Bildern zu verarbeiten versuchen, belegt die Zusammenschau einer Reihe von empirischen Untersuchungen. Im Ergebnis zeigt sich ganz eindeutig: *Es gibt keine typischen Symbole für Misshandlungserlebnisse, keine signifikant hilfreiche Häufung bestimmter Bildzeichen, keine zwingende Kausalität zwischen einem Darstellungsaspekt und seinem Bedeutungsgehalt* (ausführliche Darstellung in: Reichelt 1994). Während bei ähnlichem Erfahrungshintergrund sexualisierte Merkmale einmal zum plakativen Hinweis dramatisiert sind, wird ein anderes Mal jede geschlechtsspezifische Andeutung vermieden. Steht hier die bildbeherrschende Figur für den übermächtigen Misshandler, so phantasiert sich dort das Kind im Rollenwechsel selbst zu furchterregender Größe und Überlegenheit. Bilden phallisch wirkende Formen in dieser Zeichnung die Realität einer sexuellen Misshandlung ab, so berichten sie auf jenem Blatt von entwicklungsbedingter Neugier.

– Ist für das zeichnende Kind die nonverbale, schützende, von persönlicher Freiheit bestimmte Bildsprache zunächst überaus nützlich, beginnen für den Empfänger der Botschaften aus genau denselben Gründen die Schwierigkeiten. Weil es keinen Katalog bindender Wenn-dann-Erklärungen gibt, bleibt nur die Möglichkeit einer *vorsichtig abwägenden Annäherung* an die ins Bild gesetzten Bedeutungszusammenhänge. Ein behutsames Vorgehen setzt einen entsprechenden Zeitrahmen voraus. Im günstigen Fall entsteht während eines Beratungs- oder Therapieprozesses ein ganzer Bildzyklus. Über die einzelnen Sequenzen hinweg hat dann das zeichnende Kind immer wieder Gelegenheit, sich langsam vorzutasten, zu eindeutigen Symbolzeichen zu finden. Gleichzeitig kann auch der Druck auf die Adressaten der Zeichnungen nachlassen, weil nicht unbedingt bereits der erste Ausdrucksversuch Klarheit schaffen muss. Eine freundlich-akzeptierende, vertrauensvoll-empathische Atmosphäre hilft, Ängste abzubauen. Das malende Kind soll fühlen, dass es all das, was es aufdecken möchte, sich aber möglicherweise noch nicht in vollem Umfang offen zu legen traut, nach und nach präzisieren darf. In dieser Situation spüren viele Kinder, dass sie nicht sprechen müssen, um verstanden zu werden. Und gerade deshalb riskieren sie nun zunehmend mündliche Äußerungen.

– Häufig leiten uns die spontan einsetzenden *Erläuterungen und Kommentare* zum Bedeutungskern der Darstellungen. Die Erfahrung zeigt, dass die Mehrzahl der prozessorientiert malenden Kinder schließlich an den Punkt kommt, wo sie jenseits symbolischer Äußerungen die konkreten Fakten und Umstände der Übergriffe benennen kann.

– Wichtig ist auch, die das Malen begleitenden *gestischen Ausdruckserscheinungen* wahrzunehmen. Manchmal löst der Rückgriff auf die gemiedenen Erinnerungsbilder unmittelbar einsetzende Gebärden und haptische Sensationen aus, die sehr aufschlussreich sein können. Dabei kann es sich um mimische Reaktionen handeln, die von Ekel, Abscheu und Schmerz sprechen. Ebenfalls können es Handbewegungen oder motorische Zustände der Unruhe sein, die das gefühlsmäßige Nacherleben der Misshandlungsepisoden auslöst.

– Natürlich sind auch die *Bildsymbole* selbst von Bedeutung. Entstehen über einen längeren Zeitraum hinweg immer wieder nur düstere Bilder und wirkt das Kind beim Malen ernst und bedrückt, so liegt die Annahme einer seelischen Krise nahe. Ähnlich verhält es sich, wenn soeben Dargestelltes mehrfach reflexhaft zerstört oder hinter dick aufgetragenen Farbschichten verborgen wird. Auch Kinder bedienen sich bereits der großen, »überpersönlichen Menschheitssymbole« (vgl. zu diesem Begriff: Riedel 1992). Sie unterscheiden in ihren Zeichnungen zwischen Bildzeichen für Helles und Dunkles, für Bedrohliches und Tröstendes. Sie erahnen die Bedeutung von Sinnbildern: Dass die Sonne wachstumsfördernde Kräfte entfaltet, der Regenbogen den Wunsch nach Frieden und Versöhnung verkörpert und die Höhle Geborgenheit verspricht, findet in vielen Kinderbildern eine unmissverständliche Bestätigung. Immer aber geht es um die Frage: Was bedeutet dieses Symbol vor dem Hintergrund persönlicher Erfahrung? Was erklärt es aktuell auf dieses eine Kind bezogen, das jetzt vor mir sitzt? Hat es mit der ausladenden Sonne freundliche Lebensumstände bezeichnet oder vielmehr den Wunsch an die Stelle der Wirklichkeit gesetzt? Signalisiert das finster anmutende Bild tatsächlich eine sexuelle Misshandlung, oder könnte ein andersartiger Konflikt hier Thema sein?

– Wie mit derartigen Symbolen umzugehen ist, hängt entscheidend vom Arbeitssetting ab. Befindet sich das Kind nach vorab erfolgter Aufdeckung in therapeutischer Behandlung und sind die dort gewonnenen Erkenntnisse sorge- und strafrechtlich nicht (mehr) relevant, dann können *Deutungsangebote*, hinführende Fragen und Kommentare, durchaus sinnvoll sein. Steht hingegen die Ermittlung der Fakten noch aus, weil der Verdacht bislang weder bestätigt noch entkräftet werden konnte, muss jede suggestive Äußerung unbedingt vermieden werden. Weder darf in Anwesenheit des Kindes über eine etwaige Misshandlung spekuliert

noch dürfen Vermutungen sexuellen Inhalts in den Bild-kontext hineingefragt werden.
– Sich für eine gewisse Zeit jeder analysierenden Bemerkung zu enthalten fällt oft sehr schwer. Lieber möchten wir den Prozess beschleunigen, Klarheit gewinnen über unsere Ver-mutungen und Maßnahmen zum Schutz des Kindes ergrei-fen. Statt uns länger kraftraubenden Widersprüchen und Zweifeln auszusetzen, soll der aufreibende Prozess des War-tens irgendwann endlich aktiv im Sinne einer abschließen-den Beurteilung aufgelöst werden. Kommt es dann zu unge-wollt *suggestiver Einflussnahme*, sind die gewonnenen Erkenntnisse für die Verdachtsarbeit wertlos.

Prozessdiagnostik anhand von Kinderzeichnungen – Ein Fallbeispiel

Birgit, acht Jahre alt, wurde nach erwiesenem sexuellen Miss-brauch durch einen Bekannten ihrer Familie zur emotionalen Konsolidierung stationär aufgenommen. Bald besteht der Ver-dacht, dass auch der Vater des Mädchens an ihm sexuelle Handlungen begangen haben könnte. So bemerkt Birgit den Betreuerinnen gegenüber, dass ihr Papa »Arzt« sei und sie im Spiel oft krank sein müsse. Er mache sie dann gesund, indem er »eine lange, dicke Spritze in den Po gibt, eine echte, aber im Spiel«. In diesen Tagen entsteht eine erste Spontanzeichnung. Im Mittelpunkt der Darstellung befindet sich »Papa«, den Bir-git mit Attributen der Stärke ausstattet: überproportionierte Körpermaße, Königskrone und beschwörend erhobene Arme als Zeichen der Macht. Rechts und links von seiner Person liegen, von zeltähnlichen Hüllen umgeben, nackt ausgestreckt »Mama« und »Birgit«. Ebenfalls nackt und mit zum Kuss ge-spitzten Lippen wendet sich der Vater eindeutig der im Ver-hältnis klein und schwach wirkenden Tochter zu. Seine Frau hingegen beachtet er nicht. Kritiker könnten beim Betrachten des Bildes einwenden, dass hier deutliche Zeichen der Gewalt

318

fehlen, dass der Vater eher freundlich als bösartig wirkt, dass es sich vielleicht um die Phantasie einer Tochter handelt, die sich in Rivalität zur Mutter an deren Stelle wünscht. Tatsächlich fühlt sich Birgit, wie andere Inzestopfer auch, ihrem Vater einerseits intensiv verbunden. So erklärt sie einmal: »Ich habe meinen Papa ja auch so lieb – und möchte ihn heiraten.« Andererseits äußert das Mädchen ihm gegenüber deutliche Abwehrtendenzen. Ein Beispiel: Birgit zeichnet eine elastische Spirale. An ihrem unteren Ende befindet sich ein fratzenähnliches Gesicht. Die Bedeutungsintention legt hingegen erst der spontane Kommentar offen: »Das ist so ein Ding, was ich früher hatte, jetzt ist es im Müll. Damit kann man einen erschrecken und Angst machen.« Heilpädagoge: »Wen hast du damit erschreckt?« »Den Papa, wenn er kommt.« In der folgenden Zeichnung scheint Birgit einer vermeintlich heilen Kinderwelt die Angst vor der Sexualität Erwachsener gegenüberzusetzen. Während im linken Bildraum der »Osterhase noch welche Eier versteckt«, liegen rechts die Familienmitglieder in ihren Betten. Festungsähnlich türmen sich die Schlafstätten der Kinder hoch in den Raum. Jedes von ihnen ruft, wie Birgit genau erklärt, den Namen eines der anderen beiden. Es hat den Anschein, als wollten sich die Geschwister so wechselseitig ihrer Anwesenheit versichern: Solange wir zusammen sind, kann uns nichts passieren. Im Doppelbett daneben »schlafen Mama und Papa«. Mehrfach berichtet das Mädchen jetzt, dass der Vater es zum Schlafen in sein Bett geholt habe. Er habe da »solche Dinge« mit ihr gemacht, »wie der Kai«. Dieser hat Birgit nachweislich sexuell misshandelt. Die Angst, von den Eltern verlassen zu werden, blockiert zu diesem Zeitpunkt eine vollständige Aufdeckung: »Wenn ich alles erzähle, gehen Papa und Mama für immer weg und lassen mich hier allein.«

Je stärker Birgit im prozessdiagnostischen Verlauf dann doch die Beteiligung des Vaters an den sexuellen Übergriffen in Bild und Wort deutlich werden lässt, desto größer wird ihre Furcht vor dem Auseinanderfallen der Familie.

Dass sich ihre Befürchtungen mit der Realität decken, weiß das Mädchen. Mit den zunehmenden Hinweisen rückt die Notwendigkeit einer Fremdvermittlung stärker in den Blickpunkt der therapeutischen Arbeit. In dieser Situation solidarisiert sich Birgit mit ihren Eltern. Der Schrecken, von ihnen getrennt leben zu müssen, überwiegt jetzt die Angst vor weiteren Übergriffen. Wiederum bringt uns eine Zeichnung diesen aktuellen Konflikt treffend nahe. Einander an den Händen haltend, bilden Eltern und Kinder eine feste Kette. Wie deren Glieder sollen auch sie fest miteinander verbunden sein. Birgit wünscht sich ins Zentrum der Familie zurück und sucht dort nach wie vor Geborgenheit. Um sich vor dunklen Regenwolken zu schützen, halten sämtliche Personen in einem anderen Bild aufgespannte Schirme in die Höhe. Offensichtlich sieht Birgit ihre Familie nun von außen bedroht. Ging die Gefahr früher von den sexuellen Übergriffen aus, so gefährdet an diesem Punkt nun das Helfersystem ungewollt, aber unausweichlich das seelische Befinden des Kindes. Mithilfe der nachfolgenden Darstellung (»Das ist mein Zuhause«) präzisiert das Mädchen den Wunsch nach Rückkehr in seine Ursprungsfamilie, wo Kinderrechte von nun an respektiert werden sollen. In nährender, sorgender Funktion betreten »die Eltern mit einem Apfelkorb« die Bildbühne. Die Frage des Heilpädagogen, wer in welchem Bett schlafe, beantwortet Birgit, indem sie klare Grenzen zieht. Mit kräftigem roten Strich wird von ihr die Trennungslinie zwischen den Betten im Kinderzimmer und der Schlafstatt nebenan markiert. Während in dem aus der wünschenden Phantasie heraus entstandenen Haus alles stimmt, umherfliegende Luftballons eine ungetrübte Atmosphäre andeuten, hat sich das Wetter draußen verschlechtert. Der Regen des vorangegangenen Bildes hat sich zum Gewitter mit zuckenden Blitzen ausgewachsen. Ihrem Vater möchte Birgit jetzt am liebsten schreiben: »Ich bin so traurig, weil ich hier bin.« Für den Fall ihrer Rückkehr diktiert sie: »Ich wünsche mir viel Glück dafür, wenn ich für immer nach

Hause komme. Wenn ich zu Hause bin, gehe ich zu meiner Oma schlafen.«

In dieser schwierigen Phase innerer Zerrissenheit ist es uns wichtig, mit dem betroffenen Kind offen und ehrlich über unsere Bedenken gegenüber einer Rückführung zu sprechen, ihm aber gleichwohl alle diesbezüglichen Wünsche, alle auf seine Eltern bezogenen positiven Regungen zu gestatten. Es gilt, mehrere Optionen möglichst unvoreingenommen zu prüfen, um dann einzelfallorientiert zu entscheiden. Ob das jeweilige Kind fremdvermittelt werden soll, ob dies mit Einwilligung der Eltern geschehen kann oder gegen ihren Willen erzwungen werden muss, ob eine Rückkehr nach intensiver Therapiearbeit mit der Familie zu verantworten ist, wird sorgfältig und kindeswohlabhängig beraten. Wegen der in diesem Fall sehr schwierigen Verhältnisse soll Birgit in Absprache mit den Eltern und dem Jugendamt in eine Pflegefamilie vermittelt werden. Sie selbst artikuliert sich während der therapeutischen Kontakte weiterhin bevorzugt in Bildern und Symbolen, die nun spontan mit Märchenhandlungen verknüpft werden. Eine Zeichnung zeigt »Rapunzel«, wie sie ihr langes Haar aus dem Fenster hängen lässt, damit der »Königssohn« es ergreifen und zu ihr heraufklettern kann. In Übereinstimmung mit der augenblicklichen Lebenssituation verändert Birgit den Verlauf der Originalhandlung. Einen Schirm in der einen, den herzförmigen Luftballon in der anderen, hat »der Prinz«, im Regen stehend, keine Hand mehr zum Klettern frei, sodass eine Zusammenkunft des Paares nicht stattfinden kann. Im Kontext der vorangegangenen Äußerungen scheint die Trauer über den antizipierten Verlust des idealisierten Vaters nun Thema zu sein. Andersherum betrachtet, lässt sich das Bild auch im Sinne der Erleichterung deuten. Wie Rapunzel für den Prinz, ist Birgit für den Misshandler nicht länger erreichbar. Zwei Seiten derselben Realität finden hier ihren Niederschlag. Aus einem ähnlichen Blickwinkel gestaltet Birgit das Aschenputtelmärchen. Glück und Harmonie werden von negativen Gegenkräften bedroht. Ein stolz die Treppe hinabschreitendes, den Blick nach oben richtendes Paar wird wenige Schritte weiter unten auf eine scharfzackige Stufe treten. Gleich werden beide unvermittelt stürzen, vielleicht Schmerzen und Verletzungen erleiden. In vergleichbarer Weise gestaltet Birgit eine weitere Episode. Dort vermag auch ein höhlenähnlicher Bannkreis das prächtig gekleidete Aschenputtel nicht zu schützen. Die Macht des Dunklen, symbolisiert durch »die böse Fee«, dringt zweifach in den hellen Raum: seitwärts in Form spitzer Zacken am Saum des Feenkleides – und, bedrohlicher noch, als schwarzer, spaltkräftiger Keil, der oberhalb von Aschenputtels Kopf direkt auf diesen zielt. Nachdem Birgit die potentielle Pflegefamilie kennen gelernt hat, schlägt ihre verweigernde Stimmung in zunehmende Akzeptanz um. Der Kommentar zur folgenden Zeichnung lautet: »Das ist das Haus meiner Pflegefamilie. Davor stehe ich und spiele Ball. Ich schicke Luftballons mit Briefen zu Mama und Papa.« Einige Tage später erläutert Birgit die nächste Szene folgendermaßen: »Da wohnt meine neue Familie. Das bin ich, wie ich gerade im Garten Blumen gieße. Ich wünsche mir von meinen neuen Eltern einen Badeanzug, ein Schwimmbecken und ein Buch mit Fotos drin, wie die aussehen.« Nachdem wiederum eine Woche verstrichen ist, beschreibt das Mädchen die aktuelle Darstellung mit diesen Worten: »Da ist der Bauernhof von meinen Pflegeeltern. Da unten sind wir Kinder. Zwei Jungen haben die schon. Hinten im Hof sind zwei Schwimmbecken für uns. Mit dem Schlauch läuft gerade Wasser rein. Da kommen Mama und Papa, die haben uns welche Blumen mitgebracht. Die Mama sieht traurig aus, weil die anderen uns bekommen haben. Die wollten uns auch haben.« Einerseits trauert Birgit um die verlorenen Eltern, andererseits verstärkt sich bei ihr die Bereitschaft, der neuen Familie mit wachsender Offenheit und Zuversicht zu begegnen. Sichtbar wird diese Tendenz unter anderem in den unbewusst gewählten Proportionen der zuletzt entstandenen Zeichnungen. So dehnt sich dort der für die Darstellung des zukünftigen Zuhauses genutzte Raum mehr und mehr in die gesamte Bildfläche. Genügte der Zeichnerin dafür zunächst ein knappes Drittel der Blattgröße, nutzt sie kurze Zeit später bereits die doppelte Fläche, ehe ihr Haussymbol schließlich den gesamten Papierbogen ausfüllt.

Der innerhalb weniger Wochen entstandene Zyklus versinnbildlicht, worum es beim Umgang mit Zeichnungen sexuell missbrauchter Kinder geht: um das prozessorientierte Wahrnehmen und Verstehen ihrer oft widersprüchlichen Gefühle, um das Auffangen, Aushalten und Mittragen ihrer Ängste und Befürchtungen. Nicht das Aufspüren von Genitalien und phallisch anmutenden Formen ist Ziel dieser Arbeit, sondern die Förderung bild- und wortsprachlichen Ausdrucks.

Fazit

Dem aktuellen – empirisch begründeten – Forschungsstand zufolge müssen wir davon ausgehen, dass in etwa jedes vierte bis fünfte Mädchen und jeder zwölfte Junge mindestens einmal zum Opfer sexueller Übergriffe wird (vgl. Bange 1995). Kinderzeichnungen können wertvolle Hilfen sein, wenn es darum geht, die schwer wiegenden Erlebnisse, Ängste und Sorgen zur Sprache zu bringen. Wenn Worte nicht reichen, den Abgrund von Scham und Schmerz, von Liebe und Hass auszumessen, nehmen Bilder all diese Gefühle in sich auf. Manchmal bilden sie die einzige Brücke zu uns, den Erwachsenen, die wir die verschlüsselten Botschaften verstehen sollen. Um schrittweise zu erfassen, was gemeint ist, um aus der Flut der Symbole und Zeichen den Bedeutungskern herauszulesen, braucht es Zeit. Missverständnisse können vermieden werden, wenn wir unterschiedliche Hypothesen in Ruhe prüfen und uns vom Kind selbst zu seinem Konflikt führen lassen. Auch die eindrücklichsten Darstellungen sind aber niemals Beweise im juristischen Sinne. Es handelt sich bei ihnen immer um zeitverzögert erinnerte, gefilterte, vom Zeichner selbst und den Betrachtern interpretierte Belege für reale oder vorgestellte

Inhalte, um Annäherungen also. Dies gilt allerdings auch für jede andere Form der Diagnostik: Es gibt keinen Röntgenapparat für die Seele, kein Verfahren, das eine letzte Verbindlichkeit herstellen könnte zwischen dem, was wir sehen und zu verstehen glauben, und dem, was wirklich ist.

Literatur

Bange, D.: Das alltägliche Delikt: Sexuelle Gewalt gegen Mädchen und Jungen – Zum aktuellen Forschungsstand. In: Enders, U. (Hrsg.): Zart war ich, bitter war's. Köln 1995.

Baumgardt, U.: Kinderzeichnungen – Spiegel der Seele. Zürich 1985.

Böhm, H.: Kinderzeichnungen in der Diagnostik. In: Rutschky, K./Wolff, R. (Hrsg.): Handbuch sexueller Missbrauch. Hamburg 1994.

Brem-Gräser, L.: Familie in Tieren. München 1975.

DiLeo, J. H.: Die Deutung von Kinderzeichnungen. Karlsruhe 1992.

Enders, U.: Gibt es einen Missbrauch mit dem Missbrauch? In: Enders, U. (Hrsg.): Zart war ich, bitter war's. Köln 1995.

Eschenbach, U. (Hrsg.): Das Symbol im therapeutischen Prozess bei Kindern und Jugendlichen. Stuttgart 1978.

Furth, G. M.: Heilen durch Malen. Olten 1991.

Hammer, E. F.: The Clinical Application of Projective Drawings. Springfield 1958.

Iten, A.: Die Sonnenfamilie. Oberwil 1980.

Kramer, E.: Kunst als Therapie mit Kindern. München 1975.

Oaklander, V.: Gestalttherapie mit Kindern und Jugendlichen. Stuttgart 1987.

Reichelt, S.: Kindertherapie nach sexueller Misshandlung – Malen als Heilmethode. Zürich 1994.

Richter, H. G.: Die Kinderzeichnung. Düsseldorf 1987.

Riedel, I.: Maltherapie. Stuttgart 1992.

Rubin, J. A.: Kunsttherapie als Kindertherapie – Kinderbilder zeigen Wege zu Verständigung und Wachstum. Karlsruhe 1993.

Schottenloher, G.: Kunst- und Gestaltungstherapie in der pädagogischen Praxis. München 1983.

Widlöcher, D.: Was eine Kinderzeichnung verrät. München 1974.

Isolde Rauer-Bopp

Arbeit und Tätigkeitsbereich des Jugendamtes bei Gewalt an Kindern

Ausgehend von einer zunehmenden Enttabuisierung der Problembereiche Kindesmisshandlung und sexueller Gewalt an Kindern, verabschiedete das Landesamt für Jugend und Soziales, Mainz, eine Entschließung des Landesjugendwohlfahrtsausschusses Rheinland-Pfalz vom 18.6.1990 zur Kinderschutzarbeit der Jugendämter. Diese Empfehlungen dienten als Arbeitsgrundlage der einzelnen Jugendämter zur Umstrukturierung des allgemeinen Sozialdienstes (ASD).

Die Kinderschutzarbeit, vormals Teilbereich des ASD, gewann zunehmend an Bedeutung, nahm unterschiedliche Formen an; so wurden z. B. besondere Stellen im Bereich des Kinderschutzdienstes als Fachdienste mit selbständiger und/oder beratender Funktion innerhalb der Jugendämter etabliert. In anderen Modellen wurden Kinderschutzdienste in freier Trägerschaft errichtet, die mit den Jugendämtern kooperieren.

Der folgende Artikel gibt die Erfahrungen aus der Kinderschutzarbeit des Kreisjugendamtes Donnersbergkreis wieder und setzt sich kritisch mit dem neuen Kinder- und Jugendhilfegesetz (KJHG) auseinander.

Aufgaben der öffentlichen Jugendhilfe im Bereich des Kinderschutzes

Nach geltendem Recht trägt die öffentliche Jugendhilfe die Gesamtverantwortung für die Bereitstellung und Durchführung ausreichender Hilfeangebote in Fällen körperlicher und seelischer Misshandlung, schwerer Vernachlässigung und sexuellem Missbrauch an Mädchen und Jungen. Die öffentlichen Träger können bestimmte Teilbereiche, z. B. Kinderschutzaufgaben, an freie Träger delegieren, sie bleiben jedoch im Sinne des Gesetzes letztendlich in ihrem Mandat verantwortlich.

Der Erhalt bzw. der Versuch der Wiederherstellung der körperlichen und seelischen Unversehrtheit der betroffenen Kinder und Jugendlichen bildet stets das Zentrum der Kinderschutzarbeit. Schon die ersten Hinweise auf eine Misshandlung oder einen sexuellen Missbrauch machen die Notwendigkeit von Hilfe deutlich, und es ist die Aufgabe der Jugendhilfe, diese unverzüglich anzubieten, so weit sie vom Kind und seiner Familie bzw. sonstigen Bezugspersonen angenommen werden kann.[1]

Der Begriff der Unverzüglichkeit ist hier jedoch auf keinen Fall zu verwechseln mit blindem Aktionismus. Eine gründlich erhobene Bedarfsanalyse ist Voraussetzung für die Erstellung eines individuellen Hilfe- und Interventionsplanes; erst dann wird der Schutz des Kindes systematisch angegangen.

Dem Kindeswohl verpflichtet, ist es *nicht* vorderste Aufgabe der öffentlichen Jugendhilfe, an der Strafverfolgung des Täters/der Täterin mitzuwirken oder Strafanzeige zu erstatten.

Da es gilt, die Möglichkeit der Erhebung von tragfähigen Familienstrukturen für das betroffene Kind genau zu prüfen und im Auge zu behalten, tritt die Strafverfolgung deutlich hinter die Bereitstellung der Hilfeangebote für das Kind und die Gesamtfamilie zurück.

Dies schließt nicht aus, dass es Fälle gibt, in denen die Erstattung einer Strafanzeige der einzige Weg ist, Kinder vor weiteren sexuellen Übergriffen zu schützen. In Fällen sexuellen Missbrauchs durch Personen, die außerhalb der Familie stehen, sollte die Anzeige grundsätzlich im Einvernehmen mit

---

1 Landesamt für Jugend und Soziales. Postfach 2964, 55019 Mainz. Entschließung des Landesjugendwohlfahrtsausschusses Rheinland-Pfalz vom 18. Juni 1990.

den Angehörigen und vor allem mit dem betroffenen Kind selbst erfolgen.

Im Falle eines Straf- oder Ermittlungsverfahrens, ganz gleich, wer es eingeleitet hat, ist es Aufgabe des Jugendamtes, dafür zu sorgen, dass das Wohl des Kindes nicht beeinträchtigt wird. Mit dem Wissen um eine Misshandlung oder einen sexuellen Missbrauch tragen öffentliche und freie Träger der Kinderschutzarbeit die Verantwortung für die Maßnahmen, die eine sofortige Beendung einleiten. Dies darf auch in Beratungsgesprächen nicht verschwiegen werden.[2]

Kinderschutz und KJHG: Spagat zwischen Elternrecht und Kindeswohl?

Nicht selten wird das KJHG in der Fachliteratur kritisiert, es stärke einseitig das Elternrecht. Erklärtes politisches Ziel ist, mit der Novellierung des Jugendwohlfahrtsgesetzes (JWG) durch ein Leistungsgesetz das altvertraute »Eingriffsgesetz« abzulösen. Eine umfassende Angebotspalette wird nun Eltern, Kindern und Jugendlichen bereitgestellt, um, wenn nötig, die Erziehungsfähigkeit der Eltern zu stärken, Kinder und Jugendliche in ihrer körperlichen und seelischen Entwicklung zu fördern und Gefahren für deren Entwicklung abzuwenden.

Das Recht der jungen Menschen auf Förderung und Entwicklung zu einer eigenverantwortlichen, gemeinschaftsfähigen Persönlichkeit, das Recht der Eltern auf Pflege und Erziehung ihrer Kinder, aber auch deren ausdrückliche Verpflichtung hierzu werden in § 1 KJHG eindeutig festgeschrieben. Die öffentliche Jugendhilfe wird hier ausdrücklich verpflichtet, Eltern und Erziehungsberechtigte bei der Erziehung zu beraten und zu unterstützen, aber auch Kinder und Jugendliche bei Gefahren für ihr Wohl zu schützen.

---

2 Ebd.

Kindeswohl vor Elternrecht

Mit Inkrafttreten des KJHG wurden Kindern und Jugendlichen erstmals in den §§ 8, 42 und 43 eigene Rechte gegenüber ihren Erziehungsberechtigten verbürgt. Die Position der Kinder als besonders schutzwürdige und entsprechend ihrem Entwicklungsstand selbständig handelnde und urteilende Persönlichkeiten wurde deutlich gestärkt.

Nach § 8 KJHG sind Kinder und Jugendliche entsprechend ihrem Entwicklungsstand an allen sie betreffenden Entscheidungen der öffentlichen Jugendhilfe zu beteiligen. Das Jugendamt wird verpflichtet, sie auf ihre Rechte im Verwaltungsverfahren, im Verfahren vor dem Vormundschaftsgericht (für den Kinderschutz besonders wichtig) und vor dem Verwaltungsgericht hinzuweisen. Kindern und Jugendlichen wird außerdem das Recht eingeräumt, sich in allen Angelegenheiten der Erziehung und Entwicklung an das Jugendamt zu wenden.

Darüber hinaus können sie nach § 8 Abs. 3 ohne Kenntnis der Personensorgeberechtigten beraten werden, wenn die Beratung aufgrund einer Not- und Konfliktlage erforderlich ist und solange die Mitteilung an den Personensorgeberechtigten den Beratungszweck vereiteln würde.

Gilt es, im Kinderschutzverfahren den Verdacht des sexuellen Missbrauchs abzuklären, kommt somit § 8 Abs. 3 eine tragende Rolle zu. Unbestritten ist wohl, dass kein Kindergartenkind und kein Grundschulkind den Weg zum Jugendamt allein findet, sondern dies nur älteren Kindern und Jugendlichen möglich ist. Versteht man jedoch Verhaltensauffälligkeiten eines Kindes nicht nur als Überlebensstrategie in einem gestörten Familiensystem, sondern auch als Hilferuf, mit dem es auf seine verzweifelte Situation aufmerksam macht, gewinnt gerade dieser Paragraph in der Verdachtsabklärung vehement an Bedeutung. Besonders im Hinblick auf die weit verbreitete Angst, gegen datenschutzrechtliche Bestimmungen zu verstoßen, erleichtert er professionellen HelferInnen in Zusammenarbeit mit dem Jugendamt behutsam eingeleitete Hilfestellungen für das betreffende Kind.

Dabei zeigt es sich als überaus sinnvoll, das Netzwerk der Hilfeangebote im Rahmen der Helferkonferenz auch auf das Vormundschaftsgericht auszudehnen. Anonyme Fallbesprechungen mit dem zuständigen Vormundschaftsrichter (Familienrichter) im Vorfeld einer Aufdeckung erleichtern Eilentscheidungen bei absehbarer Gefährdung des Kindeswohls.

Hierzu ein Fallbeispiel:

Ein siebenjähriges Mädchen berichtet in einer Therapie von eindeutigen Übergriffen seitens des Onkels mütterlicherseits. Die allein erziehende Mutter wohnt mit dem Bruder im Hause der Eltern. Den Eltern gegenüber zu Loyalität verpflichtet, kann sie sich nicht entscheiden, eine räumliche Trennung vorzunehmen. Die Therapeutin, die längere Zeit mit Mutter und Tochter arbeitete, informiert das Jugendamt. Therapeutin und Jugendamt besprechen, das Vormundschaftsgericht anonym zu informieren und das weitere Vorgehen abzuklären. Hiernach findet ein erneutes Konfrontationsgespräch mit der Mutter, diesmal unter Teilnahme des Jugendamtes, statt. Die Mutter wird in dessen Verlauf unterrichtet, dass, falls sie nicht eine eigene Wohnung bezieht, nur die Unterbringung in einer Pflegefamilie den Schutz des Kindes sicherstellt. Es gelingt, die Mutter so weit anzunehmen und zu stützen, dass sie selbst ein weiteres Beratungsangebot annimmt. Binnen 14 Tagen beziehen Mutter und Tochter in der Folge eine eigene Wohnung.

Scheinbar Unmögliches wurde plötzlich realisierbar. Der mit dem Vormundschaftsrichter abgesprochene Eilantrag seitens des Jugendamtes gemäß § 1666 BGB auf Entzug der elterlichen Sorge brauchte nicht gestellt zu werden. Die Anonymität der Familie wurde gewahrt. Das Kind wäre nicht in der Lage gewesen, in einem vormundschaftsgerichtlichen oder gar strafrechtlichen Verfahren auszusagen.

Der Rechtsanspruch Minderjähriger auf Inobhutnahme

Bietet § 8 KJHG einen ausreichenden Spielraum, Verdachtsfälle im Vorfeld einer Offenlegung nach möglichst vielen Seiten abzuklären, die Kontakte bei innerfamilialem sexuellen Missbrauch zum nicht missbrauchenden Elternteil auszubauen, eine eventuelle Fremdunterbringung vorauszuplanen, besteht bezüglich der §§ 42 und 43 KJHG direkter Handlungsbedarf.

§ 42 KJHG schafft erstmals einen Rechtsanspruch für Kinder und Jugendliche auf Inobhutnahme bei einer geeigneten Person, in einer Einrichtung oder sonstigen betreuten Wohnform gegenüber dem Jugendamt. Außerdem beinhaltet er die rechtliche Grundlage, ein sexuell missbrauchtes Kind schnell in Sicherheit zu bringen.

Das Jugendamt ist verpflichtet, Minderjährige in Obhut zu nehmen, wenn sie darum bitten oder wenn dringende Gefahr für das Wohl der Minderjährigen die Inobhutnahme erfordert.[3] Mit der Inobhutnahme ist dem/der Minderjährigen unverzüglich Gelegenheit zu geben, eine Person seines/ihres Vertrauens zu benachrichtigen, selbst wenn das Jugendamt diese Person nicht für vertrauenswürdig hält. Der Minderjährige ist nicht verpflichtet, diese Person zu benennen, wobei das Jugendamt verpflichtet ist, den Minderjährigen auf diese Möglichkeit hinzuweisen.[4]

Während der Inobhutnahme übt das Jugendamt das Recht der Beaufsichtigung, Erziehung und Aufenthaltsbestimmung aus; der mutmaßliche Wille des Personensorgeberechtigten ist dabei angemessen zu berücksichtigen. Das Jugendamt hat für das Wohl des/der Minderjährigen zu sorgen, ihn/sie in seiner/ihrer gegenwärtigen Lage zu beraten und Möglichkeiten der Hilfe und Unterstützung aufzuzeigen. Weiter hat das Ju-

---

3 »Zentralblatt für Jugendrecht«, 79. Jahrgang, Heft 2/1992, S. 49–116.
4 Ebd.

gendamt die Personensorge- oder Erziehungsberechtigten unverzüglich von der Inobhutnahme zu unterrichten.

Der Begriff der Unverzüglichkeit der Benachrichtigung gemäß § 42 KJHG ist jedoch nach einer vorrangigen Sorge um das Wohl der Minderjährigen auszulegen. Die Benachrichtigung allein könnte erneut zu einer Gefährdung des Kindeswohls führen. Sie sollte dazu dienen, das Einverständnis der Eltern zum Verbleib der Minderjährigen in der Schutzstelle zu erreichen, damit genügend Zeit zur Abklärung, Beratung und Unterstützung bleibt.[5]

Sind die Personensorgeberechtigten nicht mit der Unterbringung einverstanden, so hat das Jugendamt unverzüglich eine Entscheidung des Vormundschaftsgerichtes herbeizuführen. Bis dorthin bleiben die Minderjährigen sicher untergebracht, die Herausgabe kann nicht erzwungen werden.

Die Inobhutnahme Minderjähriger ist in der Vergangenheit häufig als Einschließen, als sicheres Verwahren und nicht als sozialpädagogisches Hilfeangebot im Sinne einer Krisenintervention verstanden worden. Das Ziel einer möglichst kurzen Verweildauer in der Aufnahmestelle heißt für die pädagogische Arbeit eine intensive pädagogische Hilfestellung für die betroffenen Minderjährigen, um die Ursache des Konfliktes herauszufinden und Ansätze für mögliche Perspektiven zu entwickeln.[6]

Ein völlig anderes Vorgehen regelt § 43 KJHG. Wird ein Kind von seinen Eltern wissentlich Personen anvertraut, die dieses Kind sexuell missbrauchen, so ist dieses Kind unverzüglich nach Erlangen der Kenntnis dieser Tatsachen durch das Jugendamt nach § 43 KJHG aus der Familie herauzunehmen und in Obhut zu bringen. Für die Inobhutnahme gemäß § 42 und die Herausnahme gemäß § 43 KJHG ist das Jugendamt, in dessen Bereich sich der/die Minderjährige tat-

---

5 Cl. Marquardt: Sexuell missbrauchte Kinder und das Recht. Band 1. Köln: 1994, S. 42 ff.
6 Zentralblatt ... s. Anm. 3.

sächlich aufhält, zuständig. Zur Wahrnehmung dieser Aufgaben können gemäß § 76 KJHG anerkannte Träger der Jugendhilfe beteiligt bzw. mit der Ausführung dieser Aufgaben beauftragt werden.

Rechtliche Maßnahmen zum Schutz des Kindes nach § 1666 BGB

Besteht der begründete Verdacht der Misshandlung oder des sexuellen Missbrauchs, so ist gemäß § 1666 Bundesgesetzbuch (BGB) der Antrag auf Entzug der elterlichen Sorge gegen die Personensorgeberechtigten bei dem jeweils zuständigen Vormundschaftsgericht zu stellen. Das Vormundschaftsgericht ist nun verpflichtet, im Zuge der Entscheidungsfindung alle Beteiligten anzuhören. Hierbei erweist es sich oft als sinnvoll, wenn das Kind vor Ort, in seiner vertrauten Umgebung, gehört wird. Damit wird zum einen vermieden, dass sich das betroffene Kind und der Missbraucher z. B. im Flur des Gerichts treffen. Die Erfahrung zeigt, dass Kinder oft allein durch die Anwesenheit oder Blicke der Täter erneut zum Schweigen gebracht werden.[7] Zum anderen fällt es insbesondere jüngeren Kindern leichter, sich in ihrer vertrauten Umgebung erneut (zumal vor einer fremden Person) zu offenbaren.

Das Gericht kann auch Maßnahmen gegenüber einem Dritten treffen, wenn die Eltern nicht gewillt oder in der Lage sind, ihr Kind ausreichend zu schützen, wie folgendes Beispiel belegt:

Familie A. wohnt in einem Wohnblock. Die vierjährige Tochter wird von einem Nachbarn, der im unteren Stockwerk wohnt, sexuell missbraucht. Das Vormundschaftsgericht erwirkt den Auszug des Täters, da dem Kind aus psychologischen Gründen nicht zuzumuten ist, dem Täter im Wohnbereich zu begegnen.

---

7 Marquardt 1994 (s.o., Anm. 5).

Die gesamte Personensorge darf gemäß § 1666 BGB nur dann entzogen werden, wenn andere Maßnahmen erfolglos geblieben sind oder wenn anzunehmen ist, dass sie zur Abwendung der Gefahr nicht ausreichen. Dies ist in den meisten Fällen innerfamilialen sexuellen Missbrauchs gegeben. Wird dem Täter nur das Aufenthaltsbestimmungsrecht entzogen, so kann er, immer noch Inhaber der Personensorge, weiterhin Einfluss auf das Kind nehmen, es ist nicht geschützt. Sind z.B. Ausbildungsverträge abzuschließen, ist der oder die Jugendliche immer gezwungen, sich mit dem Täter auseinander zu setzen. Auch der Verbleib der Vermögenssorge beim Täter bietet Möglichkeiten des Zugriffs. Selbst wenn der Täter die gemeinsame Wohnung verlassen sollte, die Mutter aber nicht klar auf der Seite des Kindes steht, ist auch ihr die gesamte Personensorge zu entziehen. Der Täter könnte über die Mutter weiterhin Einfluss auf das Kind nehmen. Gleiches gilt für alle weiteren in der Familie verbleibenden Kinder. Selbst wenn sie nicht selbst von Missbrauch betroffen sein sollten, so sind sie doch in einem inzestuösen Familienklima aufgewachsen. Es besteht die Gefahr, dass sie inzestuöse Verhaltensmuster in vollem Umfang übernehmen. Gemäß § 1680 BGB kann dem nicht missbrauchenden Elterteil schon dann die elterliche Sorge entzogen werden, wenn das Wohl des Kindes dies erfordert. Zu beachten ist hierbei, dass manche Mütter selbst dringend Hilfe und Unterstützung benötigen, dass sie ihren Kindern Schutz und Zuneigung nicht mehr geben können.

Selbst wenn der Täter oder die Täterin per Gerichtsbeschluss aus der Ehewohnung »geräumt« werden sollte, kommt dem nicht missbrauchenden Elternteil die Schlüsselrolle für die Beurteilung des Verbleibs des Opfers in der Familie zu. Nur der Partner, der sich dauerhaft von seinem missbrauchenden Partner trennt, kann dem missbrauchten Kind und allen weiteren Kindern Schutz gewähren. Ein Opfer wird nur dann beim Verbleib innerhalb seiner Familie nicht zusätzlich traumatisiert, wenn alle Familienmitglieder loyal zu ihm stehen.

Nicht selten wird den Opfern nur bedingt geglaubt, werden sie für mitschuldig erklärt oder für den eventuell stattfindenden sozialen Abstieg der Familie wegen des Ausfalls des »Ernährers« verantwortlich gemacht, nach dem Motto: »Hättest du nur den Mund gehalten, müssten wir jetzt nicht von der Sozialhilfe leben.«

Die Position des Jugendamtes im gerichtlichen Verfahren

Mit Inkrafttreten des KJHG wurde die Position des Jugendamtes im gerichtlichen Verfahren gestärkt. § 50 KJHG besagt, dass das Jugendamt in Verfahren vor dem Vormundschafts- und Familiengericht mitzuwirken hat. Das Jugendamt unterrichtet das Gericht über erbrachte Leistungen, das Einbringen erzieherischer und sozialer Gesichtspunkte zur Entwicklung der Minderjährigen, die Möglichkeiten der Hilfe vonseiten des Jugendamtes. Das Jugendamt ist aufgefordert, das Gericht anzurufen, wenn es zur Abwendung einer Gefährdung des Wohles eines Kindes oder Jugendlichen das Tätigwerden des Gerichts für erforderlich hält.

Die in § 50 KJHG beschriebene Mitwirkungspflicht beinhaltet eine Art Amtshilfe durch eine sachverständige Behörde. Das Jugendamt steht somit selbstständig neben dem Gericht, ist ihm nicht untergeordnet und nicht an fachliche Weisungen gebunden. Dies beinhaltet auch das Recht der Akteneinsicht durch das Jugendamt als Verfahrensbeteiligte (§ 34 FGG). Erfahrungsgemäß werden dem Jugendamt nicht alle im Kinderschutzverfahren bedeutsamen Schriftsätze zugeleitet.[8] Mitunter tun sich Gerichte noch schwer, das Jugendamt nicht als ihre Vollzugs-, sondern als gleichwertige, selbständige Behörde anzuerkennen.

8   Marquardt: 1994 (s.o., Anm. 5).

Hält das Gericht ein Gutachten zur Entscheidungsfindung für erforderlich, so sollte das Jugendamt durch Nennung von Namen darauf hinwirken, dass kompetente Personen mit der Erstellung beauftragt werden. Das Jugendamt hat weiterhin das Recht, gegen Entscheidungen des Gerichts Beschwerde einzulegen.

Legalitätsprinzip kontra Opportunitätsprinzip

Interdisziplinäre Helferkonferenzen haben sich besonders in der Kinderschutzarbeit bewährt. Dabei ist es jedoch zwingend erforderlich, die Amtspflichten der jeweiligen Konferenzbeteiligten zu kennen, um den erforderlichen Schutz des einzelnen Kindes zu gewährleisten.

Der Kinderschutz folgt dem Opportunitätsprinzip, d.h., nicht die Strafverfolgung des Täters, sondern das Wohl des Kindes bildet das Zentrum des Handelns. Polizei und Staatsanwaltschaft hingegen sind dem Legalitätsprinzip verpflichtet. Dies heißt wiederum, dass sie jeden Hinweis auf eine Straftat verfolgen müssen. Wird das Vormundschaftsgericht angerufen, so entscheidet der Vormundschaftsrichter, ob er seine Information bezüglich eines Missbrauchs an die Staatsanwaltschaft weiterleitet oder nicht. Ein strafrechtliches Verfahren ist dann wahrscheinlich.

Das Jugendamt verfügt in der Regel über genügend Hintergrundinformation, um die Aussagefähigkeit des Kindes im strafrechtlichen Verfahren abzuschätzen. Dies sollte dem Vormundschaftsgericht/Familiengericht detailliert mitgeteilt werden, um dem betreffenden Richter eine Entscheidungshilfe zu bieten. Das Jugendamt sollte jedoch nicht versäumen, die betroffenen Opfer auf die Möglichkeit eines strafrechtlichen Verfahrens im Anschluss an ein vormundschaftsrechtliches Verfahren hinzuweisen. Hierbei sind auch Informationen über die Möglichkeiten zum Schutz des Kindes vonseiten des Jugendamtes mit dem betroffenen Kind/Jugendlichen zu erörtern.

Nicht wenige Opfer wünschen, dass der Täter für die an ihnen begangenen Übergriffe bestraft wird, haben jedoch auch Angst vor einem gerichtlichen Verfahren. Hier zeigt es sich als hilfreich, die Betroffenen zu stärken, ihr Schweigen behutsam aufzubrechen, ihnen klar zu sagen, dass sie das Recht haben zu sagen, was ihnen angetan wurde.

Eine parteiliche Unterstützung in wahrheitsgemäßen Aussagen, Information über den Ablauf eines straf- oder vormundschaftsgerichtlichen Verfahrens, verbunden mit anwaltlicher Unterstützung im Nebenklageverfahren, bedeutet für viele Betroffene eine Anerkennung ihrer Person als solcher. Dies kann einen weiteren Schritt auf dem langen Weg der Enttraumatisierung bedeuten.

Gleiches gilt, wenn z. B. Eltern gegen Fremdtäter Anzeige erstatten oder das Jugendamt per Gericht über einen bevorstehenden Termin informiert wird. In solchen Fällen erweist sich die Beratung und Unterstützung der Betroffenen als ebenso hilfreich (auch wenn sie zuerst erschüttert sind, was denn jetzt auch noch das Jugendamt von ihnen will).

Für viele Kinder ist es eine große Hilfe, im Vorfeld der Verhandlung einmal das Gericht zu sehen. Wenn sie die Funktion der einzelnen an der Verhandlung teilnehmenden Personen kennen, sich vielleicht auch einmal auf den Stuhl z. B. des Richters oder des Staatsanwaltes setzen dürfen und den Saal aus seiner Perspektive anschauen, kann dies helfen, ihre Angst vor der Verhandlung abzubauen. Letztendlich sind die Opfer dann meist froh, »ihr Jugendamt« bei ihrer Aussage dabeizuwissen. Dies jedoch nur, wenn es gelingt, die jeweilige psychische Situation des Opfers zu erfassen, gegebenenfalls konkrete Maßnahmen des Opferschutzes zu ergreifen. Negativ wirkt sich hier oft die – in Anbetracht des Kindeswohls – lange Verfahrensdauer aus. Auch die kontinuierliche Fortbildung der Vernehmenden wäre in manchen Fällen hilfreich.

Aspekte des Datenschutzes: Das Wohl des Kindes als höheres Rechtsgut

§ 8 KJHG gestattet eindeutig die Beratung von Kindern und Jugendlichen ohne Wissen und Einverständnis der Eltern. Häufig scheuen sich Fachkräfte in Kindergärten und Schulen aus datenschutzrechtlichen Gründen, sich im Verdachtsfall mit dem Jugendamt zu beraten. Dies besonders in ländlichen Gebieten mit überschaubaren Nachbarschaften. Die Angst der Fachkräfte, sich als »Nestbeschmutzer« zu outen, wird hier besonders deutlich.

Um ihnen die Kontaktaufnahme zu erleichtern, ist es notwendig, dass sie die Arbeitsweise des Jugendamtes vor Ort kennen und einschätzen können. Die persönliche Bekanntheit der »Amtsperson«, erreicht z.B. durch Fortbildungsveranstaltungen, hat sich für eine Kontaktaufnahme als vorteilhaft erwiesen. Anonyme Beratungen, in denen sorgfältig der jeweilige Bedarf des Kindes ermittelt wird, gestatten in der Verdachtsabklärung die Wahrung der personenbezogenen Daten, d.h., dass es bei einem Anfangsverdacht nicht um die Suche nach weiteren »Beweisen« geht, wohl aber kommt es darauf an, Tatbestände präzise und ohne Vorurteile beschreiben zu können.[9]

Diesen Aspekt soll wieder ein Fallbeispiel beleuchten:

Gelegentlich begegnen mir immer Fachkräfte, die an mich als Vertretung des Jugendamtes mit solchen oder ähnlichen Forderungen herantreten: »Das Mädchen XY ist blass, oft krank, schwänzt die Schule. Der Vater schafft nichts und ist den ganzen Tag zu Hause. Ist doch klar, was da daheim abgeht. Also die ist doch eindeutig missbraucht und muss von Ihnen sofort aus der Familie geholt werden.«

Die Nachfrage, welches Hilfeangebot bisher vonseiten der Schule unterbreitet wurde, stößt in solchen Fällen meist auf

---

9 Soziale Arbeit 5/1994, S. 153.

Unverständnis. An dieser Stelle ist es mir wichtig, auf eine umfassende Verdachtsabklärung zuungunsten einer existenzzerstörenden, übereilten Vorverurteilung hinzuweisen. Zudem kann das Jugendamt als selbständige Behörde nicht von Schulen oder Kindergärten mit der Durchführung konkreter Maßnahmen beauftragt werden.

Offenbart das Mädchen/der Junge nach einfühlsamer Begleitung sexuellen Missbrauch, werden Kindergärtnerinnen und Lehrkräfte jedoch meist als Zeugen in einem (bei innerfamilialem sexuellen Missbrauch meist unausweichlichen) vormundschaftsgerichtlichen Verfahren zum Schutz des Kindes benötigt. Als unerlässlich in einem solchen Verfahren erwiesen sich präzise Verlaufsprotokolle und Gesprächsnotizen (möglichst in mündlicher Rede) hinsichtlich des betroffenen Kindes. Wichtig ist hier, dass das Schweigegebot lediglich die Minderjährigen, nicht aber ihre gesetzlichen Vertreter schützt. Auch ein Minderjähriger kann wirksam von der Schweigepflicht entbinden, wenn er die Einsichts- und Urteilsfähigkeit besitzt, die möglichen Konsequenzen der Schweigepflichtsentbindung zu übersehen. Nur wenn die Einsichts- und Urteilsfähigkeit nicht klar sind, kann die Entscheidung des Personensorgeberechtigten maßgebend sein. Für die zur Geheimhaltung verpflichtete Person stellt es einen Rechtfertigungsgrund für die Offenbarung dar, wenn die Information des Sorgeberechtigten die Einleitung von Hilfsmaßnahmen vereiteln könnte.

Das KJHG regelt in den §§ 61 bis 68 den Schutz personenbezogener Daten. Demnach dürfen Daten nur erhoben werden, so weit ihre Erkenntnis zur Erfüllung der jeweiligen Aufgaben erforderlich ist. Ohne Mitwirkung des Betroffenen dürfen personenbezogene Daten nur erhoben werden, wenn eine Bestimmung dies vorschreibt oder erlaubt, sie die Voraussetzung für die Erstellung einer Leistung nach § 50 KJHG oder für die Wahrnehmung einer Aufgabe nach den §§ 42 bis 48 a KJHG ist (§ 62 KJHG). Solange es also um Leistungen für die Betroffenen geht, ist die Erhebung der für die Leistung erforderlichen Daten ein eigenständiger Eingriff in die Rechte der Betroffenen, der einer besonderen Legitimation durch dessen Mitwirkung im Rahmen von Mitwirkungspflichten bedarf. Wenn aber gesetzliche Vorschriften, z. B. § 1666 BGB, einen Eingriff in die Rechte der Betroffenen erlauben, erübrigt es sich, die Erhebung und Verwendung aller dafür erforderlichen Daten von der Mitwirkung (Einwilligung) des Betroffenen abhängig zu machen. Er könnte ja durch die Verweigerung seiner Mitwirkung den Eingriff verhindern. Die für den Eingriff erforderlichen Daten dürfen (selbstverständlich) ohne seine Mitwirkung erhoben werden. Das stellt § 62 KJHG klar.[10]

Literatur

Hebenstreit-Müller, S.: Arbeit mit sexuell missbrauchten Kindern und Jugendlichen. In: Soziale Arbeit 5/1994.

Lakies, Th.: Vorläufige Maßnahmen zum Schutz von Kindern und Jugendlichen nach den §§ 42, 43 KJHG. In: Zentralblatt für Jugendrecht 2/1992.

Maas, U.: Regelungen zum Schutz personenbezogener Daten im Kinder- und Jugendhilfegesetz. In: Nachrichtendienst des Deutschen Vereins für öffentliche und private Fürsorge 7/1995.

10 Nachrichtendienst des Deutschen Vereins 7/1995, S. 215–218.

Plädoyer für eine kritische Perspektive

Karin Jäckel

»Helfermafia« und »Fürsorgestasi« – Über den »Missbrauch mit dem Missbrauch«

Rund zehn Jahre dauerte es, bis die anfangs überwiegend von in ihrer Kindheit missbrauchten Frauen getragene Kampagne gegen die sexuelle Ausbeutung von Kindern und Jugendlichen in das öffentliche Bewusstsein drang und man zu glauben begann, dass das Ungeheuerliche wirklich passiert und dass es oft passiert. Nur widerstrebend sah man allmählich ein, dass die immer zahlreicher veröffentlichten Erfahrungsberichte Betroffener kein absurdes Theater, sondern grausame Tatsachen sind. Man erkannte, dass es Menschen, die Sex mit Kindern treiben, in jeder Gesellschaftsschicht gibt. Man musste sich eingestehen, dass die Warnung vor dem bösen Mann im Wald die falsche Warnung ist. Dass sexueller Kindesmissbrauch meist in geschlossenen Wohnungen geschieht und die Täter und Täterinnen den Opfern vertraut sind. Väter und Mütter wurden als Täter und Täterinnen enttarnt, Onkel und Tanten, Großväter und Großmütter, Brüder und Schwestern, der beste Freund und die beste Freundin, der nette Nachbar und die hilfsbereite Nachbarin, der jugendliche Babysitter, der seriöse Arzt, sogar der über jeden Zweifel erhabene Herr Pfarrer. Man begriff, dass sexueller Kindesmissbrauch kein Gossenschicksal ist und dass es jedes Kind treffen kann, auch das eigene.

Aber nur wenige Monate der Jahre 1993 und 1994 dauerte es, bis die in zehn Jahren mühsam erkämpfte Glaubwürdigkeit der Opfer wieder in Frage gestellt wurde. »Der Missbrauch mit dem Missbrauch« – auf einmal war es da, tickerte als Superschlagzeile durch sämtliche Medien und entfaltete eine Wirkung wie ein Zauberwort.

Zuerst war es eher ein Insiderbegriff, der vor allem von pädophilen und päderasten »Kinderliebhabern« in die Diskussion geworfen wurde, die vor dem Gesetz als Kinderschänder gelten und Strafverfolgung zu fürchten haben. Ihnen ging es mit dem Wort vom Missbrauch des Missbrauchs um ihren Anspruch auf straffreie Sexualität mit Kindern und Jugendlichen.

Plötzlich aber – im Zuge der Medienspektakel um den des sexuellen Kindesmissbrauchs verdächtigten weltberühmten Filmregisseur Woody Allen und den ebenfalls verdächtigten, noch berühmteren Pop-Superstar Michael Jackson – wurde der Vorwurf, man treibe Missbrauch mit dem Missbrauch, zu einer teilweise außerordentlich erregt geführten öffentlichen Debatte.

Auf einen Schlag war der Vorwurf des sexuellen Kindesmissbrauchs aus seinem Schattendasein im vermeintlich sozialen Untergrund hervorgeholt. Mit einem Schlag war aus dem nur zögernd verinnerlichten Lippenbekenntnis, dass es überall passieren und jede/-r zum Täter, zur Täterin werden könne, eine jedermann und jederfrau bewusste Tatsache geworden. Vor allem war jedoch bewusst geworden, dass Verdächtigungen vor niemandem Halt machen und dass allein der geäußerte Verdacht ausreicht, selbst millionenschwere, bodyguardgesicherte Megastars wie Michael Jackson innerhalb von Tagen von der Bühne zu fegen und ins Abseits zu drängen. Wenn nicht einmal Idole und Helden sicher vor Verdächtigungen sind, wer, bitte – so fragte man sich –, ist es dann überhaupt?

Das Mitgefühl mit den »armen Kindern«, das bis jetzt die öffentliche Diskussion geprägt hatte, schlug binnen kürzester Zeit in die Angst um die eigene Person und deren Sicherheit um. Parallel dazu, wie die Angst das Mitgefühl mit den Kindern verdrängte, stieg die Bereitschaft zu Zweifeln.

Für die Medien als Spiegel und zugleich auch »Anheizer« der öffentlichen Meinung war das Thema Kindesmissbrauch fast über Nacht out. Wer wie ich mit Presse und Fernsehen eng zusammenarbeitet, erfährt dieses »out« in ganz besonderer Weise. »Sexueller Kindesmissbrauch – ach, wissen Sie, das hatten wir schon so oft. Ist jetzt kein Thema. In einem Jahr vielleicht wieder. Aber ›Missbrauch des Missbrauchs‹, wenn Sie da was haben ...« So oder so ähnlich klingt es aus fast allen Redaktionen. Kindesmissbrauch ist out, Missbrauch des Missbrauchs ist in. Eine gefährliche Entwicklung. Geschürt von denen, die es eigentlich besser wissen müssten.

Klischees wie *Alle Väter sind Täter* oder *Alles Einbildung* prägen die Diskussion der öffentlich gegeneinander antretenden »parteilich Arbeitenden« und der »Warner« und behindern in einer so extremen Vorurteilshaltung das Erkennen der Wirklichkeit. Vor allem aber prägen sie die öffentliche Meinung und gleichzeitig mit dieser die Motivation des Einzelnen und der Gruppen, zu handeln und zu helfen.

Wenn der öffentliche Eindruck entsteht, dass es weit weniger tatsächliche Fälle von sexuellem Kindesmissbrauch gibt als erfundene und dass die meisten Opfer unter falschen Einbildungen leiden, die ihnen ein gewinnsüchtiger Psychologe oder Therapeut eingeredet hat, wird der tatsächliche sexuelle Kindesmissbrauch schon sehr bald wieder zum bestgetarnten Verbrechen der Welt.

Schon heute findet die sogenannte öffentliche Hand in dieser Argumentation ein willkommenes Argument, den Geldbeutel der öffentlichen Mittel zuzuziehen und allenthalben zu kürzen und zu streichen. Ob dies im Bereich des Stellenabbaus geschieht oder der medizinischen Versorgung, im Bereich der psychologischen und therapeutischen Maßnahmen oder auch im Rahmen der Möglichkeiten betreuten Wohnens und ähnlicher Angebote für Opfer. Von Angeboten vergleichbarer Art für Täter und Täterinnen ganz zu schweigen! Wie der Vorsitzende des Bundestags-Rechtsausschusses Eylmann (CDU) im Januar 1997 erklärte, stünden für 2.600 Verurteilte nur rund 900 Haftplätze in sozialtherapeutischen Einrichtungen zur Verfügung.

Alle Väter sind Täter – dieser Ausspruch aus hitzigen feministischen Debatten fand öffentlich immer nur eine begrenzte Zustimmung. Auch ich lehne ihn ab.

Hingegen muss man sich eingestehen, dass jeder Mensch unter nicht kalkulierbaren Bedingungen zum Täter oder zur Täterin eines gewaltsamen Übergriffes auf andere werden kann. In jedem von uns steckt das Gewaltpotential eines Mörders oder einer Mörderin. Ob und wie es zum Ausbruch kommt, hängt letztlich nicht nur von unserem Verstand und Steuerungsvermögen ab, sondern auch von einer Vielzahl äußerer Bedingungen.

Sehr oft habe ich in Gesprächen mit Männern, die zu Kinderschändern geworden sind, gehört, dass sich der letztlich entscheidende sexuelle Übergriff auf das kindliche Opfer nicht Knall auf Fall ereignete. Fast immer gab es eine Zeit des Heranreifens zum Täter. Das heißt, die Entwicklungsphase zum ersten schwerwiegenden Übergriff baute sich allmählich auf. Sie lief darauf hinaus, dass dieser Reiz ein zweites und immer weiteres Mal gesucht und provoziert wurde, wobei das Kind genau beobachtet wurde. Lachte es, schien es Spaß an der Berührung zu haben, die den Kitzel in dem Erwachsenen hervorrief, wurde dieses Lachen als Herausforderung und bestätigende Zustimmung verstanden. Meist steigerte sich anschließend das Maß der sexuellen Handlung. Und irgendwann war es schließlich so weit, dass der Erwachsene sich selbst nicht mehr im Griff hatte und Ernst aus dem Spiel machte. Dass das Kind mit den vorausgegangenen Spielchen ganz andere Gefühle und Wünsche verbunden hatte als der Erwachsene, war den meisten Tätern nicht bewusst.

Sie werden zu Recht anführen, dass man als Erwachsener gewisse gesellschaftliche Regeln und Tabus zu beachten habe. Dass man nun einmal keinen Sex mit Kindern treibt. Punktum! Aber man bringt auch keinen Menschen um; und viele tun es doch. Und man verprügelt auch Frau und Kinder nicht; und viele tun es doch. Oder man betrügt auch das Finanzamt nicht; und viele tun es doch. Ich glaube, irgendwann hat fast jede/-r schon einmal einer schwächeren Person die eigene Macht übergestülpt oder es zumindest versucht.

Wie dies geschieht, wie sich das eigene seelische Magma im Innersten so weit hochschaukelt, dass es endlich überschwappt und zur Gewalt wird, ist so vielschichtig und vielfältig wie die Menschen selbst. Selten nimmt man es von außen wahr. Täter und Täterinnen aber nehmen es auch von innen nicht wahr. Klar ist den meisten nur, wie man der Strafe entgeht, die der bösen Tat zu folgen droht.

In einem allgemeinen Klima der Begünstigung geschehen Straftaten fast selbstverständlich. Ich denke hier etwa an Kriegszeiten, in denen Vergewaltigungen das Recht des Siegers zu sein scheinen. Oder an Zeiten wie die gegenwärtige, wenn der Staat seine Bürger steuerlich bis zum Unerträglichen schröpft, sodass Steuerbetrug zum Kavaliersdelikt entartet und selbst der Ehrlichste nicht länger der Dumme bleiben will.

Auch im Zusammenhang mit der sexuellen Ausbeutung von Kindern herrschte bis vor rund zehn Jahren ein Klima der Begünstigung, in dem die Opfer schwiegen und so die Täter schützten. Es liegt an uns, ob dieses Klima sich erneut ausbreitet. Dann nämlich, wenn die Debatte um den Missbrauch mit dem Missbrauch nicht versachlicht wird.

Schon heute hat sich ein großer Teil der Bevölkerung auf den Standpunkt »Alles Lüge« zurückgezogen. Das Stichwort vom Missbrauch mit dem Missbrauch ist auf fruchtbaren Boden gefallen und hat umso rascher Blüten getrieben, als es dem allgemeinen Wunschdenken entspricht.

So finden Kritiker offene Ohren, wenn sie behaupten, weltweit sei dank einer rasant ansteigenden Zahl unzulänglich ausgebildeter Leute, die sich Psychotherapeuten nennen, eine »Epidemie der wieder erweckten Erinnerungen« ausgebrochen. Das menschliche Gedächtnis sei nun einmal kein Tonband oder eine Videokamera. Keineswegs könne es alle Ereignisse von der Geburt an oder gar aus vorgeburtlicher Zeit bis zur Gegenwart speichern und quasi auf Abruf wieder freigeben, wenn das Erinnerungsband an der richtigen Stelle vor- oder zurückgestellt werde. Im Gegenteil sei experimentell bewiesen, dass das menschliche Gehirn höchst unzuverlässig funktioniere und durch eingeschleuste Informatioen jederzeit fehlgesteuert werden könne. Eine Möglichkeit des Einschleusens sei beispielsweise die Technik des Befragens, die in der Psychotherapie oder bei der Erstellung von Glaubwürdigkeitsgutachten angewandt werde.

In den USA, wo man einst zum Vorreiter der gesamten Aufklärungsarbeit über die sexuelle Ausbeutung von Kindern wurde, werden heute die Kritikerstimmen besonders laut. Vor allem Elizabeth Loftus, Professorin für Psychologie an der University of Washington in Seattle und »Engel« derer, die in den USA aufgrund von Zeugenaussagen verurteilt wurden, vertritt die Auffassung, dass Erinnerungen nicht fotografisch genau gespeichert, sondern in demselben Maße ungenau und verzerrt festgehalten werden, wenn Angst und ähnlich starke Gefühle im Spiel sind. Selbst einst kindliches Opfer eines sexuellen Missbrauchs, vergleich Elizabeth Loftus Kollegen, die durch raffinierte Fragetechniken Erinnerungen zu beleben versuchen, mit gefährlichen Scharlatanen.

Als Startschuss zur Selbstverteidigung versteht sich eine »Falsche Erinnerungs-Syndrom-Stiftung« (False Memory Syndrome Foundation), die es seit 1992 in den USA gibt. Sie wurde von Eltern gegründet, die des sexuellen Missbrauchs beschuldigt wurden, weil ihre Kinder in einer therapeutischen Behandlung entsprechende Erinnerungen neu belebt hatten. In nur anderthalb Jahren wuchs die Anzahl der Mitglieder auf 8000 Personen.

Vergleichbare Organisationen sprießen auch in Deutschland aus dem Boden. Vor allem eine Gruppierung namens SEM (Ein Dach über dem Kopf – Sozialhelferstation Mensch in Not e.V.) macht von sich reden. Ursprünglich aus einem Verein hervorgegangen, der sich für Sozialhilfeempfänger engagierte, versteht sich die mit ihrem Hauptsitz in (48695) Stadtlohn ansässige und dort von Peter Stoßhoff begründete Selbsthilfegruppe heute hauptsächlich als Interessenverein für des sexuellen Missbrauchs angeklagte Eltern.

Ute Hasskamp, Rechtsanwältin in Düsseldorf, vertritt oftmals in SEM organisierte Eltern gegen die »Massenhysterie des Missbrauchsvorwurfs«.

In einem Telefoninterview, das sie mir am 7. Oktober 1994 gestattete, sagte sie:»Betroffene Eltern können den zu ihrer Entlastung von dem Vorwurf des sexuellen Kindesmissbrauchs nötigen Unschuldsbeweis kaum erbringen. In der Regel werden ihnen ihre Kinder bereits bei dem geringsten Verdacht weggenommen, werden verschleppt, in Heimen untergebracht und kommen oft überhaupt nicht mehr nach Hause zurück. Da durch Diagnosebefragung oder Mehrfachbefragung das kindliche Erinnerungsvermögen als Erkenntnisquelle verschüttet wird, haben angeschuldigte Eltern selten eine Chance. Hier sehe ich meine Aufgabe als Anwältin, den betroffenen Eltern zu helfen. Und insofern habe ich mit SEM zu tun.«

Zur Erleichterung der Arbeit des Vereins für betroffene Eltern wurde beispielsweise ein »Fragebogen zum Thema ›Kindeswegnahme‹« entwickelt, der in über 30 Fragepunkten den spezifischen Einzelfall ermittelt. Zusätzlich zu dem beantworteten Fragebogen soll eine eigene Stellungnahme zu den erhobenen Beschuldigungen sowie eine Stellungnahme zu den Erfahrungen des Betroffenen mit den Ermittlern, Jugendbehörden und anderen beigefügt werden.

Obwohl die SEM allgemein noch wenig bekannt ist, erfreut auch sie sich regen Zulaufs und machte beispielsweise im Zusammenhang mit Recherchen zu diversen Fernsehbeiträgen von sich reden, die 1993 und 1994 etwa in Spiegel-TV bei SAT 1 zum Thema Missbrauch mit dem Missbrauch ausgestrahlt wurden.

Zu fragen bleibt, inwieweit die Angst vor Verleumdung berechtigt ist und das Zustandekommen von Organisationen wie SEM eine längst überfällige Reaktion von fälschlich in die Enge getriebenen Verdächtigen.

Amerikanische Untersuchungen von David P.H. Jones am Park Hospital of Children in Oxford ergaben, dass von 576 untersuchten Fällen des sexuellen Kindesmissbrauchs 70 Prozent der Wahrheit entsprachen.

27 Prozent der erhobenen Anschuldigungen beruhten auf falschen Schlussfolgerungen bei vorhandenen Verdachtsmomenten, gingen also auf das Konto von Erwachsenen, die sich mit dem Fall befassten.

Lediglich 3 Prozent der Anschuldigungen entsprangen der bloßen Phantasie. Allerdings der Phantasie von Erwachsenen, die diese Anschuldigungen im Namen eines Kindes erhoben hatten! Nur fünf der 21 Fallbeispiele im Rahmen dieser drei Prozent Falschanschuldigungen wurden von Kindern selbst erfunden. Neun waren von Erwachsenen ausgedacht worden. Sieben Fälle kamen als Gemeinschaftswerk von einem Erwachsenen und einem Kind zustande.

Schlussfolgernd bedeutet dies, dass von 576 Fällen des sexuellen Kindesmissbrauchs 16 Fälle von Erwachsenen erfunden und weitere 155 Fälle von Erwachsenen falsch interpretiert und ungerechtfertigt als Missbrauchshandlungen angeklagt wurden. Hingegen beruhten nur fünf Vorwürfe auf Falschaussagen von Kindern!

Nach der Glaubwürdigkeit von Kindern gefragt, heißt das, dass Kinder nahezu immer wahre Anschuldigungen erheben. Schwierigkeiten mit der Wahrheit haben eher die Erwachsenen. Wobei eindeutig die meisten Schwierigkeiten bei denjenigen Erwachsenen liegen, die beobachtete Wahrnehmungen interpretieren müssen.

Ziehen wir deutsche Zahlen heran, scheint sich diese Behauptung zu bestätigen. In Baden-Württemberg zum Beispiel wurden 1993 von allen erhobenen Anschuldigungen des sexuellen Kindesmissbrauchs nur 45 Prozent richterlich bestätigt und die Missbraucher verurteilt.

Nicht ersichtlich ist, warum 55 Prozent der Tatverdächtigen straffrei ausgingen. Hier mag die Tatsache greifen, dass Erwachsene die Beurteilung der erhobenen Anschuldigungen zu bewerten und zu beurteilen haben und dabei möglicherweise einer großen Fehlerquote unterliegen. So kann es durchaus sein, dass die Richter zwar den Anschuldigungen der meisten Opfer in diesen 55 Prozent der Anzeigen geglaubt haben, die Missbrauchshandlung aber im juristischen Sinne nicht zweifelsfrei zu beweisen war. Es mag auch sein, dass zahlreiche der Missbrauchshandlungen bereits verjährt waren und daher nicht mehr strafrechtlich geahndet werden konnten. Ebenso wäre es denkbar, dass viele Anklagen aufgrund von Fehlinterpretationen Anzeige erstattender Erwachsener zustande gekommen waren und sich daher letztlich als haltlos erwiesen.

»Zustände wie in der Hexenverfolgung«, wie Ute Hasskamp als Anwältin der SEM es nennt, dürfen aber trotz aller Parteilichkeit für Kinder nicht einreißen. Und nie darf bloßes Denunziantentum dazu führen, dass das Leben Unschuldiger in Mitleidenschaft gezogen wird.

Dennoch erstaunt es, mit welcher Vehemenz hier die nachweislich an einer Hand abzuzählenden Prozentanteile der Falschanklagen aufgebauscht werden, während sich am anderen Ende der Skala bergeweise Beschuldigte tummeln, die mit allen Wassern gewaschen sind und denen jedes Mittel recht ist, ihre Tat als Lüge darzustellen und glaubhaft zu machen. Lange genug haben sie ja Zeit gehabt zu üben, wie sie ihr Tun am geschicktesten vertuschen, verheimlichen, verbergen und in den Bereich der kindlichen Märchen abschieben können. Jetzt, vor Gericht und vor den Augen von Helferorganisationen wie SEM, wissen sie die ehrenhaften Biedermänner darzustellen und damit die öffentliche, höchstrichterliche Bestätigung zu erhalten, dass sie keine Straftat begangen haben. Dass sie also auf dem richtigen Weg sind, wenn sie genauso weitermachen wie bisher.

Was Wunder, dass man in den USA bereits Überlegungen anstellt, das Entlastungsprinzip *in dubio pro reo* bei Sexualdelikten umzukehren. Denkbar wäre, in solchen Fällen eine gesonderte Akte über den Tatverdächtigen anzulegen, die nicht verjährt und in der sowohl die Anschuldigung eines Sexualdeliktes wie auch solche Delikte gesammelt würden. In diesem Fall hätte man eine Akte vergleichbar der Flensburger

Verkehrssssünderkartei, an deren Punktezahl die Summe der vor einem konkret zu verhandelnden Fall erhobenen und nicht zur Strafe gekommenen Anschuldigungen Gewicht erhielte.

Ich fürchte, von einer solche Akte werden wir im deutschen Justizwesen wohl noch in dreißig Jahren träumen!

Trotz allen Verständnisses für Opfer einer Verleumdung und aller Bemühungen, Falschanklagen auszuschließen, tun sich die Vertreter der Opferinteressen schwer mit dem Vorwurf der Massenhysterie, der beispielsweise von Ute Hasskamp und Persönlichkeiten wie Katharina Rutschky oder auch Reinhard Wolff erhoben wird. Hier wird ganz sicher das Kind mit dem Bade ausgeschüttet. Und die Folgen für die Arbeit der Helfer sind bereits jetzt schwer wiegend negativ.

Mitarbeiter und Mitarbeiterinnen etwa der Caritas und der Arbeiterwohlfahrt klagten mir in verschiedenen Interviews aus Anlass meiner Bücher zum Thema des sexuellen Kindesmissbrauchs, dass sie sich mehr oder minder unverhohlen als »Helfermafia« und »Fürsorgestasi« beschimpfen lassen müssten. Andere, wie Mitarbeiter und Mitarbeiterinnen der Notrufzentralen und Frauenhäuser, versicherten mir, dass sie sich oftmals nicht wagten, ein Opfer, das Anzeige erstatten wolle, zur Polizei zu begleiten, da dort sofort der Verdacht aufkäme, dass Erinnerungen manipuliert worden seien.

Eine solche Entwicklung mag vielleicht denjenigen recht sein, die einen Missbrauch des Missbrauchs hinter fast jeder Anklage gegen sexuellen Kindesmissbrauch als geboten behaupten. Auch Tätern ist eine solche Darstellung ohne Zweifel hoch willkommen. Für die Opfer des sexuellen Kindesmissbrauchs hingegen gerät sie zu einem neuerlichen Spießrutenlauf.

Leider ist das »Wohl des Kindes« rechtlich nicht definiert. So kann es ein jeder nach seinem Gutdünken auslegen. Ich denke, es ist allerhöchste Zeit, das Kind de facto und unmissverständlich aus der Rolle des vermeintlichen Besitzes Erwachsener herauszuholen. Das Kind als Sache und Gebrauchsartikel – der Artikel *das* Kind sagt es klar. Woran bemisst man heute den Wert eines Kindes?

Die Minderwertigkeit des Gebrauchsartikels Kind belegt nicht zuletzt die Tatsache, dass die Vergewaltigung einer erwachsenen Person mit schwerer Freiheitsstrafe bedroht ist und doppelt so lange nicht verjährt wie der sexuelle Missbrauch eines Kindes. Und das, obwohl dieser Missbrauch von seinem Tatbestand her eine oft tausendfache sexuelle Gewalthandlung darstellt und obendrein einem wehrlosen Schwächeren angetan wird.

Und noch etwas: Wie steht es mit dem Strafmaß für den sexuellen Missbrauch an einem Kind? Steht nicht auch dieses Strafmaß in keinem Verhältnis zu den lebenslangen und schwer wiegend Folgen für das kindliche Opfer?

Wer des sexuellen Missbrauchs an einem Kind überführt wurde, kommt nur zu oft mit Bewährungsstrafen unter zwei Jahren davon. Sehr selten führt die Tat zu Strafen von vier bis maximal zehn Jahren. Wobei die Regel ist, dass überführte Missbraucher umgehend in die Revision gehen und ihnen die Tatsache nur zu oft Recht gibt, dass eine nächste Instanz das Strafmaß des ersten mindert.

Wenn Sex mit Kindern etwas so wenig Verwerfliches ist, wie uns diese niedrigen Strafen glauben machen wollen – wo sind dann die Massen an Kindern und Jugendlichen, die vor Gericht bereitwillig erzählen, wie schön sie es fanden? Wo sind die Massen der Kinder und Jugendlichen, die das Recht auf Sex mit Erwachsenen per Transparent einfordern, so, wie sie etwa für bessere Bildungschancen auf die Straße gehen? Weshalb sprechen so viele Pädagogen und Entwicklungspsychologen von Schäden in der Entwicklung von Kindern, die von Erwachsenen zu sexuellen Aktivitäten manipuliert wurden? Warum auch unterscheiden sich kindliche sexuelle Aktivitäten so grundlegend von denen der Erwachsenen? Warum haben Jugendliche denn so große und lang andauernde Schwierigkeiten, bis sie mit ihrem in der Pubertät veränderten Körper wieder in Einklang sind? Und warum sind schon Säuglinge denn so auf Nähe, Zärtlichkeit, Wärme, Haut und Liebe aus? Etwa wegen Sex? Und warum finden Kinder so wenig an den nassen, eklig klebenden Genitalien, die Erwachsene ihnen als das Tollste vom Tollen anpreisen? Warum wohl sind Kinder und Jugendliche so, wie sie sind, und zwar zu allen Zeiten, in allen Gesellschaften und in allen Kulturen?

Ganz leise erst dämmert es Spezialisten und Spezialistinnen, dass nur das Kind selbst weiß, wie es in ihm aussieht, wie groß und schwer wiegend die Folgen sind, wenn Erwachsene ihnen ihre erwachsene Form der Sexualität aufgezwungen haben und wie wenig das alles verarbeitet werden kann.

Ganz leise dämmert es auch, dass diese Folgen nicht nur mit dem Ausmaß des sexuellen Missbrauchs zu tun haben, sondern weit eher mit dem Ausmaß der emotionalen Ausbeutung des Kindes und seiner seelischen Selbstentwertung. Wir wissen noch so wenig über die Hilfe, die wir Kindern anbieten können. Noch so wenig über wirkungsvolles Wiedergutmachen. Wo ist aber da die Forschung?

Warum stürzt sich die Forschung immer noch auf die Frage, gibt es den Missbrauch oder gibt es ihn nicht? Zahlenmaterial, das es längst gibt, beweist doch, dass er Fakt ist! Es müsste – wie 1992 auf dem Kongress des Familienministeriums angekündigt – nur endlich publiziert werden. In »Psychologie heute« (7/1995) werden die Zahlen, die durch das Kriminologische Institut Niedersachsen erhoben wurden, mit 82.000 Fällen pro Jahr diskutiert. Hier kann doch niemand allen Ernstes das tausendfache Leid von sexuell ausgebeuteten Kindern und den enormen Bedarf an Beratungseinrichtungen und Fachleuten bestreiten.

Warum also betätigen sich die Fachkräfte und Forscherteams immer noch als Schwarzweißmaler mit der Frage: Echter Missbrauch oder erlogener Missbrauch?

Wo sind die Bemühungen für Opfer und TäterInnen? Wo sind die bahnbrechenden Forschungsergebnisse über die unterschiedlichen Formen des sexuellen Missbrauchs und deren unterschiedliche Auswirkungen? Über die tieferen Ursachen?

Über die Hilfe, die ein Mensch von klein auf erfahren muss, um den so vielschichtigen in seinem Innersten verborgenen Mechanismen weniger ausgeliefert zu sein?

Kindesmissbrauch und Missbrauch mit dem Missbrauch – steht bei diesem Streit um das wahre, das echte Missbrauchsgeschehen überhaupt noch ein Mensch im Mittelpunkt des Interesses? Geht es überhaupt noch um Kinder als Opfer sexueller Straftäter? Geht es nicht vielmehr längst um ein öffentliches Gerangel, um politisches Gehör und die Konkurrenz bei der Verteilung der immer spärlicher fließenden öffentlichen Gelder zur Finanzierung der jeweils persönlichen Einrichtung?

Wenn dies so wäre, bei einem solchen Tanz um das Goldene Kalb bliebe eines dann jedenfalls ganz sicher auf der Strecke. Das Wohl des Kindes.

Literatur

Rutschlag, K./Wolff, R.: Handbuch sexueller Missbrauch. Hamburg 1994.
Jäcker, K.: Komm mein liebes Rotkäppchen. Sexueller Missbrauch ... Wer sind die Täter? Berlin 1994.
Meyer, K.: Das doppelte Geheimnis. Freiburg im Breisgau 1994.

Michael C. Baurmann

Perspektivenwechsel in der Prävention sexueller Übergriffe[1]

Mit dem folgenden Beitrag möchte ich einen opferfreundlichen Ansatz der Prävention beschreiben und zur Diskussion stellen. Es geht dabei um die Vorbeugung bezüglich sexueller Übergriffe und sexueller Ausbeutungen von Kindern in Abhängigkeitsverhältnissen, die vor allem erzieherischer Art sind.

Die Intervention in einem Fall, in dem solche Übergriffe akut geschehen, steht nicht im Vordergrund meines Beitrags. Ich halte es für ganz wichtig, Prävention und Intervention in diesem Feld weitgehend unabhängig voneinander zu diskutieren, denn wir haben es inhaltlich, politisch, pädagogisch und methodisch mit unterschiedlichen Problemlagen zu tun. So eignet sich beispielsweise die verständliche Empörung und Aufgeregtheit bezüglich eines laufenden Ausbeutungsverhältnisses nicht als konstruktive Energie für präventives Arbeiten auf der Verantwortlichenseite, also auf der Seite der sogenannten Täter. Zudem wissen wir, dass es zwischen den alltäglichen *allgemeinen* Grenzüberschreitungen gegen Kinder und den *sexuellen* Grenzverletzungen fließende Übergänge gibt. Diese fließenden Übergänge müssen sorgfältig aufgedeckt und angesprochen werden, ohne dass es bei der präventiven Arbeit zu früh um Schuldzuschreibung, Verurteilung und Vergeltung geht.

Stattdessen fordere ich dazu auf, an Eltern, ErzieherInnen, Männer und Jungen heranzutreten und mit ihnen präventiv zu arbeiten, damit sie sensibel werden für die eigenen (mögli-

---

1 Vortrag, gehalten im Rahmen der Heidelberger Kinderschutzwochen am 19. Februar 1992 in Heidelberg

chen) Übergriffe oder für ihr eigenes Verschweigen und Weg-
schauen. Insofern fordere ich einen Perspektivenwechsel in
der Prävention: weg von der ineffektiven »Opferprävention«
und hin zu einer »Täterprävention«.

Wenn Kinder unter Ausnützen erzieherischer Abhängigkeitsverhältnisse sexuell ausgebeutet werden, dann sind diese
Übergriffe in der Regel besonders schwerwiegend für das jeweils betroffene Kind. Außerdem ist diese Art der sexuellen
Ausbeutung besonders häufig im Verhältnis zu anderen sexuellen Gewalttätigkeiten gegenüber Kindern. Und schließlich
werden solche Ausbeutungen im sozialen Nahraum besonders
häufig von den Erwachsenen verdrängt, verschwiegen und abgestritten.

Bei der präventiven Arbeit ist zur Zeit ein analoger Ver-
drängungsprozeß zu beobachten: Viele der gutgemeinten Aktionen und Ratschläge richten sich bei genauerer Betrachtung
in Wirklichkeit an die potentiellen Opfer – und geben damit
den Kindern eine Mitverantwortung, damit es nicht passiere.
Weiterhin richten sich solche Aktionen vordringlich an die
»gute Seite« der Erwachsenenwelt. Analysiert man den Inhalt
der Ratschläge genauer, muss man zudem feststellen, dass sie
meist auch nur von dem eher ungefährlichen fremden Täter
schützen. Dass wir Erwachsenen hingegen *alle* ständig in Gefahr sind, Grenzen zu verletzen bei den Kindern, die von uns
abhängig sind, wird dabei geflissentlich übersehen und ver-
tuscht. Offentsichlich wollen wir uns selbst auch einreden, wir
stünden ganz sicher und immer auf der guten, der kinder-
freundlichen Seite der Erwachsenenwelt.

Zur Situation der sexuellen Ausbeutung in Abhängigkeitsverhältnissen

Bei der praktischen Arbeit mit Fällen von sexueller Ausbeutung im Rahmen von – beispielsweise familiären – Abhängigkeitsverhältnissen fällt auf, dass vor allem das ausgebeutete

356

Kind in einem sehr komplizierten, feingesponnenen und deshalb auch sehr stabilen Netz gefangen ist, das für ein solches
Kind nicht leicht aufzutrennen ist.

Das Kind hat vielleicht in seiner Familie Lernmuster vermittelt bekommen, die es ihm erschweren, über Sexualität offen und ohne Scham zu sprechen (Elternvorbild: Sprachlosigkeit und Scham bezüglich des Themas »Sexualität«) und
vielleicht ganz allgemein wenig Kompetenz erlernt, Konflikte
konstruktiv und angstfrei auszutragen (Elternvorbild: Aus-
weichverhalten bezüglich Konflikten). Das ausgebeutete Kind
lebt häufig in einer sich selbst isolierenden Familie, die der Au-
ßenkontrolle entflieht, damit das Familiensyndrom nicht ent-
deckt wird (isolierte Familie). Die Missbrauchsfamilie ist sehr
stark geprägt von einem Geheimhaltungs-Syndrom, das intern
gekoppelt – und so auch nur durchzuhalten – ist mit einem
extremen Kontrollverhalten gegenüber den Schwächeren in
der Familie. Es darf nichts nach außen dringen und der Missbraucher will die wichtigste Bezugsperson sein. Damit wird
gleichzeitig die sonst übliche Entwicklung von Kindern zu immer mehr Autonomie erschwert oder gar weitgehend verhindert (Festhalten des Kindes in seiner Unselbstständigkeit
durch Erwachsene). Das Machtgefälle in der Familie (Beispiel: Vater – Kind) wird gekoppelt mit Zuweisung von (Mit-)
Schuld an das Opfer (»Sie war die Verführerin!«). Verbunden
mit anderen Methoden der Einschüchterung, Drohung oder
Gewalt erfährt das missbrauchte Kind zeitweise Vergünsti-
gungen (»Papas Liebling«), was stark konditionierende
(»dressierende«) Wirkung hat und gleichzeitig auch Eifer-
suchts- und Neidgefühle bei den übrigen Geschwistern und
bei der Mutter hervorruft. Die Anwendung offener körperlicher Gewalt zum Gefügigmachen des ausgebeuteten Kindes
ist in einer solchen Konstellation kaum noch notwendig. Dies
macht es für ein missbrauchtes Kind immer schwieriger, sich
als Gewaltopfer zu begreifen und zu beschreiben (Abspre-
chen der Wahrnehmung). Die Angehörigen gewöhnen sich an
das Ausbeutungsmuster, erkennen keine offene, ungewöhnli-

che Gewaltanwendung, vermuten vielleicht sogar eine besonders enge »Beziehung« zwischen Missbraucher und missbrauchtem Mädchen oder Jungen und wären kaum bereit, dem Kind zu glauben, wenn es wagen würde, sich als Opfer mitzuteilen (testierte Unglaubwürdigkeit des Kindes).

Das ausgebeutete Mädchen beispielsweise ist verwickelt in irritierende Rollenvermischungen und Rollenunklarheiten: einerseits abhängiges, kontrolliertes Kind und andererseits scheinbar ebenbürtige Geliebte, einerseits liebende Gefühle gegenüber dem Vater und andererseits Hassgefühle gegenüber dem Missbraucher, einerseits ein Rivalitäts- und Eifersuchtsverhältnis gegenüber der Mutter (junge Rivalin) und andererseits die Hoffnung, die Mutter würde sich mit ihm solidarisieren und ihm aus dem Konflikt heraushelfen, einerseits extreme Kindrolle und andererseits Erfahrungen mit negativer Erwachsenensexualität und zeitweiser Behandlung durch den Missbraucher als »Nutte« usw. Das abhängige Kind gewöhnt sich an diesen Zustand, u.a. in der beständigen Hoffnung auf Besserung der Situation. Eventuell versuchte und misslungene Mitteilungen nach außen bzw. fehlgeschlagene Ausbruchsversuche bewirken bei dem Kind, dass es sich einen rettenden Ausstieg immer weniger vorstellen kann. Das Ausbeutungssyndrom wird in der Familie aufrechterhalten, weil alle Beteiligten Angst vor Veränderung haben. Ganz realistisch befürchten die Familienmitglieder auch, dass ein sozialer Abstieg stattfände, wenn die sexuelle Ausbeutung öffentlich werde und die Familie sich trennen würde. Zudem muss das Opfer realistischerweise befürchten, dass es bei Deklaration seines Opferstatus selbst mehrfach »bestraft« wird (Auseinanderbrechen der Familie, Isolation, u.U. Heimeinweisung (usw.). Damit wird dem Kind erfahrungsgemäß vom Missbraucher auch öfters gedroht.

Das sexuell ausgebeutete Kind sitzt in der Falle und ahnt, dass es beim Versuch des Öffentlichmachens wahrscheinlich die ganze Familie gegen sich hätte (Solidarisierung in der Familie gegen das missbrauchte Kind; isoliertes Familienmitglied in einer gesellschaftlich isolierten Familie). Der Missbraucher kann diese Hilflosigkeit des Kindes über Jahre hinweg ausnützen und sich rationalisierend sogar einreden, dass alle Beteiligten es so wollten. Die sexuelle Ausbeutung bleibt das Familiengeheimnis.

Kritische Nachfragen an herkömmliche Präventionsansätze

Geplante und praktizierte präventive Aktionen müssen immer wieder kritisch in Frage gestellt werden, damit deutlich wird, ob diese Aktionen tatsächlich hilfreich sind zur Verhinderung von weiteren Viktimisierungen.
Wichtige Prüfsteine dazu sind:

● Wird bei der präventiven Aktion das Problem individualisiert (bezüglich der Täter- oder Opferseite) oder werden auch die gewaltfördernden Strukturen angesprochen?
● Geht es bei der präventiven Aktion in Wirklichkeit vor allem um Öffentlichkeitsarbeit für eine bestimmte Einrichtung oder gar vor allem um Selbstdarstellung für dieselbe?
● Wird vielleicht eine organisatorisch wenig reflektierte Aktion durchgezogen, um den Nachweis erbracht zu haben, »irgend etwas getan« zu haben? Funktioniert das Hilfeangebot dann tatsächlich entsprechend der zu erwartenden Nachfrage? (Verantwortung der Aufdecker auch nach dem Aufdecken)
● Wie präzise ist die Zielgruppenbeschreibung und wie professionell sind die Methoden zur Einstellungsänderung, die eingesetzt werden? Kann überhaupt – darüberhinaus – eine Verhaltensänderung erwartet werden
● Verdeckt die präventive Aktion vielleicht nur die Hilflosigkeit der Akteure und Helfer, nämlich ihre Angst und Ohnmacht? Dient die Aktion vielleicht mehr der Verarbeitung der tatsächlichen oder symbolischen Betroffenheit der Akteure?

- Wird mit der präventiven Aktion vielleicht gar ein repressives Anliegen verfolgt? Soll damit eine Form der Law-and-order-Ideologie oder in Wirklichkeit Sexualfeindlichkeit transportiert werden?
- Geht es bei der präventiven Arbeit auch oder vor allem um die Absicherung eines Arbeitsplatzes oder gar um den gewinnbringenden Verkauf von Materialien und Methoden?
- Schließlich ist festzustellen, dass präventive Bemühungen bisher extrem selten, und wenn, dann meist mit unzureichenden methodischen Mitteln einer Effizienzkontrolle unterworfen werden (Evaluation). Es reicht eben nicht, zu erfragen, wieviel Menschen mit der Botschaft erreicht oder – noch oberflächlicher – wieviel Faltblätter verteilt wurden, sondern es muss geklärt werden, ob es tatsächlich zu positiven Einstellungs- und Verhaltensveränderungen bei den Adressaten gekommen ist.

Vor allem und in jedem Fall müssen wir uns zukünftig angewöhnen, uns zu vergewissern, dass das durchgeführte Präventionsprogramm keinen Schaden bei den (potentiellen) Opfern anrichtet. Im Sinne des Opferschutzes sind Präventionsprogramme, die mit dem Risiko behaftet sind, dass sie (potentielle) Opfer zusätzlich schädigen, nicht zu verantworten.

Meines Erachtens kann man schon heute (ohne empirische Methodik und quasi vorläufig) präventive Aktionen, Ratschläge, Mittel und Geräte, die zum Schutz von Frauen und Kindern gegen sexuelle Gewalttätigkeiten propagiert werden, kritisch hinterfragen und auch bewerten.

Beispielsweise:

Trägt die Präventionsphilosophie, die mit der Strategie verbunden ist, zur Stärkung, zur Selbstsicherheit der Frau bzw. des Kindes bei oder macht sie abhängig, verunsichert sie, schürt sie Ängste? Selbstverteidigungskurse für Frauen, Fortschritte in den Frauen- und Kinderrechten und antisexistische Jungen- bzw. Männerarbeit sind hier wohl positiv zu bewerten;

der Vorschlag beispielsweise, die Frau solle sich zum Schutz von einem vertrauten Mann begleiten lassen, ist in diesem Zusammenhang negativ zu sehen.

Wird die Bewegungs-, Entscheidungs- und Entfaltungsmöglichkeit der Frau, des Kindes gestützt oder eingeschränkt? Wird dem Kind angst gemacht? Einschränkungen der letzteren Art sind strukturelle Viktimisierungen: Die Frau/das Kind wird Opfer von Einschränkungen bevor sie/es zum Kriminalitätsopfer geworden ist. Dazu gehören Ratschläge, wie »Alleinlebende Frauen sollen ihren Vornamen im Telefonbuch oder an der Türklingel nicht ausschreiben lassen.« »Frauen sollen abends nicht alleine ausgehen.« »Kinder sollen fremden Menschen nicht die Wohnungstür öffnen.« usw. Solche Ratschläge sind einengend und gleichzeitig warnen sie wieder vor dem fremden, also dem (statistisch) eher ungefährlichen Täter.

Wie kann sich der gewalttätige Konflikt weiterentwickeln, wenn sich die Frau/das Kind nach der Präventionsphilosophie richtet? Eskaliert der Gewaltkonflikt oder deeskaliert er? Hier zeigt sich, dass einige Waffen oder Abwehrmittel auch gefährlich sein können. Bei der Abwehr scheint es wesentlicher zu sein, den Zeitpunkt der Gegenwehr möglichst früh zu erkennen und diesen entschieden vorzutragen. Hier ist offensichtlich mehr die soziale Kompetenz von Nutzen, wie sie in Frauenkursen zur Selbstverteidigung teilweise vermittelt wird, und weniger ein technisches Gerät. Um jedoch Kinder vor missbrauchenden Erwachsenen zu schützen, müssen *die Erwachsenen lernen*, Kinderrechte zu respektieren. Es ist verantwortungslos, abhängigen Kindern zu raten, sie sollten sich gegen ihre erziehungsberechtigten Missbraucher auflehnen.

Orientiert sich die Präventionsmethode an der tatsächlichen Phänomenologie der sexuellen Gewalt? Viele der heutzutage diskutierten präventiven Mittel – von der Sprühdose bis hin zum Nachttaxi, dem Parkhausparkplatz für Frauen und der Warnung vor dem fremden Mann oder der Warnung vor der Dunkelheit – haben den fremden Täter im Auge und können Ängste und Verunsicherungen zementieren helfen. Solche

Ansätze suggerieren mehr oder weniger deutlich, die Frau/das Kind könnte sich in ihrem/seinem vertrauten Kreis immer sicherer fühlen. Dies trifft leider nicht zu.

Plädoyer für eine differenzierte und opferfreundliche Prävention

Wenn man verantwortungsvolle Prävention und Intervention bezüglich strafbaren Sexualverhaltens durchführen will, muss man neuere kriminologische Forschungsergebnisse zur Kenntnis nehmen und bereit sein, alte Aktionsformen in Frage zu stellen.

Für den Bereich »sexuelle Gewalt gegen Frauen durch (relativ) fremde Gewalttäter« hat die Frauenbewegung bereits recht adäquate Ideen, Ratschläge, Opferunterstützungssysteme, öffentliche Kampagnen usw. entwickelt, sodass dies hier nicht weiter ausgeführt werden muss. Auf Männer- und Täterseite läuft im Sinne einer »Männerbewegung« präventiv und beratend bzw. therapeutisch eindeutig zu wenig, in letzter Zeit aber immer mehr.

Wenn sexuelle Gewalt zwischen Erwachsenen geschieht, die sich schon vorher kannten und die vielleicht sogar auch nach der Tat eine Trennung nicht schaffen, dann sollte für solche Konstellationen vielleicht nicht ausschließlich parteiliche, sondern auch systemische oder zur Trennung unterstützende Interventionsformen entwickelt und eingesetzt werden. Im präventiven Bereich eignen sich hier offensichtlich vor allem – u.a. auch, weil wir es in der Regel nicht mit einem psychisch kranken Mann als Täter zu tun haben – Aktionen, die an Jungen (z.B. antisexistische Jungenarbeit) und Männer adressiert sind. Opferorientierte präventive Aktionen sind in diesem Bereich häufig sehr widersprüchlich, weil sie bei genauer Betrachtung meist doch wieder den fremden Mann als potentiellen Täter »im Hinterkopf« haben. Diese (sexuellen) Gewalttaten im sozialen Nahraum sind aber von der Quantität und Qualität her besonders bedeutsam und deshalb ist ein größeres und adäquates Engagement hier dringend erforderlich.

Bezüglich der sexuellen Ausbeutung von Kindern in Familien und ähnlichen Abhängigkeitsverhältnissen gilt, dass es geradezu naiv und auch unverantwortlich ist, dem Kind in einer solchen Lage die Last des Nein-Sagens, die Verantwortung für den Stopp der sexuellen Ausbeutung aufzubürden. Auch wenn beispielsweise beim CAPP-Ansatz (Child Assault Prevention Project) die Mütter am Rande mitinformiert werden, so ist die präventive Arbeit mit dem Schwerpunkt auf der Kinderseite insgesamt der falsche Weg. Eine Intervention – gleichgültig ob strafrechtlich oder beratend –, bei der nicht versucht wird, vor allem die Einstellung der verantwortlichen Erwachsenen zu verändern, überfordert das Kind und läuft Gefahr, für weitere folgende Ausbeutungshandlungen in dieser Familie mitverantwortlich zu sein.

Die obige Beschreibung zur Dynamik in der Familie mit Ausbeutungssyndrom sollte andeuten, dass das abhängige Kind in einer solchen Situation extrem machtlos ist.

Bedingt durch Vorstellungen und Wünsche, es müsste in solchen Familien eindeutige Freund-Feind-Bilder geben, glaubt man, Prävention und Intervention könne im Zusammenwirken mit wehrhaften Kindern und »guten« Erwachsenen geschehen. Dabei wird jedoch u.a. der Zwangscharakter und die Isolation solcher Familien sowie die Machtlosigkeit der verwickelten Kinder übersehen.

Wenn ich – bezogen auf den »sexuellen Missbrauch von Kindern in Familien« – verschiedentlich kritisierte, es sei unverantwortlich, mit entsprechenden Aufklärungsbemühungen, präventiven Ratschlägen, Verhaltensregeln und »Trainingskursen zum Stark-Werden« (bei CAPP: »empowerment«) an Kinder heranzutreten, stieß ich zunächst oft auf Unverständnis. Dabei wurde übersehen, in welcher ohnmächtigen Familiendynamik Kinder in Missbrauchs-Familien verstrickt sind, dass mit solchen Programmen herkömmlicherweise die Schwächsten (Kinder in der Opferrolle) den präventiven Auftrag und die Last (und damit auch die Verantwortung zum Unterbrechen der Ausbeutungs-Dynamik) aufgeladen bekommen und mit dieser Aufgabe überfordert sind.

Darüberhinaus können Kinder, die sich bei präventiver Ansprache gerade in einer akuten sexuellen Ausbeutungssituation befinden, zu dem Ergebnis kommen, dass sie Versager sind, weil sie sich bisher noch nicht erfolgreich wehrten – klingen die »Abwehrregeln« doch so klar und einfach.

Gefühle von Ohnmacht werden bei solchen Kindern dann vertieft, wenn ihnen der Auftrag zum Sich-Wehren gegeben wird, während gleichzeitig ihre missbrauchenden Eltern aber nicht offen und direkt bezüglich ihrer (Mit-) Täterrolle angesprochen werden. Aus Kindersicht verbünden sich damit die Erwachsenen und wollen glauben machen, sie gehörten alle zu den »guten Eltern«, während die »Täter-Eltern« in einer andren Welt lebten. Dabei ist längst bekannt, dass die Grenzen zur sexuellen Ausbeutung fließend sind und es ständig viele unnötige elterliche Grenzüberschreitungen gegenüber Kindern gibt.

Ich bekomme den Eindruck, dass Kinder, weil sie offensichtlich verfügbar und leicht zu pädagogisieren sind, eben eher mit der Verantwortung zum präventiven Verhalten belastet werden, während Eltern und die Erwachsenen überhaupt als tatsächliche und potentielle »Übergreifer« eher geschont werden. Als präventiv arbeitende Miterwachsene haben wir offensichtlich Angst vor der Konfrontation, Angst vor unserer eigenen (potentiellen) Täterschaft (fließende Übergänge), haben Angst vor der deutlichen und Verantwortung einklagenden Auseinandersetzung mit anderen Erwachsenen (»die darf man doch nicht verdächtigen«; »da kommen immer die Falschen zu solchen Veranstaltungen«; »Andere sind doch die Täter, und mit Tätern kann man eben nicht arbeiten«; ...) und versuchen, uns zu suggerieren, wir und die herkömmlich präventiv angesprochenen Miterwachsenen seien alle auf der »guten Seite« – und zwar eindeutig. Damit leisten wir aber einer verschweigenden Kumpanei in der Erwachsenenwelt Vorschub, und zwar zu Lasten der betroffenen Kinder. Wenn sexuelle Ausbeutung in Familien nur annähernd so weit verbreitet ist, wie wir es zur Zeit annehmen, dann hat jeder und jede von uns irgendwann einmal mit ausbeutenden und mit Ausbeutung duldenden Elterngruppen, Erziehern, Freunden, Bekannten und Verwandten zu tun.

Ich wollte erfahren, ob es möglich ist, mit Eltern über ihre potentiellen Grenzüberschreitungen, Übergriffe und über ihre potentielle Täterschaft zu sprechen. In einem ganz üblichen Kindergarten veranstalteten wir im Mai 1991 einen Elternabend mit dem bewusst »anlockenden« Thema: »Wie schütze ich mein Kind vor Sexualverbrechen?« Auf dem Hintergrund der aktuell häufigen Berichterstattung darüber in den Medien und der tiefen Emotionalität, die dieses Thema anspricht, war zu erwarten, dass viele Eltern kommen würden. Darüber hinaus wurden zusätzliche Anreize zum Kommen geboten: Es wurde ein kleiner Preis für die beste Beantwortung bei einem einführenden Spiel mit einschlägigen Fragen ausgesetzt, angekündigt als Quiz. Tatsächlich war es möglich, außergewöhnlich viele Eltern zum Elternabend zu begrüßen. Die Quizfragen wurden als Feedback und Impuls benutzt, um den Eltern zu zeigen, dass ihre Phantasien vom »Sexualverbrechen« wenig mit der üblichen Realität zu tun haben. In der Veranstaltung wurde kurz über die positive Sexualerziehung als Vorbedingung bei Eltern (!) und Kindern für alle Gespräche über deviantes sexuelles Verhalten gesprochen sowie über fremde Missbraucher und Exhibitionisten und wie das Kind sowie die Eltern damit umgehen könnten.

Es wurde weiterhin angeführt, weshalb es erzieherisch bedenklich ist, bei der sexualpädagogischen Arbeit mit Kindern die Themen »Tötung aus sexuellem Motiv« und »Kindesentführung« aktiv einzubringen (Grund: extrem seltene Ereignisse sind präventiv kaum beeinflussbar). Schließlich wurde am ausführlichsten miteinander darüber gesprochen, dass Männer aus dem Bekannten- und Verwandtenkreis die größte Bedrohung für das Kind darstellen. Es war möglich, mit den Eltern offen darüber zu reden, wie sie als Erwachsenen alltäglich mit ihrem Kind umgehen, wo sie eventuell zu respektierende Grenzen überschreiten, was notwendig ist, damit Eltern untereinander bezüglich sexuellen Themen ganz selbstverständlich untereinander im Gespräch bleiben und wie gegebenenfalls familienintern Kontrollen gegen Übergriffe eingeführt und gefährliche Geheimhaltungen überhaupt verhindert bzw. aufgedeckt werden können, was Ehepartner miteinander lernen müssen, damit die Rechte ihres Kindes besser respektiert werden und wie die Erwachsenen im Falle von Misstrauen miteinander umgehen könnten.

Bei dieser Veranstaltung wurde sehr deutlich, dass die Eltern an diesen Fragen sehr interessiert waren, und dass der *Perspektivwechsel* (mit Prävention nicht bei den Kindern als potentielle Opfer, sondern bei den Erwachsenen als potentiell Verantwortliche für den Missbrauch ansetzen) für die Eltern zwar zunächst überraschend, aber durchaus naheliegend, nachvollziehbar und auch gewinnbringend war. Den Eltern wurde deutlich, dass der Perspektivwechsel von der Opferprävention weg und hin zur Täterprävention bezüglich der sexuellen Ausbeutung von abhängigen Kindern der einzige erfolgversprechende Weg ist.

Für mich wurde bei dieser Veranstaltung deutlich, dass es organisatorisch und methodisch zwar aufwendiger ist, an die Eltern als eigentliche Zielgruppe heranzukommen, dass ein »Ausweichen« auf die pädagogisch einfacher verfügbaren Kinder bei diesem Thema aber unverantwortlich und ein weiterer Missbrauch auf einer anderen, nämlich der pädagogischen Ebene ist. Das herkömmliche große Engagement auf der »guten«, der Opferseite verstellt den Blick für die eigene potentielle Betroffenheit als Verantwortliche(r) und suggeriert – manchmal unausgesprochen –, eine helfende, präventive Arbeit mit der »bösen Täterseite« sei grundsätzlich unnütz. Diese Denkweise ist im vorliegenden Problembereich gefährlich und geht – wiederum – zu Lasten der Kinder.

Ich habe solche Veranstaltungen zur Täterprävention auf Eltern- und Erzieherseite in den folgenden Jahren mehrfach wiederholt und empfinde diese Vorgehensweise als erfolgreich, wenn ich die Reaktion der angesprochenen Erwachsenen betrachte.

Die Basis für eine verantwortungsvolle Prävention

Ich möchte zum Schluss neun Thesen sowohl zur Prävention von als auch zur Intervention bei Sexualdelikten in positiver Form zusammenfassen:

1. Die Rechte der Kinder und Frauen müssen weiter ausgebaut werden und – so weit es irgendwie möglich ist – schnell denen der Männer angeglichen werden. Rechtliche Ungleichbehandlungen – auch im sogenannten Sexualstrafrecht – müssen abgeschafft werden. Gewalttätigkeit gegen Kinder, Frauen und in Familien und in familienähnlichen Beziehungen müssen eine deutlichere Ächtung erfahren. Gewaltlose Konfliktlösungsstrategien müssen stärker vermittelt und mehr belohnt werden. Die öffentliche Diskussion über diese Form der Gewalt muss weitergeführt werden.
2. Im Sexualstrafrecht muss die gewalttätige Delinquenz deutlicher herausgearbeitet werden (Verdeutlichung); gewaltlose, einvernehmliche Normverstöße gegen Sitte und Anstand könnten anderen, beispielsweise informellen Formen der Sozialkontrolle zugeführt werden. Grundsätzlich ist der Ansatz »Hilfe statt Strafe«, den der Deutsche Kinderschutzbund für den Bereich der Gewalt im sozialen Nahraum vertritt, ein erfolgversprechender, wenn es dort um Intervention geht.
3. Zur individuellen Prävention von Sexualdelikten scheinen Angstmache, Geräte und Waffen wenig geeignet zu sein; wichtiger sind positive Einstellungs- und Verhaltensänderungen bei Jungen und Männern, bei Mädchen und Frauen.

Von Mädchen- und Frauenseite her müssen Rechte einge-
fordert und gelebt werden sowie Widerstand gegen sexuelle
Übergriffe, Ausbeutung und Gewalttätigkeit gelernt und
gestärkt werden. Auf der Jungen-, Männer- und Erzieherseite muss ein friedlicheres, konstruktiveres Konfliktverhalten
gelernt und geschlechtsbezogener (sexistischer) Chauvinismus abgebaut werden. Dabei werden Männer und Erzieher
auch ihre verdeckten Ängste und ihre Ohnmachtsgefühle
kennenlernen. Insgesamt ist Prävention vor allem eine Aufgabe auf der Seite der potentiellen Täter, und zwar sowohl
als Lernende als auch als Lehrende. Dazu gehört vor allem
eine neue Jungenarbeit.

4. Zur angemessenen Intervention bei sexuellen und anderen
Gewaltdelikten gehört auch eine neue Männerarbeit, beispielsweise in Form von männerspezifischen, niedrigschwel-
ligen Beratungsangeboten für Männer, um ihnen aus ge-
waltnahen oder gewalttätigen Aktionen und Situationen
herauszuhelfen, um ihnen auch in typischerweise gefährlichen Situationen (wie z. B. in Trennungsphasen eine Beratung anbieten zu können. Insgesamt kann dabei von dem
Selbstmelder-Ansatz des Deutschen Kinderschutzbundes
bzw. der Kinderschutz-Zentren gelernt werden.

5. Sowohl bei der Prävention als auch bei der Intervention ist
für Jungen, Männer und Erzieher eine grundsätzliche Erklärung zur eigenen Verantwortlichkeit für Übergriffe, für
Gewalttätigkeiten hilfreich; eine Zuschreibung im Sinne
von unabänderbaren Täterrollen ist jedoch destruktiv und
kommt – therapeutisch ausgedrückt – Todesbotschaften
gleich.

6. Da Gewalttätigkeiten bevorzugt in Beziehungen geschehen, sind systemische Therapieansätze hilfreich. »Syste-
misch« bedeutet nicht automatisch, dass Schädiger und Verletzte zusammen eine gemeinsame Therapie machen.

7. Die Spezialisierung bei Therapeuten oder in der Therapie
bzw. bei sonstiger Intervention ausschließlich auf die Themen »Sexualität« oder gar »sexuelle Divianz«/»Kriminali-

tät« kann zu kontraindizierten Einengungen führen. Deshalb muss die Beratung/Intervention inhaltlich in einen ganzheitlichen Rahmen gestellt werden.

8. Auch die Sexualerziehung muss ganzheitlich in die sonstige Erziehung eingebettet sein und muss vor allem das Erlernen des positiven sexuellen Erlebens und Gestaltens sowie alltägliche sexuelle Probleme zum Inhalt haben. Die Sexualkriminalität ist eines unter vielen anderen Themen in der Sexualerziehung. Das Thema »Tötung aus sexuellen Motiven« und eine Erziehung zur Angst ganz allgemein sollten nicht aktiv in die Sexualerziehung hineingetragen werden. Für eine positive, neue Sexualerziehung scheint es allerdings notwendig zu sein, dass Eltern und sonstige ErzieherInnen erst einmal selbst mehr über Sexualität erfahren und weiterhin lernen, mit ihren Kindern, SchülerInnen und PartnerInnen darüber zu sprechen. Erst dann wird es beispielsweise möglich sein, dass Erwachsene selbstverständlich und im Sinne des sogenannten Unterrichtsprinzips auch ganzheitlich über die tatsächlichen Erscheinungsformen der Sexualdelinquenz sprechen und fernerhin im Konfliktfall für Kinder auch ansprechbar sind. Ein solches Ansprechbar-Sein muss nämlich woher geübt sein. Wissen und kommunikative Kompetenz auf Erwachsenenseite kann bezüglich einiger Bereiche in der Sexualdelinquenz sogar zum Angstabbau beitragen.

9. Opferschutz im Strafverfahren und Opferhilfe nach einem Delikt haben sich nach den tatsächlichen Bedürfnissen der betreffenden Opfer auszurichten. (Hierzu habe ich mit Wolfram Schädler u.a. Opferbefragungen durchgeführt.) Opferschutz und Opferhilfe müssen für Opfer von sexueller Gewalt insbesondere in Richtung einer psychosozialen Hilfestellung deutlich ausgebaut werden.

Umfassende Literaturhinweise zum Thema finden sich in den folgenden Publikationen des Autors

Baurmann, M.C.: Sexualität, Gewalt und psychische Folgen. Eine Längsschnittuntersuchung bei Opfern sexueller Gewalt und sexueller Normverletzungen anhand von angezeigten Sexualkontakten. (BKA-Forschungsreihe Band 15) Wiesbaden, 1996, 2. Auflage.

Baurmann, M.C.: Straftaten gegen die sexuelle Selbstbestimmung. Zur Phänomenologie sowie zu Problemen der Prävention und Intervention. In: Jörg Schuh und Martin Killias (HG.): Sexualdelinquance sexuelle. (Reihe Kriminologie Band 9) Chur/Zürich 1992, S. 77–110.

Baurmann, M.C./Schädler, W.: das Opfer nach der Straftat – seine Erwartungen und Perspektiven. Eine Befragung von Betroffenen zu Opferschutz und Opferunterstützung, sowie ein Bericht über vergleichbare Untersuchungen. Mit weiteren Beiträgen von Margarete Mitscherlich, sowie Rolf Guntermann und Inge Möbus. (BKA-Forschungsreihe Band 22) Wiesbaden 1996, 2. Auflage.

Verzeichnis der AutorInnen

Baurmann, Michael C., Dr. phil, Dipl.-Psych. Seit 1976 Referent für Viktimologie in der kriminologischen Forschungsgruppe des Bundeskriminalamts, Lehraufträge am Pädagogischen Institut der Universität Mainz und am Psychologischen Institut der Technischen Hochschule Darmstadt, seit 1992 im BKA Leiter des Fachbereiches »Kriminologische Grundlagen – Delikts- und Tätergruppen, Viktimologie«, empirische Forschungsarbeiten und Veröffentlichungen vor allem zu »Abweichendem Sexualverhalten«, »Sexuelle Gewalt«, »Gewaltkriminalität«, im Bereich der »Viktimologie« und der »Kriminalistisch-kriminologischen Fallanalyse«

Bott, Heinrich, geb. 1942, Diplompädagoge, Sozialarbeiter grad., Familien- und Einzeltherapeut, Supervisor. Tätig bei der Gesellschaft für psychosoziale Forschung und Praxis e.V., Frankfurt a.M. und in eigener psychotherapeutischer Praxis. Langjährige berufliche Erfahrung in der beratenden und therapeutischen Arbeit mit vernachlässigten, misshandelten und sexuell ausgebeuteten Kindern, Erwachsenen und ihren Familien. Psychotherapeutische Arbeit mit Erwachsenen und Jugendlichen, die Kinder sexuell ausgebeutet haben und ihren Familien. Weiterbildung und Supervision von Fachkräften der psychosozialen und psychotherapeutischen Versorgung und der Medizin (Psychiatrie).

Bullens, Ruud, Dr. phil, Dipl.-Psych., Psychotherapeut, seit 1974 tätig im Kinderheim Marnixhove, ab 1981 in der Ambulanten Praxis in Rotterdam/Leiden, seit 1986 Direktor des Ambulant Bureau Jeugdwelzijnszorg in Leiden. Arbeit mit

Kindern, Jugendlichen, Misshandlern, Koordinator für Inzest-Täter Projekt Rotterdam, ITPR.

Burg, Anette, geb. 1968, Diplompädagogin, Thema der Diplomarbeit: »Sexuelle Gewalt gegen Kinder. Der Versuch pädagogischer Begleitung der Opfer vor, während und nach einer Gerichtsverhandlung.« Zur Zeit beschäftigt im Zentrum für Erziehungshilfe für verhaltensauffällige Kinder.

David, Klaus-Peter, geb. 1951. Bis 1981 als Sozialpädagoge und Therapeut in der Fachklinik Kiel für Suchtmittelkranke, ab 1981 Mitarbeiter im Kinderschutz-Zentrum Kiel. Erprobung, Anwendung familientherapeutischer und systemischer Methoden bei Familien mit Vernachlässigungs-, Gewalt-, Sucht- und Mißbrauchsproblematiken. Koordination des Kinder- und Jugendtelefons Kiel. Arbeit mit jugendlichen und erwachsenen Misshandlern. Ab 1995 Leiter der Beratungsstelle im Packhaus, BS zum Thema körperliche und sexuelle Misshandler. Selbstständig tätig als Therapeut, Supervisor, Ausbilder und Trainer.

Dibbern Anna-Angelika, geb. 1947, Sozialpädagogin, Familientherapeutin, Gründungsmitglied des Kinderschutz-Zentrums Köln. Mehrjährige Berufstätigkeit in der Heimerziehung, seit 1981 freie Mitarbeiterin des Therapeutischen Teams im KSZ, Erfahrung in der Koordination sozialpädagogischer Familienhilfe, Einzel- und Paarberatung, Supervision in freier Praxis, Lehrtherapeutin der Arbeitsgemeinschaft für psychoanalytisch-systemische Forschung und Therapie (APF).

Dunand, Annelie, Dipl.-Soz., seit 1993 Leiterin und Familienberaterin im Beratungszentrum STIBB, Sozial-Therapeutisches Institut Berlin-Brandenburg in Kleinmachnow. Langjährige Initiatorin, Mitarbeiterin und Leiterin von Projekten für ambulante und stationäre Opfer familiärer Gewalt. Fachberaterin und Fortbildnerin zum Thema Kinderschutz, Mißhandlung, sexuelle Gewalt und neue Interventionsformen.

Friedebach Wolfgang, geb. 1957, Dipl.-Psych., Klinischer Psychologe und Psychotherapeut BDP, seit 1983 Mitarbeit in der psychosozialen Erstbetreuung Rhein-Neckar-Raum (PSE), ab 1988 im Kinderschutz-Zentrum Heidelberg mit dem Schwerpunkt sexuelle Gewalt. Fortbildung, Fachberatung und Supervision vorwiegend in pädagogischen Einrichtungen.

Gärtner, Ilse, geb. 1952, Diplompsych., 1983 bis 1992 Leiterin des Kinderschutzbundes, Kreisverband Landau-Südpfalz, Promotion während der Tätigkeit als Wissenschaftliche Mitarbeiterin an der Universität Koblenz-Landau zum Thema: »Gewaltprophylaxe durch Beziehungsarbeit in der Schule.«

Gallé, Dr. Ingrid, geb. 1962, Dr. päd., Diplompädagogin, Mitarbeiterin beim Verein »Frauen helfen Frauen« in Dortmund für parteiliche Mädchenarbeit, Schwerpunkt innerhalb dieser Tätigkeit: Gewalt gegen Frauen, sexueller Missbrauch an Kindern, Arbeit mit Müttern sexuell missbrauchter Kinder, Dozentin an der Universität Dortmund.

Ginciauskas, Lilo, geb. 1952, Diplomsozialarbeiterin, Diplomsupervisorin, fachliche Begleitung der rheinland-pfälzischen Kinderschutzdienste in Zusammenarbeit mit der Zentralen Beratungsstelle für Kinderschutz im Landesamt für Jugend und Soziales in Mainz und dem Fachreferat des rheinland-pfälzischen Ministeriums für Kultur, Jugend, Familie und Frauen, 1990 bis 1995.

Hanstein, Wilhelm, geb. 1959, Dipl.-Psych., Psychotherapeut und Supervisor BDP, Gesprächspsychotherapeut GWG, Soziotherapeut Sucht, Integrative Biodynamik GIP, Systemischer Organisationsberater und Coaching, ab 1987 tätig beim Sorgentelefon des Diakonischen Werkes Unna, ab 1988 beim DKSB Unna, ab 1989 tätig mit chronisch Suchtkranken in der WESTFÄLISCHEN Landesklinik Gütersloh, ab 1991 AWO Düsseldorf, Beratungsstelle für Haftentlassene, Auf- und Ausbau des Schwerpunktes Arbeit mit Sexualstraftäter, seit 1995

Gruppenangebote, Supervision und Fortbildung, sowie Frame-Management zu diesem Schwerpunkt.

Jäckel, Karin, Dr. phil., geb. 1948. Seit 1984 u.a. intensive Auseinandersetzung mit den Problemfeldern Vergewaltigung und sexueller Kindesmissbrauch, dazu mehrere veröffentlichte Bücher, Mitarbeit beim Fernsehfilm »Das kannst Du nicht einfach abwischen«, dazu zahlreiche Vorträge und Workshops an Schulen, auf Fachtagungen sowie in Fernseh- und Rundfunkdiskussionen.

Klees, Dr. Katharina, geb. 1957, Dr. päd., Diplompädagogin, seit 1992 wissenschaftliche Assistentin an der Universität Koblenz-Landau, Habilitation zur Intervention bei sexuellem Missbrauch an Kindern, Ausbildung zur Analytischen Bioenergetikerin, Arbeit mit sexuell missbrauchten Frauen und Autorin.

Knoller, Elisabeth-Charlotte, geb. 1953, Dipl.-Psych., analytisch-systemische Familientherapeutin, 1978 bis 1984 tätig im Kinderheim Berlin-Kreuzberg, von 1985 bis 1988 Schulpsychologin in der Regionalen Schulberatungsstelle des Hochsauerlandkreises, seit Juni 1988 im Kinderschutz-Zentrum Berlin.

Martin Poss, geb. 1953, Mitbegründer des Kinderschutzbundes Erlangen, des Nottelefones und der Familienhilfe. Ausbildung zum Sozialarbeiter/Sozialpädagogen. Berufsbegleitende Tätigkeiten als Streetworker, Familienhelfer und in multikultureller Jugend- und Familienarbeit. Aufbau des Krisendienstes mit Telefonberatung und mobilem Angebot im Kinderschutz-Zentrum Berlin. Im Verein für Psychoanalytische Sozialarbeit Berlin und Brandenburg arbeitet er mit schwerst Ich-strukturell gestörten und traumatisierten Kindern, Jugendlichen und deren Familien und leitet dort eine Krisen- und Übergangseinrichtung.

Mrotzek-Päffgen, Elke, geb. 1954, Diplompädagogin, Analytische Kinder- und Jugendtherapeutin, langjährige Arbeit im

Schulpsychologischen Dienst der Stadt Köln, Spezialistin für sexuellen Missbrauch an Kindern, Supervisorin.

Neef, Reinhold, geb. 1949, Mitarbeiter der Beratungsstelle des Frankfurter Kinderschutzbundes und Psychotherapeut in eigener Praxis, Ausbildung in Gestalttherapie, beraterische und therapeutische Arbeit mit missbrauchten Jugendlichen und deren Eltern und mit missbrauchenden Erwachsenen.

Pfirrmann, F. Toni, geb. 1952, Diplomsoziologe/Sozialpsychologe, 1979 bis 1984 Wissenschaftlicher Angestellter und Projektleiter an der Universität Mannheim, 1985 bis 1994 freier Mitarbeiter einer psychologischen Beratungsstelle, 1993 Gründung und Leitung eines Modellprojektes zur Therapie mit TäterInnen physischer oder sexueller Gewalt, seit 1994 eigene Praxis. Seit 1993 Mitarbeiter beim Kinderschutzdienst in Ludwigshafen am Rhein (Arbeit mit misshandelten, vernachlässigten oder sexuell missbrauchten Kindern), seit 1996 dessen Leiter.

Rauer-Bopp, Isolde, geb. 1953, Diplompädagogin, Gruppenleiterin eines heilpädagogischen Kinderheimes, seit 1991 Mitarbeiterin des Kreisjugendamtes Donnersbergkreis in Kirchheimbolanden, Sachgebiet: Kinderschutz und sexueller Missbrauch, Fortbildung in systemischer Familientherapie und klientzentrierte Gesprächsführung.

Reichelt, Stefan, geb. 1960, Diplomsozialpädagoge, Heilpädagoge und Kindertherapeut im Rheinischen Kinderneurologischen Zentrum in Bonn, Arbeitsschwerpunkt: Therapien mit kreativen Medien (Malen, bildnerisches Gestalten, Figurenspiel), Lehr- und Seminartätigkeit in diesem Bereich.

Saller, Helga, geb. 1950, Diplompsychologin, Psychotherapeutin BDP, Supervisorin BDP. Mitarbeiterin der Gesellschaft für psychosoziale Forschung und Praxis Frankfurt a.M. Langjährige berufliche Erfahrung in der beratenden und therapeutischen Arbeit mit vernachlässigten, misshandelten und sexuell ausgebeuteten Kindern und ihren Familien. Fortbildungen und Weiterbildungen in der Bundesrepublik, Österreich und der Schweiz für Fachleute unterschiedlicher Disziplinen (z.B. Sozialarbeiter, Sozialpädagogen, Richter, Staatsanwälte, Ärzte, Psychotherapeuten).

Veit, Stefan, geb. 1946, Kinderarzt, während Ausbildung und Studium eher »studentenbewegter«-weise Auseinandersetzung mit Gewalt und Vernachlässigung von Kindern. Nach der Niederlassung massiv mit dem Problem konfrontiert, ausführliche Fortbildungsaufenthalte in Irland. Derzeit tätig als niedergelassener Arzt in Worms.